JN221104

行政法 Ⅱ 第2版

Administrative Remedy Law

大橋洋一

現代行政救済論

有斐閣

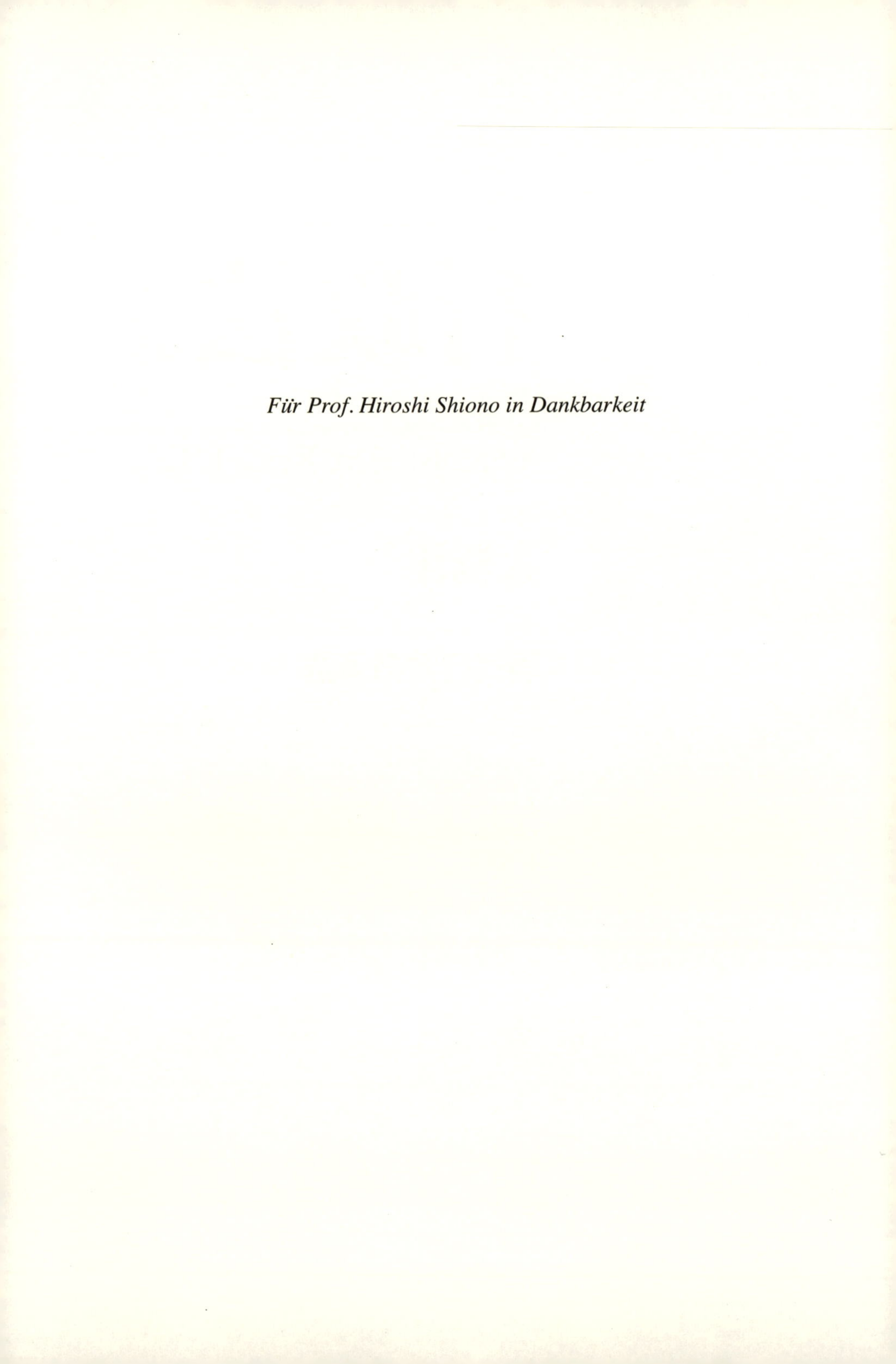

Für Prof. Hiroshi Shiono in Dankbarkeit

はじめに

「法を使う」ことに主眼を置いた本書初版は，幸いにして多くの読者に恵まれ，3年ぶりに改訂の機会を得ることができた。具体的なケースを通じて基礎的事項を説明する方式や，図表を用いて紛争状況を明示しながら救済制度の利用方法を説くスタイルから，受講生が積極的に学んでくれた。予想を超えて寄せられた多くの質問は，私にとって刺激となった。学習院大学や自治大学校での受講生のほか，合同ゼミを実施した熊本大学や京都大学のゼミ生からも多くの意見を聴くことができた。質問者の教科書には様々な色のラインマーカーで線が付されるなど，予習で格闘した跡を看て取ることができ，こうした真摯な姿勢に接することは教師冥利に尽きるものであった。対話を通じて，執筆に対する責任と励ましを得た次第である。

質問に答えるなかで，叙述や説明の仕方についてアイディアを得ることもあり，また，再考を要する部分も多く発見した。そうした箇所は，説明の拡充，説明方法の変更など，その都度，手元の教科書にメモ書きを施し，今回の改訂へとつなげることができた。処分性，原告適格，裁量論，審理方法を始めとして，本書で叙述を膨らませた部分は，こうした対話を基礎とする。補筆を通じて，読者の疑問が解消されることを期待している。

本書初版に対しては，飯島淳子教授から詳細な書評をいただき，多くの御教示と知的刺激を与えていただいた。また，阿部泰隆弁護士を始めとして，多くの方々から細部にわたる御指摘をいただき，再考の機会を得ることができた。ここにお礼申し上げる次第である。

未だ不十分な点の多い作品ではあるが，謹んで本書を塩野宏先生に献呈させていただきたい。

本書の改訂にあたり，有斐閣書籍編集第1部の佐藤文子さんから細部にわたり丁寧な支援を受けることができた。書籍としての完成度が向上したとすれば，偏に「攻めの編集」に負うところが大きい。

「はじめに」に続けて，本書の狙いを明確にする意味で，教科書について講義やゼミで学生から寄せられた質問を紹介したい。参照いただければ，幸いである。

2015年3月

研究室から富士山を眺めつつ

大 橋 洋 一

●ゼミ生との対話から

（Q 1）どうして400頁を超える教科書が必要なのですか？

私も薄いテキストほど魅力的で，夢のあるものはないと思います。学生時代には，夢にとりつかれて，書店の店頭で，何冊もそうした本を買った経験をもっています。しかし，コンパクトに収める必要性から，初学者で飲み込みの悪い私には説明が不足していて，挫折することが多かったように記憶しています。たしかに薄いのだけれども，結局，行と行の間を自分でつなぐことができず，長時間考え込んでしまい，読み通すことを放棄した経験も多かったのです。当時は自分の頭の悪さを嘆きましたが，今から思うと，多少厚くても，記述が尽くされている本を選んだほうが，結局，読む進むことができて理解が深まったのではないかと反省しています。こうした経験から，説明を尽くすことに重点を置くこととしました。

（Q 2）図を描くことが，好きなのですか？

美術部員の経験はありません。そうではなくて，法律学を勉強し始めた当初，テキストに書いてある内容や紛争の場面が「すっと」頭に入ってこなくて，困った経験があります。試行錯誤を繰り返すうちに，気がつけば，判例百選の「事実の概要」の横には，いつも自分で絵や図を描き添えていました。そうした経験から，講義では板書に，本書や別編著の行政法判例集では図解に，情熱を燃やしてきました。とくに，行政救済法では，どういった紛争状況で利用することができる条文なのか，解釈論なのかを強く意識することが，理解を深めるうえで重要です。法律の勉強は外国語の会話の練習にも似ていて，実際に具体的な局面で使ったフレーズは，その場面と結びついて長く記憶に残るように思います。また，具体的に理解することができれば，面白さも実感できますし，さらに勉強を進める意欲にもつながります。

（Q 3）たくさんのテキストが既にあるのですから，もう必要ないのではありませんか？

核心を突いた質問だと思います。私自身，学生の時に行政法が最も理解に苦しんだという記憶があります。学生時代に戻ったとして，自分だったら，こうした教科書で勉強してみたいという想定のもとに，教科書作りに挑戦しています。うまくいっているかは自信がありませんが，少しずつイメージに近づけたいと考えています。「段階を踏んで読み進めれば，独習することが可能なテキスト」が理想型です。それに向けて進化できればと思います。

目　次

細 目 次

Ⅱ　行政上の不服申立て

主要参考文献

①　教科書（引用の多い単独著作を列挙した），法令解説

阿部・実効性　阿部泰隆『行政救済の実効性』（弘文堂・1985年）
阿部・補償法　阿部泰隆『国家補償法』（有斐閣・1988年）
阿部・改革論　阿部泰隆『行政訴訟改革論』（有斐閣・1993年）
阿部・要件論　阿部泰隆『行政訴訟要件論』（弘文堂・2003年）
阿部・解釈学Ⅱ　阿部泰隆『行政法解釈学Ⅱ』（有斐閣・2009年）
今村・補償法　今村成和『国家補償法』（有斐閣・1957年）
今村＝畠山・入門　今村成和（畠山武道補訂）『行政法入門［第9版］』（有斐閣・2012年）
宇賀・補償法　宇賀克也『国家補償法』（有斐閣・1997年）
宇賀・行訴法　宇賀克也『改正　行政事件訴訟法［補訂版］』（青林書院・2006年）
対話で学ぶ　宇賀克也＝大橋洋一＝高橋滋編『対話で学ぶ行政法』（有斐閣・2003年）
宇賀・概説Ⅰ／概説Ⅱ　宇賀克也『行政法概説Ⅰ［第5版］／Ⅱ［第5版］』（有斐閣・Ⅰ 2013年／Ⅱ 2015年）
遠藤・実定　遠藤博也『実定行政法』（有斐閣・1989年）
遠藤・補償法（上）（中）　遠藤博也『国家補償法　上巻／中巻』（青林書院新社・1981年，84年）
大橋・変革　大橋洋一『行政法学の構造的変革』（有斐閣・1996年）
大橋・空間　大橋洋一『都市空間制御の法理論』（有斐閣・2008年）
大橋・行政法Ⅰ　大橋洋一『行政法Ⅰ　現代行政過程論［第2版］』（有斐閣・2013年）
雄川・争訟法　雄川一郎『行政争訟法』（有斐閣・1957年）
雄川・理論　雄川一郎『行政争訟の理論』（有斐閣・1986年）
雄川・法理　雄川一郎『行政の法理』（有斐閣・1986年）
小澤・収用法（上）（下）　小澤道一『逐条解説　土地収用法（上）（下）［第2次改訂版］』（ぎょうせい・2003年）
金子・租税法　金子宏『租税法［第19版］』（弘文堂・2014年）
兼子・争訟法　兼子仁『行政争訟法』（筑摩書房・1973年）
兼子・総論　兼子仁『行政法総論』（筑摩書房・1983年）

兼子・行政法　　兼子仁『行政法学』（岩波書店・1997年）
神橋・救済法　　神橋一彦『行政救済法』（信山社・2012年）
古崎・賠償法　　古崎慶長『国家賠償法』（有斐閣・1971年）
小高・研究　　小高剛『損失補償研究』（成文堂・2000年）
小早川・下Ⅰ／下Ⅱ／下Ⅲ　小早川光郎『行政法講義　下Ⅰ／下Ⅱ／下Ⅲ』（弘文堂・下Ⅰ 2002年／下Ⅱ 2005年／下Ⅲ 2007年）
小早川編・研究　小早川光郎編『改正行政事件訴訟法研究』（有斐閣・2005年）ジュリスト増刊
小早川＝高橋編・詳解　小早川光郎＝高橋滋編集『詳解　改正行政事件訴訟法』（第一法規・2004年）
小林・行訴法　　小林久起『行政事件訴訟法』（商事法務・2004年）
斎藤・行政訴訟　斎藤浩『行政訴訟の実務と理論』（三省堂・2007年）
塩野・Ⅱ／Ⅲ　　塩野宏『行政法Ⅱ［第5版］／Ⅲ［第4版］』（有斐閣・Ⅱ 2010年／Ⅲ 2012年）
実務的研究　　司法研修所編『改訂　行政事件訴訟の一般的問題に関する実務的研究』（法曹会・2000年）
芝池・救済法　　芝池義一『行政救済法講義［第3版］』（有斐閣・2006年）
下山・補償法　　下山瑛二『国家補償法』（筑摩書房・1973年）
新行審制度　　行政不服審査制度研究会編『ポイント解説　新行政不服審査制度』（ぎょうせい・2014年）
杉村編・救済法Ⅰ／Ⅱ　杉村敏正編『行政救済法Ⅰ／Ⅱ』（有斐閣・Ⅰ 1990年／Ⅱ 1991年）
杉本・解説　　杉本良吉『行政事件訴訟法の解説』（法曹会・1970年）
園部＝芝池編・理論　園部逸夫＝芝池義一編『改正　行政事件訴訟法の理論と実務』（ぎょうせい・2006年）
高木・行政訴訟　高木光『行政訴訟論』（有斐閣・2005年）
高橋＝市村＝山本編・条解　高橋滋＝市村陽典＝山本隆司編『条解　行政事件訴訟法［第4版］』（弘文堂・2014年）
田中・損害賠償　田中二郎『行政上の損害賠償及び損失補償』（酒井書店・1954年）
田中・上　　田中二郎『新版行政法　上巻［全訂第2版］』（弘文堂・1974年）
西埜・国賠責任　西埜章『国家賠償責任と違法性』（一粒社・1987年）
西埜・要否　　西埜章『損失補償の要否と内容』（一粒社・1991年）
西埜・国賠法　　西埜章『国家賠償法』（青林書院・1997年）
西埜・概説　　西埜章『国家補償法概説』（勁草書房・2008年）

橋本・要説　　橋本博之『要説　行政訴訟』(弘文堂・2006 年)

橋本＝青木＝植山・行政審査　橋本博之＝青木丈＝植山克郎『新しい行政不服審査制度』(弘文堂・2014 年)

原田・訴えの利益　原田尚彦『訴えの利益』(弘文堂・1973 年)

原田・要論　　原田尚彦『行政法要論〔全訂第 7 版〔補訂 2 版〕〕』(学陽書房・2012 年)

福井ほか編・逐条　福井秀夫＝村田斉志＝越智敏裕編著『新行政事件訴訟法――逐条解説と Q&A』(新日本法規・2004 年)

藤田・総論　　藤田宙靖『行政法総論』(青林書林・2013 年)

藤山＝村田編・行政争訟　藤山雅行＝村田斉志編『新・裁判実務大系 25　行政争訟〔改訂版〕』(青林書院・2012 年)

補償基準要綱　　公共用地補償研究会編著『公共用地の取得に伴う損失補償基準要綱の解説〔新版改訂版〕』(近代図書・2010 年)

宮田・責任法　　宮田三郎『国家責任法』(信山社・2000 年)

宮田・訴訟法　　宮田三郎『行政訴訟法〔第 2 版〕』(信山社・2007 年)

村上・理論　　村上裕章『行政訴訟の基礎理論』(有斐閣・2007 年)

室井ほか編・コンメンタールⅡ　室井力＝芝池義一＝浜川清編『コンメンタール行政法Ⅱ　行政事件訴訟法・国家賠償法〔第 2 版〕』(日本評論社・2006 年)

山本・行政法　　山本隆司『判例から探究する行政法』(有斐閣・2012 年)

②　判例集，判例解説

判例集Ⅰ／Ⅱ　　大橋洋一＝斎藤誠＝山本隆司編著『行政法判例集Ⅰ　総論・組織法』(有斐閣・2013 年)(判例番号を I1 等と引用する)，『行政法判例集Ⅱ　救済法』(有斐閣・2012 年)(判例番号を 1 等と引用する)

百選Ⅰ／Ⅱ　　宇賀克也＝交告尚史＝山本隆司編『行政判例百選Ⅰ／Ⅱ〔第 6 版〕』(有斐閣・2012 年)

重判　　ジュリスト増刊『重要判例解説』(1966 年〜毎年刊)(有斐閣)

判例解説　　『最高裁判所判例解説民事篇』(1955 年〜毎年刊・法曹会)

③　講　座

講座　　田中二郎＝原龍之助＝柳瀬良幹編『行政法講座』全 6 巻(有斐閣・1956 年，1964〜66 年)

行政法大系　雄川一郎＝塩野宏＝園部逸夫『現代行政法大系』全10巻（有斐閣・1983～85年）

新構想Ⅲ　磯部力＝小早川光郎＝芝池義一編『行政法の新構想Ⅲ』（有斐閣・2008年）

実務民訴8巻／9巻／10巻　鈴木忠一＝三ケ月章監修『実務民事訴訟講座　8巻／9巻／10巻』（日本評論社・1970年）

新実務民訴9巻／10巻　鈴木忠一＝三ケ月章監修『新・実務民事訴訟講座　9巻／10巻』（日本評論社・9巻1983年／10巻1982年）

補償法大系　西村宏一ほか編『国家補償法大系』全4巻（日本評論社・1987～88年）

④　記念論文集

成田古稀　成田頼明先生古稀記念『政策実現と行政法』（有斐閣・1998年）

塩野古稀（上）（下）　塩野宏先生古稀記念『行政法の発展と変革　上巻／下巻』（有斐閣・2001年）

原田古稀　原田尚彦先生古稀記念『法治国家と行政訴訟』（有斐閣・2004年）

藤田退職　藤田宙靖博士東北大学退職記念『行政法の思考様式』（青林書林・2008年）

水野古稀　水野武夫先生古稀記念『行政と国民の権利』（法律文化社・2011年）

阿部古稀　阿部泰隆先生古稀記念『行政法学の未来に向けて』（有斐閣・2012年）

宮崎古稀　宮埼良夫先生古稀記念『現代行政訴訟の到達点と展望』（日本評論社・2014年）

著者紹介

大橋洋一（おおはし　よういち）

1959年　静岡県静岡市生まれ

1988年　東京大学大学院法学政治学研究科修了（法学博士）

現　在　学習院大学法務研究科教授

〈主要著書〉

『行政規則の法理と実態』（有斐閣，1989年）
『現代行政の行為形式論』（弘文堂，1993年）
『都市計画法の比較研究』（共著，日本評論社，1995年）
『行政法学の構造的変革』（有斐閣，1996年）
『対話型行政法学の創造』（弘文堂，1999年）
『対話で学ぶ行政法』（共編著，有斐閣，2003年）
『行政法　現代行政過程論〔第2版〕』（有斐閣，2004年）
『都市空間制御の法理論』（有斐閣，2008年）
『政策実施』（編著，ミネルヴァ書房，2010年）
『行政法判例集Ⅱ　救済法』（共編著，有斐閣，2012年）
『行政法Ⅰ　現代行政過程論〔第2版〕』（有斐閣，2013年）
『行政法判例集Ⅰ　総論・組織法』（共編著，有斐閣，2013年）

序　　論

1　行政救済論の位置づけ

(1)　行政救済法の特色

図表 0-1　行政法の 3 分野

行　政 行政組織法	行政作用法 → ← 行政救済法	市　民 （権利・利益の侵害）

行政法には，**図表 0-1** に示したように，3 つの分野が存在する[1]。第 1 は，行政内部の組織構成，組織間関係を規律する行政組織法である。第 2 が，行政活動を行うための手続，要件，効果について規律する行政作用法である。第 3 が，行政活動により市民が「権利・利益の侵害」を被った場合に，市民が国や地方公共団体等を相手にして，行政活動の是正及び金銭による補償を請求する分野である。これが，本書で扱う行政救済法である。

民事法では，権利義務の存在は民法によって判断され（実体法），民事訴訟法の定める手続を通じて権利救済が図られる（手続法）。これと比較するならば，行政法の分野では，民法に相当する実体法が行政作用法，民事訴訟法に対応する手続法が行政救済法である。民事法では権利や義務の発生が原則として当事

1）　参照，大橋・行政法 I 18 頁以下。

者の合意に立脚するのに対し，行政作用法では法律の授権に基づき，個別市民の意思に反してでも行政活動の実現が図られる。この点で，市民の権利保護にとって行政救済法の重要性は一層高いものとなる。

⑵　行政救済法の意義

行政救済法の具体的意義について，以下では，個別事例を素材として考えることとしよう。取り上げるのは，憲法の講義でも（信教の自由に関して）学習した剣道実技拒否事件である[2)]。

（基本事例）　市立工業高等専門学校の学生Ａには，体育の授業として，剣道が予定されていた。同校では，学業成績は100点満点で評価され，55点未満の場合，単位は認定されない。体育では，100点のうち35点が剣道に配分されていた。Ａは，信仰上の理由から剣道実技を拒否し，レポート提出等の代替措置を学校に申し入れたが認められなかった。結局，Ａの剣道の点数は2.5点と極めて低く，体育の総合評価は42点にとどまった。このため，Ａは体育の単位を取得できず，2年次へ進級することもできなかった。翌年もＡは剣道実技を拒否し，体育の総合評価は48点であったため，同じ理由で学校長は進級を拒否した。同校の内規によれば，連続して2回原級に留め置かれた場合には退学と定められているため，学校長はＡに対して退学を命じた。

上記事例において，どの活動が行政作用に当たるのかを指摘したうえで，それに対して市民が用いることのできる行政救済手段とその意義について，具体的に説明しなさい。

（基本事例）では，市立高専の学校長が下した進級拒否決定及び退学命令によって，Ａは同校で学習する機会及び地位を失った。進級拒否決定や退学命令が本件事例において争うべき行政活動であり，これらは行政法Ⅰで学習した行政行為に当たる[3)]。行政行為の内容が適法であるための要件，必要とされる手続については，既に行政作用法で学んだところである。行政活動によって権利や利益を侵害された場合に，市民が行政を相手に，その活動の是正を求めたり，金銭による賠償等を請求するなど，救済を求めることができる。そのため

2）　最判1996［平成8］年3月8日民集50巻3号469頁［百選Ⅰ 84事件］［Ⅰ141］。
3）　大橋・行政法Ⅰ 169頁以下。

の法分野が行政救済法である。

(3) 2系統の行政救済手段（行政争訟と国家補償）

図表 0-2 行政救済法のシステム

行政救済法	行政争訟
	国家補償

（基本事例）でAが救済を求める場合，**図表 0-2** に示したように，2つの手段が存在する。1つは，行為の是正，当該事例では原状回復を求めるものである（これを「行政争訟」という）。事例に則していえば，学校長の行った進級拒否決定や退学命令を是正させるための救済手段であり，拒否決定や退学命令を取り消させることである。これらの処分の取消しによって，Aは学生としての地位を回復し，高専に再び通うことが可能となる。もう1つは，金銭による財産的損失の補填である（これを「国家補償」という）。留年や退学によって辛い思いをしたことに対する慰謝料や，（仮に転校した場合には）転校に伴う経費を求めるものである。賠償の内容には様々なものが考えられる。なお，損害賠償の手段では，一定額の金銭を手にすることはできるが，高専への復学には直接結びつかない点に注意が必要である。

こうした2つの救済手段の利用方法は，Aの選択に委ねられている。再び学校に戻ることを希望し，加えて，金銭で損害を償ってほしいと考える場合には，2つの手段の併用も可能である。また，ともかく復学したい，違法な進級拒否決定や退学命令の是正を求めたいと考える場合には，行政争訟の単独利用も考えられる。他方，転校したり職業に就いたため，高専にはもはや未練はなく，退学命令や進級拒否決定は関心事ではないという場合には，行政活動によって受けた損害の賠償のみを要求することもできる。

（Q 1） レストランの営業許可が行政機関によって違法に取り消された場合を例にして，行政争訟と国家補償という2つの救済手段の特色をそれぞれ具体的に説明しなさい。

この例では，営業許可取消処分の取消しを求め，営業することのできる地位を回復する方法（行政争訟）と，営業許可取消処分により生じた損害について金銭賠償を求める方法（国家補償）の2つが可能である。両者のうち一方のみを利用するか，両者を利用するかは，処分を受けたレストラン営業者の選択に委ねられている。

(4)　2つの行政争訟——行政機関による是正と裁判所による是正

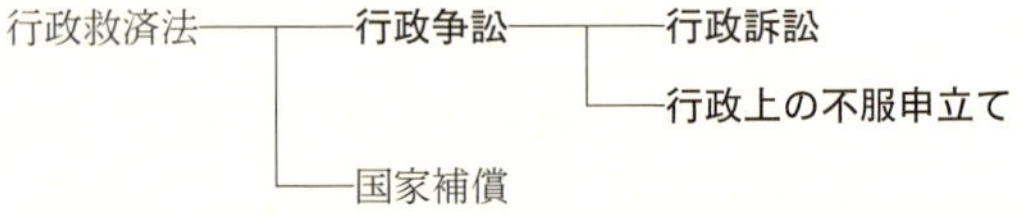

行為の是正を求める行政争訟には，裁判所に訴えて，判決を通じて是正させる方法（行政訴訟）と，行政機関に不服を申し立てて，行政機関により是正させる方法（行政上の不服申立て）の2つが存在する（**図表0-3**参照）。行政訴訟は憲法32条で保障された権利（裁判を受ける権利）に基づく制度であり，すべての行政活動を対象とする。行政訴訟に関する法律として，行政事件訴訟法が存在する。行政訴訟は，中立性を保障された独立の裁判官が関与する点で信頼性は高い一方，訴訟費用がかかるうえ，判決言渡しまでに長い時間を要する。つまり，原告の負担すべきコストは高いものとなる。これに対し，行政上の不服申立ては，簡易迅速性に特色をもつ。つまり，時間と費用の面で，不服申立人にとってメリットの多い制度である。行政不服審査法が行政上の不服申立てに関する一般法である（もっとも，同法は対象を公権力の行使に限定している）。行政上の不服申立ては，立法政策の結果として設けられたものである。

図表0-3　行政争訟のシステム

行政救済法——┬——**行政争訟**——┬——**行政訴訟**
　　　　　　　│　　　　　　　　└——**行政上の不服申立て**
　　　　　　　└——国家補償

(5)　国家賠償と損失補償——国家補償の2分野

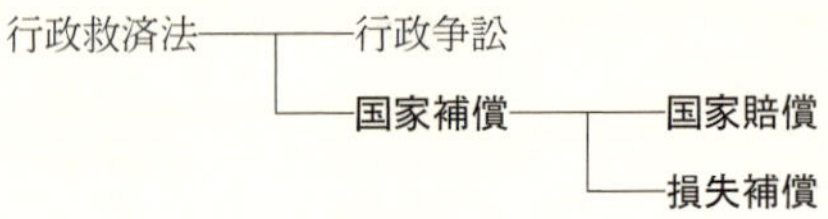

行政活動により生じた財産的損失に対して，金銭による補塡を求めていくのが，国家補償と呼ばれる分野である。国家補償は，原因となる行政活動が違法な場合（国家賠償）と適法な場合（損失補償）とに区分することができる（**図表0-4**参照）。**〔基本事例〕**の剣道実技拒否事件では，学生Aが学校側の違法な行為によって損害を被ったと主張することが可能であり，これは国家賠償の一例である。国家賠償に関しては，国家賠償法が存在する。

図表0-4　国家補償のシステム

行政救済法——┬——行政争訟
　　　　　　　└——**国家補償**——┬——**国家賠償**
　　　　　　　　　　　　　　　　└——**損失補償**

それでは，適法な行政活動に対して補償を求める場合とは，どのような事例を念頭に置いたものであろうか。例えば，高速道路建設のために，行政により

図表 0-5　行政救済法の 4 分野

行政救済法
- **行政争訟**（違法な行政活動の是正）
  - ⒜ **行政訴訟**……裁判所による是正（行政事件訴訟法，憲法 32 条・81 条）
  - ⒝ **行政上の不服申立て**……行政機関による是正（行政不服審査法）
- **国家補償**（金銭による財産的損失の補塡）
  - ⒞ **国家賠償**……違法な行政活動による損害の賠償（国家賠償法，憲法 17 条）
  - ⒟ **損失補償**……適法な行政活動により生じた損失の塡補（個別法，憲法 29 条）

自己の土地所有権が取り上げられる場合を考えてみよう。この場合に，道路建設自体は適法であり，そのために行われる行政による強制的な土地取得活動（＝土地収用）は適法であるとしても，財産権保障の観点から，土地所有者は損失補償を請求することができる。

⑹　ま と め

行政救済法を解説する本書では，**図表 0-5** に掲げた 4 分野，つまり，⒜行政訴訟，⒝行政上の不服申立て，⒞国家賠償，⒟損失補償を扱う。**図表 0-5** で括弧の中に掲げた法律が，本書における主要な学習対象である。行政活動が違法な場合を念頭に置いた救済手段が，⒜行政訴訟，⒝行政上の不服申立て，⒞国家賠償である。これに対し，⒟損失補償は行政活動が適法な場合を対象とする点で異質ではあるが，市民が失った法益の塡補を求めるといった共通性に着目して，行政救済法に含めて説明する。

COLUMN

行政救済法と憲法・民法の関係

行政救済法に属する仕組みのうち，憲法によって要請されているのが，⒜行政訴訟（32 条・81 条），⒞国家賠償（17 条），⒟損失補償（29 条）の 3 分野である。これに対し，⒝行政上の不服申立ては立法政策上の考慮に基づくものである。他方，行政救済法を民事法と比較すると，民事訴訟法に対応するのが⒜行政訴訟であり，民事の不法行為（特に民法 715 条の使用者責任，717 条の工作物責任）に対応するのが⒞国家賠償法である。このように，民事法では手続法（＝民事訴訟法）と実体法（＝民法）が法分野として区別されるのに対し，行政救済法では両者を一緒に扱う点に特徴がある。

図表 0-6　行政救済法と民事法の対応関係

	行政活動の適法性	憲法上の根拠		民事法で相応する制度
(a) 行政訴訟	違法	(←憲法 32 条・81 条)	←→	民事訴訟
(b) 行政上の不服申立て	違法	――――		
(c) 国家賠償	違法	(←憲法 17 条)	←→	民法・不法行為法
(d) 損失補償	適法	(←憲法 29 条)		

行政救済法と憲法，民事法との関連を示したのが，**図表 0-6** である。自分の言葉でこの図表を説明できるか，試してほしい。

2　行政訴訟の主要課題

(1)　訴訟類型の選択と訴訟要件の審理

(a)　訴訟類型の選択

訴訟を提起する場合には，①民事訴訟を提起すべきか，行政訴訟を選択すべきか，②行政訴訟を提起するとして，法律に挙げられた複数の訴訟類型の中でどれを選択すべきか，が課題となる。例えば，行政訴訟としてある訴訟類型を利用する場合には，それが裁判所で審理されるためには，訴訟提起のために必要とされる条件を満たす必要がある（これを「訴訟要件」という)。こうした訴訟技術上の問題を，本書では主に扱う（**図表 0-7** 参照)。**(基本事例)** では，進級拒否決定と退学命令が違法であることを主張して裁判所によって取り消してもらう（それにより学生の地位の復活を図る）ことが，実効的権利救済手段となる。このために，取消訴訟という訴訟類型を用いる。

(b)　仮の権利救済制度の活用

(基本事例) の場合，取消訴訟を提起したからといって，退学処分を受けたAは直ちに救済されるわけではない。取消判決が出るまでAは退学の状態にあり，権利侵害の状況は継続するのである。また，取消判決を得て再び通学できたとしても，その時点では学業は著しく遅れてしまっている。こうした点に着目すると，判決が出るまでの間をどのようにしのぐべきかが，原告Aにとって重要となる。そこで，判決が下されるまで暫定的に原告の地位や利益を保護するための仕組み（これを「仮の権利救済手段」という）が必要となる。これに

図表 0-7　行政訴訟の流れと行政法テキストの対応関係

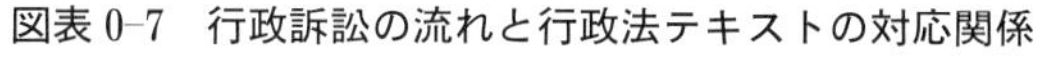

は，複数の類型が存在する。**（基本事例）**では，取消判決が出るまでの間，例えば，裁判所の命令によって原級留置決定や退学命令の効力を止めてもらうこと（これを「執行停止」という）が考えられる。これが利用できれば，A は学生としての地位を得て，学校に通いながら裁判の結果を待つことが可能になる。このように，行政訴訟を提起する場合，仮の権利救済手段の利用可能性が重要な解釈問題になる。

⑵　本案の審理

行政訴訟が適法に裁判所に係属すると，いよいよ行政活動の適法性が裁判所によって審理される（これを「本案審理」という）。これは，行政活動が法律等の定める要件や効果，ないしは行政手続法の定める様々な手続ルールについて，適法であるかを吟味する場である。このように，本案審理では，行政法Ⅰで学習した内容が中心的な審理事項となる。市民が行政訴訟で行政活動の違法性を主張して勝訴するためには，しばしば，行政作用法の理解が決め手になるのである。**（基本事例）**に即していえば，次の（**Q 2**）に挙げたような学校側の主張に対して A は反論し，打ち勝たねばならない。このように，事案に即して法令を解釈適用し，自己の主張を説得的に展開できる力量が問われているのである。行政救済法の学習では，実体法の解釈に挑み，自分の頭で考え抜いて権利主張することのできる能力の開発を目標とする。

（**Q 2**）**（基本事例）**において，次の①から⑨までの学校側の主張に対して，具体的に反論しなさい。

①　原級留置や退学の処分は，学校長が権限をもつのであるから，その裁量に委ねられているのではないか。

②　退学処分は一般市民法秩序と直接に関わるから司法審査の対象になるとしても，原級留置は学校内部の自律に委ねられており，司法審査の対象にならないのではないか。

③　学生Ａのような主張を認めれば，信仰を理由に他の学生が授業を拒否する例が続出してしまうのではないか。

④　高専は義務教育ではなく，学生Ａは自らの意思で入学してきたのではないか。

⑤　剣道を拒否しても，体育の単位を取得するためには，残りの65点について頑張ったらよいのではないか。

⑥　キリスト教徒の児童が日曜教会学校に通い，日曜日の授業参観が欠席扱いにされた事件[4]で，授業を適法とした判決があるではないか。

⑦　学校は，無理矢理いやがる学生に竹刀を握らせた事実はなく，剣道実技を強制したわけではない。

⑧　国語や数学の授業を受けないと単位が取得できず卒業できないのと，本件は変わらないのではないか。

⑨　汗水垂らして真面目に剣道をした学生と同じ成績を学生Ａに与えたのでは，不公平ではないか。剣道実技を受けていない学生に単位を与えるのは，かえって，特定の宗教を優遇することにならないか。

説得力のある反論について，友人と意見交換をしてほしい。解答を検証するうえでは，最高裁判決[5]を丁寧に読み直すことを推奨する。

3　対話型公共プロセスとしての行政救済法

憲法や法令で保障された権利や利益が行政によって侵害された場合には，市民の権利救済が現実に図られることが最も重要である。そのためには，権利救済を図るための手段は，市民にとって実効的な救済機能をもつものであると共に，使い勝手がよいものでなければならない。こうした観点からは，権利救済手段の使い方を具体的に示した行政法テキストが不可欠である。本書は，具体的な紛争状況に即応して市民が行政救済手段を利用できることに重点を置く。

4)　東京地判1986［昭和61］年3月20日行集37巻3号347頁。
5)　最判1996［平成8］年3月8日・前掲注2)。

あわせて，行政救済法という極めて技術性の高い道具の整備を通じて，対話型公共プロセスが構築されることを解説したい。市民による権利救済の要請に応えて，裁判所が説明責任を尽くし，裁判を契機として，司法機関，行政機関，市民との間で一層のコミュニケーションが促進されることに期待している。

（本書を学習するうえでのアドバイス）

1　**（基本事例）**と（Q）を中心とした基礎的学習の勧め

本書では，各章において，**（基本事例）**と個別の設問である（Q）を組み合わせて叙述がなされている。両者への解答を通じて，本文の理解を深めながら，読み進めていただきたい。初学者，学部生，第1回目の読者は，ここに焦点を当てて熟読することを推奨する。

基本判例は**（基本事例）**や（Q）の中に取り込んであり，また，複雑な事例については事実関係の図解もできる限り加えた。したがって，テキストを読み進めながら，同時に判例の基礎的理解を深めることが可能である。学習にあたっては，本文で述べた一般理論がどのような紛争の文脈で用いられるのかに，特に関心を払ってほしい。

2　*COLUMN* や**（発展学習）**を通じた展開的学習

専門的な内容を含む *COLUMN* や高度な内容を含む**（発展学習）**については，第1回目の学習の際には，読み飛ばすことをお薦めする。上記1の学習が進み，基礎的理解が深まった段階で，興味のあるところから参照することを期待する。

3　判例集を併用した応用的学習

大橋洋一＝斎藤誠＝山本隆司編『行政法判例集Ⅱ　救済法』（有斐閣・2012年）の判例番号を，本書で言及した裁判例について付している。判例集を活用して，判決文を読むことにより，正確な理解の習得が可能となる。

第1部
行政争訟法

▶第1部の狙い

第1部では，行政活動の是正を要求する仕組みを学習する。具体的には，裁判所による是正を求める行政訴訟（第1章～第14章）と，行政機関による是正の手続である行政上の不服申立て（第15章，第16章）の2つを扱う。行政訴訟が紛争解決に向けた一連のプロセスであることを重視して，手続の全体を鳥瞰することに，最大限の配慮を払った。学習の初期段階で手続の全体像を把握しておくことは，その後の学習を容易にするものである。

はじめに，行政訴訟制度の基礎に裁判を受ける権利が位置することを指摘した後に，訴訟類型の全体像を概観する（第1章）。

続いて，個別の訴訟類型を丁寧に説明する。まず，代表格である取消訴訟を詳細に論ずる（第2章～第8章）。ここでも，取消訴訟という手続の全体像を把握するという観点から，取消訴訟の提起から判決に至る流れを総覧するように努めた（第2章）。その後で，取消訴訟の利用条件を4章ほどかけて詳細に解題する（第3章～第6章）。解説にあたっては，具体例を挙げて，どのような紛争状況で適用すべき訴訟法規であるかという点に焦点を当てた。あわせて，概観性の悪い行政法規を根気よく解釈していく姿勢，実定法に立脚した思考を深めることができるように，法解釈の手法について説明を行う。また，取消訴訟の審理方法（第7章），判決（第8章）についても分析を進める。

その後は，処分を直接に攻撃対象とする訴訟類型として，処分無効等確認訴訟（第9章），義務付け訴訟（第10章），差止訴訟（第11章）の順で説明する。このほか，処分以外の行為形式を争うための訴訟手段として，公法上の当事者訴訟を考察する（第12章）。

それぞれの行政訴訟で勝訴判決が意義を失うことのないように，判決までの間，暫定的に原告の権利利益を保全する制度（仮の権利救済制度）が整備されている。その重要性を指摘したうえで，仮の権利救済に係る複数の仕組みを相互に比較する（第13章）。こうした分析を通して，各制度の理解を深めるよう努めた。

行政訴訟の最後に，自己の権利利益の救済に関わりなく訴訟を提起することができる特別な仕組み（客観訴訟）として，住民や選挙民としての資格で争うことのできる訴訟（民衆訴訟）や，行政機関相互の訴訟（機関訴訟）などを扱う（第14章）。

行政訴訟に続き，それと比較する形で，行政上の不服申立てを説明する（第15章，第16章）。行政不服審査法が1962年の制定以来52年ぶりに大改正をされたことから，新しい仕組みの趣旨及び特色を具体例に即して解説する。

第1章
裁判を受ける権利と多様な行政訴訟

▶本章の狙い

個別の行政訴訟類型を学ぶ前提として，本章では，裁判を受ける権利など，行政訴訟に対して憲法から提起される様々な要求を概観する。実効的権利救済など，個別の法解釈において指針となる視点の獲得に努める。続いて，行政訴訟の諸類型を概観し，典型的な紛争状況に応じて，どの訴訟類型を選択すべきかという大局観を養うこととしたい。多様な訴訟類型を鳥瞰することにより，次章以下で扱う個別の行政訴訟類型に関する理解が，格段と進むこととなろう。

1　裁判を受ける権利の保障

(1)　司法制度改革と行政訴訟改革

市民が違法な行政活動により権利や利益を侵害された場合に，行政訴訟を提起することにより，市民は裁判所による救済を受けることができる。その法的根拠は憲法32条・81条に定められている。行政訴訟は，権利利益の救済及び法治主義を実現するための極めて重要な手段である。しかし，従来，わが国における行政訴訟の利用は低調であり，低い勝訴率，行政法に不案内な法曹の存在，数多くの請求却下判決など，比較法的に見ても救済水準は低いものにとどまった。実際に利用された行政訴訟は（行政行為に対応した）取消訴訟が中心であり，行政指導，行政計画，行政立法などを争うのには困難が伴った。また，行政活動の名宛人以外の市民（第三者）による出訴資格も，限定的に解されていた。このほか，原告が勝訴判決を得るまで暫定的に権利利益の保全を図る制度も十分に活用されていない。

こうした状況を改善すべく，司法制度改革の一環として，2004年に行政事件訴訟法（以下「行訴法」という）の（制定［1962年］以来初めての）大改正がなされた。

⑵　裁判を受ける権利の確立

行政訴訟の利用を考える場合には，行訴法の解釈が中心となる。同法の解釈に際しては，裁判を受ける権利が憲法上保障されている点を重視すべきである。以下では，基本的な視点を示す。

⒜　包括的権利救済

行政法Ⅰで学んだように，現代行政の活動範囲は極めて広くにまで及び，その内容や用いられる手段も多様性に富む。こうした状況に鑑みると，行政活動に対して，権利救済の手段は漏れなく用意されていなければならない。しかし，行訴法が改正された2004年以前には，実際には取消訴訟しか利用できない状況が見られた。取消訴訟は沿革的には行政行為に対応した訴訟類型であるため，その他の行政活動に対する権利救済手段には，大きな穴が開いていたことになる。行政が選択する活動類型によって権利救済が欠けることのないよう，包括的な権利救済システムが不可欠となる。換言すれば，多様な行政活動に対応した訴訟類型の整備が求められている。

現行法は，後述するように，セーフティーネットとして公法上の当事者訴訟（行訴法4条）を整備することを通じて，上記の要請に応えようとしている。

⒝　裁判所へのアクセスに対する障害の除去

裁判を受ける権利の保障（憲法32条）は，質量共に豊かな法曹の存在及び裁判制度への容易なアクセスを要請する[1)]。換言すれば，行政訴訟は市民にとって「使い勝手の良い」ものでなければならない。加えて，紛争解決を望む市民に対する支援を拡充するという視点が重要である。改善点を具体的に述べるな

1)　佐藤幸治『日本国憲法論』（成文堂・2011年）353頁。

らば，訴訟提起に要する費用が高すぎないか（提訴に必要な印紙代），原告に身近な裁判所に出訴することができるか（土地管轄），出訴に厳格な期間制限が課されていないか（出訴期間），出訴の前に踏むべき手続が重すぎないか（過剰な前置手続），提訴や訴訟遂行を支援する人材が充分に配置されているか（行政法に詳しい法曹の養成），被告を容易に特定できるか（被告適格者の選択に関する原告の負担軽減），適切な訴訟類型を容易に選択することができるか（訴訟類型選択をめぐる迷路の回避），制度が複雑にすぎないか（シンプルな訴訟制度の設計），市民に情報提供が行き届いているか（教示制度の充実），争点について裁判所が説得的に理由を付して判決を書いているか（司法の説明責任）などである。これらの問題を常に市民の視点に立って，改善し続ける必要がある。

(c)　武器対等の原則（市民支援の必要性）

裁判を受ける権利は，対等な当事者として，手続上の地位・手段を与えられたうえで裁判を受ける権利として保障されている[2)]。こうした観点から見た場合，行政訴訟の訴訟当事者間では，多くの点で対等性が欠けていた。こうした格差，情報の偏在状況への配慮が必要である。平均的市民がどのようなものであるかに着目したうえで，市民が行政と対峙する行政訴訟の審理ルールのあり方が問われなければならない。市民の権利行使を支援する制度的担保として，教示，釈明権行使，行政情報及び訴訟資料の開示に関して，工夫が不可欠である。

(d)　司法の説明責任

行政訴訟で裁判所が果たすべき最も重要な役割は，紛争の解決を図ることである。もっとも，裁判所の任務は，一方当事者に軍配を上げることにとどまらず，十分な理由を伴った説示を尽くすことに重点がある。つまり，行政訴訟の判決文において，充分な実質的理由が示されなければならない。これは裁判一般に要請されるところであり，国家機関である「司法による説明責任」が問われる局面である。行政訴訟では，行政が行政過程において説明責任を果たすことに失敗している事例が多いことから，司法が（行政の果たせなかった）説明責任を国家機関として補完することが期待されている。

2)　兼子一＝竹下守夫『裁判法〔第4版〕』（有斐閣・1999年）150頁。

(e) 実効的権利救済

勝訴判決が市民の権利救済に結びつくことが，行政訴訟の基本的任務である。救済が適時に与えられること（例えば，予防的に訴訟が利用可能であること），市民に何度も出訴を要求することなく一回的な紛争解決が図られること，紛争解決にとって直截な救済が与えられること，多数当事者からなる行政法関係への配慮がなされていることが，肝要である。とりわけ，裁判で争っている最中に行政の側が行政活動を推し進め，既成事実を作り上げてしまい，原告勝訴の判決が下された時点で既成事実が障害になって権利救済を図ることが困難となる事態は，避けるべきである（第8章*2*「事情判決」参照）。

また，原告の勝訴判決が意義を失うことのないように，事案によっては，判決の前に暫定的な救済を与えるなど，仮の権利救済制度の活用が不可欠となる[3)]。

(f) 構造的公正性・中立性の確保

裁判所が紛争の裁断にあたり中立的立場を維持することは，司法過程にとって生命線である。裁判所が，行政権寄りに位置するといった印象・外観を市民に与えることは，制度矛盾であろう。例えば，国・公共団体の代理人として弁護を行う訟務検事にもっぱら裁判官が派遣される人事交流などは，改善を要する慣行である。

(g) 権利利益の侵害状況を視野に収めた法解釈

法律の解釈は，法文の技術的な解読操作に尽きるものではない。換言すれば，現実の利害状況を視野の外に置いた法文解釈では，不十分である。法律制定によって立法者が保護しようとした法益の（侵害）状況を絶えず視野に入れたうえで，解釈者が条文を解釈することによって初めて，法律が適用される法関係の構造や具体的利害状況に配慮した法解釈が可能となる。換言すれば，違法な行政活動によって侵害されたと原告が主張する権利や利益の現状を視野に入れたうえで，解釈者は，立法者の意図を探求すべきである。このように，現実と

---

3)　ドイツでは，権利保護の実効性を要求する基本法（これはドイツの憲法である）19条4項により仮命令の必要性が導かれ，事案によっては，仮命令が本案の救済内容を超えるといった例外すら容認されてきた。このように，ドイツでは仮の権利救済制度が重要視され，憲法上の基礎をもつのである。山本隆司「行政訴訟に関する外国法政調査――ドイツ」ジュリスト1238号87頁，1239号124頁（2003年）。

図表1-1 4つの行政事件訴訟

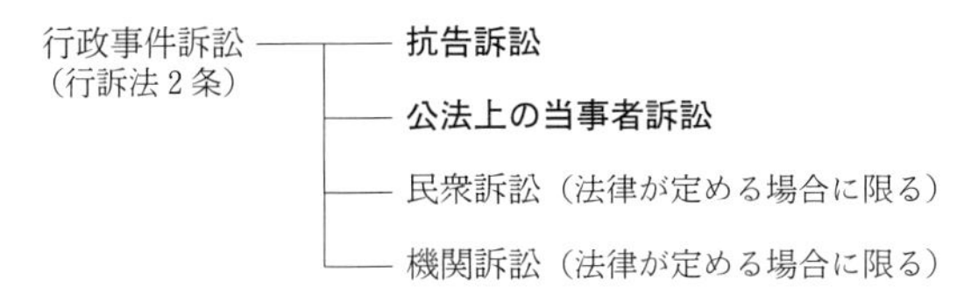

法文との間を相互参照する中で，行政法令の解釈は行われるべきである。

上記の解釈方法は，取消訴訟における第三者の原告適格（この問題は，第5章で詳しく説明する）について行訴法9条2項に定められた解釈指針に相応するものである。同項に示された内容は，原告適格問題に限定された解釈方法ではなく，行政法解釈一般に当てはまる普遍性の高い参照価値を有する[4]。

2 訴訟類型選択における2つの視点

(1) 分水嶺としての「公権力の行使」——抗告訴訟と公法上の当事者訴訟

個々の行政訴訟の利用方法については，次章以下で詳細に解説する。それに先立ち，本章では大局的な説明をしたい。具体的な紛争を目の前にして，複数存在する訴訟類型の中で，どれを利用したらいいのか，おおよその方針を立てる練習を行う。初学者を相手に冒頭からずいぶん乱暴だと思われるかもしれない。しかし，経験に即して言えば，こうした見通しがたてば，以後の学習は格段にはかどるところである。このような観点から，本章では，訴訟類型の概観に焦点を当てる。

行訴法は，行政事件訴訟として，抗告訴訟，当事者訴訟，民衆訴訟，機関訴訟の4種類を規定している（2条。**図表1-1**参照）。4つもあると聞くと不安に思うかもしれないが，このうちの民衆訴訟と機関訴訟は，個別の法律が認めた場合にのみ許容される例外である[5]。つまり，そうした法律規定が存在する場合に注意を払えば足りるものである。

そこで，訴訟類型の選択にあたって重要となるのは，第1に，抗告訴訟と公

4） 阿部・解釈学Ⅱ 153頁。
5） 行訴法42条は，こうした例外的な存在であることを「法律に定める場合において……提起することができる」と表現している。

図表 1-2　抗告訴訟と当事者訴訟の区分

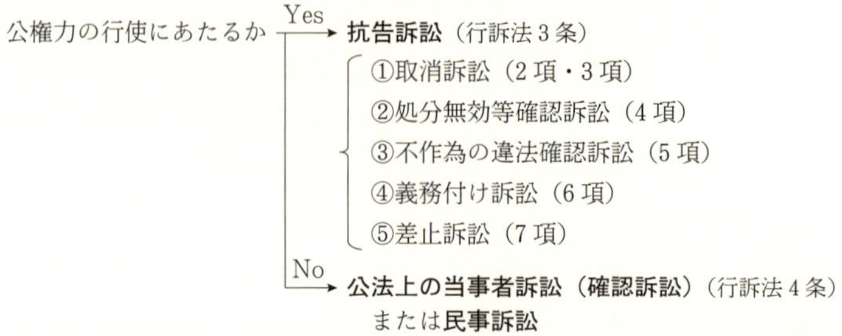

公権力の行使にあたるか
- Yes → **抗告訴訟**（行訴法3条）
  - ①取消訴訟（2項・3項）
  - ②処分無効等確認訴訟（4項）
  - ③不作為の違法確認訴訟（5項）
  - ④義務付け訴訟（6項）
  - ⑤差止訴訟（7項）
- No → **公法上の当事者訴訟（確認訴訟）**（行訴法4条）または**民事訴訟**

法上の当事者訴訟との使い分けである。両者は，原告の争う行政活動が「公権力の行使」に該当するか（「処分性がある」か）という基準により区分される。こうした判断基準は，行訴法3条1項が抗告訴訟を「行政庁の公権力の行使に関する不服の訴訟」と定義していることに基づく。したがって，「公権力の行使」が訴訟の攻撃対象であれば抗告訴訟，それ以外の行政活動が対象であれば公法上の当事者訴訟または民事訴訟を利用する（**図表 1-2** 参照）。

⑵　抗告訴訟の使い分け

もう1つの重要な選択は，抗告訴訟を利用するとした場合に，行訴法3条に複数掲げられた抗告訴訟類型のうち，どれを用いるべきかという問題である。抗告訴訟としては，5種類が法律上明記されている（**図表 1-2** 参照）。具体的には，取消訴訟（2項・3項），処分無効等確認訴訟（4項），不作為の違法確認訴訟（5項），義務付け訴訟（6項），差止訴訟（7項）の5つである。

本章では，まず，処分性の判断方法を学び，抗告訴訟と当事者訴訟を区別する視点を学習する（以下*3*）。続いて，抗告訴訟の5類型を概観したうえで，具体的紛争状況に即した選択方法について説明する（以下*4*）。

3　処分性の判断方法

まず，公権力の行使とはどういう活動を指すのか，処分性の有無は具体的にどのように判断されるべきかを解説する。処分性に関しては，第4章で詳しく扱う予定であり，ここでは輪郭の把握に重点を置く。

(基本事例)　東京都は，ごみ焼却場を新設しようと考え，①ごみ焼却場設置計画案を作成し，都議会に提出した。これを受けて，都議会は同計画案を可決し，計画は東京都の広報で公布された。その後，②都はN建設株式会社と建築請負契約を締結したうえで，③工事を実施する。施設周辺の居住者は，この建設プロジェクトにより生活環境が破壊されると考え，反対である。周辺居住者は，①～③の一連の活動は処分に該当するとして，抗告訴訟を利用しようと考えている。

(基本事例)は，東京都ごみ焼却場事件最高裁判決[6]を基に作成したものである(**図表1-3**参照)。同判決は，処分性の判断公式を示したリーディングケースである。最高裁は処分性に関し，以下のような解釈を示した。結果として，**(基本事例)**において，処分性を否定した。

図表1-3　東京都ごみ焼却場事件

原告	抗告訴訟	被告
周辺居住者	――――→	**都**…ごみ焼却場建設
「一連の行為が処分である！」		①計画案 ②建築請負契約 ③工事

「[処分とは] 行政庁の法令に基づく行為のすべてを意味するものではなく，公権力の主体たる国または公共団体が行う行為のうち，その行為によつて，直接国民の権利義務を形成しまたはその範囲を確定することが法律上認められているものをいう」。

最高裁の公式では，以下の特色をもつ行為である点が重視されている。

(a)　公権力主体と国民との関係で行われていること(外部性)
(b)　「直接に」国民に向けられていること(直接性)
(c)　国民の権利義務に変動をもたらすこと(法的効果)
(d)　法律に基づくこと(法律の授権)

(Q1)　**(基本事例)**における①～③の行為は，なぜ処分と解釈できないのか，処分性に関する最高裁の公式に即して説明しなさい。

最高裁は，計画案の作成や議会への提出を「都自身の内部的手続行為」であると解釈して，処分性を否定した。上記公式(a)の意味するところは，処分は公

6)　最判1964［昭和39］年10月29日民集18巻8号1809頁［百選Ⅱ 156事件］18。実際の事案は，処分無効確認訴訟である。

権力の主体（事例では東京都）と市民との関係（これを「外部関係」という）において，市民に対してなされる行為を指すということである。この点で，①計画案の作成・議会提出行為は，公権力主体内部の行為（これは「内部行為」と呼ばれる）であり，市民との外部関係で行われていない（上記(a)及び**図表1-4**を参照）。また，これらの活動は，市民に対して直接行われたものでもなければ，市民の権利義務の変動をもたらすものでもない（上記(b)(c)参照）。他方，②業者との建築請負契約に関して，最高裁は「私法上の契約」であるとして，処分性を否定した。処分の効力は法律による授権に基づくものであるところ（上記(d)参照），請負契約は契約当事者の合意にその効力の基礎を置く点で，処分性が否定された。さらに，③工事実施は事実行為であり法的効果（上記(c)）を欠くため，処分に該当しない。

図表1-4　内部関係と外部関係

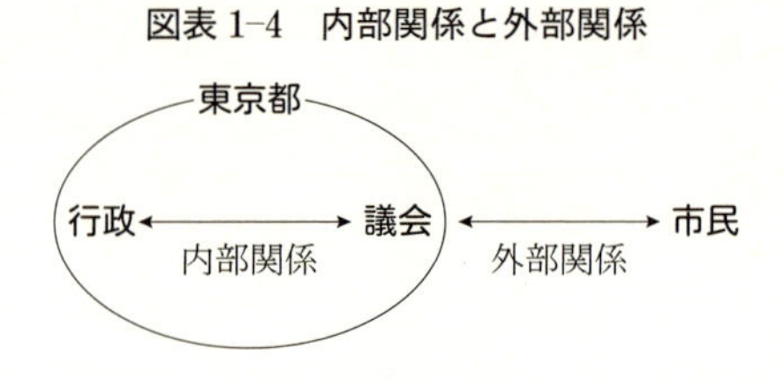

（Q 2）「①から③までの一連の設置行為が処分である」という原告らの主張は，最高裁に受け入れられなかった。それはなぜなのか，説明しなさい。

ごみ焼却場判決における最高裁の解釈方法に着目する必要がある。最高裁は，個々の行政活動に着目したうえで，活動の法的性格を分析的に判定している（これを「分析的手法」という）。つまり，個々の行政活動のなかに上記公式にあてはまる処分が含まれているのかを問う形で審査を行っている。したがって，原告の主張のように，一括して「処分である」といった解釈方法（複合的手法）を最高裁は採用していない。

（Q 3）「処分性は行政法令の解釈問題である」といわれている。これは，どういう趣旨か，自分の言葉で説明しなさい。

最高裁判決の公式にも現れていたように，処分に該当するためには，「直接国民の権利義務を形成しまたはその範囲を確定することが法律上認められているもの」でなければならない。換言すれば，法律の解釈を通じて，国民の権利義務の形成，その範囲の確定が導かれなければ，処分とはいえない。したがって，処分性の判断は，当該行政活動の授権法律（及びその委任を受けた政令・府省令）について，「直接国民の権利義務を形成しまたはその範囲を確定する」行為を探求する解釈作業なのである。

4　5つの抗告訴訟類型の使い分け

(1)　概　　論

攻撃対象の行政活動が処分に該当する場合には，公権力の行使に対する不服の訴訟として抗告訴訟の利用が可能である（3条1項)。もっとも，抗告訴訟といっても，それは総称であって，法定されたものとしては，取消訴訟，処分無効等確認訴訟，不作為の違法確認訴訟，義務付け訴訟，差止訴訟の5つが存在する（同条2項以下。**図表1-5**参照）[7]。ここでは各類型を概観し，その選択方法を学ぶ。

図表1-5　抗告訴訟類型の選択

どれを利用すべきか
①取消訴訟
②処分無効等確認訴訟
③不作為の違法確認訴訟
④義務付け訴訟
⑤差止訴訟

まず，5つの訴訟類型の基本的特徴を，概括的に説明する。つまり，訴訟選択にあたって有用と思われるポイントを指摘する。学習にあたっては，原告と行政との法律関係をノートに図示して，どういった紛争状況において用いられる訴訟類型なのかという点に注目して，理解を深めてほしい。

行政手続法に関して勉強したように，処分には大きく分けて，2つの類型が存在する（**図表1-6**参照)。第1は，行政が職権で市民に対して不利益を課す不利益処分である。第2は，法令に基づく（市民の）申請に対して，行政が応答として下す処分（申請処理処分）である（申請に対する応

図表1-6　処分類型

処分
- 不利益処分
- 申請処理処分
  - 申請認容処分
  - 申請拒否処分（一部拒否も含む）

7)　行訴法は抗告訴訟として，3条2項以下で列記した訴訟類型以外にも，行政庁の公権力の行使に関する不服の訴訟を同条1項では許容している（これを法定外抗告訴訟とか，無名抗告訴訟という)。同旨，塩野・Ⅱ 251頁，宇賀・概説Ⅱ 122頁，小林・行訴法198頁参照。もっとも，法定の抗告訴訟が整備された結果，法定外抗告訴訟活用の余地は狭い。

答には，許可等を付与する旨の決定と申請を拒否する旨の決定という2種類が存在する)。こうした処分類型を念頭に置くことにより，以下の説明の理解が一層容易になるものと思われる。

(2) 取消訴訟

(a) 不利益処分に対する訴訟

抗告訴訟の代表格である取消訴訟は，処分を判決によって取り消し，処分の効力を遡って失わせるものである。典型例は，不利益処分を受けた名宛人が原告となって提起する取消訴訟である（**図表1-7**参照）。

図表1-7　不利益処分の取消訴訟

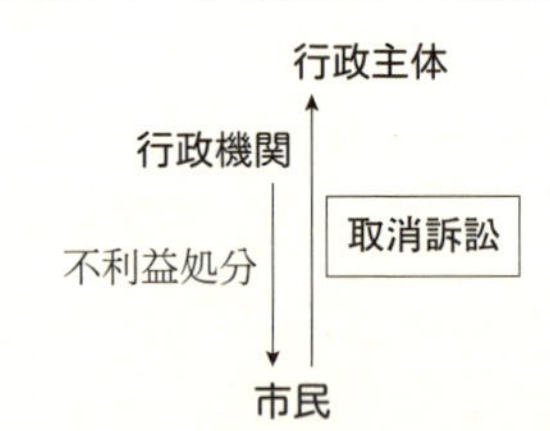

(Q 4)　以下の①から④の事例について，AからDは取消訴訟を利用できるか，検討しなさい。

①　Aが所有する家屋に対し，違法建築物であるとして，建築基準法9条1項に基づき特定行政庁により除却命令が出された。

②　公立高校の生徒Bに対して，学則に定める退学事由に該当するとして，学校長により退学が言い渡された。

③　国土交通省職員Cに対して，国家公務員法82条1項に基づき，国土交通大臣により懲戒免職処分が下された。

④　ダムを建設するという理由で，土地収用法48条に基づき，県収用委員会によってDの所有地に対して，権利取得の収用裁決がなされた。

上記①から④に見られる行政活動は，いずれも不利益処分の代表例であり，各事例において取消訴訟が利用可能である。

(b) 申請拒否処分に対する訴訟

取消訴訟は，不利益処分のほか，申請拒否処分に対しても利用可能である。例えば，市民が営業許可を法令に基づいて申請したが，行政機関が拒否した場合，申請者である市民は申請拒否処分に対し取消訴訟を提起することができる（**図表1-8**参照）。申請

図表1-8　申請拒否処分の取消訴訟

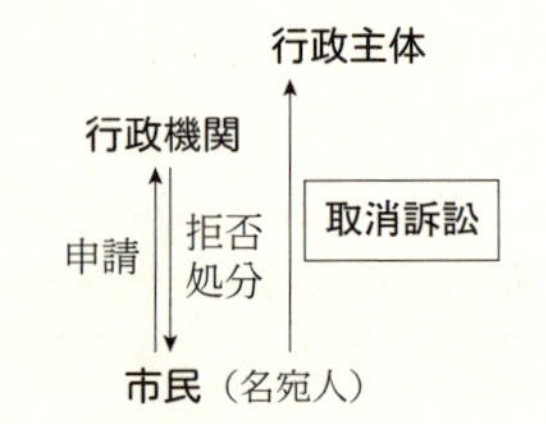

拒否処分の取消判決が出されれば，当該処分はその効力を失うため，行政機関は申請段階に戻って，申請を改めて審査し直さなければならない。もっとも，再度の審査によっても，市民に必ず許可が与えられるわけではない。このように，権利救済の確実性という点で，拒否処分取消訴訟には限界が存在する。

(Q 5)　以下の⑤と⑥の事例について，EやFは取消訴訟を利用できるか，検討しなさい。

⑤　生活保護法7条に基づき生活保護をEが申請したところ，市長によって拒否され，Eは途方に暮れている。

⑥　東京都が条例で定めた中小企業向け融資制度を利用して，工場主Fは事業資金を得たいと思い，融資の申請をしたところ断られてしまった。従業員に給料が払えず，Fは苦境に立たされている。

⑤と⑥は，いずれも申請拒否処分の事例であり，取消訴訟が利用可能である。

(c)　**申請認容処分に対する訴訟**

上記(b)では，申請に対する応答のうち，申請拒否処分の場合を説明した。これに対し，申請認容処分の場合には，申請通りの許可を得て，申請者は満足しているのであるから，取消訴訟とは無縁であるように見える。しかし，許可に対して，申請者以外の市民（第三者）が不服を抱く事例はしばしば存在する。例えば，建築確認が違法に下されたとして，建築確認の対象建築物の隣人が建築確認の取消しを求める場合である（**図表 1-9** 参照）。このように，申請認容処分の場合であっても，第三者が原告となり取消訴訟を提起する事例が見られる。

図表 1-9　申請認容処分の取消訴訟

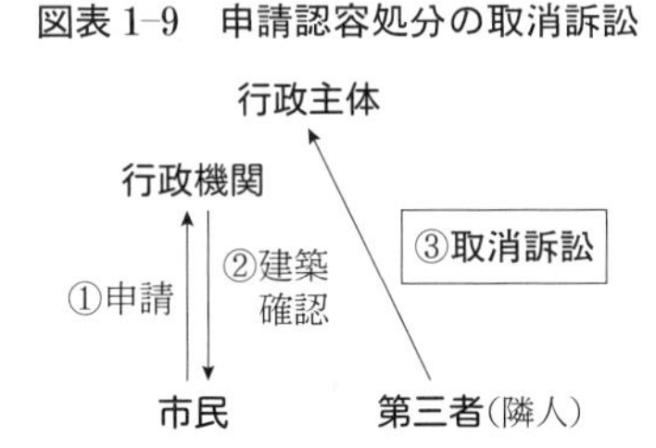

(Q 6)　以下の⑦と⑧の事例について，GやHは取消訴訟を利用できるか，検討しなさい。

⑦　国土交通大臣は，鉄道事業者が申請した線路高架化計画に対して認可を与えた。認可により，高架工事が着手され，線路の高架化が実現する。これに対し，沿線住民Gは住環境が違法に侵害されるとして，認可には反対である。

⑧　Hが東京都豊島区に提出し，同区が保有する公文書について，区の条例に基づき他の市民から公文書開示請求の申請がなされた。豊島区長は，申請に

応じて，開示する旨の決定を行った。Hは，本件開示決定に反対である。

いずれの事例でも認可や開示決定の処分性は肯定でき，これら処分に対して，（処分の名宛人ではない）第三者は取消訴訟を提起することができる（原告適格の問題は別途存在するが，ここでは触れないこととする）。

(3) 処分無効等確認訴訟

取消訴訟は，処分があったことを知った日から6カ月以内，処分の日から1年以内に提起しないと，もはや提起できない。このように，取消訴訟の提起には出訴期間の遵守という利用条件が課されている（行訴法14条）。しかし，処分の違法が重大で無効な場合については，取消訴訟の出訴期間の経過後であっても抗告訴訟の提起が許容されている（38条1項では14条が準用されていない）。こうした「乗り遅れた取消訴訟」[8] が，処分無効等確認訴訟である。

（Q 7）　次の事例で，Iは取消訴訟を提起することができるか，検討しなさい。

⑨　甲事業団は，核原料物質，核燃料物質及び原子炉の規制に関する法律に基づき内閣総理大臣から原子炉設置許可を受けた。これに対し，Iら周辺住民は，当該原子炉は同法所定の許可要件を充たさず，その設置，稼働によりIらの生命や身体を損傷するなど重大な被害をもたらすものであるとして，裁判で争いたい。しかし，周辺住民で話し合いを重ね，裁判で争うための組織作りに，上記許可から1年あまりを費やしてしまった。

この事例では，Iが処分を知った時は，処分から既に1年が経過しており，取消訴訟の利用条件である出訴期間を遵守することができない。したがって，取消訴訟を提起しても，不適法な訴えとなる。しかし，免許処分に重大な違法性が存在したなど，当該処分の無効を主張することができれば，出訴期間制限のない処分無効等確認訴訟を提起することは可能である[9]。

---

8)　塩野・II 222頁。

9)　最判1992［平成4］年9月22日民集46巻6号571頁［百選II 171事件］ 41 は，同様の事例で処分無効等確認訴訟を適法とした。阿部・解釈学II 281頁も参照。

(4) 不作為の違法確認訴訟

この訴訟類型が特殊な場面で利用される点に，注意が必要である。念頭に置かれているのは，申請に対して何ら応答がなされない状況，つまり，申請拒否処分も申請認容処分もなされない「なしのつぶて」状態である。申請拒否処分であれ，申請認容処分であれ，処分が下されれば，上記(2)(b)ないし(c)で説明したように，取消訴訟を提起して争うことが可能である。これに対し，処分が何らなされない場合には，争う対象が存在せず取消訴訟は利用できない。そこで，申請に対して行政が何ら応答をしない場合を想定して，申請処理の不作為を続けることが違法であることを裁判所に宣言するよう求める訴えが法定された。これが不作為の違法確認訴訟である。違法確認判決によって，申請処理の不作為について違法を宣言された行政は，何らかの応答をする義務を負う。もっとも，行政は何らかの処分をすることが求められるにすぎず，申請認容処分がなされるかは不確実である。かりに，申請拒否処分が出されれば，申請者は再度の訴訟（拒否処分に対する取消訴訟など）を提起することとなろう。このように，不作為の違法確認訴訟は申請者にとって迂遠な訴訟類型である。

(Q 8) 次の⑩や⑪の事例で，JやKは不作為の違法確認訴訟を利用できるか，検討しなさい。

⑩ Jは森林法10条の2第1項に基づき県知事に林地開発許可の申請をしたが，知事は申請から2年4カ月たっても何ら処分を行おうとしない10)。同県の定める標準処理期間によれば，上記許可の場合80日と定められている。

⑪ Kは廃棄物の処理及び清掃に関する法律15条1項に基づき産業廃棄物処理施設の設置許可申請を県知事に対して行った。しかし，同県の指導要綱に定められた手続を実施していない等の理由で，相当期間を経過しても何ら処分が行われていない11)。

どちらも，法令に基づく申請をしているにもかかわらず，行政機関が相当期間内に諾否の応答を怠っている事例である。ここでは，不作為の違法確認訴訟の提起が可能である。

---

10) 参照，高知地判2002［平成14］年12月3日判タ1212号108頁。

11) 参照，仙台地判1998［平成10］年1月27日判時1676号43頁 I 102 。事案は，申請書が返戻されたものであるが，(Q 8) ⑪では，修正して作問した。

⑸　取消訴訟と義務付け訴訟・差止訴訟との比較

これまで，抗告訴訟のうち3つの訴訟類型を紹介してきた。このうち，不作為の違法確認訴訟は申請の処理を怠る公務員が存在する特殊事例を想定した訴訟類型である。他方，処分無効等確認訴訟は，取消訴訟の出訴期間が経過した場合の対応策であり，取消訴訟の亜種ともいうべきものである。したがって，3種類とはいっても，以上の概観から明らかなように，取消訴訟が中心である。このように見てくると，5種類の抗告訴訟とはいっても，実際には，取消訴訟と，以下で紹介する義務付け訴訟及び差止訴訟の区分が重要であることに気づく。

取消訴訟と差止訴訟はともに，処分の効力を否定する点で共通する。自動車の運転操作にたとえれば，ブレーキ型の訴訟類型である。両者の違いを挙げるとすれば，取消訴訟は「既に下された」処分の効力を否認するものである。これに対して，差止訴訟は未だ下されていないが，「将来下されるであろう」処分を下さないよう求めるものである。このように，差止訴訟は，将来型（未来型）の取消訴訟といった性格をもつ。

他方，義務付け訴訟は，ある処分の発動（効力発生）を要求する点で，取消訴訟とは対照的な性格をもつ。つまり，自動車の運転操作にたとえれば，アクセル型の訴訟類型である。

義務付け訴訟には，大きく分けて，2つのタイプが存在する。1つは，申請拒否処分が下された場合や，申請に対して何ら応答がない場合に，申請者が原告になって，申請通りの給付を行政庁が与えるよう命ずることを裁判所に求めるタイプである（これを「申請型義務付け訴訟」という）。他の1つは，不利益処分を行うべきであるにもかかわらず，行政庁が権限行使を怠っている場合に，処分権限を行使するよう命ずることを裁判所に求めるタイプの訴訟である（これを「非申請型義務付け訴訟」という）。

（Q 9） 次の⑫から⑮の事例において，(イ)から(ハ)の訴訟類型のうちどれを利用すべきか，検討しなさい。

(イ)　差止訴訟

(ロ)　申請型義務付け訴訟

(ハ)　非申請型義務付け訴訟

⑫　市民Lは歌劇の公演開催を意図して，市の設置する市民ホールの使用を申請した。これに対し，同ホールの代表者は，Lによる歌劇が開催されると，この歌劇やLの思想・信条に反対する者が実力で公演を阻止・妨害しようとしてホール周辺に集結し，紛争・混乱が生じるおそれがあるとして，使用の申請を拒否した。Lは，市が拒否の事由として挙げる混乱は警察による警備等で対応すべきであり，使用拒否は施設管理条例の解釈を誤った違法なものであると主張している。同市には他に適切な会場となるホールはなく，また，Lはパンフレットやチケットの作成，ビラ配布，歌劇の練習等，既に準備活動に着手している。こうした理由から，上記施設を申請通りの内容で使用させるよう裁判で求めたい[12)]。

⑬　市民Mは市の条例が定めた児童助成金をもらおうと，申請書と添付書類をそろえて，市の窓口に提出した。しかし，市の職員は一向にMの申請の審査を進めようとしない。普通は2週間程度で審査の結果が通知されるのに対し，Mの申請については，提出時から半年がたつ今日まで放置されている。

⑭　市民Nの家屋の隣地には，市の条例に違反した高層マンションが建築された。同マンションに対して建築基準法9条1項に基づき建築禁止命令や除却命令を出す権限をもつ建築指導事務所長は毅然とこうした規制権限を行使すべきであると，Nは考えている。しかし，同所長はマンション業者との軋轢を恐れ，一向に規制権限を行使する気配がない。そこで，Nは裁判に訴えて，所長が違法に建築された当該マンションの一部について除却命令を出すよう求めたい[13)]。

⑮　入学式や卒業式などの式典で，国旗に向かって起立し君が代を斉唱すること，国歌斉唱の際にピアノの伴奏をすることを教職員に義務づけるのは，教職員の思想・良心の自由などを侵害し違法であると，都立高校の教員Oは考えている。Oは今後予定される式典で，国旗に向かっての起立や国歌斉唱，ピアノ伴奏をしないつもりである。しかし，都教育委員会の教育長の通達が学校長に向けて出されており，それによると，上記の義務に違反した教職員に対して校長により懲戒処分がなされることは確実である。懲戒処分は，戒告，減給，停職と，回数を重ねるにつれて重くなっていくことが想定されている。こうした懲戒処分を受けて精神的損害等を被った後に裁判により争うのではなく，未

12)　参照，岡山地決2007［平成19］年10月15日判時1994号26頁 108 。

13)　参照，東京地判2002［平成14］年12月18日判時1829号36頁。

だ処分がなされていない段階で，自分に対して懲戒処分を行わないように裁判で救済を求められないかとOは考えている[14]。

⑫と⑬では，いずれも申請者が申請通りの処分を求める請求であり，申請型義務付け訴訟の利用が適切である。これに対し，⑭では不利益処分である除却命令などの発令を求める点で，非申請型義務付け訴訟が検討対象となろう。⑮では，将来なされる蓋然性の高い懲戒処分を行わないよう求める点で，差止訴訟の利用が課題となる。

COLUMN

数字で見る行政訴訟

(1)　**新受件数**　2013年における行政訴訟事件の新受件数は，各審級合わせて4923件である[15]。内訳は，第1審（地方裁判所のほか，第1審を高等裁判所とする場合を含む）が2793件，控訴審が1056件，上告審が1074件である。**図表1-10**に明らかなように，過去20年余にわたり，行政訴訟事件は増加の傾向にある。

第1審の新受件数2793件を事件の種類別に見ると，警察関係事件693件（24.8%），知的財産権関係事件363件（13.0%），地方自治関係事件が258件（9.2%），租税関係事件308件（11.0%）と，これら4種類で6割近くを占める。行政法のテキストでなじみの薄い租税や知財の件数が多く，また，行政救済法のテキストで詳しく取り上げることがあまりない地方自治関係（とくに住民訴訟）が件数としては多くを占める。警察関係とされる事件も，退去強制令書発付処分取消訴訟や難民不認定取消訴訟など，いわゆる外事関係事件が多数を占めているものと思われる[16]。地方裁判所における新受件数2259件について，訴訟類型別に多い順に並べると，①取消訴訟1601件，②義務付け訴訟231件，③当事者訴訟224件，④民衆訴訟191件，⑤無効等確認訴訟107件，⑥差止訴訟26件，⑦不作為の違法確認訴訟20件となっている[17]。機関訴訟は0件，第三者の再審訴訟も0件である。取消訴訟の占め

14)　参照，東京地判2006［平成18］年9月21日判時1952号44頁。

15)　以下の数字は，最高裁判所事務総局行政局「平成25年度行政事件の概況」法曹時報66巻9号（2014年）55頁以下による。

16)　東京地裁の状況について，杉原則彦「行政部における事件処理の現状」法律のひろば61巻7号（2008年）4頁以下。

17)　新受件数総数2259件は，複数の請求がある訴訟については主要な請求のみを基準にして集計したものであるため，各訴訟類型の新受件数を足した件数は2259件を上回る結果となっている。

図表 1-10　過去 20 年間における行政訴訟事件（新受件数・全審級）

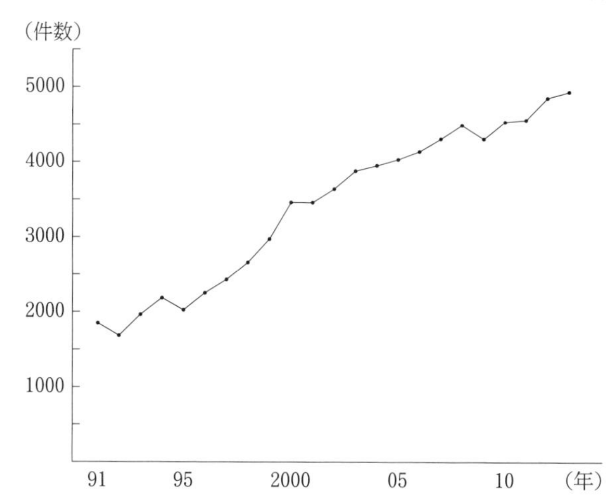

る割合が極めて多いことのほか，活用が期待された当事者訴訟が第 3 位となっている点も重要である。義務付け訴訟，民衆訴訟が件数として多いことにも注目されたい。

(2)　既済件数　2013 年における行政訴訟事件の既済件数は，各審級合わせて 5066 件である（第 1 審が 2906 件，控訴審が 1065 件，上告審が 1095 件)。第 1 審の既済件数 2906 件を終局内容別に件数の多い方から見ると，①裁判により終了したもの 2461 件（84.7%），②取下げにより終了したもの 402 件（13.8%），③和解によるもの 19 件（0.7%）となっている。裁判により終了したもののうち，判決により終了した 2289 件の内訳は，請求認容（一部認容も含む）297 件（12.1%），請求棄却 1647 件（66.9%），訴え却下 345 件（14.0%）であり，原告敗訴が 8 割を占める。上記のデータからは，取下げで終了する事件数が多いこと，行政訴訟では原告が勝てない状況を読みとることができる。

(3)　仮の権利救済　地方裁判所における新受件数を見ると，執行停止の申立ては 252 件，仮の義務付け及び仮の差止めの申立ては合計で 46 件である。地方裁判所の執行申立事件の既済件数は 163 件であり，認容決定（一部認容を含む）は 27 件（16.6%）である。

●参考文献 ――――――――――

阿部泰隆「訴訟形式・訴訟対象判定困難事例の解決策――行政救済ルール明確性の要請」同・実効性1頁以下（初出1976年）
阿部泰隆「行政救済におけるタイミング」同・実効性134頁以下（初出1983年）
阿部泰隆「裁判を受ける権利の実効性の観点から見た行政訴訟の解釈」同・要件論10頁以下（初出1995年）
市原昌三郎「抗告訴訟の類型」講座3巻142頁以下
市村陽典「訴訟類型」園部＝芝池編・理論24頁以下
大貫裕之「行政訴訟類型の多様化と今後の課題」ジュリスト1310号（2006年）25頁以下
神橋一彦「行政訴訟の現在と憲法の視点」ジュリスト1400号（2010年）43頁以下
交告尚史「訴訟類型と判決態様」ジュリスト1263号（2004年）54頁以下
笹田栄司「憲法学から見た行政事件訴訟法改正」民商法雑誌130巻6号（2004年）1047頁以下
塩野宏「行政事件訴訟法改正と行政法学――訴訟類型論から見た」同『行政法概念の諸相』（2011年）258頁以下（初出2004年）
曽和俊文「権利と救済（レメディ）――行政法における権利の特質」阿部古稀543頁以下
戸松秀典「裁判権の限界」行政法大系4巻169頁以下
中川丈久「行政処分の法効果とは何を指すのか」石川正先生古稀記念『経済社会と法の役割』（商事法務・2013年）201頁以下
中川丈久「続・行政処分の法効果とは何を指すか」宮崎古稀195頁以下
村上裕章「憲法と行政訴訟」同・理論2頁以下
村上裕章「多様な訴訟類型の活用と課題」法律時報82巻8号（2010年）20頁以下
山本隆司「訴訟類型・行政行為・法関係」民商法雑誌130巻4＝5号（2004年）640頁以下
亘理格「法律上の争訟と司法権の範囲」新構想Ⅲ1頁以下

第2章 取消訴訟の基本構造

▶本章の狙い

次章から第8章において，代表的行政訴訟である取消訴訟を取り上げる。本章では，取消訴訟の解説に先立ち，取消訴訟という制度の全体像を概観する。具体的には，取消訴訟はどのような場面で利用できるのか，利用する場合の条件は何か，いかなる点が裁判所によって審理されるのか，原告が勝訴した場合にどのような救済が与えられるのかなど，取消訴訟の全体的な手続の流れを眺める。こうした鳥瞰は，次章以下において取消訴訟に関する個別の解釈を行う際に，一層の深い理解をもたらすものと期待する。

1 新宿タヌキの森事件

以下では，裁判にまで発展した紛争事例を素材とする[1]。

（基本事例） 東京の山手線目白駅から西へ500メートルほど離れた丘陵地に，マンションの建築計画（床面積2820平方メートル）が持ち上がった。このエリアは都心でありながらグリーンベルトの一部を形成し，野鳥が生息するほか，タヌキが棲む森として知られていた。**図表2-1**に示したように，道路からマンションへの進入部分は狭く，幅の狭い道路に沿って，中まで30メートルあま

1）最判2009［平成21］年12月17日民集63巻10号2631頁［百選Ⅰ 87事件］75。

り入っていくと，その奥にマンション用地が広がる形状であった（いわゆる旗竿状地）。計画通りの規模で建築する場合，東京都建築安全条例4条1項によれば，マンション用地は8メートル以上道路に接していなければならない。しかし，本件ではマンション用地に至る通路の大部分について，その幅は4メートル程度にとどまる。そこで，マンション業者は本件事例において，上記条例に基づく接道義務規制が適用にならないことを認めてもらうために，新宿区長に対し，周囲の状況から判断して安全上支障がないという認定を申請した（いわゆる安全認定）。同区長が申請に応じて安全認定を下したため，マンション業者は安心して当該土地を購入し，新宿区建築主事から建築確認（建築基準法6条1項）を得たうえで，建設に着手した。これに対して，近隣住民は，充分な接道がなされていない違法マンションによって豊かな自然や，明治・大正を通じて形成されてきた町並みが破壊されることを懸念して，裁判の提起を考えている（**図表2-2**参照）。

図表2-1　旗竿状地に立つマンション

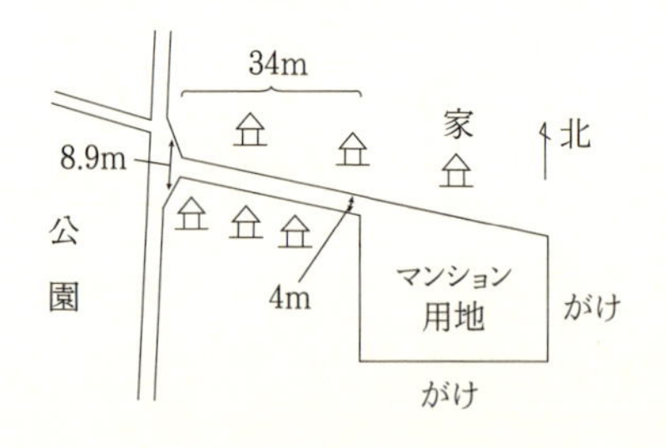

図表2-2　本件の紛争状況

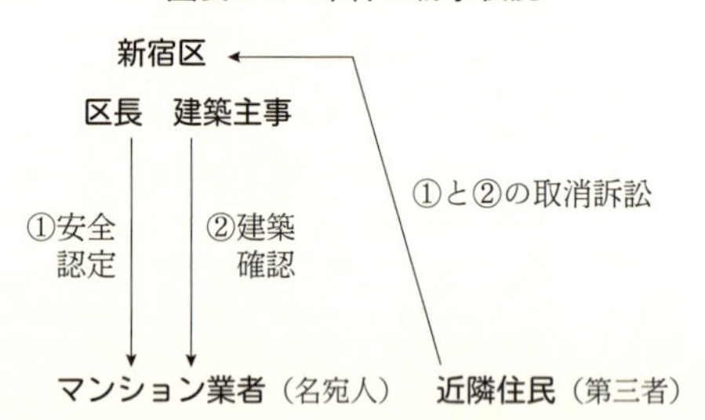

行政訴訟を提起する場合には，紛争の基礎にある法的仕組みを理解することが不可欠である。つまり，行政法Iの学習成果は，ここで威力を発揮する。本件紛争でも明らかなように，建物を建築する場合に，敷地が接する道路の存在が条件となる。このことを，建築基準法の条文で確認することとしよう。

建築基準法

第43条①　建築物の敷地は，道路（略）に**2メートル以上**接しなければならない。（以下略）

②　地方公共団体は，（略）延べ面積（略）が**1000平方メートルを超える建築物**の敷地が接しなければならない道路の幅員，その敷地が道路に接する部分の長さそ

の他その敷地又は建築物と道路との関係についてこれらの建築物の用途又は規模の特殊性により，前項の規定によつては避難又は通行の安全の目的を充分に達し難いと認める場合においては，**条例で，必要な制限を付加することができる**。

↓

東京都建築安全条例（建築基準法に基づき制定された条例である）

第4条①　延べ面積（略）が**1000平方メートルを超える建築物**の敷地は，その延べ面積に応じて，次の表に掲げる長さ以上道路に接しなければならない。

延べ面積	長さ
1000平方メートルを超え，2000平方メートル以下のもの	6メートル
2000平方メートルを超え，3000平方メートル以下のもの	**8メートル**
3000平方メートルを超えるもの	10メートル

②　（略）

③　前2項の規定は，建築物の周囲の空地の状況その他土地及び周囲の状況により知事が**安全上支障がないと認める場合においては，適用しない**[2)]。

※上記の条文に付した下線及び太字は著者による。

建築基準法43条1項によれば，建物の敷地は少なくとも2メートル以上道路に接していなければならない。これを「接道義務」という。当該義務を充たしていなければ，建築確認は取得できず，業者は建築工事に着手することができない。接道義務は，緊急時，例えば災害が起きた場合などを想定した規制である。つまり，火災が起きた場合に消防車が建物の近くまで駆けつけられることや，地震等で負傷者が出た場合に救急車が駆けつけられることを確保している。このほか，建物から住民が避難するうえで道路が不可欠であることからも，上記規制の趣旨が理解できよう。

たしかに，個人住宅程度であれば2メートルの接道で充分かもしれない。しかし，大規模なマンションやオフィスビルともなれば，2メートル程度の接道では上記の危険を回避することができない。そこで，建築基準法43条2項は，条例で接道義務の上乗せについて定めることを地方公共団体に許容している。

2）「特別区における東京都の事務処理の特例に関する条例」（平成11年東京都条例第106号）により，東京都の特別区においては，特別区が安全認定に係る事務を処理することとされ，区長がその管理及び執行をする。つまり，安全認定の権限は東京都知事から特別区の区長に委任されているのである。

図表 2-3　本件の行政過程

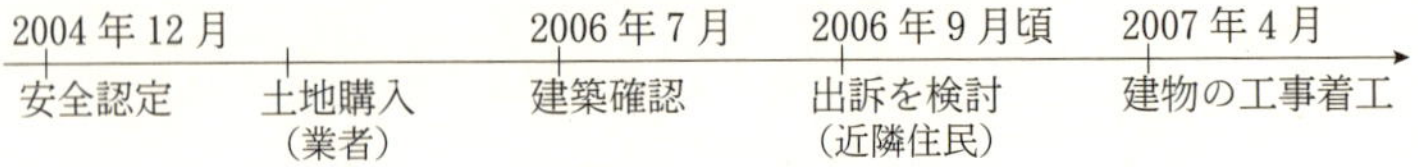

2004年12月		2006年7月	2006年9月頃	2007年4月
安全認定	土地購入（業者）	建築確認	出訴を検討（近隣住民）	建物の工事着工

東京都建築安全条例4条1項は，本件マンション規模の建築物（床面積2820平方メートル）には8メートル以上の接道を義務づけたのである。しかし，本件マンション業者は，8メートルの接道を確保できなかった。そこで，業者は，例外として，8メートルには満たないけれども安全だというお墨付き（8メートルの接道義務規制の適用がないことの認定）を新宿区長に求めた。これが，上記条例4条3項の定める安全認定である。

本件の行政過程を時間の流れに沿って整理したものが，**図表 2-3** である。

2　取消訴訟の流れ

新宿タヌキの森事件において，一連の行政活動のうち，取消訴訟の攻撃対象にできるものは，新宿区長の発した安全認定，建築主事が発令した建築確認である。2つの行為の取消しを求めて出訴する場合，どのように取消訴訟の手続が進行するのか，その概略を見ることとしよう。**図表 2-4** を参照されたい。

まず，取消訴訟が利用可能なのかという，利用条件の検討過程が存在する。訴訟の利用条件のことを「訴訟要件」という。訴訟要件を欠く場合には，訴えは却下され，裁判は終了する（却下判決）。新聞報道で門前払いといった見出しが登場するのは，このケースである。この場合には，行政活動の適法性をめぐる審理（これを「本案審理」という）は行われない。他方，訴訟要件を充たした場合には，本案審理で，処分が違法であると判断されれば，処分を取り消す判

図表 2-4　取消訴訟の流れ

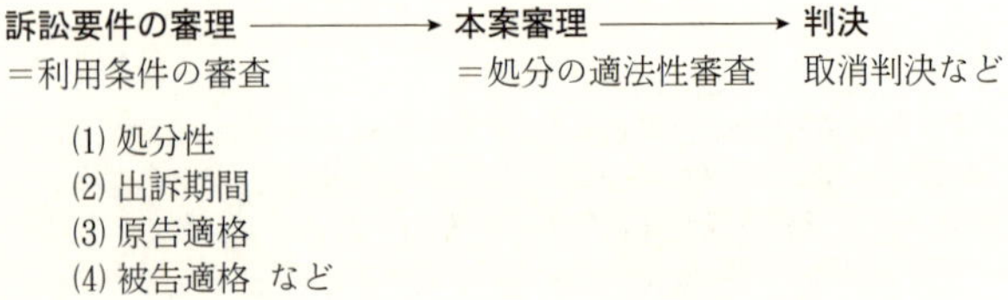

訴訟要件の審理 ――→ **本案審理** ――→ **判決**
＝利用条件の審査　＝処分の適法性審査　取消判決など

(1) 処分性
(2) 出訴期間
(3) 原告適格
(4) 被告適格　など

図表 2-5　2段階の審理結果と判決の種類

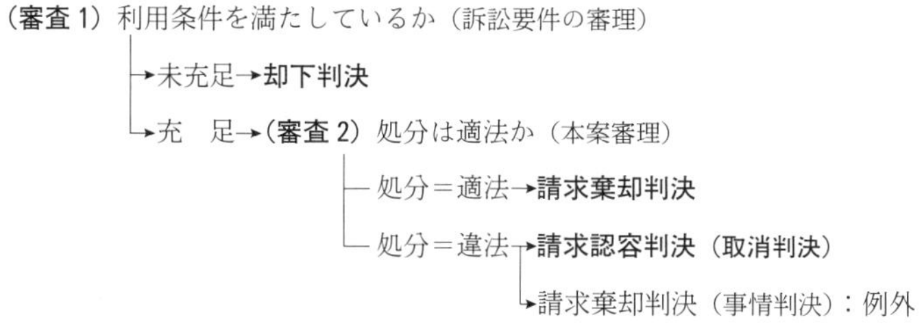

（審査1） 利用条件を満たしているか（訴訟要件の審理）
- →未充足→**却下判決**
- →充　足→**（審査2）** 処分は適法か（本案審理）
  - 処分＝適法→**請求棄却判決**
  - 処分＝違法→**請求認容判決（取消判決）**
    - →請求棄却判決（事情判決）：例外

決が出されるのが原則である（請求認容判決）。例外として，処分の違法性を判決で宣言するが，（処分の取消しが公の利益を著しく侵害するなど）特別の事情により取消しを行わず，請求を棄却する判決が出されることがある（これを「事情判決」という）。各段階での審理結果と判決の関係を整理すると，**図表 2-5** のようになる。

以下では，取消訴訟手続の流れを概観する目的で，訴訟要件の審理段階（以下，*3*），本案審理の段階（以下，*4*），判決の段階（以下，*5*）といった順番で解説をする。最後に，取消訴訟における仮の権利救済手段である執行停止についても，簡単に言及する（以下，*6*）。

3　取消訴訟の訴訟要件

(1)　処 分 性

取消訴訟の訴訟要件の1つとして，取消訴訟で攻撃するのにふさわしい行政活動を攻撃対象にしているのか，という対象適格の審理がある。本件では，安全認定や建築確認に処分性を認めることができるかという問題であり，前章で学習したように，最高裁が東京都ごみ焼却場事件[3]で示した公式に照らして，審理がなされる。これらの活動は，建築基準法やその委任を受けた条例に基づいて行われるものであり，区長や区の建築主事によりなされていることから，法律に基づき地方公共団体により行われる行為である。これらの行政活動によって，マンションの建築行為が法的に許容されるわけであり，財産権行使に関

3）　最判1964［昭和39］年10月29日民集18巻8号1809頁［百選Ⅱ 156事件］［18］。

わる市民の権利や義務に変動をもたらすものである。したがって，最高裁の公式に照らして，安全認定や建築確認に処分性を肯定することができる。

⑵　出訴期間

期間に関する訴訟要件として，行訴法14条は出訴期間について定める。

> **行訴法第14条①**　取消訴訟は，処分又は裁決があつたことを知つた日から6箇月を経過したときは，提起することができない。ただし，正当な理由があるときは，この限りでない。
> ②　取消訴訟は，処分又は裁決の日から1年を経過したときは，提起することができない。ただし，正当な理由があるときは，この限りでない。

上記条文により，取消訴訟の提起が許容される期間が定められている（出訴期間）。取消訴訟について存在する出訴期間制限は，民法における時効や除斥期間と比較しても，著しく短い期間設定となっている[4)]。出訴期間は，処分によって形成された法律関係を早期に確定するという立法趣旨に基づき，定められたものである。この期間制限は，期間経過後における市民の出訴可能性を否定する点で，明らかに行政に有利な規定である。

本件で訴訟提起が検討されたのは2006年9月頃であるので，この時点に戻って，安全認定や建築確認に対して取消訴訟を提起することができるか，考えることとしよう。この時点では，安全認定の発令（2004年12月）から既に1年9カ月ほど経過しているので，安全確認取消訴訟は出訴期間の要件（14条2項）を充たさない（訴えは却下される）。他方，建築確認は2006年7月に出されており，まだ2カ月ほどしか経っていない段階であることから，出訴期間内であり建築確認取消訴訟の提起は可能である（同条1項）。

以下では，建築確認取消訴訟について，その他の訴訟要件を検討する。

⑶　原告適格

原告適格（原告になる資格）も，代表的な訴訟要件の1つである。次に掲げた

---

4)　例えば会社法関係では，権利関係の早期安定のために，株主総会決議の取消しの訴えでは3カ月以内（会社法831条1項），会社の組織に関する行為の無効の訴えでは6カ月以内（同法828条1項2号～12号）とするなど，出訴期間の定めが存在する。

条文を読んでみてほしい。

> **行訴法第9条①**　処分の取消しの訴え及び裁決の取消しの訴え（以下「取消訴訟」という。）は，当該処分又は裁決の取消しを求めるにつき法律上の利益を有する者（略）に限り，提起することができる。

原告適格の問題は，取消訴訟を提起しようと考えている者が上記条文にいう「法律上の利益を有する者」に該当するか，という解釈問題である。本件紛争は，**図表2-6**で示すように，行政法Ⅰで勉強した三面関係において生じている。

（名宛人の原告適格）

建築確認はマンション業者に対して出されたものであり，マンション業者のように処分が向けられた者を，処分の名宛人という。処分の名宛人には一般に処分取消訴訟における原告適格が認められている。

（第三者の原告適格）

これに対し，しばしば争われているのは，本件の近隣住民のように（処分の）名宛人以外の者（これを「第三者」という）が，原告になることができるのかという問題である。第三者の原告適格は難しい解釈問題となることから，行訴法は9条2項で解釈の指針を規定した（これは第5章で詳述する）。

それでは，本件事例における近隣住民には，原告となる資格が認められるのだろうか。建築確認が違法な内容であり，充分な接道が確保されておらず，それが原因で火災時に消防車が駆けつけられないとか，避難に支障をきたすということであれば，近隣住民の生命や財産が危険にさらされることになる。本件では，個々の近隣住民の利益が建築基準法や東京都建築安全条例により保護されていると解釈されたため，近隣住民は「法律上の利益を有する者」に該当し，

図表2-6　第三者の提起する取消訴訟

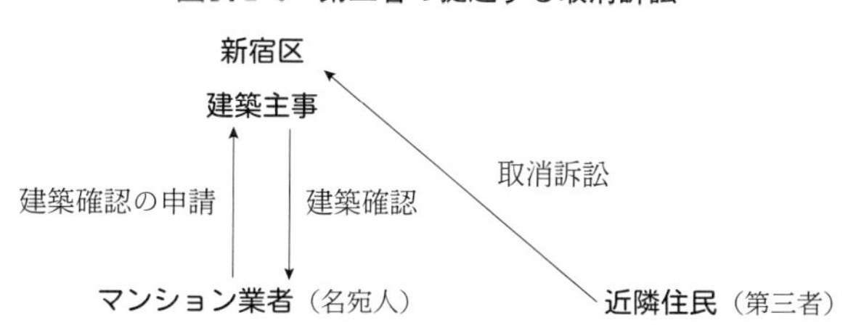

原告適格ありと判断されたのである。

(4) 被告適格

次に，だれが取消訴訟の被告になるべきかという問題が存在する。行訴法11条1項の規定を以下に掲げたので，一読してほしい。

> **行訴法第11条①**　処分又は裁決をした行政庁（略）が国又は公共団体に所属する場合には，取消訴訟は，次の各号に掲げる訴えの区分に応じてそれぞれ当該各号に定める者を被告として提起しなければならない。
> 一　処分の取消しの訴え　当該処分をした行政庁の所属する国又は公共団体
> 二　（略）

1号に，「当該処分をした行政庁の所属する国又は公共団体」とあることから，例えば，国土交通大臣の許可に対する取消訴訟であれば当該大臣の帰属する国が被告となり，東京都知事の認可に対する取消訴訟であれば当該知事の帰属する東京都が被告になる。このように，処分をした行政庁ではなく，行政庁が帰属する行政主体を被告とする。これは，「行政主体主義」と呼ばれている。

本件において，行政庁は新宿区建築主事であり，これが帰属するのは東京都新宿区であることから，被告は新宿区となる[5)]。以上により，本件では，近隣住民は新宿区を被告として建築確認取消訴訟を提起すればよい。そこで，いよいよ本案審理を迎える。

4　処分の適法性審理
――本案審理

本案審理では，処分が適法であったのか違法であったのかが審理される。本件では，原告は建築確認が違法であるという主張をすることとなる。具体的には，建築基準法や東京都建築安全条例の定める基準に建築確認が適合していないという主張である。つまり，本章の冒頭で説明した接道義務違反などを争うことになる（次の**〔発展学習〕**も参照）。

5)　建築確認を行ったのが建築主事ではなく，指定確認検査機関（民間企業である）の場合には，被告は同機関となる。詳しくは，後掲第3章*4*(2)参照。

違法性の主張は，法令の明文規定で定められた処分発動の要件や効果の規定への適合といった実体法上の問題のほか，行政手続法などに規定されている手続上の規制に適合していたかという問題も含む。司法審査の基準としては，明文規定のほか，法の一般原則として学習した平等原則，比例原則，信頼保護原則なども用いることができる。このように，本案審理では，実体法や手続法との適合性が吟味されるほか，法の一般原則の遵守も審査されるなど，行政法Iで学習した内容が問われるのである。

（発展学習）違法性の承継

建築確認取消訴訟で，原告は建築確認の違法を取消事由として主張しなければならない。この訴訟において，原告が先行行為（安全認定）の違法性を後行行為（建築確認）取消訴訟で違法事由として主張できるか，という問題が存在する（これは「違法性の承継」と呼ばれる)。安全認定に処分性が認められることから，原告は出訴期間を遵守して安全認定取消訴訟を提起して争うべきであると説く見解がある。この立場によれば，安全認定の段階で争わずに，後続の建築確認の段階で，建築確認取消訴訟を提起して安全認定の違法を主張することは許されない。これに対し，先行行為である安全認定の違法を，後行行為である建築確認の取消訴訟段階でも主張できるという考え方が存在する（「違法性の承継」を肯定する見解である)。最高裁は，上記事例で違法性の承継を肯定した。その主要な理由は，以下の通りである。安全認定はマンション業者に向けられており，近隣住民に対する周知等の手続保障は十分ではない。こうした事情に鑑みると，出訴期間を遵守したうえで安全認定を取消訴訟で争うべきであったとまで近隣住民に対して要求することはできない。こうした考慮から，後行行為である建築確認の取消訴訟で先行行為である安全認定の違法を主張することが近隣住民に容認されたのである。詳しくは第7章*4*で扱う。

5 取消判決の意義

本案審理の結果，建築確認に違法性が存在したということになると，原告が求めた取消判決が下される。攻撃対象とされた建築確認が裁判所によって取り消されるため，マンション業者は適法に工事を行うことができる法的根拠を失い，もはや建築工事を続行できないこととなる。

COLUMN

取消訴訟の法的性格

取消訴訟は処分の取消しを求める原告によって提起されるものである。取消訴訟における審理の対象（「取消訴訟の訴訟物」という）は，処分の違法性である。処分が違法であるとして原告の請求が認容された場合には，「～の処分を取り消す」という判決主文をもつ取消判決が下される。取消判決により，処分は，さかのぼり効力を失うのである。このように，取消訴訟は形成訴訟としての特質をもつ。

6　取消判決を意義あるものとする仕組み
——執行停止の申立て

建築確認に対して取消訴訟が提起されても，処分の効力や執行等は止まらない。行訴法25条1項はこのことを以下のように明記している。

行訴法第25条①　処分の取消しの訴えの提起は，処分の効力，処分の執行又は手続の続行を妨げない。

したがって，業者が工事を急ピッチで進めれば，取消訴訟の判決が下される時点で，建物は完成してしまう。建物の完成はマンション業者に有利であり，取消訴訟の原告には不利に働く。なぜならば，判例によれば，建物の完成によって，建築確認取消訴訟は訴えの利益を失い不適法却下とされるからである（詳しくは第6章で扱う）。これでは，実効的権利救済とはいえない。そこで，既成事実が積み重ねられることを阻止する目的で，執行停止制度が用意されたのである。執行停止は，原告が求めている取消判決を実りあるものにする補完的手段（権利保全手段）である。執行停止は，判決までの暫定的な権利救済手段として，仮の権利救済制度に属する。

原告である近隣住民が建築確認の効力の執行停止を申し立てて認められれば，建築工事をストップした状況のもとで，原告は判決を迎えることができる。実際にも，新宿タヌキの森事件では，控訴審の段階で，建築確認の執行停止が認められた[6]。その結果，最高裁判決が出るまで建築確認の効力は停止され，マンション建築は完成目前で止められた。こうした状況のなかで，最高裁の判断が示されたのである。

以上，本章では，取消訴訟の手続の流れを概観した。本章の内容は，一通り取消訴訟を学習し終わった段階で，是非もう一度復習してほしい。具体例に即して取消訴訟全体を鳥瞰することは，知識の正確な整理に有用なものである。これはお薦めの勉強方法である。

●参考文献

小早川光郎「抗告訴訟の本質と体系」行政法大系 4 巻 135 頁以下
芝池義一「抗告訴訟と法律関係訴訟」新構想Ⅲ 29 頁以下

6） 東京高決 2009［平成 21］年 2 月 6 日判例地方自治 327 号 81 頁。

第3章
管轄，出訴期間，被告適格 ——訴訟要件（その1）

▶本章の狙い

本章から第8章では，取消訴訟について詳説する。取消訴訟制度は，違法な処分により権利や利益の侵害を受けた者が，処分の取消しにより法益の回復を図る仕組みである。処分が違法であり取り消されるべきかという審理（本案審理）を受けるためには，原告は様々な訴訟要件を充たさなければならない（訴訟要件を欠けば訴えは却下される）。訴訟要件のうち，本章では，管轄，出訴期間，被告適格について解説する。

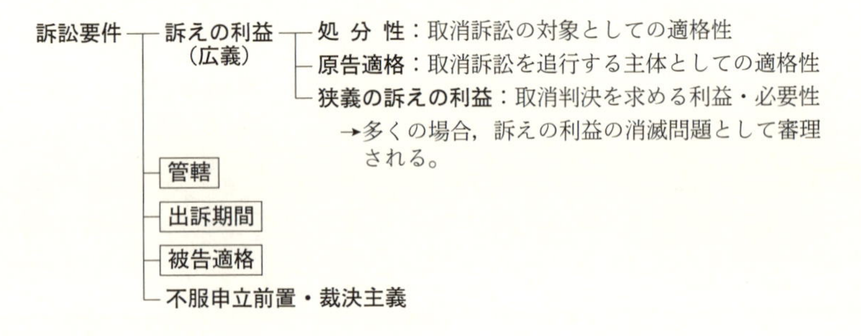

1　取消訴訟の制度目的と訴訟要件

(1)　取消訴訟の制度目的からの要請

取消訴訟制度は，違法な処分により自己の権利又は法律上保護されている利益を侵害された者に対し，取消判決により法益の回復を図る仕組みである。取消訴訟制度の主要目的は，侵害された利益の回復である。法益回復という制度趣旨からすると，処分によって不利益を受けた者が取消訴訟の利用を求めること，その者に回復すべき利益が存在することが取消訴訟利用の前提となる。これは「(広義の) 訴えの利益」と呼ばれる。

他方，司法機関には人員及び資金の面で一定の限界があることから，市民が取消訴訟制度を用いて紛争解決を求める場合には，それにふさわしい利益の存在や救済の必要性が要請される。裁判所から見れば，訴訟要件の設定により，司法による解決にふさわしい紛争処理に有限な資源を投入することが可能とされるのである。被告となる行政主体から見れば，訴訟要件の存在により，不適切な訴えに対する応訴の負担から解放されることとなる。

もっとも，従来，訴訟要件が大きな障壁となって，市民による権利救済を妨げる事例が多数見られた。この点を重視して，2004年の行訴法改正では，処分性が否定された行政活動に対して救済手段を整備すること（当事者訴訟の活用)，原告適格の拡大，管轄の拡張，取消訴訟の出訴期間延長，被告特定の容易化（行政主体主義の採用）など，いずれも訴訟要件に関わる改革が進められた。また，2014年の行政不服審査法（行審法）改正では，(取消訴訟の提起前に不服申立てを義務づけた）不服申立前置について縮小・廃止が改革事項とされた。したがって，訴訟要件が市民の実効的権利救済，裁判を受ける権利にとって障壁となっていないかといった問題意識は，行政救済法の学習において常に堅持する必要がある[1)]。

(2) 取消訴訟の訴訟要件

取消訴訟の訴訟要件には，大きく分けて，3つのグループが存在する。

第1は，取消訴訟を利用するうえで遵守すべき技術的性格の強い訴訟要件である。本章で扱う管轄，出訴期間，被告適格がこれに相当する。

第2は，取消訴訟という救済手段を利用して権利救済を図るだけの必要性を問う訴訟要件である。上記(1)で述べた「広義の訴えの利益」である。具体的には，①取消訴訟の対象とするのに適切な行政活動が対象とされているか（処分性)，②正当な利益を有する者が原告となって訴訟を提起しているか（原告適

1)　阿部泰隆「行政訴訟における訴訟要件に関する発想の転換」判例時報2137号（2012年）3頁以下参照。

格），③当該訴訟の具体的な状況のもとで取消判決を下すだけの必要性が存在するか（狭義の訴えの利益）という3つの条件を充たさなければならない。本書では，第4章から第6章にかけて，この3つの訴訟要件を説明する。

第3は，不服申立制度との役割分担といった観点から取消訴訟に要請される訴訟要件である。この訴訟要件のなかには，審査請求を経たうえでなければ取消訴訟の出訴ができない制限（これを「不服申立前置」という）などが存在する。これらは，個別法が例外的に規定したものであり，取消訴訟と審査請求の機能分担に関する内容を含むため，本書では第16章7で詳しく扱う。

2　管　　轄

管轄については，地方裁判所，高等裁判所，家庭裁判所，簡易裁判所のいずれに対して取消訴訟を提起するかという問題（これを「事物管轄」という）と，どこの所在地の裁判所に取消訴訟を提起するかという問題（これを「土地管轄」という）が存在する。

(1)　どの裁判所に訴えるか――事物管轄

取消訴訟を含む行政事件訴訟の第1審裁判所は，原則として，地方裁判所である（裁判所法24条1号・33条1項1号）。例外は，法律が特別の定めを置いて，高等裁判所を第1審裁判所と規定している場合である。こうした例外を認めた立法趣旨としては，審級の省略を図ることで審理促進を意図した場合と，処分が裁判類似の慎重な手続で下されるため1審級の省略が可能であると考えられた場合[2]がある。

以上のように，法律に特別な定めがない限り，取消訴訟の第1審裁判所は地方裁判所であって，高等裁判所，家庭裁判所，簡易裁判所，地方裁判所支部は管轄権をもたない。

2)　具体例として，海難審判所の裁決に対する取消訴訟（海難審判法44条1項），公害等調整委員会の裁定に対する訴訟（土地利用調整法57条），電波法に基づく総務大臣の処分についての審査請求に対する裁決にかかる訴訟（電波法97条）等がある。

⑵ どこの地方裁判所に訴えるか（その1）――土地管轄（原則）

処分をした行政庁の所在地を管轄する地方裁判所が管轄権をもつとすると，大臣や長官を処分庁とした法律規定が多いため，国を被告とした取消訴訟を提起する場合などでは，地方に在住する原告は，中央省庁の所在地である霞が関を管轄する東京地裁まで出向かねばならない。これは，原告にとって大きな経済的及び時間的負担となる。そこで，原告の居住地に近い地方裁判所で提訴できないのかという問題が，権利救済を実現するうえで極めて重要となる。管轄をめぐる問題は一見したところ地味であるが，こうした現実的意義を有するのである。

⒜ 行政庁の所在地裁判所と被告所在地裁判所

民事訴訟の原則によれば，原告が充分な訴訟準備をして被告の所在地に出向くことになる（民事訴訟法4条1項）。行政事件訴訟では，①行政庁の所在地を管轄する裁判所と②被告の普通裁判籍[3)]の所在地を管轄する裁判所が第1審裁判所となる（行訴法12条1項）。

（Q 1） 国土交通大臣が行った処分に対し，那覇市在住のAが取消訴訟を提起する場合，どこの地方裁判所に訴えればよいか検討しなさい。

この場合，①国土交通大臣の所在地を管轄する東京地裁，②国の所在地を管轄する東京地裁と，①及び②の解釈結果が同じになる。なお，②の点について補足すると，被告＝国を当事者とする訴訟の普通裁判籍は，「国を代表する官庁所在地の裁判所」（民事訴訟法4条6項）と定められ，国を代表するのは法務大臣であるため（法務大臣権限法1条），東京地裁の管轄に属するのである。

⒝ 特定管轄裁判所

（**Q 1**）の事例では，上記の①及び②によると，Aは那覇市から上京することを余儀なくされる。この点に配慮したのが，特定管轄裁判所制度である。これによると，上記事例において，③原告の普通裁判籍所在地を管轄する高等裁判所（福岡高裁）の所在地を管轄する地方裁判所，つまり福岡地裁への出訴も可能である（行訴法12条4項）。

3）自然人の普通裁判籍は住所等，法人のそれは主たる事務所等による（民事訴訟法4条2項・4項）。

特定管轄裁判所制度は，簡単にいえば，国又は独立行政法人等[4]に対する取消訴訟について，原告に身近な高等裁判所の所在地を管轄する地方裁判所への出訴を可能とするものである[5]。しかし，これによっても，**(Q 1)** で那覇市在住の原告は福岡市にまで足を運ぶ必要がある。那覇市に地方裁判所があるにもかかわらずにである。行政主体と原告との間における人員・財政力・情報量等の格差に着目した場合には，原告の普通裁判籍を基準に特別裁判籍を法定することは十分な理論的根拠をもつものである[6]。それにもかかわらず，国を被告とする場合に，（8つの特定管轄裁判所以外では）原告在住地の地方裁判所に取消訴訟を提起することができないとされている。その理由として，専門性への配慮（つまり，行政訴訟の経験豊富な裁判官を各地方裁判所に配置できない点）が挙げられている[7]。もっとも，都道府県や市町村を被告とする取消訴訟は原告に身近な地方裁判所に出訴することができ，その場合には裁判官の専門性が問題にならないことを考えると，国を被告とする場合に限って上記の配慮が語られるのは整合性を欠く。専門性を理由とした上記説明は，行政訴訟に通じた裁判官を一定数確保できるまでを想定した経過的性格が強いものである。

以上をまとめると，**(Q 1)** の事例では，原告は東京地裁か福岡地裁のいずれかを選択して，取消訴訟を提起することができる。

(Q 2)　国土交通大臣の処分権限が九州地方運輸局長に委任されている事例で，同局長がなした処分に対し，熊本市在住の原告が取消訴訟を提起する場合，どこの地裁に出訴できるか，検討しなさい。なお，九州地方運輸局は福岡市に位置する。

①処分庁の所在地（福岡市）を管轄する裁判所＝福岡地裁，②被告（＝国）の普通裁判籍の所在地（東京都千代田区）を管轄する裁判所＝東京地裁，③特定管轄裁判所（原告の普通裁判籍所在地を管轄する福岡高裁の所在地［福岡市］を管轄す

4）　行訴法の別表に掲げられた法人を参照。ここには，国立大学法人，日本銀行，日本年金機構，預金保険機構などが挙げられている。

5）　特定管轄裁判所となりうるのは，札幌，仙台，東京，名古屋，大阪，広島，高松，福岡の各地方裁判所である。

6）　山本和彦「行政事件訴訟法の改正について」ジュリスト1277号（2004年）39頁。

7）　参照，小早川編・研究48～49頁，福井ほか編・逐条332頁。

る地方裁判所）＝（①と同様）福岡地裁が考えられる。

COLUMN

当事者訴訟と特定管轄裁判所

特定管轄裁判所の仕組みは，取消訴訟のほかにも国又は独立行政法人等を被告とする抗告訴訟に準用され，さらには処分や裁決の取消し，処分や裁決の無効確認を求める民衆訴訟又は機関訴訟にまで認められている（12条4項，38条1項，43条1項・2項）。ところが，国を被告とする当事者訴訟には特定管轄裁判所の規定は準用されていない（41条）。取消訴訟の管轄の規定は抗告訴訟特有の規定であるから当事者訴訟には準用されていないと説明されているが[8]，原告の困難を軽減するという特定管轄裁判所制度の趣旨は，抗告訴訟に特有であるとはいえない。立法論として，当事者訴訟にも特定管轄裁判所の規定の準用を認めるか，運用としては合意管轄や応訴管轄を柔軟に肯定すべきである（民訴法11条・12条，行訴法7条）[9]。

(3) どこの地方裁判所に訴えるか（その2）――土地管轄（特則）

(a) 土地関連処分の場合

土地収用裁決，事業認定，換地処分，都市計画法上の開発許可申請に関する処分，建築物除却命令に関する処分など，土地に係る処分については，不動産所在地の管轄裁判所においても取消訴訟が可能である（行訴法12条2項）。

(b) 事案の処理に当たった下級行政機関が存在する場合

法令で大臣や長官が処分庁と定められている場合であっても，地方にある下級行政機関が資料収集をしたうえで実質的判断を下し，意見具申を大臣や長官に進達するなど，事案処理に関与することがある。こうした場合に，下級行政機関所在地の地方裁判所に出訴することができれば，権利救済を図るうえで市民にとって便宜である。また，証拠資料や証人の存在する地域を管轄する地方裁判所で審理できれば，それは審理の迅速化・円滑化にも資する[10]。そこで，行訴法は，事案の処理に当たった下級行政機関の所在地を管轄する裁判所にも，取消訴訟の提起を認めている（12条3項）。

「事案の処理に当たった」という文言に関して，その解釈が争われてきた。

8）小林・行訴法296頁。

9）阿部・解釈学Ⅱ198頁。

10）西川知一郎・判例解説平成13年度（上）152頁。

この文言について，最高裁は，実質的に関与した下級行政機関を意味すると解釈している。つまり，処分の内容・性質に照らして，関与の具体的態様，程度，処分への影響を総合考慮して決すべきであると判示した[11]。この事件で，最高裁は実質的関与について柔軟に解釈する姿勢を示している（詳しくは，次のCOLUMN参照）。

COLUMN
下級行政機関の実質的関与

（Q 3）　下級行政機関の関与に関して，様々な程度が考えられる。次の事例における関与について，行訴法12条3項の適用を肯定できるほどの実質的関与が認められるか，検討しなさい[12]。

①　下級機関が事実調査を実施したうえで，実質的な判断・処理を行い，その意見を行政庁に具申し，行政庁が形式的に判を押して決定を行った場合

②　下級機関が調査を行い，必要な資料を収集し，行政庁へ意見具申を行い，それを基礎にして行政庁が実質的な判断を下した場合

③　行政庁が処分について実質的に判断しており，下級機関は処分庁に対して意見具申を行っていないが，下級機関は，併給ができない年金について併給していた市民に併給は不可能である旨を伝え，年金受給選択の申出書を提出させ，当該市民の意思を確認したうえで，申出書と添付書類を行政庁に進達した場合（なお，併給の事実が明らかとなった場合，法令上，行政庁は支給停止処分や調整処分を行うとされており，これら処分について行政庁の裁量は認められていない）

④　下級機関が，行政庁の依頼に基づき，事実調査の一部を補助したにとどまる場合

⑤　下級機関が書類を市民から受け取り，書類について形式的な審査を行ったうえで行政庁に進達するなど，経由機関として関与した場合

上記①の場合に下級機関の実質的関与が認められる点，逆に，④⑤の場合に下級機関の実質的関与が否定される点については，争いがない。要は，その中間形態（②③）の評価である。②に見られるように，下級機関が意見具申を行い，行政庁がそれを基礎として判断している事例では，実質的関与を肯定することができよう。これに対し，③のように，意見具申を行っておらず行政庁が実質的に判断している事例では，下級機関は実質的関与をしてい

11）　最決2001［平成13］年2月27日民集55巻1号149頁［89］。
12）　最決2001［平成13］年2月27日・前掲注11）。

ないようにも見える。しかし，③では，下級機関が市民との関係で最も重要な併給の調整を行っており，その後に下される行政庁の判断に裁量が認められないことからすれば，下級機関の行った調整活動の影響力は大きい。こうした総合判断から，③について，最高裁は下級機関の実質的関与を認め，行政庁のある東京地裁ではなく，下級機関のある和歌山地裁への出訴を適法と判示した[13]。

(4) 管轄違いの取扱い

原告が誤って管轄権のない裁判所に提訴した場合には，訴訟を受理した裁判所は，管轄裁判所に移送しなければならない（民事訴訟法16条）。なお，当事者間で合意が成立すれば，管轄権を有しない裁判所について合意管轄は可能である（同法11条）。さらに，管轄違いの裁判所への取消訴訟に被告が応訴した場合には，応訴管轄が生ずる（同法12条）。

3 出訴期間

(1) 出訴期間の解釈方法

処分により形成された（行政上の）法律関係を早期に安定させるという立法政策に基づき，取消訴訟には出訴期間が定められている。出訴期間は憲法上保障された裁判を受ける権利に関わることから，こうした憲法保障を考慮して現行法では以下のように定められている。

取消訴訟が提起できるのは，（取消対象である）処分又は裁決があったことを知った日の翌日から起算して6カ月である[14]（主観的出訴期間。行訴法14条1項）。処分又は裁決を知らない場合であっても，処分又は裁決の日の翌日から起算して1年を過ぎると取消訴訟は提起できない（客観的出訴期間。同条2項）。もっとも，「正当な理由」があれば，いずれの出訴期間についても，延長可能とされている（同条1項但書及び2項但書）。

13） 西川知一郎・判例解説平成13年度（上）135頁以下，高木光・社会保障判例百選［第4版］48事件解説。

14） 初日不算入の原則は，取消訴訟に関する2つの出訴期間についても妥当する（行訴法7条，民法140条）。

図表 3-1　審査請求が行われた場合の取消訴訟出訴期間

（ケース1）　処分 →（6カ月以内）取消訴訟
（ケース2）　処分 → 審査請求の裁決 →（6カ月以内）処分取消訴訟
ないしは裁決取消訴訟

主観的出訴期間に関しては，処分を相手方がいつ知ったといえるのかが解釈問題となる。最高裁は，処分書等が当事者の了知可能な状態に置かれたときに，知ったものと「推定」する[15]（推定であるので，当事者による反証は可能である）。処分が告示により多数の関係者に画一的に告知される方式の場合には，告示日が処分があったことを知った日と解釈される[16]。

⑵　審査請求を経た場合の取扱い

知事が行った処分について，処分の名宛人Bは，当該処分の取消訴訟を提起することが可能である**（ケース1）**（**図表 3-1** 参照）。他方，Bは，大臣に不服（「審査請求」という）を申し立てることも可能であると法定されている場合，大臣の下した決定（「裁決」という）に納得がいかなければ，その段階で，処分の取消訴訟ないしは裁決の取消訴訟を提起することができる**（ケース2）**。Bは，**（ケース1）**と**（ケース2）**という2通りの争い方の間で自由に選択できるのが原則である。この事案を素材に，出訴期間を考えることとしよう。

（ケース1）を選んだ場合，Bは，処分を知った日の翌日から起算して6カ月以内に処分取消訴訟を提起しなければならない。

（ケース2）を選んだ場合，審査請求の裁決が出されるまでは出訴期間は開始しない。行政機関に対する審査請求のルートを選択したBに，審査請求に並行して処分取消訴訟まで提起させるのは負担が重すぎるという立法判断である。裁決が出た段階で，Bは，裁決を知った日の翌日から起算して6カ月の期間内に，処分取消訴訟ないしは裁決取消訴訟を提起することができる（両訴訟の使い分けについては第16章7⑷で詳述する）（行訴法14条3項）。

（Q 4）　土地収用法は，同法94条2項に基づき収用委員会が行った損失補償

15）　最判1952［昭和27］年11月20日民集6巻10号1038頁［百選Ⅱ 188事件］49。
16）　最判2002［平成14］年10月24日民集56巻8号1903頁［百選Ⅱ 140事件］116。

裁決（以下「本件処分」という）について，その取消訴訟には，3カ月という短期の出訴期間を定めている（133条1項）。Cが同法129条に基づき国土交通大臣に審査請求をして棄却裁決（以下「本件裁決」という）が下された事例について，Cが提起する本件処分取消訴訟ないしは本件裁決取消訴訟の出訴期間はどのように解すべきか，検討しなさい。なお，同法では本件裁決後における取消訴訟の出訴期間について，特例規定は存在しない。

最高裁は，特例規定が存在しない以上は，一般法である行訴法14条3項所定の原則に従い，出訴期間を6カ月と解釈した。換言すれば，土地収用法133条1項を類推して3カ月の短期出訴期間を広く認める解釈を否定したのである[17)]。その理由は，最高裁が権利救済の機会をCに確保しようとした点にある。

⑶ 「正当な理由」の解釈を通じた柔軟な権利救済

出訴期間の定めは行政側の便宜に配慮した仕組みであり，一定期間の経過を基準に画一的に出訴可能性を排除する性格をもつ。この点に関しては，市民側の個別事情を斟酌する余地を残すことが，権利救済の観点から重要である。そうした趣旨で制定されたのが，14条各項但書に見られる「正当な理由」という救済規定である。例えば，1項の主観的出訴期間に関しては，災害，病気，けが，海外出張など，一般人の視点から見て期間遵守を求めることが期待できない場合には，正当な理由があるものと認めるべきであろう[18)]。同様に，公告で処分がなされたが当事者が通常の方法で知る機会をもたない場合について，正当な理由を認めるべきである[19)]。

2004年の行訴法改正で，処分又は裁決の相手方に対し書面で取消訴訟の出訴期間を教示する義務が，行政庁に課された（46条1項2号）。行政庁が教示を怠った場合や，誤った教示を行った場合について，救済規定は設けられていない。しかし，教示の懈怠や教示の誤りが原因で出訴期間を徒過した事例については，「正当な理由」（同法14条1項〜3項）があるものと解釈して，出訴期間

17） 最判2012［平成24］年11月20日民集66巻11号3521頁。
18） 阿部・解釈学Ⅱ 176頁，宇賀・概説Ⅱ 146頁。
19） 小林・行訴法62頁。

徒過を理由とする訴えの却下を回避すべきであろう[20]。

COLUMN

訴えの変更と出訴期間

土地改良区が行った一時利用地指定処分（以下「指定処分」という）に対して，一時利用地が従前地と照応していないと主張して当該処分の取消訴訟を提起していたところ，一時利用地と同じ土地を換地とする処分がなされた。この場合，換地処分から1年以上たってから，指定処分取消訴訟を換地処分取消訴訟に変更することができるか，という問題が存在する。訴えの変更も新たな訴訟の提起であると考えると，換地処分取消訴訟は出訴期間を徒過しており，不適法ではないかという疑問が生ずる。こうした事例に関し，最高裁は，換地処分取消訴訟が指定処分取消訴訟の提起時から既に提起されていたものと取り扱うことができる特段の事情がある場合には，換地処分取消訴訟は出訴期間の遵守に欠けることがないと解している[21]。指定処分は将来の換地処分を予定してなされるものであるため，指定処分が従前地と照応していないという不服は，換地処分に対してなされる不服（従前地と内容が照応していないという不服）と共通しているのである。この点に着目して，指定処分の取消訴訟提起時に換地処分に対する不服が既に申し立てられたものと同視しうる特段の事情があると認められた[22]。

4　被 告 適 格

⑴　行政主体主義

取消訴訟の被告は，原則として，処分を行った行政庁の所属する国又は公共団体（行政主体）である（これを「行政主体主義」という）。処分庁を被告としていた原則が，2004年の行訴法改正で変更されたのである。

国や公共団体を被告にすると改めた理由は，1つには，取消訴訟の被告を特定する原告の負担を軽減する点に認められる[23]。2004年改正前は，処分又は

20）宇賀・概説Ⅱ 146頁，近藤卓史「被告適格・管轄・出訴期間・出訴期間等の教示」園部＝芝池編・理論108頁，小林・行訴法255頁，福井ほか編・逐条399頁。

21）最判1986［昭和61］年2月24日民集40巻1号69頁［百選Ⅱ 190事件］103。

22）泉徳治・判例解説昭和61年度46頁参照。

23）このような「特定負担の軽減」ともいうべき考え方は，被告適格の改正以外にも見られる。例えば，行訴法11条5項は，国又は公共団体を被告として抗告訴訟が提起された場合に，（訴状における行政庁の記載が正しいか否かに関わりなく）行政庁を最もよく知る被告において処分庁・裁決庁を明らかにしなければならないとした。また，同

裁決をした行政庁が被告とされていたため，市民にとって，処分庁が明確でなかったり，とくに権限の委任がされた場合に被告の特定が困難であるという事情が存在した。これが原因で被告を誤った訴訟が却下される事例も見られたのである[24]。こうした弊害を阻止する趣旨で，取消訴訟をはじめとする抗告訴訟について，行政主体主義が採用された（38条・11条）。

2つには，訴えの変更や併合を容易にする立法趣旨を挙げることができる。公法上の当事者訴訟や国家賠償訴訟では，被告はいずれも国又は公共団体である。したがって，取消訴訟等の被告も行政主体になれば，取消訴訟と当事者訴訟ないし国家賠償訴訟との間で，訴えの併合や変更が可能になる（2004年改正前には，訴訟当事者を異にするといった理由で，訴えの変更や併合が否定された）。

⑵　処分又は裁決を行った行政庁が国又は公共団体に帰属しない場合

建築確認の権限が民間企業（指定確認検査機関）に委任された場合を例として，建築確認取消訴訟の被告について考えてみよう（建築基準法6条の2）。これは，行訴法11条2項でいう「行政庁が国又は公共団体に所属しない場合」に当たるため，被告は建築確認を行った上記企業となる[25]。

かりに，上記企業が解散し，清算も終了し，国や公共団体等の行政庁に権限が承継されない場合には，建築確認に係る事務の帰属する都道府県又は市町村が被告となる（行訴法11条3項）。

⑶　教示の仕組みと被告の変更

2004年の行訴法改正で，処分又は裁決の相手方に対し，書面で，取消訴訟の被告を教示する義務が行政庁に課された（46条1項1号）。行政庁が教示を怠ったり，誤った被告を教示した場合について，救済規定は置かれていない。しかし，そうした場合には，行訴法15条に基づき被告の変更が許容されるべき

法46条1項によれば，行政庁は処分又は裁決の相手方に，取消訴訟の被告，出訴期間，審査請求前置を教示する義務を負う。もっとも，この義務は書面でなされる場合のみであり，第三者への教示義務はない。また，教示の内容は裁判所を拘束しない。

24）　高松高判1988［昭和63］年3月23日行集39巻3＝4号181頁など。

25）　行訴法11条2項の他の例として，弁護士会が弁護士又は弁護士法人に対して懲戒を行う場合（弁護士法56条）には，弁護士会が被告となる。阿部・解釈学Ⅱ 194頁参照。

である。具体的に述べるならば，原告が故意又は重大な過失によらないで被告を誤った場合には，被告の変更を申し立てることが可能であり（同条1項），被告の変更が認められれば，訴えの却下を回避することができる。被告の変更が決定された場合には，新たな被告に対する訴えは最初の訴えを提起した時点に提起されたものとみなされるため（同条3項），新たな訴えが出訴期間の徒過を理由に却下されることはない。

●***参考文献***

阿部泰隆「平均的日本人と行政争訟――出訴期間，教示を中心として」同・実効性232頁以下（初出1981年）
大橋真由美「被告適格等」小早川＝高橋編・詳解137頁以下
大橋真由美「管轄裁判所」小早川＝高橋編・詳解157頁以下
近藤卓史「被告適格・管轄・出訴期間・出訴期間等の教示」園部＝芝池編・理論84頁以下
野口貴公美「出訴期間の延長」小早川＝高橋編・詳解175頁以下
野口貴公美「出訴期間等の教示」小早川＝高橋編・詳解193頁以下
米丸恒治「行政訴訟の被告適格・裁判管轄・出訴期間」ジュリスト1263号（2004年）75頁以下
渡部吉隆「行政訴訟における被告適格，被告の変更」実務民訴8巻45頁以下

第 4 章

処 分 性
——訴訟要件（その 2）

▶　**本章の狙い**

取消訴訟において，攻撃対象とする行政活動は，「公権力の行使」でなければならない（行訴法 3 条 1 項参照）。ある行政活動が「公権力の行使」に該当する場合，その行政活動には処分性があるという。本章では，行訴法 3 条 1 項にいう「公権力の行使」とはどのような活動を指すのか，処分性はいかに判断すればよいのか，を解説する。最高裁は，公権力の行使について，⑴国民に向けられた行為であること，⑵その行為により直接に国民の権利義務に変動をもたらすこと，⑶法律に基づく行政庁の行為であること，という解釈公式を示した。本章では，この解釈公式の意味を，具体例を通じて明らかにする。

1　処分性判断の 2 つの意義

処分性判断を詳細に解説するのに先立ち，「処分性の判断はいかなる意味をもつのか」を説明することとしたい。処分性判断は，従来，2 つの異なった問題を対象として論じられてきた。つまり，①紛争解決を図るのに適した段階で取消訴訟が提起されているのかといった「紛争の成熟性（即時確定の利益）問題」と，成熟性が肯定されるとして，②抗告訴訟を利用することができるのか，公法上の当事者訴訟や民事訴訟を利用すべきなのかという「訴訟類型の選択問題」の 2 つである[1)]。

図表 4-1　紛争の成熟性

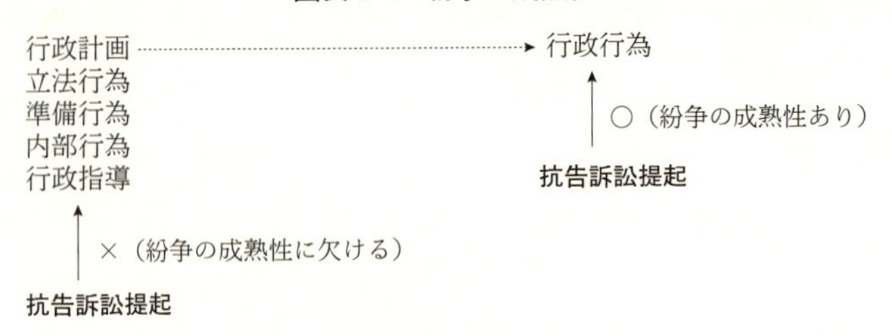

(1)　紛争の成熟性――即時確定の利益

行政活動は，様々な行為が連なる形で行われている。こうした行政過程のどの段階の行為を捉えて裁判所の審理・判断を求めることが紛争の適切な解決という観点から許容されるのか，どの段階の行為であれば裁判所の審理・判断を求めるのに充分なほど紛争が成熟しているのかという問題である（**図表 4-1** 参照)。換言すれば，原告に現実的な不利益が生じており，紛争の適切な解決といった観点から裁判所が介入すべきであるのは，どの局面かといった問題である。具体的には，①立法行為や行政計画策定の段階では市民の権利義務に変動を与えているとは評価できず，後続する行政行為の段階を待って裁判所の審理・判決を求めるべきである，②準備行為や（行政組織内における通達，同意，承認等の）内部行為はいまだ市民に向けられた行為ではなく，国民の権利義務に変動をもたらすものではないため，それを具体化した後続の行政行為を争うべきであると一般に説かれてきた。

(2)　訴訟類型選択問題――公法上の当事者訴訟や民事訴訟との仕分け問題

取消訴訟を含む抗告訴訟は行政庁の処分その他の公権力の行使にあたる行為を対象とする（行訴法 3 条 1 項)。処分を対象とする特別な訴訟類型（抗告訴訟）を用意した立法者の意思を尊重して，ある行政活動が公権力の行使にあたる（=処分性がある）場合には，抗告訴訟を利用すべきであると解されている。つ

1)　小早川光郎教授執筆・室井力 = 塩野宏編『行政法を学ぶ 2』（有斐閣・1978 年）60 頁以下（特に 64 頁以下)，小早川光郎教授執筆・室井力編『基本法コンメンタール　行政救済法』（日本評論社・1986 年）205 頁以下，山本隆司「訴訟類型・行政行為・法関係」民商法雑誌 130 巻 4 = 5 号（2004 年）641 頁，橋本博之「処分性論のゆくえ」同『行政判例と仕組み解釈』（弘文堂・2009 年）64 頁（初出 2006 年)。

まり，この場合には，公法上の当事者訴訟（4条）や民事訴訟を利用することはできない。他方，公権力の行使に該当しない行為については公法上の当事者訴訟又は民事訴訟を利用すべきであり，当該行為を攻撃対象として提起された取消訴訟は不適法である。

図表 4–2　訴訟類型の相互関係図

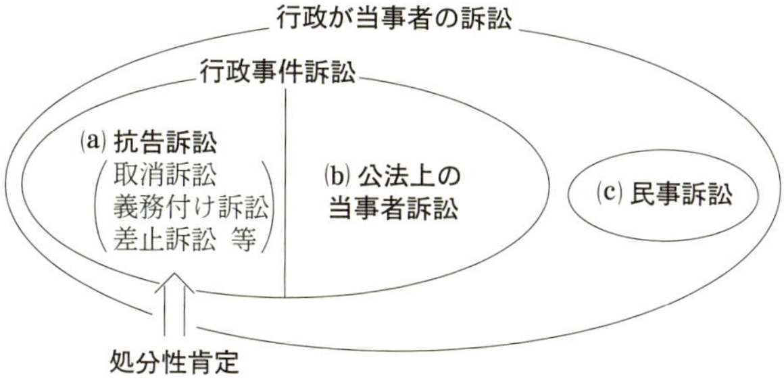

※民衆訴訟・機関訴訟の説明は上図では省略

COLUMN

公法上の当事者訴訟と民事訴訟の区別

教室でしばしば提起される質問の1つに，公法上の当事者訴訟と民事訴訟は，どのように区別するのかという問いがある。ここでは，ごく簡単に基本的な違いを説明する。公法上の当事者訴訟は公法関係（と説かれてきた法律関係）に係るものであり，例えば，国籍，議員の身分，公務員の地位，公立学校の生徒の地位，損失補償の請求権，下水道料金や健康保険料の請求，公害防止協定に基づく履行請求など，公法上のものとされている権利や地位を対象とする。これに対して，民事訴訟は私法上の法律関係に係るものである。例えば，国有地の所有権に基づく妨害排除請求，国家賠償請求，公営住宅の家賃，水道料金，給食費など，私法上の権利や義務が争われる場合がこれに当たる。詳しくは第12章で解説する。

2　処分性の判断方法

(1)　最高裁判所の公式

東京都ごみ焼却場事件で最高裁判所は，処分について「公権力の主体たる国または地方公共団体が行う行為のうち，その行為によって，直接国民の権利義務を形成しまたはその範囲を確定することが法律上認められているもの」と判示した[2)]。この公式を分節的に説明すれば，次の(a)〜(d)の4つが判断基準となる。その具体的内容は以下の通りである。

(a)　公権力主体と国民との関係で行われていること（外部性）

処分は，行政と国民との関係（行政法関係）で発動されるもの，つまり，行政庁により国民に向けて発動されるもの（行政外部行為）と理解されてきた。換言すれば，行政組織内部における行為や行政組織相互の行為（行政内部行為）は含まれないため，通達や行政機関相互における協議・同意・承認等は，原則として処分に該当しない。

(b)「直接に」国民に向けられていること（直接性＝具体的規律性）

法律，条例，政令・省令などの立法行為や行政計画は，一般的内容の準則行為であり，権利義務の変動を内容としている場合であっても，それに基づく個別行政決定によって具体的に権利変動がもたらされることが通例である。このように多段階のプロセスを経て権利変動がもたらされる場合には，「間接的に」権利義務の変動をもたらすにすぎない上記準則行為は，原則として処分に該当しない。他方，準則行為に基づき，国民の権利義務を具体的に規律する個別行政決定は，「直接に」権利義務に変動を及ぼすことから処分に該当する。

(c)　国民の権利義務に変動をもたらすこと（法的効果）

処分は権利義務に変動を及ぼすなどの法的効果を有するものである。換言すれば，事実行為は原則として処分に該当しない。行政指導，勧告，通知，公共施設の稼働，公共事業の実施などは一般に処分には該当しないとされた。

(d)　権利義務の変動が法律に基づくこと（法律の授権）

処分の法的効果は法律の授権に基づく。したがって，市民間の合意に基礎を置いて権利や義務が生じる契約などの私法上の行為は，原則として処分に該当しない。処分が一方的規律であると説かれるのも，法律に根拠をもつことに基づく。

上記(a)から(d)の基準については，*3* 以下で詳説する。

COLUMN

第三者が提起する取消訴訟における処分性判断

Ａ市の建築主事がＢに対して建築確認を下した事例で，Ｂの隣人Ｃが建築確認取消訴訟を提起する場合に，処分性が問題となる。この場合に，Ｃは

2)　最判1964［昭和39］年10月29日民集18巻8号1809頁［百選Ⅱ 156事件］18。

建築基準法に基づき建築確認がBの権利義務に変動を及ぼすことを論証すれば，処分性の要件は充たすと解されている。このような説明に対しては，Cが取消訴訟を提起するのであるから，処分性の判断にあたり，Cは当該建築確認が自己の権利義務に及ぼす変動について主張しなければならないのではないか，という質問がよくなされる。

図表 4-3　三面関係における処分

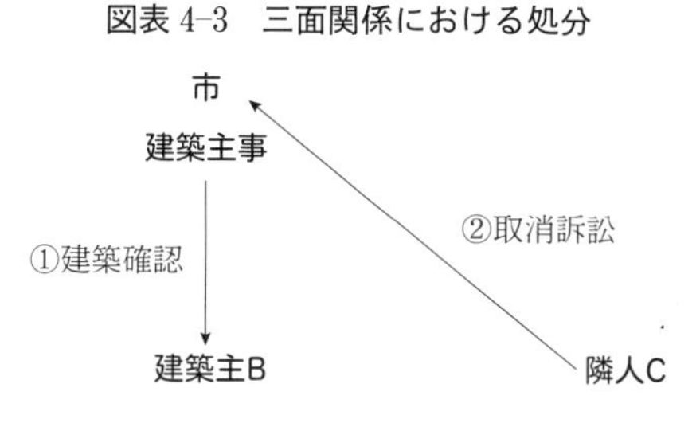

一般的な理解によれば，法律に基づき行政庁がBの権利義務に直接変動を及ぼす建築確認は，公権力の行使としての法的性格付けを与えられる。こうした性格付けは，三面関係において統一的に通用するものであり，名宛人Bとの関係でも，第三者Cとの関係でも，建築確認は公権力の行使と解される[3)]。したがって，建築確認に対する不服の訴訟類型としては，抗告訴訟を用いなければならない。そのうえで，実際にCが当該建築確認によってその権利・利益に影響を受けるかという問題は，原告適格の問題として審理される。

(2)　処分性が肯定される典型例――行政行為

処分性が認められる典型例は，命令（例：違法建築物の除却命令），営業許可の取消しや停止，許認可等の申請に対する応諾行為（申請の認容や拒否）など，行政行為である。取消訴訟が沿革的には行政行為を対象とした特別な訴訟類型として制度化されたことに起因する。したがって，一般的傾向として，行政行為には処分性が肯定され，それ以外の行為形式には処分性は否定される[4)]。

処分性の判定においては，法律がある行政活動に対して（最高裁の処分性の公式［⇒第1章*3*］で挙げた）一定の特色を与えているかが問題となる。つまり，法律の解釈問題である。こうした視点から，行政行為が，最高裁の処分性の公式を充たす点を確認されたい。例えば，市民の土地を強制的に取り上げる土地収用の事業認定は，土地の形質変更を土地所有者等に以後禁止する効果をもつ点，その後に（所有権を移転させる）収用裁決に至るのが通例である点，取り上

3)　小早川・下Ⅱ 148 頁以下参照。
4)　大橋・行政法Ⅰ 176 頁以下。

げた土地で事業を行う起業者に収用権限を設定する点などを根拠に，処分性が肯定されてきた[5]。最高裁の公式に即して説明すれば，土地収用法に基づき大臣が行った行為であり，財産権の主体としてではなく，規制権限の主体として国が行う行為であり，市民の土地所有権に上記義務を直接負わせる点で，事業認定に処分性が肯定されたのである。

(3) 処分性を基礎づける典型的法律規定の例

先に述べたように，処分性の判定は法律の解釈問題である。したがって，処分の存在を前提とする法律規定が存在する場合には，その規定を手がかりにして，当該行政活動を処分として扱う立法者意思が示されていると解釈することができる。その代表例が，不服申立規定である。

不服申立制度は処分について行政機関に不服を申し立てる制度であると理解されている。つまり，不服申立ての対象行為は抗告訴訟の対象行為と同様に解釈されている。そこで，ある行政活動に対し，法律上不服申立規定が定められている場合には，立法者は当該行政活動を処分と理解したものと解される[6]。

3　外 部 性
——処分性判断方法（その1）

(1) 行政の内部行為

「直接国民の権利義務を形成しまたはその範囲を確定する」行為（最高裁による処分性の定義）とは，行政主体と市民との外部法関係における行政の活動をいう（**図表4-4**の(イ)）。したがって，行政内部における行政機関相互の行為（＝行政の内部行為）（**図表4-4**の(ロ)）は処分には該当しないのである。行政の内部行

5)　参照，宇都宮地判1969［昭和44］年4月9日行集20巻4号373頁，東京高判1973［昭和48］年7月13日行集24巻6＝7号533頁［15］［I 143］。

6)　不服申立規定の存在を根拠に処分性を肯定した例として，供託金取戻請求の却下（最大判1970［昭和45］年7月15日民集24巻7号771頁［百選II 155事件］［19］），土地改良法に基づく事業計画・事業施行認可（最判1986［昭和61］年2月13日民集40巻1号1頁）などがある。土地収用法上の事業認定について，裁判所は，処分性を肯定するにあたり，事業認定に対する審査請求が同法に定められている点も重視している（130条1項参照）。

図表 4-4　行政内部法と行政外部法

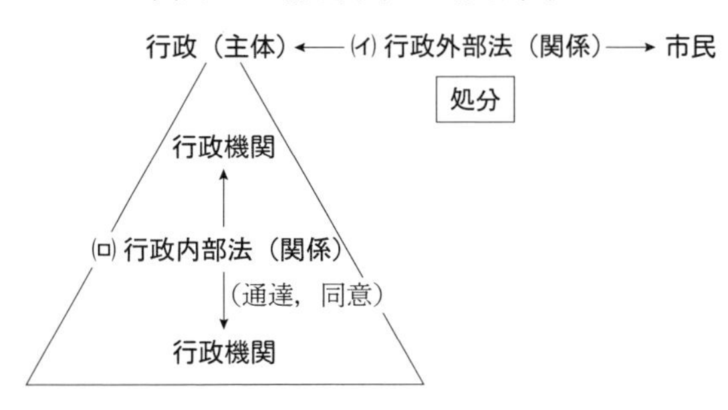

為の典型例は，通達や同意である。

(a) **通　　達**

通達は，上級機関が下級機関に対して発する命令ないし指示である[7]。違法な通達が発せられた場合に，通達を取消訴訟で争うことは伝統的に不適法と解されてきた。以下では，その理由を詳説する。

(Q 1)　厚生省（当時）の部長が都道府県や指定都市の局長に対して（法律解釈に関する）通達を発した。この通達は，他の宗教の信者であることだけを理由に，寺院等が埋葬を拒否してはならないとする内容であった。以後，寺院が他の宗教の信者の埋葬を拒否すれば，墓地，埋葬等に関する法律（以下「墓埋法」という）21条1号の罰則が科されたり，同法19条が定める許可の撤回がなされる可能性が生じた。この事例で，他の宗教の信者埋葬に反対する寺院は，上記通達に対して取消訴訟を提起することができるか，検討しなさい。

最高裁は通達取消訴訟を不適法であると判示した[8]。理由として，本件の通達は行政機関を拘束するにとどまるものであり，国民を直接に拘束するものではないこと，したがって，本件通達が直接に寺院の墓地経営権や管理権を侵害したり，新たに埋葬の受忍義務を課すものではないことから，処分に該当しないと説示した。寺院としては，例えば，埋葬を拒否した後に寺院に対して下される墓地経営許可の撤回（墓埋法19条）を争う取消訴訟[9]や罰則（同法21条1号）を争う刑事訴訟を通じて，救済を求めることとなる（**図表 4-5** 参照）。もっ

7)　大橋・行政法Ⅰ 140頁以下，400頁。
8)　最判 1968［昭和 43］年 12月 24日民集 22巻 13号 3147頁［百選Ⅰ 57事件］34。
9)　中川哲男・判例解説昭和 43年度（下）980頁注 10参照。

とも，処罰のリスクを冒したうえで争うことを期待するのは市民に過酷な負担を強いるものであるといった批判が見られる。

図表 4-5　埋葬義務通達の取消訴訟

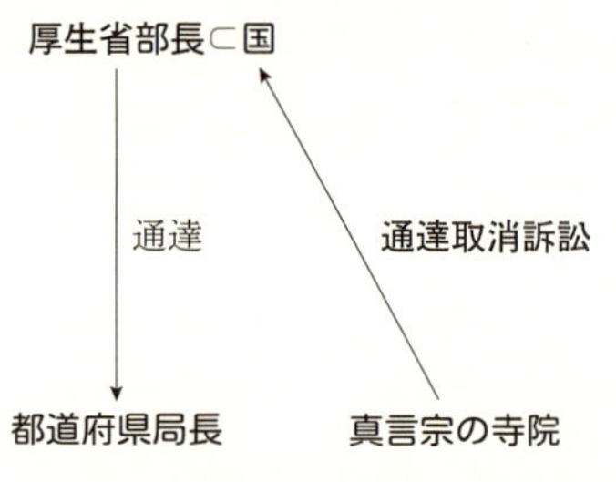

・法 21 条 1 号の処罰の可能性（→刑事訴訟）
・法 19 条の許可撤回の可能性（→取消訴訟）

最高裁は通達の内部行為性を根拠に通達の処分性を否定した。もっとも，最高裁は，原告（寺社）にとって上記のような権利救済の手段が別途存在することを前提として，通達の処分性を否定したものと解される。例えば，通達に対する取消訴訟を認めなければ市民の権利救済が図られない場合には，通達取消訴訟を認める余地が存在する。

こうした例外を認めた裁判例として，函数尺事件を取り上げることとしよう[10)]。通商産業省（当時）の局長がF県知事に対して出した通達は，尺という非法定計量単位を記載した計量器の販売が計量法 10 条に違反する旨の内容であった。当該通達が発せられた後に，関係行政機関から販売業者に対して販売中止勧告がなされた。その結果，上記計量器の製造業者 X は取引のあった販売業者から買入契約の解除を受けることとなった。当時の計量法では，販売業者に対しては業者登録の取消し，事業停止といった後続処分が予定されていた（現在は 51 条で届出の仕組みが採用されている）。これに対し，製造業者である X に対しては後続処分は予定されていない（**図表 4-6** 参照）。換言すれば，X に対して後続処分は下されないのであるから，当該処分を争う中で通達の違法を主張すれば足りるという論理は成立しない。X は，自己に損害をもたらした原因行為である局長通達を対象として，取消訴訟を提起した。東京地裁は X に対する権利救済手段が欠けている点を重視して，通達の処分性（通達取消訴訟の許容性）を肯定した。

---

10)　東京地判 1971［昭和 46］年 11 月 8 日行集 22 巻 11＝12 号 1785 頁 35 。

図表 4-6　函数尺事件

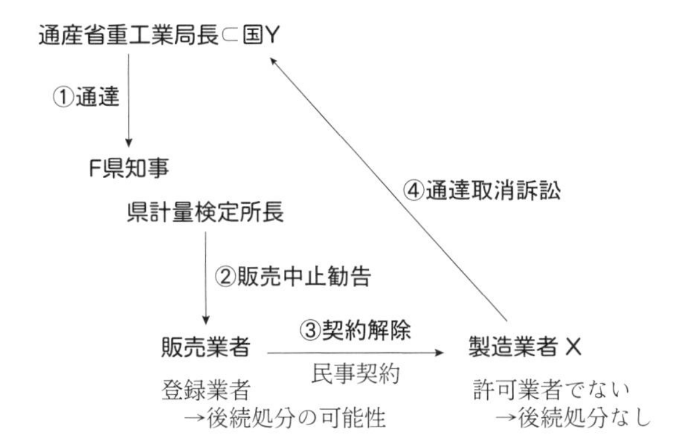

COLUMN

通達に対する救済手段

函数尺の事例で，X の権利を救済するためには，1 つの解釈論として，通達の処分性を肯定する方法が考えられる。本事例では，墓埋法に関する前記最高裁判決の論理に従っても，例外的に通達取消訴訟は認められるものと解される。第 2 の解釈論として，通達の処分性を否定したうえで，通達違法確認といった公法上の当事者訴訟を活用することも考えられる（詳しくは第 12 章 *2*(3)(c)(Q 4) で扱う）。

(b) 同　意

内部行為であることを理由に処分性が否定される典型例として，（行政機関相互でなされる）同意を取り上げる。

建築基準法が施行される以前の事例であるが，X は煙火工場の建築許可を知事に申請した。消防法 7 条（当時）によれば，知事は消防長（本件でその職務を担うのは村長である）の同意を得なければ建築許可を与えることはできない。この規定は，消防の観点から消防長に意見を表明させ，本件建築許可の審査に反映させる趣旨である。本件で，消防長が同意を与えなかった場合，X は消防長の不同意に対して取消訴訟を提起できるかが争点となる（**図表 4-7** 参照）。

図表 4-7　消防長の不同意取消訴訟

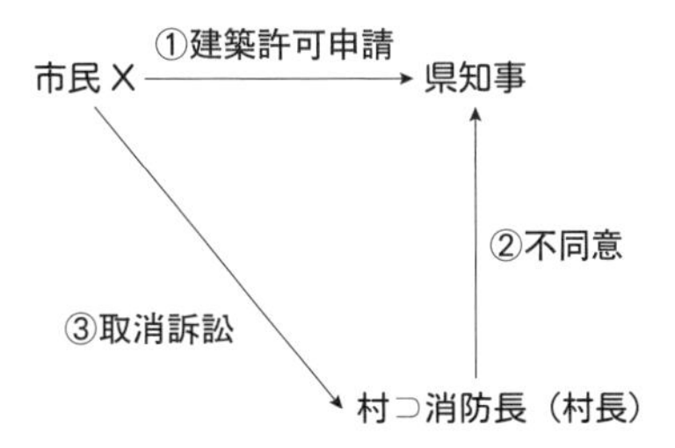

最高裁は，消防法 7 条に基づき消防長

が知事に対して発する不同意は，対国民との関係における行為ではなく，行政機関相互間の行為であるとして，処分性を否定した[11]。本件において，Xが権利救済を得るためには，（消防長から知事に対して発せられる内部行為たる）不同意の取消訴訟ではなく，（不同意を受けて知事が発する）建築不許可処分の取消訴訟を提起して，その中で不同意の違法を主張すべきである。

（発展学習）都市計画法上の開発許可における公共施設管理者の不同意

（Q 2）　都市計画法によれば，大規模な土地の形質変更を行う場合には，開発を行おうとする者は，知事の許可を要する（29条）。この場合，開発許可の申請者は，予め公共施設の管理者の同意を得ておかなければならないという仕組みになっている（32条）。公共施設とは，道路や下水道，公園，緑地等である。本件の同意の仕組みは，開発許可により影響を受ける公共施設との利害調整を，開発許可の申請者自身に事前に行わせるものである（上記の煙火工場の建築許可に関する事例で，許可権者である県知事自身が利害調整を行政内部で行っていたのとは，異なる仕組みである）。開発許可を申請しようとするXに対して，道路管理者である市長は都市計画法32条所定の同意を拒否した。この不同意に処分性は認められるか（Xは市を被告として不同意取消訴訟を提起できるか），検討しなさい[12]。

この事例も，内部行為の処分性に関する事例として紹介されることがある。しかし，本件は，行政機関相互の内部行為が関わる事例ではない。**図表4-8**を見れば明らかであるように，本件では，不同意は市民との関係で出されており，内部行為ではない。最高裁は，国民の権利や法的地位に影響を及ぼす

図表4-8　公共施設管理者の不同意取消訴訟

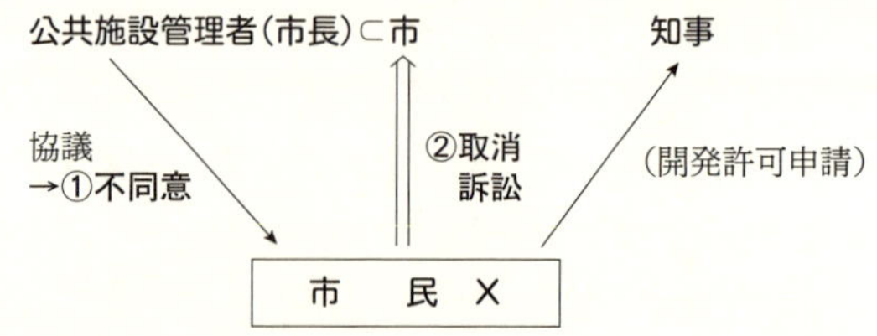

11）　最判1959［昭和34］年1月29日民集13巻1号32頁［百選Ⅰ 24事件］Ⅰ65。事例は，処分無効確認訴訟であるが，本文では取消訴訟として紹介した。また，本件の同意が問題となった時点では，建築基準法はまだ制定されておらず，消防法7条の規定も現在とは異なる。参照，田中真次・判例解説昭和34年度8頁。

12）　最判1995［平成7］年3月23日民集49巻3号1006頁［百選Ⅱ 163事件］33。

行為ではないとして，本件不同意の処分性を否定した。最高裁が処分性を否定したのは，内部行為を理由としたのではなく，開発許可の申請者が行政訴訟で不同意を争う（ないしは同意を求める）ことは都市計画法の採用した立法政策により否定されていると解釈したことによる。換言すれば，同意が得られない市民は，不同意がたとえ違法であっても，開発許可の申請はできず（開発行為は断念せざるをえず），救済手段は国家賠償に限定されると解釈した[13]。この解釈を前提にする限り，どのような行政訴訟類型を用いたとしても，同意の獲得は不可能である。判決の説く立法政策を前提とすることは，許可申請者の財産権の否定につながるものであり，憲法29条との関連で疑問である。また，公共施設管理者の裁量を広く認めすぎている点についても，財産権保障との関係で再考の余地がある。本件では，不同意の処分性を肯定してXによる取消訴訟を認める解釈が直截な権利救済手段である。他方，不同意の処分性を否定するのであれば，同意を求める公法上の当事者訴訟なり民事訴訟を許容すべきであろう。

4 直接性
――処分性判断方法（その2）

(1) 一般的行為

(a) 原　則

法律を具体化した一般的行為（例えば，政令，内閣府令，省令，委員会規則，条例，知事や市町村長の規則）には，多くの場合，個別の処分が続く。例えば，第2章で学習した新宿タヌキの森事件[14]では，建築基準法43条の定める接道義務が争われた。同条2項の委任を受けて，東京都建築安全条例が大規模なマンションについて接道義務の上乗せ基準を規定し（条例4条1項），あわせて接道義務の例外認定（安全認定）を定めていた（同条3項）。これに基づき，新宿区長は接道義務の例外を認容する安全認定という処分を発したのである（**図表4-9**参照）。このような行政過程は広く見られるところであり，法律と行政行為の

13）以上，綿引万里子・判例解説平成7年度（上）394〜395頁。

14）最判2009［平成21］年12月17日民集63巻10号2631頁［百選Ⅰ 87事件］75。

中間に位置する一般的行為（政令，省令，条例等）に対して取消訴訟を提起できるのか，こうした一般的規律に処分性が認められるのか，という解釈問題が存在する。

図表 4-9　行政法における法律の具体化の例

（法律）	建築基準法
（一般的行為）	政令：建築基準法施行令
	省令：建築基準法施行規則
	条例：東京都建築安全条例
（個別の行政活動）	行政行為：安全認定

伝統的な見解は，最終段階に位置する具体的活動（上記の例では安全認定）こそが（最高裁の定義でいう）「直接国民の権利義務を形成しまたはその範囲を確定する」行為であると理解した。したがって，中間に位置する政令，省令，条例等について，原則として処分性は否定された[15]。このように，一般的行為の処分性が否定される理由は，取消訴訟で争うのに一層ふさわしい個別具体的な行為が後続処分として予定されている点にある。安全認定のような処分の段階を待って争うべしという見解である。安全認定は，特定の者を名宛人としており，その者に権利や義務の具体的変動が認められるため，不確定な要素がなく，争う局面として適していると考えたのである（紛争の成熟性）。逆にいえば，一般的行為を争うのは時期尚早（成熟性を欠く）と理解された。

(b)　例　　外

それでは，一般的行為に処分が後続しない場合には，どのように考えるべきであろうか。この場合には，取消訴訟で争うのに適した局面として，一般的行為を対象とする余地が認められる。以下に挙げた事例では，一般的行為が直接に国民の権利義務ないし法律上の利益に変動をもたらしたとして，その処分性が肯定された。

①　厚生大臣（当時）は厚生省告示により，医療費を9.5パーセント値上げした。この事例では，告示に基づく後続処分を待つことなく，告示により医療費用の増額が決まり，直接に，原告である健康保険組合の「具体的な権利義務ないし法律上の利益に法律的変動」をもたらす。この点に着目して，裁判所は，告示の処分性を肯定した[16]。

②　横浜市が市立保育所のうち4つについて廃止する内容の条例を制定した

15）　公害対策基本法に基づく環境基準について処分性を否定したものとして，東京高判1987［昭和62］年12月24日行集38巻12号1807頁［27］参照。

16）　東京地決1965［昭和40］年4月22日行集16巻4号708頁［90］。

ことから，当該保育所に通う児童やその親と横浜市との間で紛争が生じた。市の構想では，条例の施行によって当該保育所は廃止され，社会福祉法人が同じ施設を利用して保育所の運営を行うこととされた（保育所民営化)。これに対して，当該保育所で保育を受けていた児童やその保護者が，選択した保育所で保育を受ける権利を条例によって違法に侵害されたとして，当該条例制定行為の取消訴訟を提起したのである。この事例では当該条例制定行為の処分性が争点とされた。

最高裁は，現に当該保育所で保育を受けている児童とその親について，選択した保育所で保育の実施期間満了まで保育を受けることを期待しうる地位を認めた。そのうえで，(ア)条例の施行により，行政庁の他の処分を待つことなく，各保育所廃止の効果を発生させること，(イ)現に入所中の児童及び保護者という限られた特定の者らに対して，直接に，そうした法的地位を奪う結果を生じさせることを指摘して，条例制定行為の処分性を認めた[17)]。(ア)の部分は，後続処分が予定されておらず，条例段階で紛争の成熟性が認められることを意味する。また，(イ)の部分は，本件が「特定の保育所」廃止に関わる事案であり，現に保育中の「特定者の法的地位」を奪うものであることに着目して，本件条例の対象範囲が限定的である点に処分と同視しうる特質を認めたのである。

(Q 3)　東京都千代田区内に設置されていたすべての区立小学校を廃止し新たに区立小学校 8 校を設置する条例（東京都千代田区立学校設置条例の一部を改正する条例）について，最高裁は処分性を否定した[18)]。同じく公立の教育施設廃止を内容とする条例であるにもかかわらず，本判決と前述の横浜市保育所最高裁判決が結論を異にした理由を検討しなさい。

保育所の入所は「保育に欠ける」児童の保護者が市町村に対し申込みを行うことが前提とされているが，その申込書に「入所を希望する保育所」を記載して提出する仕組みとなっている（児童福祉法 24 条 1 項・2 項)[19)]。最高裁は，こ

---

17)　最判 2009［平成 21］年 11 月 26 日民集 63 巻 9 号 2124 頁［百選 II 211 事件］29。最高裁は取消判決及び執行停止の第三者効に着目して，取消訴訟で本件条例を争うことの合理性にも言及している。

18)　最判 2002［平成 14］年 4 月 25 日判例地方自治 229 号 52 頁。

19)　大橋・行政法 I 365 頁。保育の実施について，市町村と保護者が行政契約を締結す

うした規定から，児童やその保護者には保育所を選択する法的地位が法律上保障されていると解釈した。これに対し，小学校に関しては，子を就学させる義務を負う保護者（学校教育法16条・17条）から予め意見聴取を行ったうえで（学校教育法施行規則32条），市町村教育委員会が就学すべき小学校を指定する（学校教育法施行令5条2項）[20]。このように小学校に関する法システムでは，保護者に特定の公立小学校を選択したうえで子に教育を受けさせる権利ないし法的地位が認められないと解されたのである。

COLUMN

水道料金を改定する条例の処分性

（Q 4）　T町は水道事業を営んでいるが，別荘に係る給水契約基本料を変更する内容の給水条例を定めた。別荘に係る給水契約者の料金を別荘以外の給水契約者に比べ3.57倍以上も高く改定する条例は不当な差別的取扱いであると主張して，条例の取消訴訟を提起しようと考えている。こうした取消訴訟は適法か，説明しなさい。

この事例では，条例に基づく後続処分は存在しない。もっとも，条例の取消訴訟以外に条例の違法を裁判で争う方法が存在しないわけではない。上記条例が違法で無効であれば，条例の定める新料金を別荘の水道利用者は支払う義務を負わないのであるから，例えば，値上げされた新料金を町が請求してきた際に，支払債務の不存在確認訴訟といった民事訴訟を提起することが可能である[21]。この訴訟の争点は条例の適法問題であり，民事訴訟においては前提問題として条例の適法性が審査される。最高裁は民事訴訟の可能性を視野に入れて，条例に対する取消訴訟を否定した[22]。

これに対し，原審の東京高裁[23]は，条例の処分性を肯定した。抜本的紛争解決という視点から，条例の取消訴訟を肯定したのである。このほかにも，抜本的紛争解決を図る解釈論として，そうした抜本的解決の必要性に確認の利益が認められるとして，条例自体の違法（＝無効）確認訴訟（公法上の当事者訴訟）を提起する方法も考えられる[24]。

る仕組みである。

20）　就学すべき小学校の指定は，行政行為である。

21）　水道の利用関係は民事事件（民事訴訟），下水道の利用関係は行政事件（行政訴訟）と解釈されている。参照，大橋洋一「制度的理解としての『公法と私法』」阿部古稀3頁以下所収。

22）　最判2006［平成18］年7月14日民集60巻6号2369頁［百選Ⅱ 162事件］［28］［Ⅰ197］。

23）　東京高判2002［平成14］年10月22日判時1806号3頁。

（発展学習）2項道路の一括指定と処分性

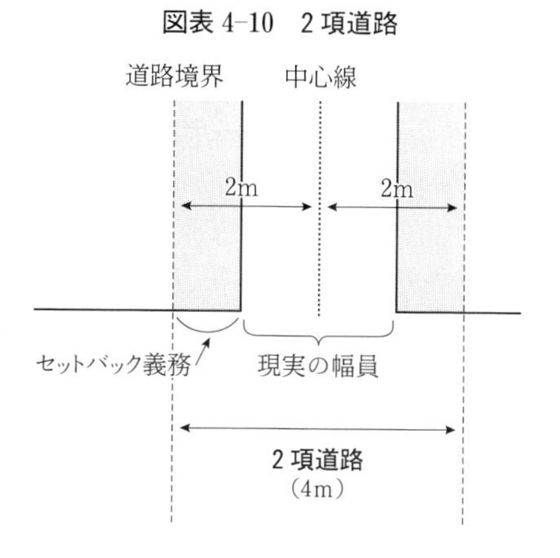

図表 4-10　2項道路

建築基準法は建物の建築にあたり接道義務を定めており（第2章*1*），道路として幅員4メートル以上のものを想定している（42条1項）。もっとも，同規定の適用が開始された時点（1950年段階）では幅員4メートルを満たしていない道路は多く存在したため，同規定の適用によって多くの建築物が違法建築物となってしまう状況にあった。そこで，建築基準法は特定行政庁が指定すれば，4メートルに満たない道路であっても道路中心線から左右に2メートルずつの部分を道路としてみなすという救済措置を規定した（同条2項。みなされた道路を「2項道路」という）。これにより，現実には幅員4メートル未満の2項道路に面した建築物も，接道義務を満たすこととなる。もっとも，他方で，指定によって道路部分とみなされた敷地部分（**図表 4-10** のアミ掛け部）は，道路内の土地であるから建築制限を受けることとなる（44条）。この場合については，市民の不利益に新法を遡及適用しないという方針のもと，既存建築物については道路内建築制限が及ばないとされている（既存不適格建築物。3条2項）。つまり，当該敷地部分の建築物について，所有者は除却義務等を負わないとされた。しかし，既存不適格は現存建築物を現状で利用する限りで認められる特例措置であり，将来，新設，増築，改築等で建築確認を受ける段階では，当該敷地の所有者は道路とみなされた当該敷地部分をもはや敷地として利用することはできず，4メートルの道路を現実に確保しなければならない（セットバック義務）。このように，長期的に，4メートルの道路が個々の市民により実現される方式を建築基準法は採用したのである。

2項道路の指定は，個別の処分として行われることもあるが（個別指定），告

24）　増田稔・判例解説平成18年度（下）814頁参照。

示ないし規則で一括して指定されることが多かった（一括指定）[25]。

〔Q 5〕　県知事は1950年11月28日付告示で，「都市計画区域内において建築基準法施行の際現に建築物が立ち並んでいる幅員4m未満1.8m以上の道」を2項道路に指定し，本件通路αも指定対象に含まれていた。Xは通路αに面する土地（その一部はαに含まれている）を有しており，当該土地上に建物の建築を予定している。建築に先立ち，建築主事に本件通路が2項道路に当たるか照会したところ，該当する旨の回答を得た。Xはみなし道路指定処分の不存在の確認を求めることができるか，検討しなさい。

1つの考え方は，一括指定は一定の基準を不特定多数人に提示するにすぎないと捉える。現に，一括指定によって対象となる具体的道路の特定は行政庁や市民に明確でない場合が多いことにも着目している。原審がこの立場であり，一括指定の処分性を否定した[26]。この立場は，一括指定を法令と同様の一般的性格の行為と捉えている点に特色がある[27]。

これに対し，最高裁判所は以下のように判示して，一括指定の処分性を肯定した[28]。最高裁は，一括指定を個別の指定処分が束になったものであると捉えており，個別の土地との関係では既に告示により建築制限等の制約が具体的に課されていると解している。

> 「本件告示によって2項道路の指定の効果が生じるものと解する以上，このような指定の効果が及ぶ個々の道は2項道路とされ，その敷地所有者は当該道路につき道路内の建築等が制限され（法44条），私道の変更又は廃止が制限される（法45条）等の具体的な私権の制限を受けることになるのである。そうすると，特定行政庁による2項道路の指定は，それが一括指定の方法でされた場合であっても，個別の土地についてその本来的な効果として具体的な私権制限を発生させるものであり，個人の権利義務に対して直接影響を与えるものと

25）　2項道路問題については，碓井光明『都市行政法精義Ⅱ』（信山社・2014年）196頁以下，金子正史『まちづくり行政訴訟』（第一法規・2008年）63頁以下（初出2002年）参照。

26）　大阪高判1998［平成10］年6月17日判タ994号143頁。

27）　一括指定の処分性を否定する場合には，第12章で学習するように，通路αが2項道路に含まれないことを前提に，セットバックする義務を負わないことの確認訴訟という当事者訴訟を選択することが考えられる。参照，小早川・下Ⅲ334頁，神橋・行政救済法66頁。

28）　最判2002［平成14］年1月17日民集56巻1号1頁［百選Ⅱ161事件］ Ⅰ174 。

いうことができる。」

なお，一括指定の処分性を肯定する立場にたつ場合であっても，本件の一括指定は60年以上も前に告示がなされているので，出訴期間は経過しており，取消訴訟は利用できない。そこで，本件で見られたように（出訴期間のない）処分の不存在確認訴訟や無効確認訴訟の利用を考えざるをえない。

(2) 行政計画

行政計画の処分性を判断する場合には，2つの計画類型を区分することが重要である[29]。1つは，公共的プロジェクトを実施するための計画である。この場合には，計画の定める事業は計画策定から比較的近接した時期に実施され，最終的には強制的な行政活動（換地や収用）により実現される。プロジェクト型計画，非完結型計画（行政活動が計画後も続くという意味である）と呼ばれる計画類型である。2つは，土地利用の用途や利用制限を地域ごとに決める計画である。計画の定める内容を実現するのは，個々の土地所有者（多くは市民である）であり，計画実現の時期は，個々の土地所有者の建築意思に委ねられている。ゾーニング型計画，完結型計画（行政活動は一応終わっているという意味である）と呼ばれる計画類型である。

(a) プロジェクト型計画

プロジェクト型計画の代表例として，土地区画整理事業計画決定を取り上げることとしよう[30]。当該計画が決定されると，それに基づく後続処分（仮換地の指定等）により事業は実現される。換地処分は土地の交換を強制的に法律に基づいて行うものである。最大判1966［昭和41］年2月23日民集20巻2号271頁は，土地区画整理事業計画決定を同事業の青写真にすぎないとして，その処分性を否定した（「青写真論」）。判決の趣旨は，当該計画決定段階では訴訟として取り上げる紛争の成熟性が欠けるので，後続処分（例えば仮換地の指定や換地処分）を取消訴訟で争うべきであるというものである。簡単にいえば，計画段階での取消訴訟は早すぎるといった論拠である。これに対し，最大判2008［平成20］年9月10日民集62巻8号2029頁［百選Ⅱ159事件］ 1 は上

29）　大橋・行政法Ⅰ 153頁以下参照。
30）　この事業に関しては，大橋・行政法Ⅰ 155頁のCOLUMN参照。

図表 4-11　2008 年最判の事件における事業進展過程

2002 年 6月	都市計画決定	
2003 年 11月	**事業計画決定**	←—— 2008 年最判により提訴可能
2005 年～ 06 年	換地設計	↑権利救済の早期化（本件では 4 年）
2007 年～	仮換地の指定	←—— 1966 年最判により提訴可能
2007 年～	建物移転・工事（2008 年最判時点では一部住居は既に撤去）	
	換地処分	

記 1966 年最判を変更し，土地区画整理事業計画決定に処分性を肯定した。

（Q 6）　土地区画整理事業計画決定に処分性が肯定されると，原告にとっては実際にどのようなメリットが生まれるのか，2008 年最判における事業経過を表した**図表 4-11** を参照して説明しなさい。

図表 4-11 から明らかなように，2008 年最判のように事業計画決定の処分性を肯定して取消訴訟を許容すれば，2003 年 11 月という早期の段階で提訴が可能である。これに対し，1966 年最判を前提とすると，後続処分である仮換地指定まで待たねばならないため，早くても 2007 年以降の出訴となる（つまり，出訴が約 4 年遅くなる）。1966 年最判のように出訴を後続処分段階まで待たねばならないとすれば，工事はその間に相当程度進んでしまい，判決時には既成事実が既に形成され，裁判所は取消判決を出せない状況に追い込まれる可能性がある（つまり，処分の違法は宣言しつつも原告の請求を棄却するという事情判決によらざるをえなくなる)。これでは，判決で上記計画決定の違法性が宣言されたとしても，計画事業の是正といった救済は実現しない。2008 年最判はこの点に着目し，早期の提訴に道を開いたのである。同判決が強調したのは，「実効的な権利救済」という理念である。

次に，2008 年最判が処分性を肯定した根拠について，分析を進めることとしよう。プロジェクト型の計画決定に処分性を肯定する発想は，土地収用法上の事業認定に処分性を肯定した判決の中に見いだすことができる。**図表 4-12** に示したように，事業認定は，市民から土地所有権を強制取得する収用裁決という処分に先立って，収用が利用可能な事業であることを確定する行為である。事業認定の段階で収用権限が事業者に付与されることから，裁判例は，事業認定段階で既に（収用対象となる土地の所有者である）市民は収用を受ける地位に立

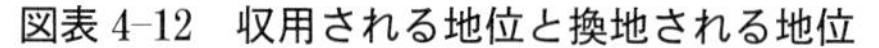

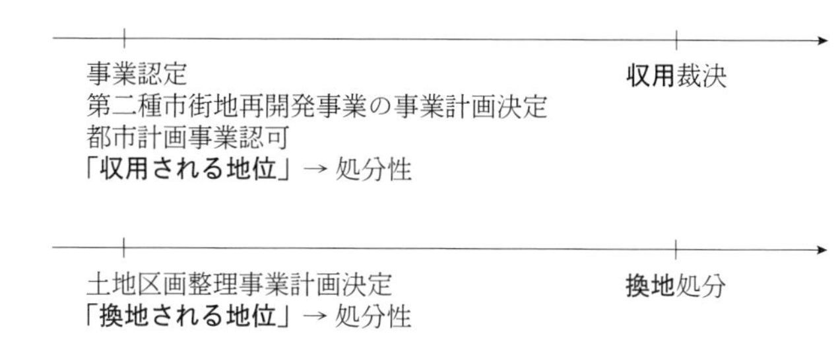

たされたとして，事業認定取消訴訟の提起を認めてきた[31]。いわば，収用裁決の予防訴訟としての期待を込めて，事業認定に処分性を認めたのである。

こうした発想によれば，後に収用裁決が予定されている計画決定についても，計画の処分性を認めることが可能となる。実際には，第二種市街地再開発計画事業の事業計画決定[32]，都市計画事業認可[33]について，事業認定の場合と同じ理由で処分性が肯定された[34]。

市民の有している土地を強制的に金銭と交換させるのが収用であるのに対し，市民の有している土地を強制的に他の土地と交換させるのが換地である。収用も換地も，強制的に市民から土地を取り上げるという点で機能は同じである。両者は行政が与える対価の形態において異なるにすぎない。このように考えると，近い将来確実に「収用される地位」に立たされることをもって処分性を肯定できるのであれば，近い将来確実に「換地される地位」に立たされる場合についても処分性を肯定することは可能である（**図表 4-12** 参照）。このような観点から，2008 年最判は 42 年ぶりに判例を変更して，土地区画整理事業計画決定

31）　東京高決 1956［昭和 31］年 7 月 18 日行集 7 巻 7 号 1881 頁，東京地判 1963［昭和 38］年 9 月 17 日行集 14 巻 9 号 1575 頁，熊本地判 1968［昭和 43］年 11 月 14 日行集 19 巻 11 号 1727 頁，宇都宮地判 1969［昭和 44］年 4 月 9 日・前掲注 5）など多数。

32）　最判 1992［平成 4］年 11 月 26 日民集 46 巻 8 号 2658 頁 [30]。

33）　最大判 2005［平成 17］年 12 月 7 日民集 59 巻 10 号 2645 頁［百選Ⅱ 177 事件］[37]。

34）　なお，事業認定が，土地収用権限を事業者に付与される点でも処分性が認められると考えれば，同様の理由で，組合設立認可（最判 1985［昭和 60］年 12 月 17 日民集 39 巻 8 号 1821 頁 [32]），市町村土地改良事業の施行認可（最判 1986［昭和 61］年 2 月 13 日・前掲注 6)）についても，処分性が肯定できよう。なお，組合設立認可の場合には，このほかにも，強制加入制という特質から処分性を肯定することができる。他方，市町村土地改良事業の施行認可の場合には，国営又は都道府県営の土地改良事業施行認可に対する不服申立規定の存在からも処分性が肯定可能である。

について処分性を肯定したのである。

（Q 7）　土地区画整理事業計画決定に処分性が肯定されることによって原告にデメリットが生じる可能性はないのか，検討しなさい。

事業計画決定に処分性が認められたことで，事業計画決定取消訴訟の提起にあたり出訴期間の制限が働く。この関係で，事業計画決定の違法を主張したいのであれば計画決定段階で出訴期間を守って取消訴訟で争うべきではないか，後続の換地処分の取消訴訟で事業計画決定の違法を主張することは制限されるのではないか，という問題が生じる。早期に計画段階で争う機会が増えたことに伴い，そうした機会を利用する責任が原告に問われるという状況が生まれたのである。

COLUMN

建築制限と計画の処分性

2008年最判は「換地される地位」に立たされる点を根拠として，事業計画決定の処分性を肯定した。もっとも，これとは別の解釈もありうる。事業計画が決定されると，事業予定地では新規に堅固な建物の建築が制限されるなど，規制が開始される（これを「建築制限」という。土地区画整理法76条1項）。事業計画によれば早晩建物が取り壊され更地にして事業を行うことが明らかな土地について，土地所有者に堅固な建物の建築を許容すれば，後に損失補償の金額が多大なものにならざるをえない。こうした社会的損失の回避が，建築制限の制度趣旨である。

建築制限という法効果を市民に及ぼす点に着目して事業計画決定の処分性を肯定するという法律構成は，直截でわかりやすいものである[35]。しかし，最高裁の多数意見は建築制限に着目したにもかかわらず，これを処分性肯定の決め手とはしていない。その理由は，建築制限を理由に処分性を肯定すると，次に述べるゾーニング型計画（これも建築制限を伴うものである）についてまで，計画の処分性を肯定することにつながるからである。しかし，ゾーニング型計画に処分性を肯定することによって生ずる問題は未解明のものが多く，最高裁としてもこの点に確証をもてなかったものと推察される。そこで，2008年最判は，当該事件で紛争解決が求められたプロジェクト型計画である土地区画整理事業計画決定について処分性を認める点に，判決の射程を限定したのである[36]。ゾーニング型計画は，次の(b)で述べるように強制

35)　2008年最判で，涌井紀夫裁判官の意見は，この論拠のみで土地区画整理事業計画決定の処分性を肯定するのに必要かつ十分であるとする。

的な土地取得活動が後続するものではない。したがって，「換地される地位」を基準とした解釈を採用して土地区画整理事業計画決定に処分性を肯定する限りでは，判決の射程はゾーニング型計画には及ばないのである。

(b) ゾーニング型計画

地域指定を行う計画に関しては，一般に処分性は否定されてきた[37)]。具体例を挙げると，都市計画上の地域指定（工業地域の指定[38)]），高度地区の指定[39)]，地区計画[40)]について，最高裁はいずれも処分性を否定してきた。判決の論理は，これらの計画に反対の者は，計画に基づく後続処分を争う中で計画の違法を主張すれば足りるというものである。例えば，都市計画において工業地域の指定がなされたことによって病院の建築ができなくなるとして当該指定に反対の者は，病院建築の建築確認を申請し，（計画に適合しない確認申請に対して下されるであろう）拒否決定に対して取消訴訟を提起すれば足りるという論拠である。すなわち，建築確認拒否処分の取消訴訟において，違法事由の1つとして，地域指定の違法を主張すべしというのである。

後続処分段階ではなく，計画段階で出訴を希望する場合には，公法上の当事者訴訟を活用するという方法が考えられる。このほか，都市計画に特化した訴訟類型を許容する法律を制定して，早期の権利救済を可能にする方法も考えられる[41)]。

36） 2008年最判における藤田宙靖裁判官の補足意見には，事案の実態に即した必要最小限度の司法的救済の道を開く趣旨が明確に示されている。

37） 用途地域や地区計画については，大橋・行政法Ⅰ 155頁，156頁参照。

38） 最判1982［昭和57］年4月22日民集36巻4号705頁［百選Ⅱ160事件］31。

39） 最判1982［昭和57］年4月22日判時1043号43頁。

40） 最判1994［平成6］年4月22日判時1499号63頁。

41） 都市計画争訟研究会『都市計画争訟研究報告書』(2006年8月）（これに関しては，西谷剛「都市計画争訟について」新都市60巻9号（2006年）1頁以下），都市計画争訟のあり方検討委員会・ワーキンググループ「人口減少社会に対応した都市計画争訟のあり方に関する調査業務　報告書」(2009年3月）（これに関しては，大橋洋一「都市計画争訟制度の発展可能性」新都市63巻8号（2009年）1頁以下）が，代表的な研究成果である。都市計画が従前築いてきた街並みを維持しながら権利救済を図らなければならない点に，都市計画争訟制度の困難さがある。詳しくは，章末参考文献の拙稿参照。

5 法 的 効 果
――処分性判断方法（その3）

(1) 事実行為

(a) 行政指導，通知

最高裁の公式によれば，処分とは，「その行為によって，直接国民の権利義務を形成しまたはその範囲を確定することが法律上認められている」行為である。このように，処分は法的行為とされている。したがって，法的行為ではない事実行為（行政指導，通知，勧告のほか，物理的事実行為である公共施設の稼働などが代表例である）について，処分性は否定されてきた。例えば，道路交通法に基づく反則金納付通告（同法127条1項）は，最高裁の理解に従えば，反則行為に該当することを通知する行為であり，反則金納付義務を課すものではなく，納付は相手方の自由意思に委ねられていることから処分性は否定されている。最高裁は，反則行為の不成立等を主張するのであれば上記通告の取消訴訟によるのではなく，反則金を納付せずに公訴の提起を待って刑事訴訟で争うことが制度上予定されている点も論拠に挙げている[42]。

海難審判の原因解明裁決（海難審判法［平成20年5月2日法律26号による改正前のもの］4条1項）は海難事故の原因を明らかにするものであり，当該審判の主文が機船の改修にあたった造船会社の過失を認定する趣旨のものであっても，（当該会社は反証することができるほか，裁判所も裁決と異なった事実認定を妨げられないなど）上記裁決は過失を確定する効力をもたない（＝法効果をもたない）ことを理由に，処分性が否定された[43]。

(b) 公共施設の稼働

東京都ごみ焼却場事件判決で見られたように，公共施設の稼働については処分性は認められないため，取消訴訟は利用できず，民事の差止訴訟を提起することとなる。同様に道路に対する民事差止訴訟を適法としたものとして，国道43号事件最高裁判決を挙げることができる[44]。

42）最判1982［昭和57］年7月15日民集36巻6号1169頁［百選Ⅱ 169事件］22。
43）最大判1961［昭和36］年3月15日民集15巻3号467頁［百選Ⅱ 165事件］。

これに対し，国営空港や航空基地の供用に対する民事差止訴訟を不適法とした最高裁判所の判例が存在するが，以下で述べるように処分性を肯定する根拠が不明確であり，批判が多い。大阪国際空港訴訟では，空港の供用差止が騒音被害等を理由に民事訴訟の手続で請求されたが，最高裁は空港管理権という非権力的な行為に航空行政権という権力的な行為が不可分一体になっていることから，民事訴訟を不適法であるとした[45]。処分性の判定に分析的手法を判示した最高裁（⇒第3章*3*（Q 2））が，航空行政権の論証については分析的でない（説得的な根拠を挙げることができていない）点で，学説から批判を受けている。

厚木基地訴訟では，自衛隊機の運航差止が民事訴訟で請求されたが，最高裁は防衛庁長官による自衛隊機運航に係る権限行使が周辺住民に対して騒音等を受忍する義務を課すものであり，公権力の行使にあたることを指摘して，差止請求を不適法であるとした[46]。ここでも，受忍義務の法的根拠が分析的でない（具体的に示されていない）点で学説の批判を受けている。

(2) 権力的事実行為（例外・その1）

事実行為でありながら，処分性が肯定される行為がある。例えば，「公権力の行使に当たる事実上の行為」である（これは「権力的事実行為」と呼ばれる）。行政不服審査法旧2条1項が，権力的事実行為について同法でいう処分に当たる旨を明記していたため，行訴法においても処分性が肯定されてきた（行審法改正によっても，この解釈は変更されていないと解する）。代表例は，身体や財産に対して直接に実力行使がなされる場合である。具体的には，直接強制，即時執行，行政代執行としてなされる義務履行行為である[47]。このほかにも，外国人の不法滞在者に対する強制収容行為が含まれる。

(3) 強制執行活動に先立つ通知（例外・その2）

強制執行活動に先立って出される通知について，例外的に処分性が肯定され

44） 最判1995［平成7］年7月7日民集49巻7号2599頁。
45） 最大判1981［昭和56］年12月16日民集35巻10号1369頁［百選Ⅱ 157事件］〔6〕。
46） 最判1993［平成5］年2月25日民集47巻2号643頁［百選Ⅱ 158事件］〔7〕。
47） 杉本・解説12頁。即時執行については，大橋・行政法Ⅰ 299頁以下参照。

ることがある。たしかに，新たな義務を課すものではない通知は，事実行為と見ることが可能である。しかし，①通知に続いて相当な確実性をもって強制執行活動がなされること，②強制執行活動は多くの場合に短期で完了してしまうことに着目して，通知段階で通知の取消訴訟を許容した裁判例が見られる。例えば，納税告知[48]や税務署長の督促[49]に対して処分性が認められてきた。その根拠は，通知や督促段階で早期に取消訴訟を許容することで，後続の滞納処分に対する差止機能を重視した点に認められよう[50]。「滞納処分を受ける地位」に立たされる点に着目して当該処分の差止めを図ろうとする発想は，先に紹介した，土地区画整理事業計画決定に処分性を肯定した最高裁判決の考え方と共通する。

(Q 8)　違法建築物に対して①除却命令が出された場合には，その後は，②代執行の戒告，③代執行令書による通知，④代執行の実施といった順で行政手続が進む。どの段階で，取消訴訟の提起が可能か検討しなさい。

この事例で，①の除却命令に対して取消訴訟が提起できるほか，④の代執行の実施も権力的事実行為として取消訴訟の対象とすることができる[51]（もっとも，代執行自体は短時間で終了してしまう）。下級審の裁判例では，②の戒告，③の通知は，行政代執行の手続にすぎず，新たな権利義務を発生させるものではないにもかかわらず，取消訴訟の対象と解されてきた[52]。理由は，代執行と

48）最判 1970［昭和 45］年 12 月 24 日民集 24 巻 13 号 2243 頁［百選 I 64 事件］。

49）最判 1993［平成 5］年 10 月 8 日判時 1512 号 20 頁。

50）代執行の戒告に処分性を認めた，大阪高決 1965［昭和 40］年 10 月 5 日行集 16 巻 10 号 1756 頁 I 208 も参照。「本件では，相手方は抗告人のなした前記戒告に対しても取消訴訟を提起しているのである。もつとも戒告は代執行そのものではなく，またこれによつて新な義務ないし拘束を課する行政処分ではないが，代執行の前提要件として行政代執行手続の一環をなすとともに，代執行の行われることをほぼ確実に示す表示でもある。そして代執行の段階に入れば多くの場合直ちに執行は終了し，救済の実を挙げえない点よりすれば，戒告は後に続く代執行と一体的な行為であり，公権力の行使にあたるものとして，これに対する抗告訴訟を許すべきである。そうであれば，前記のごとく戒告に対する抗告訴訟の提起がある以上，行政事件訴訟法 25 条により戒告に続く代執行手続の続行を停止する意味での執行停止が許されるものといわなければならない」。

51）大阪地決 1962［昭和 37］年 2 月 26 日行集 13 巻 2 号 223 頁参照。

52）②の戒告につき，前掲注 50）参照。③の代執行令書による通知につき，参照，東京地判 1973［昭和 48］年 9 月 10 日行集 24 巻 8＝9 号 916 頁。

いう強制執行行為が背後に控えており，ほぼ確実になされること（代執行を受ける地位に立たされること），代執行は短期に終了してしまうことから，その前段階における差止機能に期待したことである。

（Q 9） X所有の土地上でAはクリーニング業を営業し，洗濯洗浄施設を設置していた。Y県知事はAの上記施設使用の廃止を確認したことから，土壌汚染対策法3条2項に基づき，土地所有者Xに施設使用が廃止された旨の通知を行った。同条1項によれば，当該通知を受けた日から起算して120日以内にXは土壌汚染調査を実施のうえ，その結果を知事に報告しなければならない（土壌汚染防止法施行規則1条1項2号も参照)。通知を受けた土地所有者が報告を怠った場合には，知事は報告を行うよう命令を発することができ（3条4項)，当該命令違反には罰則が法定されている（65条1号)。Xは上記通知を受けた段階で，通知の取消訴訟を提起することができるか，検討しなさい。

本事例では，土壌汚染対策法3条4項に基づく命令について処分性を肯定することは容易である。これに加えて，最高裁は，①2項に基づく通知が1項に基づく調査義務発生の要件とされていること，②発令時期が不明確な4項の命令を待ってXの出訴（＝命令取消訴訟の提起）を認めるのではなく，実効的権利救済の観点から調査義務発生をもたらす2項の通知を対象に早期にXの提訴を認めるという解釈を示した[53]。

(4) 法的効果をもつ通知（例外・その3）

最高裁が通知に法的効果を認め，処分性を肯定した裁判例が存在する。つまり，通知の根拠法令の解釈を通じて法的効果を導いたものである。以下では，輸入禁制品該当通知の例を取り上げる。ある輸入業者が写真集を輸入しようと申告したところ，横浜税関長は風俗を害すべき書籍に該当するとして，関税定率法21条3項（当時）の通知をした。輸入業者は当該通知の取消訴訟を提起し，裁判では通知の処分性が争われた。最高裁は法律の条文を柔軟に解釈し，当該通知の処分性を肯定した[54]。すなわち，多数意見は，輸入禁制品該当通知の後は輸入禁制品に対する輸入不許可処分といった後続処分が予定されてい

53） 最判2012［平成24］年2月3日民集66巻2号148頁。
54） 最判1979［昭和54］年12月25日民集33巻7号753頁 24 。

ないなど，禁制品該当の行政判断を争わせる機会が存在しないという解釈に基づき，通知が貨物を適法に輸入できなくさせる法律上の効果を有すると判示したのである[55]。このように，本件では，市民の争訟方法が不明確な法律について，最高裁は法律の趣旨を補充して解釈した。本判決後に関税法は改正され，税関長の通知等を審査請求の対象とする規定や審査請求前置の規定を置くことで，通知の処分性が条文上明確化された（関税法69条の11第3項・91条2号・93条）。

COLUMN

手続上の地位を侵害する拒否通知

Xが新築の建物に対して過大に登録免許税を納付した場合には，国税通則法56条・74条に基づき，Xは5年間，税務署長Aに対して還付請求をすることができる（不当利得返還請求ルート）。このほかに，登記官Yが職権で税務署長Aに対して過誤納金の存在や額を通知する仕組みが存在する（登録免許税法［以下「法」という］31条1項）。このYの職権による通知に関しては，Xは，法31条2項に基づき，1年間に限り[56]，当該通知を出すようYに請求することができる（還付通知の請求ルート）。Xの請求に対してYが拒否通知を出した場合について，拒否通知に処分性が肯定できるかが争われてきた。

最高裁は，法31条2項は，Xに「簡易迅速に還付を受けることができる手続を利用することができる地位を保障している」と解釈し，Yの拒否通知について，Xの手続上の地位を否定する法効果をもつとして，その処分性を肯定した[57]。この判決によれば，Xは，還付請求を実現するために，①上記の不当利得返還請求ルート（期間5年）又は②還付通知の請求ルート（期間1年）を選択して利用することができる。争い方としては，①では不当利得返還請求訴訟，②では拒否通知取消訴訟が予定されている。最高裁が必ず②の手続によるべしと解釈しなかった1つの理由は，②を排他的手続とすると，Xが請求できるのは1年間に限定され，こうした結果は，納付不足額がある場合に税務署長が請求できる期間（国税通則法72条では，消滅時効期間は5年間である）と比べて，均衡を失するからである。

55）　宍戸達徳・判例解説昭和54年度409頁。

56）　31条2項の定める1年の期間は平成23年法律第114号により5年に改正された。本文の記述は，最高裁判決当時の旧規定に基づく。

57）　最判2005［平成17］年4月14日民集59巻3号491頁［百選Ⅱ168事件］［25］。評釈として，首藤重幸・重判平成17年度39頁，斎藤誠・租税判例百選［第5版］88事件解説参照。

(5) 不利益取扱いと連結した勧告（例外・その4）

法律において「勧告」といった文言が用いられている場合，それは行政指導を定めたものであることが多い（もっとも，法令上の名称は解釈の手がかりにすぎず，あくまでも目安にとどまる）。法律上「勧告」と規定されている場合でも，裁判所が法律の全体構造から当該「勧告」の法的性格を解釈して，処分であると判示した例が見られる。以下では，病院開設に係る事例を紹介する[58]。これは，処分性の肯定を通じて法律の定める仕組みの補充を図った例である。

医師が病院を開設する場合，知事から病院開設の許可を取得する必要がある（医療法7条1項）。知事が既に当該地域における必要病床数に達しているという理由で開設を中止するよう勧告したとしても（同法30条の11），開設を望む医師は中止勧告に従わないことができる。従わなくとも，医療法上は申請した開設許可は付与される。さらに，保険証を利用できる病院にしようと考える場合，病院開設者は保険医療機関の指定を知事に申請する必要がある（健康保険法旧43条の3第1項［平成10年法律109号による改正前のもの。以下同じ。現在は65条1項により厚生労働大臣が処分庁である］）。指定申請をした場合，上記勧告の不服従者には厚生省（当時）の局長通達により原則として保険医療機関の指定申請を拒否するという解釈が示されている（旧43条の2第2項・第3項［現在は65条4項2号で法律上明文化されている］）[59]。たしかに，指定拒否がなされた段階において，指定拒否取消訴訟を提起して争うことは可能である。しかし，病院開設者は医療従事者の確保や病院建設を完了するなど既に多額の資本投下をしており，指定拒否の段階まで待って訴訟を起こすことは避けたいところである[60]。そこで，こうした制度の仕組みを前提とすると，中止勧告に処分性を認めて中止勧告取消訴訟を提起して，早期の段階で勧告の違法を争うことが，病院開設希望者の関心事となる（**図表4-13**参照）。

58） 最判2005［平成17］年7月15日民集59巻6号1661頁［百選Ⅱ 167事件］26 参照。

59） 衆議院社会労働委員会で，厚生省保険局長により，勧告拒否に対して原則として指定は行わない趣旨である旨の答弁がなされている。濱秀和「医療法（平成9年法律第125号による改正前のもの）30条の7の規定に基づく知事の勧告について処分性を認めた判例の実務的考察(1)」自治研究87巻10号（2011年）17頁参照。

60） 杉原則彦・判例解説平成17年度（下）446頁。

図表 4-13　病院開設の行政過程

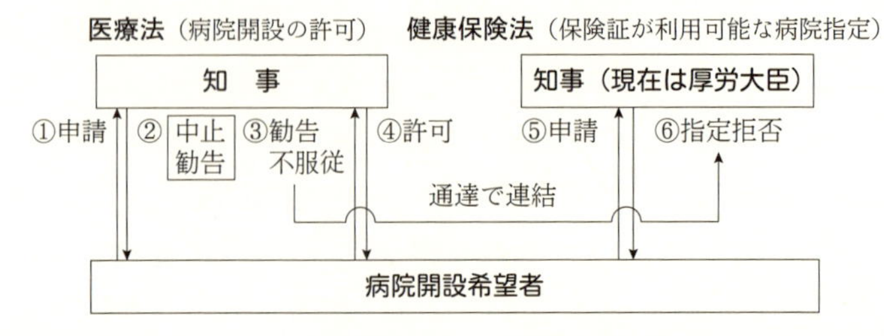

本件では，勧告の不服従が通達を通じて保険医療機関の指定拒否と連結させられていた点がポイントである[61]。こうした確立した行政実務によって意図的に，医療法の定める勧告制度は不服従者に対する制裁をも含む仕組みへと変質させられたのである。この仕組みの性格は，福岡高裁が別の事案で的確に判示したように，「行政庁の専断を許す法システム」と称すべき内容をもつものである[62]。行政実務によれば，勧告不服従は指定拒否の可能性を生むといった軽い結びつきではなく，「特段の事情がない限り」[63]，指定拒否に結びつく堅固な連結である。ここにみられるのは，不透明な形で勧告の実効性を確保する仕組みの創出であり，任意性を基調とする行政指導は，指定拒否という不利益措置を背景とした勧告行為へと，行政の思惑通りに変質している[64]。

これに対しては，2つの解釈が考えられる。1つは，勧告が行政指導であるという前提から出発して，限度を超えた違法な行政指導（これは，もはや法律の授権に基づくとはいえないものである）が恒常化しており，規制的性格の強い事実行為として処分に該当するといった構成である。2つは，勧告が法定の行政指導として立法された点に着目して，法定の命令措置と読み替えて，処分の法的仕組みとして説明する（穏和な）解釈である[65]。本件の最高裁判決は，第2の

61）本判決については，様々な理解が存在する。諸説を的確に整理したものとして，大久保規子「行政指導と処分の複合的行為」論究ジュリスト3号（2012年秋号）98頁参照。

62）福岡高判2003［平成15］年7月17日判タ1144号173頁参照。

63）杉原・前掲注60）445頁。

64）こうした変質過程を前提とすると，通達や法令の文面上の精緻な分析に基づいて，勧告不服従が指定拒否に「必ず」つながるかを問う議論は，重要性をもたないように考える。

65）中川丈久「処分性をめぐる最高裁判例の最近の展開について」藤山＝村田編・行政争訟142頁は，最高裁は行政指導でありながら処分であるというのではなく，既に処分

法律構成を選択したように見える。この解釈に立つのであれば，勧告はもはや行政指導ではないのであるから，行政指導であることに言及した判示は不要であった。

本件に関しては，法的効果をもたない行政活動について処分性を認めたといった整理は適切ではなく，むしろ事例の特殊性に着目して，権限濫用が問われた裁判例として捉えるべき性格のものである。したがって，その射程は狭い。

(Q 10)　勧告に処分性が肯定された場合，勧告に適用される行政手続ルールはどのようになるか，説明しなさい。

この問題に関しては，2つの立場が考えられる。第1は，最高裁が勧告に処分性を肯定したのは権利救済の観点から解釈した結果にすぎず，法改正がない限り，依然として勧告の法的性格は行政指導であるから，行政手続上の勧告の取扱いも行政指導のルールに従うという見解である[66)]。これに対し，第2に，勧告について関連法令の解釈を通じて処分と性格づけた以上，行政手続の面でも，最高裁の判決以降は処分として扱うべきであるという立場が考えられる。これによれば，判決後には，当該勧告には不利益処分として弁明手続や理由提示などが必要となるほか，取消訴訟との関係で教示も要求される[67)]。本書は，第2の立場に立つ。ただし，このように解しても，勧告が処分であることを内容とする行為規範が明確に確立していなかった以上，勧告を処分と判示した当該事案については，弁明手続等の不備を理由とする勧告の違法性は認められないものと解する。

なお，勧告に処分性が肯定されることになると，取消訴訟の出訴期間を尊重する趣旨から，勧告の違法性は（後の保険医療機関指定申請拒否段階ではなく）勧告段階で取消訴訟を提起して争うべしといった要請が働くことも考えられる（⇒詳しくは，第7章*4*参照）。

に変質してしまった趣旨を述べると的確に分析する。

66)　阿部・解釈学Ⅱ 115頁，塩野・Ⅱ 120頁。大久保規子「処分制をめぐる最高裁判例の展開」ジュリスト1310号（2006年）24頁も参照。参照。

67)　参照，中川・前掲注65) 143頁，山本・行政法383頁。

6　法律に基づく行為
――処分性判断方法（その 4）

処分は，直接国民の権利義務を形成し，又はその範囲を確定することが「法律上認められている」こと，つまり法律に基づくことが要求されている（地方公共団体の議会制定法である条例に基づく行政活動についても，処分性を根拠づけることができる)。以下，この問題に関する解釈問題を扱う。

⑴　契約などの私法上の行為

契約は契約当事者の意思の合致に基づき効力が認められることから，法律に基づき法的効力が認められる処分には該当しない。例えば，国有普通財産の払下げは，売渡申請書の提出，それに対する払下許可の形式をとるなど，処分を想定させる文言が用いられているとしても，その実質は私法上の売買であるとされ，処分性が否定されている[68)]。もっとも，寄託契約の性質をもつ弁済供託については，供託官による供託金取戻請求の却下について審査請求手続が設けられていることなどから，当該却下は処分と解されている[69)]。

COLUMN

国税通則法上の充当

国税通則法 57 条による還付金等の国税への充当は，還付金等を納税者に還付するのに代えて，納税すべき国税に充当する行為であり，機能としては民法上の相殺に対応する。しかし，同法は納税者の自由な相殺により納税事務に混乱が生じることに配慮して，国税債権との相殺を原則として禁止し，一定の場合に限り，国税局長等が国税への充当をしなければならないと定めたのである。最高裁は，還付金の国税への充当が行政機関として法定要件のもとで一方的に行う行為であること，それにより国民の法律上の地位に影響を及ぼすことに着目して，処分性を肯定した[70)]。

---

68)　最判 1960［昭和 35］年 7 月 12 日民集 14 巻 9 号 1744 頁［百選Ⅱ 154 事件］［Ⅰ133］。
69)　最大判 1970［昭和 45］年 7 月 15 日民集 24 巻 7 号 771 頁［百選Ⅱ 155 事件］［19］。
70)　最判 1994［平成 6］年 4 月 19 日判時 1513 号 94 頁。

⑵　通達・要綱に基づく行為

処分は法律に基づく行為であるから，行政機関が作成する通達や要綱に基づく行為について処分性を肯定することは，一般に困難である。

⒜　補助金交付

補助金交付は実質としては贈与契約の性格をもつが，立法者が法律や条例で交付申請に基づく交付決定という仕組みを採用している場合には，交付決定や不交付決定に処分性を肯定することができる。補助金等に係る予算の執行の適正化に関する法律は，6条で決定について規定している。立法者が上記決定を処分と理解したうえで行政手続法第2章・第3章の処分に関する規定を適用除外にしたと解されること（24条の2），補助金の返還について（処分の履行手段である）強制徴収の規定が置かれていること（21条1項），決定が地方公共団体による不服申立ての対象とされていること（25条1項）などから，立法者は交付決定について処分と捉えていると解される[71]。

これに対して，要綱で行政機関が法律に基づくことなく補助金交付の仕組みを採用した場合には，交付決定や不交付決定に処分性を認めることは困難である[72]。

⒝　要綱に基づく行為

要綱は，法律・条例とは独立して制定されることが多い。しかし，中には，法律・条例の要件を具体化したものと評価できる要綱，つまり法律（の委任）に基づき給付を定めたと解釈できる要綱も存在する。この場合には，要綱に基づく支給決定行為であっても処分性は肯定される。

（Q 11）　労働者災害補償保険法（以下「法」という）は政府が労働福祉事業（遺族の就学支援事業を含む）を行うことができると規定し（23条1項2号〔現行法では29条1項2号〕），同条2項の委任を受けた同法施行規則（省令である）も事務を労働基準監督署長が所管することなどを定めるのみで，労働基準監督署長が

71）　市民に関しても不服申立てができることを当然の前提としていると解するものとして，塩野宏「補助金交付決定をめぐる若干の問題点」同『法治主義の諸相』（有斐閣・2001年）178頁参照。

72）　参照，最判2012［平成24］年3月6日判時2152号41頁は，要綱で定められた入院者見舞金等について，地方公務員災害補償法には同法に基づく給付と位置づける規定はないとして，贈与契約に基づくものと判示した。

行う労災就学援護費の不支給決定について，実体法上の支給要件（支給対象者や支給金額，支給期間，欠格事由）や支給手続は局長通達の別添である要綱で定められていた。それにもかかわらず，最高裁[73]が支給や不支給の決定は法律を根拠にしたもので，処分にあたると判示した理由について説明しなさい。

最高裁は，労働者が死亡した労災事業に関する2つの制度について，補完関係にある一体のものとして捉えた。1つは，保険給付の支給を行う遺族補償給付であり（12条の8第1項4号），2つは，それを補完する労働福祉事業としての，労災就学援護費支給事業である（現行法では29条1項2号）。前者の給付決定に関しては，法38条1項が審査請求の対象としていること（及び40条が当該決定の取消訴訟を提起する場合には審査請求前置が必要であることを定めていること）から，法が処分と捉えていることは明確である。この仕組みを参照して，遺族補償給付と関連性の強い労災就学援護費支給決定についても，「保険給付と同様の手続による」ことを立法者は予定していると解釈して，最高裁はその処分性を肯定したのである。法は，労災就学援護費の存在を規定しているだけで，その委任を受けた省令も支給の手続や要件について何ら規定しておらず，通達や要綱が制度の輪郭及び詳細を形成している。それにもかかわらず，最高裁は，労災就学援護費の支給決定について，保険給付と同様に法に基づく処分と解したのである[74]。このように，最高裁はきわめて緩やかな形で，法律の根拠を肯定した。

読者の中には，上記条文から出発して最高裁の下した帰結にはたどり着けないとため息をつく方がいるかもしれない。そうした感想は率直なものである。支給要件を通達に丸投げした労災就学援護費支給の仕組みについて，通達が根拠となって制度を形成していると捉える見解は素直な法解釈であるといえよう[75]。

73）　最判2003［平成15］年9月4日判時1841号89頁［百選Ⅱ 164事件］20参照。
74）山本・行政法319頁参照。同325頁は，援護費について遺族の要保護状況を統一的に公平に判断する必要性から処分形式が適切なものとして選択されたという実質的根拠についても指摘する。
75）　太田匡彦教授が最高裁の論証について大雑把であると指摘するのも同旨であろう。同・百選Ⅱ 164事件解説参照。

図表 4-14 食品輸入の行政過程

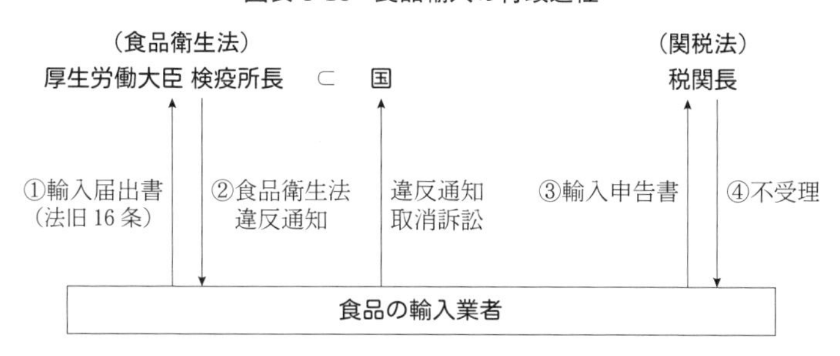

(c) 通達に基づく行為

(検疫所長の行う食品衛生法違反通知)

通知の処分性が争われた最高裁判決を分析する。食品輸入業者が,冷凍スモークマグロの切り身を輸入しようとして,食品衛生法16条(2003年法改正前のもの。現27条)に基づく輸入届出書を提出したところ,検疫所長は同法に違反するという趣旨の通知(以下「違反通知」という)を出した。厚労省局長通達「輸入食品等監視指導業務基準」が違反通知にかかる実務を詳細に規律していた。当該通達によれば,違反通知が出された場合には,検疫所長による輸入食品等輸入届出済証は出されない。また,関税法基本通達によれば,当該届出済証の添付がない(輸入業者による)輸入申告書は税関では受理しないで返却する取扱いとなっていた。かかる仕組みのもとで,輸入業者は違反通知に対して取消訴訟を提起できるかが争われた(**図表4-14**参照)。処分性を判断するうえで重要な解釈問題は,違反通知が法律の根拠に基づくものといえるか,通達に根拠をもつにすぎないのかである。最高裁は,次のように,2点で極めて柔軟な解釈を示した[76]。

第1は,届出制を許可制に読み替えた点である。食品の輸入について,法律上は,厚生労働大臣に対する輸入届出の規定(食品衛生法旧16条)が存在するだけである。この規定は届出を要請したものにすぎず,行政機関による応諾行為を含まないと解釈すると,本件の違反通知は法律に基づかないものになる。これに対し,最高裁は,届出に対する行政機関の応諾をも予定した許可の仕組

76) 最判2004〔平成16〕年4月26日民集58巻4号989頁 23 。

みであると解釈して，違反通知を法律に基づく行為と位置づけたのである。第2は，検疫所長に対する権限の委任を肯定した点である。法律上は，届出は厚生労働大臣に対して行うものと規定されているため，検疫所長が応諾をしている本件処理は無権限の行為であるようにも見える。この点に関して，最高裁は，同大臣から検疫所長に対して委任がなされているといった解釈を付け加えた。このように，最高裁判決が法律解釈として相当な無理を重ねている印象は否定できない。横尾和子裁判官の反対意見のように，税関長に対する輸入申告書の不受理を拒否処分と解釈して，それを取消訴訟で争わせる方が自然な解釈である。しかし，そうした解釈を採らずに，多数意見が上記解釈を採用した意図は，行政の側で輸入を認めない意思が確定し明確に市民に示された段階[77]で，早期に市民による出訴の機会を確保しようとした点に認められよう。

●参考文献 ――――――――――

秋山義昭「法令に対する抗告訴訟」行政法大系5巻55頁以下

阿部泰隆「取消訴訟の対象」行政法大系4巻199頁以下（後に，同・改革論43頁以下所収）

阿部泰隆「相対的行政処分概念の提唱」同・改革論87頁以下（初出1982年）

大久保規子「処分性をめぐる最高裁判例の展開」ジュリスト1310号（2006年）18頁以下

大橋洋一「都市計画訴訟の法構造」大橋・空間57頁以下（初出2006年）

大橋洋一「都市計画の法的性格」自治研究86巻8号（2010年）3頁以下

興津征雄「抗告訴訟における第三者の出訴可能性と処分性――相対的行政処分概念の示唆するもの」阿部古稀655頁以下

久保茂樹「都市計画と行政訴訟」芝池義一他編著『まちづくり・環境行政の法的課題』（2007年）84頁以下

越山安久「抗告訴訟の対象」新実務民訴9巻27頁以下

仲野武志「行政過程における〈結合〉の瑕疵」藤田退職99頁以下

広木重喜「事実行為に対する行政訴訟」実務民訴8巻27頁以下

南博方「取消訴訟の対象」実務民訴8巻3頁以下

亘理格「相対的行政処分論から相関関係的訴えの利益論へ――『法的な地位』成否の認定という視点から」阿部古稀753頁以下

77）山本隆司教授は，最終決定という表現を用いている。参照，山本・行政法341頁。

第 5 章

原告適格
――訴訟要件（その 3）

▶本章の狙い

取消訴訟制度を用いて紛争解決を図る場合には，当該制度を利用して権利・利益の救済を図るのに適切な原告が訴訟を提起することが要請される。原告となる資格のことを「原告適格」という。処分の名宛人が原告適格を有する点に関しては争いがない。これに対し，処分の名宛人以外の第三者が取消訴訟を提起しようとする場合に，その者が原告適格を有しているのかは，しばしば困難な解釈問題となる。第三者が「法律上の利益」を有しているかという問題は，関係法令の規定を参酌して，その者の個別的利益を立法者が保護しているのかという観点から判断される。抽象的に理解するだけであれば，さほど困難な解釈論ではない。しかし，実際に法令を読んでみると，抽象的な規定のどこから立法者の意図を読み取ればよいのか，個別の規定がはたして保護の趣旨を含むのか，途方に暮れることが少なくない。具体の実定法規を素材に，法令解釈の仕方を学ぶことが最も重要である。「条文から学ぶ原告適格論」が本章のテーマである。

1 問題の所在

適格な主体により取消訴訟が提起されることは，訴訟要件の 1 つである。行訴法は，処分の取消しを求めるにつき法律上の利益を有する者に限り原告適格を認める（9 条 1 項)。「法律上の利益を有する者」の解釈をめぐっては，これまでも，裁判でしばしば争われてきた。最初に注意を要する点は，「原告適格が争いとなるのは，第三者の原告適格に関してである」ということである。この点から，説明を始めることとしよう。

行訴法第9条①　処分の取消しの訴え及び裁決の取消しの訴え（以下「取消訴訟」という。）は，当該処分又は裁決の取消しを求めるにつき法律上の利益を有する者（略）に限り，提起することができる。

(1)　処分の名宛人

処分の名宛人が取消訴訟の原告適格となりうる点は，争いがない[1]。具体的にいえば，違法建築物に対する除却処分の場合，当該建築物の所有者は，取消訴訟の原告適格を有する。不利益処分の場合には，法律の根拠に基づいてのみ不利益措置が許容されるのであり，法律の処分要件を充たしていない不利益処分を名宛人は受忍する必要はなく，自らの侵害された権利や利益の救済を求めることができるのである[2]。他方，営業許可申請の拒否処分の場合，営業許可の申請者に原告適格が認められる（紛争状況を図示するならば，**図表5-1**のようになる)。申請に対する応諾行為の場合には，申請者には適正な申請処理を経て処分を受ける権利が肯定されているため，申請拒否行為について名宛人である申請者はその侵害を主張して権利救済を求めることが可能である[3]。以上述べたことを整理するならば，最高裁の提示した処分性の公式（⇒第1章*3*）には，権利義務の形成又はその範囲の確定が含まれているため，違法になされた不利益処分や申請拒否処分の名宛人について，権利救済を求める資格は容易に肯定することができるのである。

図表5-1　二面関係モデル

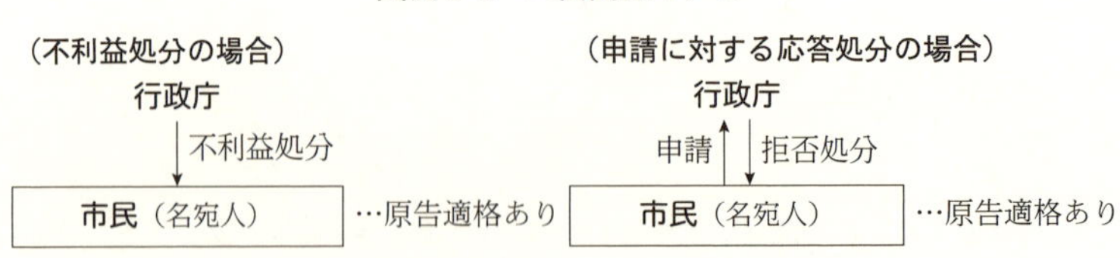

1)　塩野・Ⅱ 126頁，小早川・下Ⅲ 255頁，芝池・救済法40頁。
2)　原田・要論391頁は侵害排除請求権の実現と説明する。
3)　同様の説明をするものとして，塩野・Ⅱ 126頁，阿部・解釈学Ⅱ 143頁。

(2) 第 三 者

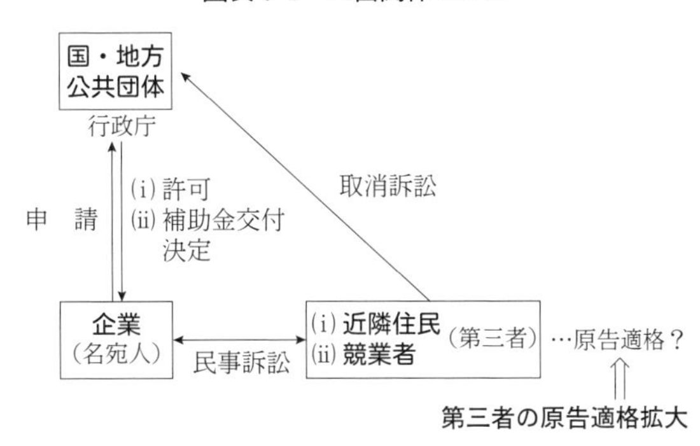

図表 5-2　三面関係モデル

裁判でしばしば争われてきた事例は，第三者（＝名宛人以外の者）の原告適格に関してである。例えば，ある企業が行政庁から営業許可を受けた事例で，近隣住民が当該許可を取消訴訟で争う事例である（**図表 5-2**(i)）[4)]。このほかにも，企業に対する補助金交付決定を競業者が争う例も存在する（**図表 5-2**(ii)）。

次の(a)以下で挙げる諸事例は，いずれも原告適格が争われた最高裁判決を素材にしたものである。読者は興味のある事例を取り上げて，**図表 5-2** を参考に，その紛争状況をノートに描いてほしい。そうした作業を通じて確認できることは，いずれも第三者が提起した取消訴訟であり，三面関係を前提に第三者の原告適格が争われた事例であるという点である[5)]。

(a)　国土交通大臣が東京都に与えた都市計画事業認可（事業の内容は小田急小田原線の立体交差・高架化事業である）に対し，沿線住民等が取消訴訟で争う事例[6)]

(b)　北海道知事が電力会社に与えた公有水面埋立免許及び埋立工事竣工認可処分に対し，当該公有水面に近接する水面で漁業権をもつ漁業協同組合の組合員らが取消訴訟で争う事例[7)]

(c)　国土交通大臣が航空会社に与えた定期航空運送事業免許に対し，新潟空

---

4)　これとは異なる類型の第三者も存在する。例えば，公共施設の供用開始行為や廃止行為のように，特定の名宛人をもたないと説明されてきた一般処分について，当該施設の利用者や沿線住民は名宛人ではないと位置づけられた。したがって，これらの者が取消訴訟を提起した場合についても，第三者の原告適格問題に含めて扱われてきたのである。芝池・救済法 40 頁，小早川・下Ⅲ 256 頁。

5)　原田尚彦教授は第三者訴訟と呼ぶ。原田・要論 395 頁。

6)　最大判 2005［平成 17］年 12 月 7 日民集 59 巻 10 号 2645 頁［百選Ⅱ 177 事件］37。

7)　最判 1985［昭和 60］年 12 月 17 日判時 1179 号 56 頁 38。

港の周辺に居住する住民が取消訴訟で争う事例[8)]

(d)　内閣総理大臣が旧動力炉・核燃料開発事業団に与えた原子炉設置許可に対し，原子炉の付近住民が取消訴訟で争う事例[9)]

(e)　岐阜県知事がゴルフ場開発を行う株式会社に与えた林地開発許可に対し，開発区域の周辺住民らが取消訴訟で争う事例[10)]

(f)　東京都知事が生命保険会社に与えた総合設計許可（この許可は，建物の容積率や高さの制限を緩和する効果をもつため，本件では高さ110.25メートルという大規模建築物の建設が可能になった）に対し，当該建築物の近隣に居住する住民が取消訴訟で争う事例[11)]

(g)　東京都公安委員会がぱちんこ屋に与えた風俗営業許可に対し，近隣居住住民が取消訴訟で争う事例[12)]

(h)　経済産業大臣が大阪市中央区日本橋に場外車券施設の設置を計画している株式会社に与えた設置許可に対し，当該施設周辺に居住している住民等が取消訴訟で争う事例[13)]

(i)　東京都知事が医療法人に与えた病院開設許可に対し，市医師会や付近で医療施設を開設している他の医療法人等が取消訴訟で争う事例[14)]

(j)　大阪陸運局長が鉄道会社に与えた特別急行料金改定（＝料金値上げ）の認可処分に対し，通勤定期券を購入するなどして同社の特急を日常的に利用する者が取消訴訟で争う事例[15)]

(k)　静岡県教育委員会が同県史跡に指定していた伊場遺跡について，指定を解除した処分に対し，同遺跡を学術研究の対象としてきた歴史学，考古学等の研究者らが取消訴訟で争う事例[16)]

---

8)　最判1989［平成元］年2月17日民集43巻2号56頁［百選Ⅱ170事件］39。
9)　最判1992［平成4］年9月22日民集46巻6号571頁［百選Ⅱ171事件］14。
10)　最判2001［平成13］年3月13日民集55巻2号283頁［百選Ⅱ175事件］42。
11)　最判2002［平成14］年1月22日民集56巻1号46頁［百選Ⅱ176事件］43。
12)　最判1998［平成10］年12月17日民集52巻9号1821頁［百選Ⅱ174事件］44。
13)　最判2009［平成21］年10月15日民集63巻8号1711頁［百選Ⅱ178事件］45。
14)　最判2007［平成19］年10月19日判時1993号3頁46。
15)　最判1989［平成元］年4月13日判時1313号121頁［百選Ⅱ172事件］47。
16)　最判1989［平成元］年6月20日判時1334号201頁［百選Ⅱ173事件］48。

(3) 第三者の原告適格について審査を必要とする理由

第三者という概念は処分の名宛人以外の者を総称するものであるため，その範囲は無限に広がり，一般市民の立場で誰でも原告となることを認めることになりかねない。一般市民とは区別される原告の範囲確定が関心事となる第1の理由は，取消訴訟が権利・利益を救済するための制度であることから，原告には利用にふさわしい資格（権利救済の必要性）が要求されることである。第2に，第三者による取消訴訟が制約なく提起されることにより，処分の名宛人の地位が不安定となるほか，行政は応訴の負担を過分に負うことも挙げられよう。第3に，処分の名宛人は，行政活動によって直接に行政からの働きかけを受けるのに対し，工場の操業許可を争う近隣住民の場合には，その被害は工場の操業によってであり，行政活動によるわけではないという事情が存在する。つまり，行政が第三者に及ぼす作用は，間接的影響にとどまる。

以上に挙げた理由から，第三者が取消訴訟を提起する場合には，どういった法的利益に基づいて出訴しようとしているのか，検証される必要がある。

COLUMN

共有不動産への滞納処分と共有者の原告適格

AとBがある不動産を共有する事例で，Aが税の滞納を理由に当該不動産の共有持分権について税務署長により差押処分を受けた。この場合において，処分はAに対して発動されており，Bは名宛人ではない。しかし，当該処分の効果として，差押え後においてBは当該不動産への用益権等の設定を制限されるのである。このように，当該処分により自己の権利を制限されるBも，差押処分取消訴訟の原告適格を有する[17]。

2 原告適格の解釈方法（総論）

(1) 最高裁の解釈公式

行訴法9条1項は，「法律上の利益を有する者」に限り原告適格を肯定している。「法律上の利益」に関する解釈問題について，最高裁は以下の3つの視点を判示している[18]。

17) 最判2013［平成25］年7月12日判時2203号22頁。

18) 主婦連ジュース訴訟・最判1978［昭和53］年3月14日民集32巻2号211頁［百選

第1に，法律上の利益の有無は，法令の解釈を通じて判断される。換言すれば，原告適格を基礎づける「法律上保護された利益」の有無については，立法が予め判断を下していることを前提とする。したがって，原告適格の判定問題は，行政法令の解釈問題として扱われる。

第2に，法令の解釈により判断するという場合に，中心に置かれるのは処分の根拠法令である。つまり，争われた処分の発動条件（これを「処分要件」という）を定めた法令規定が解釈の対象となる（例えば，建築確認であれば建築基準法6条，都市計画法上の開発許可であれば都市計画法29条）。解釈にあたっては，原告の主張する利益が処分の根拠法令によって保護されていること，当該利益への配慮が根拠法令の処分要件として要求されていることが必要とされる[19)20)]。この部分は，保護範囲要件と呼ばれる。

第3に，原告の主張する利益が一般的公益として法令で保護されているだけでは足りず，個々人の個別的利益として保護されていることまで要求されてきた。つまり，法令が保護する利益は，一般的公益とは区別された個別的利益であることが要求されている。この部分は，個別保護要件と呼ばれる[21)]。

以上紹介した解釈方法は，「法律上保護された利益説」とか「処分要件説」と呼ばれている[22)]。以下では，最高裁の採る解釈方法を具体例に即して説明

Ⅱ 141事件］ 36 。「法律上保護された利益とは，行政法規が私人等権利主体の個人的利益を保護することを目的として行政権の行使に制約を課していることにより保障されている利益であつて，それは，行政法規が他の目的，特に公益の実現を目的として行政権の行使に制約を課している結果たまたま一定の者が受けることとなる反射的利益とは区別されるべきものである。」

19）藤田・総論432頁以下は，最高裁判決で想定されている，第三者の法的利益について，処分の名宛人の行動によって第三者の利益が一定の危険に曝されることのないよう保護を求める権利と把握する（行政庁の負う義務としては，第三者を保護する義務［リスク回避義務］と理解する）。

20）最判2014［平成26］年1月28日民集68巻1号49頁は，廃棄物の処理及び清掃に関する法律に基づき市長がAに与えた一般廃棄物処理業の許可に対して，既に同市内で当該処理業の許可を得ているBが取消訴訟を提起する原告適格を有することを肯定した。同法が一般廃棄物処理業は自由競争に委ねるべき性格の事業とは捉えておらず，需給調整にかかる規制の仕組みを採用していること，新規許可を判断するにあたり既存許可業者の事業への影響に配慮して判断する趣旨であることに着目した。つまり，既存許可業者の事業利益をとくに保護する趣旨であることを重視した法律解釈である。

21）保護範囲要件及び個別保護要件については，小早川・下Ⅲ 257頁以下参照。

22）宇賀・概説Ⅱ 191頁。

する。

COLUMN

個別保護要件の必要性

従前，行政法令には公衆の利益を一般的・抽象的に保護する規定（公益を保護する趣旨の規定）と個々人の個別的な利益を保護する規定の 2 種類が存在することが前提とされてきた。そのうえで，取消訴訟は個々人の個別的な利益にかかる主張を内容とすること（主観訴訟）から，取消訴訟の原告適格を基礎づけるためには個別保護要件が必要であると解されてきた。もっとも，個別保護要件が肯定される場合としては，①個別的利益保護の趣旨が法令上明確に規定されており，もっぱら行政法令の解釈から読み取ることができる場合もあれば，②法令の規定に加えて，当該原告に関する利益侵害の程度や態様などの個別事情を踏まえて初めて原告適格が導出される場合も存在する[23)]。行訴法 9 条 2 項（後述(2)参照）は，個別の利害状況に目を向けて，法令の解釈を柔軟に行うことを要請するものである。したがって，法令の規定が一見したところ公益保護の趣旨であるように見えても，例えば，許可施設の出す騒音や振動などは直近の住民に最も深刻であり，距離が離れるにつれて軽減していく傾向に着目して，実質的侵害の程度を加味して影響範囲を画す解釈が可能である。そうした地域的限定のもとに実質的侵害を受ける「付近住民」について原告適格を承認する解釈手法が採用可能である。このように，侵害の性質や程度に応じて地域限定を図りながら，要保護者を切り出す作業が原告適格の解釈では求められている（保護範囲の切り出し）。

（Q 1）　大規模なマンション建設について建築確認が出され，それに対して，近隣住民が取消訴訟の提起を予定している場合について，近隣住民の原告適格の判断方法を説明しなさい。

建築確認の名宛人ではない近隣住民について，従来，建築確認取消訴訟の原告適格が争われてきた。ここでは，建築主事が建築確認を発動するにあたり，近隣住民の利益を考慮するように法令上義務づけられているか，近隣住民の主張する利益が法令上，処分要件として保護されているか，が争点となる。

この問題は，建築確認の根拠法令，つまり建築基準法 6 条の解釈問題として解答が導き出されなければならない（法律上保護された利益説）。この場合に，

23）　小早川光郎「抗告訴訟と法律上の利益・覚え書き」成田古稀 49 頁。

近隣住民が主張する利益が一般的公益として保護されているだけでは足りず，それとは区別された個別的利益として建築基準法で保護されていなければならない（個別保護要件）。近隣住民が，建築基準法は市民の人身の安全や環境保全を保護した法令であると抽象的に主張するだけでは，公益目的の規制によって保護される利益（これを「反射的利益」と呼ぶ）の侵害を主張するにすぎず，原告適格を基礎づけることはできない。そうではなく，建築基準法が，近隣建築物の所有者や居住者について，個々人の利益として日照，通風，災害に起因する重大な被害の回避といった利益を保護していると主張し，こうした個別的利益は建築確認を発動する際の建築主事の考慮事項とされていると解釈することによって，近隣住民の原告適格が基礎づけられる[24)]。日照，通風，採光，倒壊からの保護，避難といった諸利益は，当該マンションから一定範囲内に居住する住民の個別的利益であり，一般的公益とは区別することが可能である。最高裁が説く個別保護要件とは，こうした法律解釈を要求するものである。

解釈にあたっては，建築基準法の目的規定のほか，同法が建物のボリュームを規制している点（「容積率規制」という。52条），高さ制限を定めている点（55条），屋根などを一定勾配の斜線の範囲内に収まるように規制している点（「斜線制限」という。56条・56条の2）などに着目することが大切である。同法の諸規制やそれを担保する建築確認は，建築物やそこに居住する者の身体の安全・健康・生命等を保護することに加え，隣接の建築物における日照，通風，採光，火事の際の延焼・倒壊の危険をも保護する趣旨であること，隣接の建築物の所有者や居住者の身体の安全・健康・生命等をも保護する趣旨であることを主張するのである。同様に，建築物が道路に一定の長さ以上接していることを求める規定（43条。「接道義務」という）は，火災等の災害発生時に避難したり，消火・消防活動が迅速かつ円滑に行われることを保障したものである。これも建築確認対象建物の所有者・居住者のほか，その近隣建物の所有者や居住者について，その生命や身体の自由等を個別的に保護する趣旨の規定である。

24）　参照，東京地判2006［平成18］年9月29日裁判所HP，神戸地判1986［昭和61］年7月9日判タ621号91頁，横浜地判1988［昭和63］年11月16日判時1306号30頁，東京高決1999［平成11］年8月2日判時1706号3頁。

(2) 解釈の指針

(a) 判例の到達点の法定化

現行の法令には，第三者の個別的利益を保護する趣旨を明示した法律規定は多くないため，第三者の原告適格は，しばしば困難な解釈問題になる。従来，原告適格が限定的に解釈され，第三者の提起する取消訴訟が却下される事例が多かった。そこで，行訴法改正（2004年）では，こうした状況を打開し，原告適格を拡大する趣旨で，9条2項が新設された。この条文は，従来の最高裁判決の中で原告適格を柔軟に解釈した判示内容を精選した規定である。つまり最高裁の「ベストヒットアルバム」である。

> **行訴法第9条②** 裁判所は，処分又は裁決の相手方以外の者について前項に規定する法律上の利益の有無を判断するに当たつては，当該処分又は裁決の根拠となる法令の規定の文言のみによることなく，当該法令の趣旨及び目的並びに当該処分において考慮されるべき利益の内容及び性質を考慮するものとする。この場合において，当該法令の趣旨及び目的を考慮するに当たつては，当該法令と目的を共通にする関係法令があるときはその趣旨及び目的をも参酌するものとし，当該利益の内容及び性質を考慮するに当たつては，当該処分又は裁決がその根拠となる法令に違反してされた場合に害されることとなる利益の内容及び性質並びにこれが害される態様及び程度をも勘案するものとする。

9条2項の新設に対しては，従来から存在する最高裁判決を明示しただけであるから，効果は期待できないといった消極的意見も聞かれた。しかし，従前の最高裁判決のいわば到達点を法定化して，それを標準に審査せよとする趣旨の解釈指針であり，原告適格拡大に向けた立法者の要請として重要である。

(b) 2つの視点

9条2項に示された解釈基準によれば，原告適格の解釈にあたり重要となる視点は次の2つである。

1つは，処分の根拠法令だけではなく，目的を共通にする関連法令を広く参酌して，関連法令を背景に，（しばしば規律密度の低い）処分の根拠法令を合理的に補って解釈することである[25]。こうした解釈は，最高裁が新潟空港事

25） 参照，小早川編・研究82頁［小早川光郎教授発言］。

件[26]で，処分の根拠法令である航空法に加えて「公共用飛行場周辺における航空機騒音による障害の防止等に関する法律」まで考慮に入れて行った解釈方法であり，これが法定化された。

2つは，法令に違反して処分がなされた場合の被害状況を想定して，それを視野に収めたうえで法律解釈を行うことである。この解釈方法は，違法な処分により生命や身体の安全への危害が及びうることを想定して原告適格の判断を行ったもんじゅ最高裁判決などで示されていたものである[27]。こうした視点によれば，裁判所は違法な処分によって引き起こされる被害と向き合ったうえで，立法者がこうした被害から第三者を保護する趣旨で法令を制定したのではないのかを検証しなければならない。このような作業を介在させることで，条文を抽象的に操作して終わりとする解釈態度を戒め，具体的な利害状況との緊張関係の中で立法趣旨を探求するよう，裁判所に要請したのである[28]。立法者が被害を想定し，個別的利益の保護を意図して条文を制定したと解釈することができれば，原告適格は肯定されることとなる。行政法令の解釈は条文というテキストと利害状況というコンテキストの双方を視野に収めて行うべきものである。この視点は，法律解釈の方法に関する普遍性の高い内容を有する[29]。

解釈指針を用いた実際の判定方法については，*3*以下で説明する。

COLUMN

2つの判定方法の実定法における統合

原告適格の判定方法として，従来，2つの方法が対置されてきた。1つは，(a)「法律上保護された利益説」である。本書でも紹介したように，これまでの判例のとる解釈方法である。これは，処分の根拠法令の解釈から出発して，原告適格を判定する。そのうえで，法律が一般的公益とは区別して個別的に保護している利益をもつ者に原告適格を認めるという考え方である。制定法

26） 最判1989［平成元］年2月17日・前掲注8)。

27） 最判1992［平成4］年9月22日・前掲注9)。

28） このように利害関係状況から立ち戻って法律解釈を行う手法を，逆流解釈と呼ぶ論者もいる。鶴岡稔彦氏発言・小早川編・研究71頁（「一種の逆流解釈といいますか，こういう利益が侵害されているではないか，こんな重大な利益侵害が生じているではないか，そうだとすれば，そういう利益が根拠法規で考慮されていないわけはないだろう。そのような形で解釈を持ち込んでいくということはあり得るのではないかと思っております」)。

29） 橋本・要説50頁。

準拠主義を基礎に置き，原告適格の範囲に関しては立法者が諸利益を調整して予め決定しているという前提に立つ。もっとも，現行法が原告適格判定のために明確な規定を用意していないことから，柔軟な法律解釈を前提としないと，この解釈方法のもとでは，原告適格は限定されることとなる。もう1つの方法は，(b)「法的保護に値する利益説」と呼ばれる考え方である。これは，法令ではなく，侵害された法益の性質や法益侵害の程度に着目し，それが裁判上の保護に値するかにより原告適格を判断する見解である[30)]。この見解によれば，利益状況を直視することが容易になる。同時に，煩雑な条文解釈に固執せずに柔軟に判断できるメリットをもつ。反面で，不利益状況に関し，法的保護に値するものとそうでないものとの区別の基準は明確ではない。この判断を裁判官の裁量に委ねるといった特徴をもつ。

(a)の考え方は，ドイツでも判例で採用されており（保護規範説），わが国で提起されているのと同様の批判を受けてきた。(a)の見解は原告適格の範囲は立法者が決定しているという前提に立つものであり，裁判所による解釈の余地が実際上少なくないとしても，ドイツではこうした前提を尊重してきた。他方，(b)の見解は，原告適格の判断を個々の裁判官が行うことを容認する見解であるが，これにはドイツの裁判所も学説も同調していない。

2004年行訴法改正で新設された9条2項は，(a)の見解のように，処分の根拠規定等の解釈を基本としたうえで，(b)の見解が要請していたように違法な処分があった場合の被侵害利益を視野に入れる必要性を明文で規定して取り込んだものである[31)]。したがって，行訴法は，上記両説の核心部分を法定化したものと評価することができる。今後は2つの見解の対立を強調するのではなく，それぞれの長所を実際の解釈において活かすこと（両説の統合）に努めるべきであろう。

---

3 関係法令の参酌
——原告適格の具体的解釈方法（その1）

以下では，具体的事例を素材にして，行訴法9条2項の定める解釈指針について具体的に学ぶこととしよう。第1に，関係法令を参酌するとはどういう意味なのか（以下，*3*），第2に，侵害される利益に着目した法解釈とはどのよう

30）　原田・要論393頁。
31）　芝池・救済法47頁，藤田・総論429頁は，最高裁の解釈が近時では実質上大幅に「法的保護に値する利益説」から導かれるところに接近していると分析する。

な内容を指すのか（以下，*4*）について，順に説明する。

（基本事例）　都市計画事業認可に対して周辺住民が提起した取消訴訟について，環状6号線訴訟最高裁判決[32)]は周辺住民の原告適格を否定した。これに対し，わずか6年後に，小田急訴訟最高裁判決[33)]は周辺住民の原告適格を肯定した。両判決の間で都市計画法が改正されていないにもかかわらず，原告適格の判断が180度変更されたのである。両判決の間で，行訴法が改正され（2004年），同法9条2項で解釈指針が新たに示されたことが，こうした変化を生んだものと考えられる。2つの判決の解釈方法を比較することを通じて，同規定の解釈指針としての意味について説明しなさい。

⑴　環状6号線訴訟最高裁判決の論理構造

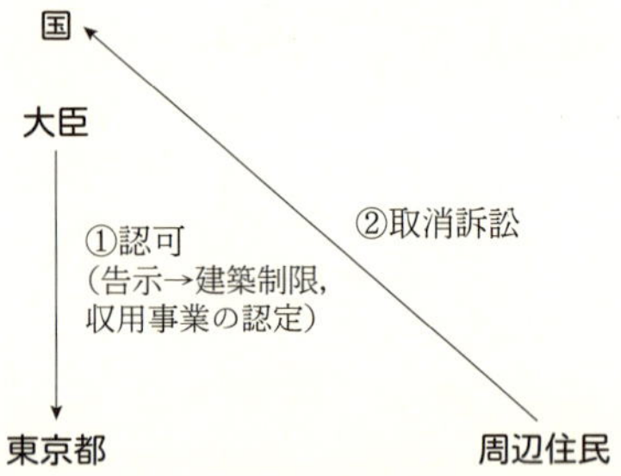

最高裁は環状6号線訴訟で，取消の対象とされた事業認可（都市計画法59条2項）が法令上どのような法効果をもたらすのかに着目して，原告の範囲を確定しようとした。同法によれば，事業認可が告示（62条1項）されると，1つには，事業地内における建築は制限される（具体的には，建築行為は知事の許可のもとに置かれる。65条1項）。2つには，事業認可の告示は事業認定（土地収用法26条1項）の告示とみなされる（都市計画法70条）。つまり，当該都市計画事業は事業地の取得につき土地収用権限をもって実施するのに適した事業とみなされ，以後，収用裁決が可能になる。こうした2つの法効果は，いずれも事業地内の不動産の所有権に関わるものである。そこで最高裁は，事業地内の不動産に権利を有する者が「法律上の利益を有する者」に当たり，原告適格が認められると解釈したのである。他方で，周辺住民の原告適格は消極に解された。本件最高裁判決が重視したのは，都市計画法における事業認可の根拠規定である。たしかに，取消訴訟で攻撃対象とされた処分の根拠規定に注目して，その法効果を

図表5-3　環状6号線訴訟の紛争状況

国
大臣
①認可
（告示→建築制限，
収用事業の認定）
東京都
②取消訴訟
周辺住民

32）　最判1999［平成11］年11月25日判時1698号66頁［百選Ⅰ 58事件］81 Ⅰ187。
33）　最大判2005［平成17］年12月7日・前掲注6）。

分析的に解釈するという手法自体は必要である。しかし，それだけで解釈を終わりにしてしまうのは不十分である。なぜならば，他の関係法令が視野の外に置かれてしまうからである。

(2) 小田急訴訟最高裁判決の論理構造

小田急訴訟最高裁判決の特徴は，以下で紹介するように，参酌する関係法令の範囲を格段と広く捉えた点に認められる。つまり，「目的を共通にする関係法令……の趣旨及び目的をも参酌する」（行訴法9条2項）という解釈指針の意義を尊重したのである。最高裁はまず，事業認可の基準として都市計画との適合が挙げられていることから（都市計画法61条1号），都市計画に着目した。具体的には，都市計画法の目的規定（1条：都市の健全な発展と秩序ある整備を図り，もって国土の均衡ある発展と公共の福祉の増進に寄与すること）や都市計画の基本理念（2条：健康で文化的な都市生活の確保）を参酌する。そのうえで，都市計画を定める場合の基準に目を転じ，都市計画基準として良好な都市環境の保持（13条1項5号［現11号］）が挙げられている点を重視した。さらに，都市計画と公害防止計画との適合が挙げられていることから（13条1項柱書），その根拠法令である公害対策基本法（これは環境基本法の施行により廃止された）について目的規定（1条：国民の健康を保護するとともに生活環境を保全すること）などを参酌し，こうした目的を踏まえて都市計画は決定されるべきであるとした。公害防止計画に関する法規定からは，騒音や振動による健康又は生活環境にかかる著しい被害の発生防止を目的とする立法趣旨を読み取っている。さらに，東京都環境影響評価条例で定める環境影響評価が都市計画決定の手続と同時に行われている状況にも着目した。環境影響評価の実施は，都市計画法等の法律によって規定されているわけでも義務づけられているわけでもない（この点で，上記の公害防止計画等が法律で明示されていたのとは異なる）。いわば，東京都が都市計画決定手続に合わせて事実上実施しているといった程度の関連をもつにすぎないにもかかわらず，目的を共通にする関係法令に同条例を含めて柔軟に解釈したのである。このように関係法令の範囲を広く捉えたうえで，そうした諸規定の趣旨を探り，法律が生活環境の保全，振動や騒音による健康又は生活環境に対する被害を防止する点に配慮していることが明らかにされ，そうした成果を踏まえ

図表 5-4 参酌法令の範囲の比較

小田急訴訟最高裁判決 ←―― **判例変更** ←―― **環状6号線訴訟最高裁判決**
(2005年)　(1999年)

(都市計画法)
1条 目的：都市の健全な発展
2条 基本理念：健康で文化的な都市生活の確保
13条 都市計画基準
1項 都市計画 ――→ 公害防止計画への適合
5号(現11号) 都市施設：良好な都市環境の保持
都市計画の手続
16条1項 計画案作成 ←―― 住民の意見
17条1項 住民や利害関係人の意見書提出

59条2項 大臣の事業認可
→62条 告示
→65条1項 建築制限
→70条1項 収用法の事業認定
(→収用)

(公害対策基本法)

(東京都環境影響評価条例)

て，都市計画法における事業認可規定の立法趣旨を探求しようとしたのである。

他方で，最高裁は，住民や利害関係者の手続参加に関する法令規定も重視している。具体的には，計画案の作成にあたり公聴会の開催等，住民の意見を反映させる措置を講ずるものとした規定（都市計画法16条1項），住民や利害関係者が都市計画案について意見書を提出できるとした規定（同法17条1項・2項）への着目である。

上記の解釈を踏まえて，最高裁は，「都市計画事業の認可に関する同法〔都市計画法〕の規定は，その趣旨及び目的にかんがみれば，事業地の周辺地域に居住する住民に対し，違法な事業に起因する騒音，振動等によってこのような健康又は生活環境に係る著しい被害を受けないという具体的利益を保護しようとするものと解され」ると判示して，周辺住民の原告適格を肯定した。

図表5-4は，2つの最高裁判決が重視した法律や条例の規定を挙げたものである。ここからも，小田急訴訟最高裁判決における参酌法令の範囲拡大が周辺住民の原告適格の容認につながった点を読み取ることができよう。

4　被侵害利益への着目
——原告適格の具体的解釈方法（その2）

(1)　被侵害利益に着目した法令解釈

行訴法9条2項の定める第2の解釈指針（違法に処分が行われた場合に生ずる利益侵害状況への着目）について，具体的事例を通じて理解を深めることとしよう。キーワードは逆流解釈と保護範囲の切り出しである。

図表5-5　もんじゅ訴訟の紛争状況

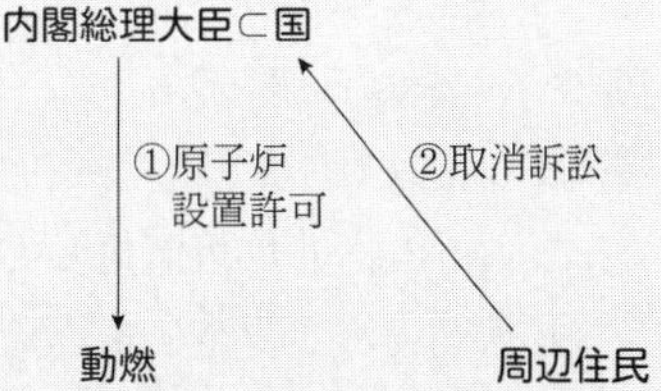

内閣総理大臣⊂国
①原子炉設置許可
②取消訴訟
動燃
周辺住民

(Q 2)　最高裁は，原子炉から半径約29キロメートルないし約58キロメートルの範囲内に居住する者に，原子炉設置許可取消訴訟の原告適格を認めた[34)]。この事件は，核原料物質，核燃料物質及び原子炉の規制に関する法律（2012年法47号による改正前のもの。以下「法」という）23条に基づき，旧動力炉・核燃料開発事業団（以下「動燃」という）が原子炉の設置許可を申請し，内閣総理大臣が許可を与えた事例である。許可の基準は法24条1項に規定されている。この判決を授業で聞いた学生A，B及びCからの質問に対して，具体的に答えなさい。

学生A「処分の根拠規定である法24条1項を読んでみたのですが，はっきりいって，原子炉周辺住民の利益に配慮した痕跡をどこに見いだしたらいいのか，全く理解できません。行政法ゼミの友人に聞いたら，『被害が重大だから原告適格が認められる』というのですけれど，この条文にはそんな文言は見あたりません。本当に，この条文を解釈した結果なのですか。」

学生B「原子炉から半径58キロメートルの範囲内には極めて多くの人が住んでいるわけで，皆が裁判所に押しかけたら，裁判所はパンクしてしまいます。この裁判は，極めて多数の住民に原告適格を認める内容ですから，民衆訴訟を許容したものと理解してよいのですか。」

学生C「半径29キロメートルとか，58キロメートルという数字は何を根拠に導かれるのですか。思いつきのようにも見えるのですが。」

---

34)　最判1992［平成4］年9月22日・前掲注9）は無効確認訴訟の事例であり，本文の事例では取消訴訟の事例に変更した。原告適格に関しては，同様に解されるものである。

核原料物質，核燃料物質及び原子炉の規制に関する法律（2012年改正前の条文）

第24条① 主務大臣は，第23条第1項の許可の申請があつた場合においては，その申請が次の各号に適合していると認めるときでなければ，同項の許可をしてはならない。

一　原子炉が平和の目的以外に利用されるおそれがないこと。

二　その許可をすることによつて原子力の開発及び利用の計画的な遂行に支障を及ぼすおそれがないこと。

三　その者（略）に原子炉を設置するために必要な技術的能力及び経理的基礎があり，かつ，原子炉の運転を適確に遂行するに足りる技術的能力があること。

四　原子炉施設の位置，構造及び設備が核燃料物質（略），核燃料物質によつて汚染された物（略）又は原子炉による災害の防止上支障がないものであること。

（学生Aに対する解答例）

最高裁は，法24条1項3号や4号を根拠に，周辺住民の原告適格を導き出した。たしかに，Aが疑問視しているように，2つの条文は抽象的であり，周辺住民の原告適格を肯定する趣旨であるとは見えない。しかし，違法操業に基づく事故により重大な被害が生じる事実から直ちに結論を出したわけではなく，あくまでも上記条文の解釈を通じて判断した結果である。ここで重要なのが，行訴法9条2項が明記している解釈方法である。つまり，違法に処分がなされた場合の法益侵害を想定して，そのうえで当該条文の趣旨を考えるという手法である。本件の場合，違法に許可が与えられれば，重大な原子炉事故が起こる可能性があり，それにより原子炉周辺に居住する者の生命や身体に直接的かつ重大な被害が及ぶことを，最高裁は想定した。そのうえで，立法者はこうした重大な被害を受ける周辺住民の生命，身体を視野に入れずに許可の処分要件を制定したとは考えられないことから，周辺住民の上記利益を個別的に保護する趣旨を込めて法24条1項3号や4号を規定したはずであると解釈したのである（逆流解釈）。

（学生Bに対する解答例）

原告になりうる者の数が多いからといって，民衆訴訟を認めたことにはならない点に注意が必要である。もんじゅ訴訟では，住民といった一般的な資格に基づいて（個人の権利利益の侵害に関わりなく）原告適格が肯定されたわけではない。生命や身体に対する直接的で重大な被害を受けうる点に着目して，根拠法令の解釈を通じて権利救済手段が認められたのであり，個人の権利利益への侵害に対する救済手段としての主観訴訟という性格は維持されているのである。

（学生Cに対する解答例）

原子炉に近いほど被害の重大性が高まる点に着目して，生命や身体の安全に対する直接的かつ重大な被害が及びうる地域はどの範囲かという切り出しを，社会通念に照らして合理的に裁判所は判断した（「保護範囲の切り出し」）。その結果が，半径29キロメートルといった地域的限定（線引き）であり，その範囲内に居住する者に原告適格を肯定したのである。

⑵　生命や身体の安全への着目

もんじゅ訴訟で見られたように，違法な処分によって人の生命や身体の安全への危害が想定される場合には，最高裁は，生命・身体への法益侵害を重視して法令解釈を行うことを通じて，法益侵害の可能性のある第三者について原告適格を肯定する傾向にある。以下，3つほど具体例を挙げることとしよう。

①　森林法10条の2に基づく林地開発許可が争われた事例では，知事が林地開発許可を違法に与えた場合には，土砂の流出又は崩壊，水害等の災害が予想され，開発地域の下方に近接して居住する者の生命や身体の安全に被害を与える点が重視された。そのうえで，最高裁は，許可基準の規定（同法10条の2第2項1号・1号の2）に関して，上記災害により直接的被害を受ける周辺住民の個々人の個別的利益を保護すべきものとする趣旨の規定と解釈した[35]。

森林法第10条の2②　都道府県知事は，前項の許可の申請があつた場合において，次の各号のいずれにも該当しないと認めるときは，これを許可しなければならない。

一　当該開発行為をする森林の現に有する土地に関する災害の防止の機能からみて，当該開発行為により当該森林の周辺の地域において土砂の流出又は崩壊その他の災害を発生させるおそれがあること。

一の二　当該開発行為をする森林の現に有する水害の防止の機能からみて，当該開発行為により当該機能に依存する地域における水害を発生させるおそれがあること。

35）　最判2001［平成13］年3月13日・前掲注10）。

（以下略）

②　建築基準法59条の2第1項に基づく総合設計許可の取消しが争われた事例で，特定行政庁が違法に当該許可を与えた場合には，地震や火災等により建築物が倒壊・炎上するなどの万一の事態が生じ，周辺の一定地域に居住する者の生命・身体の安全，財産としての建築物に重大な被害が及ぶことを最高裁は重視した。そのうえで，同項の規定は，生命，身体の安全や財産としての建築物を個々人の個別的利益としても保護すべきものとする趣旨を含むと解釈した[36]。

③　小田急訴訟最高裁判決でも，違法な都市計画事業認可処分が下された場合に，騒音，振動等により，健康又は生活環境に係る著しい被害が及ぶことを直視して，都市計画法の事業認可に関する規定は周辺住民がこうした被害を受けないという利益を個々人の個別的利益として保護すべきものとする趣旨であると解釈した[37]。興味深いのは，保護範囲の切り出しを行ううえで，東京都環境評価条例2条5号に定める関係地域を参考にして，同地域内に居住する者に原告適格を肯定した点である。

5　生活環境と原告適格

⑴　墓地の経営許可と第三者の原告適格

これまで見てきたように，第三者の土地所有権や生命・身体の安全への侵害が想定される場合には，一般に原告適格が肯定される傾向にある。これに対し，残された課題は，生活環境にかかる第三者の利益についてどこまで原告適格を基礎づける個別的利益として解釈することができるかである。例えば，墓埋法10条1項の許可に関して，近隣住民の原告適格を否定した最高裁の判決が存在する[38]（もっとも，行訴法改正前の判決である）。

「法は，墓地等の管理及び埋葬等が国民の宗教的感情に適合し，かつ，公衆

36）　最判2002［平成14］年1月22日・前掲注11)。
37）　最大判2005［平成17］年12月7日・前掲注6)。
38）　最判2000［平成12］年3月17日判時1708号62頁。

衛生その他公共の福祉の見地から支障なく行われることを目的とする法の趣旨に従い，都道府県知事が，公益的見地から，墓地等の経営の許可に関する許否の判断を行うことを予定しているものと解される。法10条1項自体が当該墓地等の周辺に居住する者個々人の個別的利益をも保護することを目的としているものとは解し難い。また，大阪府墓地等の経営の許可等に関する条例（昭和60年大阪府条例第3号）7条1号は，墓地及び火葬場の設置場所の基準として，『住宅，学校，病院，事務所，店舗その他これらに類する施設の敷地から300メートル以上離れていること。ただし，知事が公衆衛生その他公共の福祉の見地から支障がないと認めるときは，この限りでない。』と規定している。しかし，同号は，その周辺に墓地及び火葬場を設置することが制限されるべき施設を住宅，事務所，店舗を含めて広く規定しており，その制限の解除は専ら公益的見地から行われるものとされていることにかんがみれば，同号がある特定の施設に着目して当該施設の設置者の個別的利益を特に保護しようとする趣旨を含むものとは解し難い」。

上記最高裁判決は，本件許可が公益的見地から行われるものと抽象的に述べるだけで，個別の条文への言及，具体的利害状況への配慮を示していない。この点で，行訴法9条2項の要請に応えるものではない[39]。他方，東京地裁が同法改正の趣旨を踏まえて，墓地から100メートル以内に居住する者に原告適格を肯定した[40]。以下，事例に即して検討する。

(Q 3)　宗教法人Cに対し，東京都練馬区保健所長は墓埋法に基づき墓地経営許可処分（以下「本件処分」という）を与えた。本件処分に対し，本件墓地から40メートルの距離に居住するX_1，127.5メートル離れた場所に居住するX_2は，それぞれ取消訴訟を提起しようと考えている。両者に原告適格が認められるか，検討しなさい。

39）　同旨，塩野宏「改正行政事件訴訟法の課題と展望」同『行政概念の諸相』（有斐閣・2011年）298頁（初出2004年），高橋滋「行政訴訟をめぐる裁判例の動向と課題」法曹時報59巻8号（2007年）4頁，9頁，福井ほか編・逐条315〜316頁，斎藤浩『行政訴訟の実務と理論』（三省堂・2007年）87〜88頁，高木光「救済拡充論の今後の課題」ジュリスト1277号（2004年）16頁。

40）　参照，東京地判2010［平成22］年4月16日判時2079号25頁。

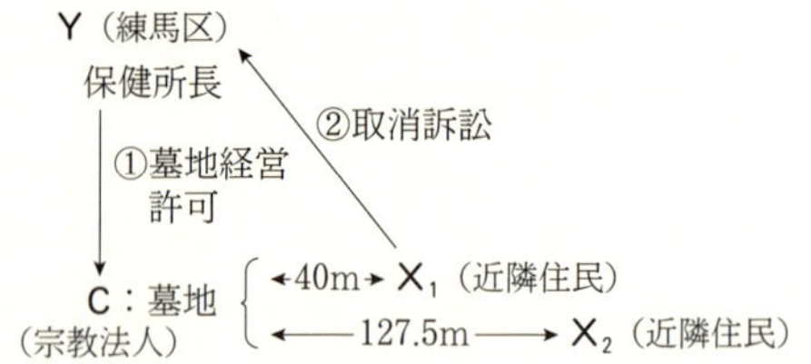

図表5-6から明らかであるように，本件は，処分（許可）の名宛人ではないX_1・X_2が許可の取消訴訟を提起した第三者訴訟の事例である。原告適格の判断は，行訴法9条に従い法令解釈によって決せられる。具体の条文を読みこなす練習の意味も含めて，少し詳細に墓埋法と向き合うこととしよう。

図表5-6　墓地経営許可取消訴訟の紛争状況

Y（練馬区）保健所長
①墓地経営許可（Y → C）
②取消訴訟（X_1 → Y）
C：墓地（宗教法人）
C ←40m→ X_1（近隣住民）
C ←127.5m→ X_2（近隣住民）

(2) 根拠法令の分析

まず，墓地経営許可の根拠法令がX_1やX_2の法益を個別的に保護する趣旨であるのかを審査しなければならない。墓埋法には，次の規定が存在する。

> **墓地，埋葬等に関する法律**
> **第1条**　この法律は，墓地，納骨堂又は火葬場の管理及び埋葬等が，国民の宗教的感情に適合し，且つ公衆衛生その他公共の福祉の見地から，支障なく行われることを目的とする。
> **第10条①**　墓地，納骨堂又は火葬場を経営しようとする者は，都道府県知事の許可を受けなければならない。

墓地経営許可を定めた墓埋法10条1項は極めて簡素な内容である。知事が許可権限をもつことが定められているにすぎず，許可基準については同法において何ら定められていない。なお，（Q3）の練馬区では，墓地経営許可に関する知事の権限は，保健所長に委任されていた[41]。

墓地経営許可について具体的基準を定めた法令として，東京都では「墓地等の構造設備及び管理の基準等に関する条例」（2012年改正前のもの。以下「都条例」という）が制定されている。ここでは，都条例の中で本件許可に関連する条文を見ることとしよう（下線及び太字は著者による）。

41）知事権限は特別区長に委任されており（特別区における東京都の事務処理の特例に関する条例2条の表40ロ［当時］。2011年に墓埋法が改正され2条5項で知事の権限は市長又は特別区長の権限とされた），さらに練馬区では保健所長に再委任されていた（練馬区保健所長委任規則1条(23)エ参照）。

墓地等の構造設備及び管理の基準等に関する条例

第6条①　墓地の設置場所は，次に定めるところによらなければならない。

一　(略)

二　河川，海又は湖沼から墓地までの距離は，おおむね20メートル以上であること。

三　住宅，学校，保育所，病院，事務所，店舗等及びこれらの敷地（以下「住宅等」という。）から墓地までの距離は，おおむね100メートル以上であること。

四　高燥で，かつ，飲料水を汚染するおそれのない土地であること。

②　専ら焼骨のみを埋蔵する墓地であつて，知事が，公衆衛生その他公共の福祉の見地から支障がないと認めるものについては，前項第2号及び第3号の規定は，適用しない。

第7条①　墓地の構造設備は，次に掲げる基準に適合しなければならない。

一　(略)

二　(略)

三　雨水又は汚水が滞留しないように適当な排水路を設け，下水道又は河川等に適切に排水すること。

四　ごみ集積設備，給水設備，便所，管理事務所及び駐車場を設けること。(後略)

(以下略)

第12条　墓地等の管理者は，次に定める措置を講じなければならない。

一　(略)

二　(略)

三　墓地等を常に清潔に保つこと。

四　(略)

第16条①　(前略）許可（墓埋法10条1項に定める墓地経営の許可を指す…著者注）を受けて墓地等を経営しようとする者又は墓地の区域若しくは墳墓を設ける区域を拡張しようとする者（以下「申請予定者」という。）は，当該許可の申請に先立つて，墓地等の建設等の計画について，**当該墓地等の建設予定地に隣接する土地**（略）**又はその土地の上の建築物の所有者及び使用者**（**以下「隣接住民等」という。**）への周知を図るため，規則で定めるところにより，当該建設予定地の見やすい場所に標識を設置し，その旨を知事に届け出なければならない。

②　(略)

第17条①　申請予定者は，当該許可の申請に先立つて，説明会を開催する等の措置を講ずることにより，当該墓地等の建設等の計画について，規則で定めるところにより，**隣接住民等**に説明し，その経過の概要等を知事に報告しなければならない。

第18条　知事は，**隣接住民等**から，第16条の標識を設置した日以後規則で定める期間内に，当該墓地等の建設等の計画について，次に掲げる意見の申出があつた場合において，正当な理由があると認めるときは，当該墓地等に係る申請予定者に対し，隣接住民等との協議を行うよう指導することができる。
一　公衆衛生その他公共の福祉の観点から考慮すべき意見
二　墓地等の構造設備と周辺環境との調和に対する意見
三　墓地等の建設工事の方法等についての意見

(Q 3) では，墓埋法と都条例を素材として，X_1 や X_2 ら第三者の個別的利益を保護する趣旨が読み取れるのかが審査事項となる。東京地裁判決は，都条例の諸規定の中でとくに2つの点に着目して，周辺住民の原告適格を肯定した。1つは，墓地周辺地域における飲料水の汚染防止に配慮した規定であり，2つは，隣接住民の手続参加規定である（都条例の条文の引用にあたり，前者に係る具体的条文には下線を，後者に係る具体的条文には太字をあてているので，じっくりと読み返してほしい）。

第1に，都条例6条1項4号は，墓地の設置場所として「飲料水を汚染するおそれのない土地」を挙げている。これは，焼骨のみを埋蔵する墓地についても土葬の墓地についても同様に要請されている（同条2項参照)。次に，6条1項2号や3号では河川等から20メートル以上，住居等から100メートル以上，墓地は距離を置くことが土葬の墓地について要請されている（同条2項参照)。これも飲料水の汚染防止を目的とした規定である。さらに，墓地の構造設備基準として，7条で墓地からの適切な排水路（1項3号）やごみ集積施設の設置（同項4号）を規定している点も，飲料水の汚染防止の趣旨と解釈することができる。12条3号が墓地の管理者に墓地の清潔な保持を義務づけているのも，同様である。

第2に，都条例は，墓地経営許可の申請処理手続において，墓地周辺建築物の所有者及び使用者に様々な関与を認めている。つまり，近隣住民への周知を図るために標識を設置すること（都条例16条1項)，申請に先立って許可申請予定者が近隣住民に対して説明会を開催する等の義務を負うこと（17条1項）が明記されている。さらに，近隣住民には意見の申出が認められ，申出がなされた場合，知事は申請予定者に対して近隣住民と協議するよう指導することができるとされている（18条1項）。

(3) 違法な許可がもたらす不利益への着目

行訴法9条2項はさらに，違法に許可が下された場合に侵害される利益に着目することを要請している。東京地裁判決は，違法な墓地経営許可により，周辺地域の飲料水ともなる地下水の汚染，土壌の汚染，雨水や汚水の滞留，排水設備の不備による周辺地域への浸水等が生じるおそれがあり，墓地周辺地域の衛生環境悪化によって，周辺住民の健康や生活環境に著しい被害をもたらしかねない点を直視している。

こうした被害を想定して，墓埋法10条の定める許可制度は，墓地周辺の居住者の飲料水汚染防止を意図したものと解釈することができる。こうした解釈を通じて，東京地裁判決は墓地から100メートル以内に住む者の原告適格を肯定したのである（都条例6条1項3号参照）。（Q 3）でいえば，X_1の原告適格は肯定され，X_2の原告適格は否定されることとなる。

COLUMN

競輪の場外車券発売施設設置許可をめぐる2つの判決

大阪高裁は，自転車競技法施行規則が場外施設の敷地の周辺から1000メートル以内の地域にある医療機関等の位置や名称を記載した見取図を添付していることなどから，1000メートル以内に居住し又は事業を営む住民について場外車券発売施設設置許可に対する取消訴訟の原告適格を肯定した[42]。設置許可を規定した法律の規律密度が低いところ，それを具体化した下位法令の解釈で補充する解釈（下剋上解釈）を展開したのである。これは，改正法の趣旨に合致するものであり，小田急訴訟最高裁判決が示した柔軟な法解釈の延長線上にある。しかし上告審は，著しい支障が生ずるおそれが具体的に認められる場合に限って，周辺の医療機関に原告適格が認められるという判決を下した[43]。位置基準の趣旨を，医療機関で行われる業務に支障が出ると生命・身体に危険が及ぶという点に着目して解釈したものであり，かなり無理な解釈で説得力はない。場外施設ができた場合に生ずるであろう生活環境の悪化（張り紙，けんかの多発，不法駐車，窃盗増加，くわえたばこ，信号無視等）を視野に入れて，環境利益の侵害から位置基準を重視する法律解

42） 大阪高判2008［平成20］年3月6日判時2019号17頁。評釈として，大沼洋一・判例評論602（判時2030）号149頁，大橋洋一・自治研究85巻8号131頁。

43） 最判2009［平成21］年10月15日・前掲注13）。

積の方が説得的である[44]。各自，上記大阪高裁と上告審の2つの判決を読み比べてみてほしい。

6　鉄道利用者の原告適格

(1)　最高裁判所の判例

地方鉄道法21条1項に基づき大阪陸運局長が近畿日本鉄道株式会社（近鉄）に対して出した特別急行料金改定認可について，特急利用者が取消しを求めた訴訟で，最高裁は当該鉄道利用者の原告適格を否定した。21条の趣旨がもっぱら公共の利益の確保にあり，鉄道利用者の個別的な権利利益を保護する趣旨ではないことが，その理由である[45]。なお，地方鉄道法は，鉄道事業法の施行により1987（昭和62）年4月1日に廃止されている。

(2)　下級審判決の動向

近時，国土交通大臣が鉄道会社に出した旅客運賃変更認可処分に対して，通勤や通学のために当該鉄道を反復継続して利用する者が提起した取消訴訟において，当該利用者の原告適格が肯定された[46]。鉄道事業法の条文は次のとおりである（鉄道利用者の原告適格を導くうえで鍵となる条文の文言については，下線を引いたので，とくに注意して読んでほしい）。

> **鉄道事業法**
>
> **第1条**　この法律は，鉄道事業等の運営を適正かつ合理的なものとすることにより，輸送の安全を確保し，**鉄道等の利用者の利益を保護する**とともに，鉄道事業等の健全な発達を図り，もつて公共の福祉を増進することを目的とする。
>
> **第16条①**　鉄道運送事業者は，旅客の運賃及び国土交通省令で定める旅客の料金（以下「旅客運賃等」という。）の上限を定め，国土交通大臣の認可を受けなければならない。これを変更しようとするときも，同様とする。

44）　最判2009［平成21］年10月15日・前掲注13）に関し，阿部泰隆・判例評論621（判時2087）号167頁参照。

45）　最判1989［平成元］年4月13日・前掲注15）。

46）　東京地判2013［平成25］年3月26日判時2209号79頁（ただし，請求は棄却している。また，運賃変更命令の義務付け訴訟も提起しているが，この点の説明は省略する）。

第 64 条　この法律に規定する国土交通大臣の権限は，国土交通省令で定めるところにより，地方運輸局長に委任することができる。

第 64 条の 2　国土交通大臣は，次に掲げる処分等をしようとするときは，運輸審議会に諮らなければならない。

一　第 16 条第 1 項の規定による旅客運賃等の上限の認可

二〜五　（略）

第 65 条①　地方運輸局長は，第 64 条の規定により，旅客運賃等の上限に関する認可に係る事項がその権限に属することとなつた場合において，当該事項について必要があると認めるときは，**利害関係人**又は参考人の出頭を求めて意見を聴取することができる。

②　地方運輸局長は，その権限に属する前項に規定する事項について**利害関係人**の申請があつたときは，利害関係人又は参考人の出頭を求めて意見を聴取しなければならない。

鉄道事業法施行規則

第 71 条①　法及びこの省令に規定する国土交通大臣の権限で次に掲げるものは，地方運輸局長に委任する。

一〜五の二　（略）

六　法第 16 条第 1 項の認可であつて次に掲げるもの

イ　前号イの告示で定める鉄道事業者の旅客運賃等に係るもの

ロ　イに掲げるもののほか，普通旅客運賃，定期旅客運賃その他の基本的な旅客の運賃（中略）に係るもの（軽微なものを除く。）以外のもの

七〜十六　（略）

第 73 条　法第 65 条第 1 項及び第 2 項の利害関係人（中略）とは，次のいずれかに該当する者をいう。

一，二　（略）

三　**利用者**その他の者のうち地方運輸局長が当該事案に関し**特に重大な利害関係を有すると認める者**

国土交通省設置法

第 23 条　運輸審議会は，第 15 条第 1 項に規定する事項及び同条第 2 項の規定により付議された事項については，必要があると認めるときは，公聴会を開くことができ，又は国土交通大臣の指示若しくは運輸審議会の定める**利害関係人**の請求があつたときは，公聴会を開かなければならない。

運輸審議会一般規則

第 5 条　国土交通省設置法（中略）第 23 条の規定による利害関係人とは，当該事案に関し，次の各号のいずれかに該当する者をいう。

一〜五　（略）

六　前各号に掲げる者のほか，運輸審議会が当該事案に関し**特に重大な利害関係を有すると認める者**

判決は，鉄道事業法の目的規定（1条）に「鉄道等の利用者の利益を保護する」という文言が新たに加えられた点を重視している。

また，旅客運賃の認可手続について鉄道利用者の関与を認めた規定にも注目している。つまり，旅客運賃に関する国土交通大臣の認可権限（16条1項）は，地方運輸局長に委任することが可能とされており（64条，鉄道事業法施行規則71条1項6号），かかる委任がされた場合において，地方運輸局長による利害関係人の意見聴取が定められている（65条）。意見聴取される利害関係人について，鉄道事業法施行規則73条3号は，「利用者その他の者のうち地方運輸局長が当該事案に関し特に重大な利害関係を有すると認める者」と定め，鉄道利用者が含まれる旨を明らかにしているのである。

さらに，旅客運賃の認可（16条1項）について，国土交通大臣は運輸審議会に諮問しなければならない（64条の2第1号）。この点に関して，国土交通省設置法23条では利害関係人が請求する場合には，公聴会の開催が義務づけられている。公聴会の開催を請求できる利害関係人として，運輸審議会一般規則5条6号は「運輸審議会が当該事案に関し特に重大な利害関係を有すると認める者」と定めている。先に見たように，鉄道事業法施行規則73条3号が重大な利害関係者の例として鉄道利用者を挙げていることを考慮すると，運輸審議会一般規則5条6号にいう利害関係者としても鉄道利用者を含めて解釈することが可能である。

以上のように，判決は，旅客運賃認可手続に対する利用者の関与を認めた規定を鉄道事業法の中に見いだして，反復継続して日常的に鉄道を利用する者について一般公衆とは区別された個々人の個別的利益を保護する趣旨を導いたのである。他方で，違法に認可処分が与えられた場合に，通勤・通学のために反復継続して鉄道を利用する者は住居の移転を余儀なくされる点，通勤・通学に支障をきたす点など，重大な不利益を受ける側面に着目している。判決は，関連条文と不利益状況を総合判断して，少なくとも通勤・通学のために当該鉄道を反復継続して日常的に利用している者に原告適格を肯定したのである。

7 残された課題

第三者の原告適格に関しては，保護法益が消費者利益のように個々の利益が小さく均質で保護範囲の切り出しが難しい場合[47]や，文化財のように文化的利益の場合に課題を残している。例えば，学術上の利益に基づき，学術研究者が提起した取消訴訟で原告適格を否定した伊場遺跡事件[48]は，再考の必要がある。このほか，立法で集合的利益を尊重する規定を置くことや，団体訴訟の規定を用意することが考えられる。

環境影響評価法33条によれば，個別事業の免許等の審査に際して，免許等を行う者は，個別法に定めがなくとも，評価書の記載等に基づいて免許等を審査しなければならない（横断条項）。これは，個別法に基づく免許等の考慮事項に環境配慮が処分要件として付加されたことを意味する。このことが，環境利益を主張する第三者の原告適格をどこまで拡大することに貢献するのかという点も，今後の課題である[49]。

COLUMN

法律上保護された利益説の破綻

国有財産法3条2項2号所定の公共用財産として管理していた里道が既に道路としての機能を失っているとして，長野県知事が里道の用途廃止処分を行ったことに対し，里道の近くに住む者が取消訴訟を提起した。最高裁は，本件訴訟で原告適格を否定したが，判決理由（傍論である）の中で，用途廃止により「生活に著しい支障が生ずるという特段の事情」が存在する場合には，そうした不利益を負う者に原告適格を肯定する余地を残した[50]。里道は，財産管理法である国有財産法に基づいて管理されるにすぎない。本件では道路法のような（対市民関係を規律する）公物管理法が存在しないため，処分の根拠法令は存在しない（したがって，法律上保護された利益説が前提とする根拠条文を欠く）。このように法定外公共物であるにもかかわらず，最高裁が原告適格を肯定する余地を判示した点について，法律上保護された利益

47）このほか，主婦連ジュース訴訟・最判1978［昭和53］年3月14日・前掲注18）は不服申立適格が否定された事例であるが，同様の問題を提示している。
48）最判1989［平成元］年6月20日・前掲注16）。
49）阿部・解釈学II 159頁。
50）最判1987［昭和62］年11月24日判時1284号56頁。

説が破綻したものと説く見解が見られる[51]。

本件で争われている処分は公共用物の用途廃止行為であり，名宛人が不特定であるという特徴を有した一般処分である。当該行為は，見方によっては，多数の利用者に向けられた個別処分の束と理解することもできる。この点では，本件道路の利用者は処分の名宛人に準ずる地位にある。ただし，享受する利益が他者と差別化できないと解されたために，公衆の利益・反射的利益にすぎない（個別保護要件を満たさない）と理解されてきたものである。

こうした解釈の前提にある道路利用関係者の法的地位に関する理解は，ドイツ法でいえばオットー・マイヤー時代のものにとどまる。つまり，道路利用者の法的地位，その享受する利益を均等なものとして理解する考え方である。これに対し，現代のドイツ法では，一般利用者と日常的な生活上の利用者とを区別することを実現し，後者については，財産権保障等に基礎を置く利用権として，取消訴訟等の原告適格を肯定することを承認している[52]。こうした外国法の進展と適合する見解が，わが国においても見られる。例えば，本件のような用途廃止行為に対して，生活や事業のために必須の道路が廃止される利用者の法的地位を一般公衆の利用と区別する見解であり[53]，これは理にかなったものである。

本件の場合には，典型的な第三者訴訟ではなく，処分の名宛人が権利侵害を主張する取消訴訟に構造は類似する。したがって，本判決により，法律上保護された利益説が破綻したとまでは評価できないと考える[54]。

●参考文献

阿部泰隆「原告適格判例理論の再検討と緩和された『法律上保護された利益説』の提唱」同・要件論37頁以下（初出2001年）

阿部泰隆「行政事件訴訟法第10条第1項の解釈」同・要件論115頁以下（初出2003年）

51）阿部・解釈学Ⅱ 149頁以下，阿部・要件論73頁。

52）沿道者使用の発展過程については，大橋洋一「公物法の日独比較研究」同・変革218頁以下参照。基本権に基づく原告適格の基礎づけについて，山本隆司『行政上の主観法と法関係』（有斐閣・2000年）330頁以下，人見剛「原告適格の考え方と条文」ジュリスト1234号（2002年）36頁，桑原勇進「原告適格に関する最高裁判例」ジュリスト1310号（2006年）13頁注3。

53）実務的研究110頁は特別使用権と位置づける。新谷裕子「公物を使用する私人の権利」藤山＝村田編・行政争訟483頁は，慣習法上の特別使用権といった説明をしている。

54）塩野・Ⅲ 393頁は生活上の特段の利益を有する者の原告適格は最高裁の原告適格の判断枠組みの中にあるという。

阿部泰隆「鉄道運賃値下げ命令義務付け訴訟における鉄道利用者の原告適格(1)（2・完）」自治研究 87 巻 6 号 3 頁以下，7 号 3 頁以下（2011 年）
阿部泰隆「競争業者の原告適格(1)（2・完）」自治研究 88 巻 4 号 3 頁以下，5 号 23 頁以下（2012 年）
石井昇「道路の自由使用と私人の地位」南博方先生古稀『行政法と法の支配』（有斐閣・1999 年）13 頁以下
泉徳治「取消訴訟の原告適格・訴えの利益」新実務民訴 9 巻 53 頁以下
稲葉馨「取消訴訟の原告適格」園部＝芝池編・理論 53 頁以下
遠藤博也「取消訴訟の原告適格」実務民訴 8 巻 69 頁以下
大久保規子「行政訴訟の原告適格の範囲」ジュリスト 1263 号（2004 年）47 頁以下
大貫裕之「取消訴訟の原告適格についての備忘録」藤田退職 377 頁以下
雄川一郎「訴えの利益と民衆訴訟の問題」同・理論 287 頁以下（初出 1976 年）
雄川一郎「行政訴訟の客観化の傾向と原告適格法」同・理論 380 頁以下（初出 1982 年）
小澤道一「取消訴訟における周辺住民の原告適格(1)〜(4・完)」判時 2040 号 3 頁以下，2041 号 17 頁以下，2043 号 31 頁以下，2044 号 3 頁以下（2009 年）
角松生史「まちづくり・環境訴訟における空間の位置づけ」法律時報 79 巻 9 号（2007 年）28 頁以下
角松生史「『互換的利害関係』概念の継受と変容」水野古稀 150 頁以下
角松生史「『地域像維持請求権』をめぐって」阿部古稀 477 頁以下
神橋一彦『行政訴訟と権利論［新装版］』（信山社・2008 年）
桑原勇進「原告適格に関する最高裁判例」ジュリスト 1310 号（2006 年）10 頁以下
小早川光郎「抗告訴訟と法律上の利益・覚え書き」成田古稀 43 頁以下
芝池義一「取消訴訟の原告適格判断の理論的枠組み」京都大学法学部創設百周年記念論文集第 2 巻（1999 年）69 頁以下
高木光「行政処分における考慮事項」法曹時報 62 巻 8 号（2010 年）2055 頁以下
高橋滋「取消訴訟の原告適格の拡大」小早川＝高橋編・詳解 15 頁以下
仲野武志『公権力の行使概念の研究』（有斐閣・2007 年）
野呂充「原告適格論の再考」法律時報 82 巻 8 号（2010 年）14 頁以下
橋本博之「原告適格論の課題」同『行政判例と仕組み解釈』（弘文堂・2009 年）95 頁以下

原田尚彦「訴えの利益」同『訴えの利益』（弘文堂・1973年）1頁以下（初出1965年）

福井秀夫「行政事件訴訟法10条1項による自己の『法律上の利益』に関係のない違法の主張制限（上）（下）』」自治研究84巻9号37頁以下，10号3頁以下（2008年）

藤田宙靖「行政活動の権力性と第三者の立場」同『行政法の基礎理論（上）』（有斐閣・2005年）254頁以下（初出1990年）

藤田宙靖「許可処分と第三者の『法律上保護された利益』」同『行政法の基礎理論（上）』285頁以下（初出2001年）

第 6 章
訴えの利益（狭義）
——訴訟要件（その 4）

▶本章の狙い

取消訴訟は，違法な処分によってその権利や法律上保護された利益が侵害された者に法益の回復を可能にする仕組みである。したがって，取消判決によって回復すべき権利や利益が存在する場合に，取消訴訟の提起が認められる。処分性及び原告適格は，取消訴訟制度を利用して紛争解決を求める必要性（〔広義の〕訴えの利益）について，対象行為，訴訟追行資格といった観点から，定型的審査を行うものである[1]。処分性の肯定される行政活動に対して，原告適格をもつ者が争う場合には，訴えの利益（広義）は一般に肯定される。ただし，処分性及び原告適格が肯定された事例であっても，取消判決により権利を保護する必要性が問われることがある（これを「狭義の訴えの利益」という）。典型的には，取消判決を求める利益が判決時までに消滅した場合である（訴えの利益の消滅）。このように，取消判決を求める利益の存在を補足的に議論するための場が，狭義の訴えの利益をめぐる審理である。

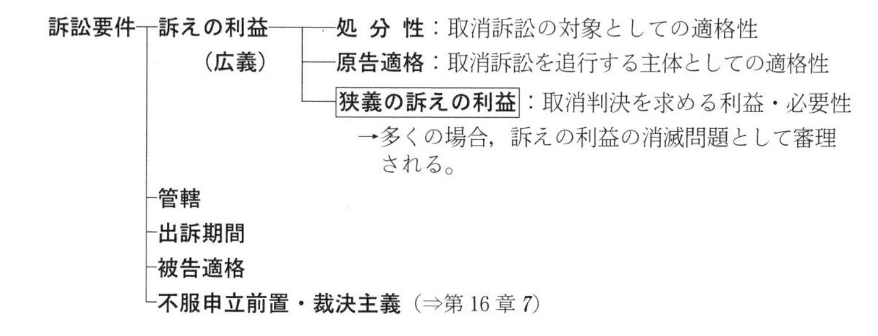

1)　小早川・下Ⅲ 254 頁。

1　訴えの利益の消滅

具体例に即して，訴えの利益の消滅について考察を進める。

(基本事例 1)　自らが所有する家屋に対して違法に除却命令が出されたため，Aがこれを不服として取消訴訟を提起して争っていたところ，行政庁が誤りに気づいて，自ら除却命令を取り消した。このように職権取消しがなされた場合に，Aはなお取消判決を求めることができるか，検討しなさい。

本事例では，除却命令に処分性が認められる点も，当該処分の名宛人であるAに原告適格が肯定される点も争いがない。したがって，Aは除却命令に対し，取消訴訟を適法に提起することができる。しかし，その後の状況の変化等により，Aがこれ以上裁判で取消判決を求める必要性が失われた（つまり取消訴訟の利用がもはや無益である）と考えられる場合がある。本事例では，職権取消しによって攻撃対象であった処分の効力が失われたのであるから，取消訴訟によって回復すべき利益はもはや存在しない。Aがなお判決を求め続けることは，裁判所という有限な国家資源を無駄に使うものでもある。かかる場合に，「訴えの利益は消滅した」として，取消訴訟は却下される。

このように，取消訴訟における訴えの利益の消滅は，取消判決によって回復すべき利益が後発的に（遅くとも口頭弁論終結時までに）消滅したことを意味する。こうした事情が認められる場合に，被告の行政主体は，「訴えの利益が消滅したから，取消訴訟は却下されるべきである」と主張するのが常である。これに対して，原告は取消判決の必要性を主張し，「訴えの利益がなお存続する」点を反論しなければならない（反論できなければ，訴えは却下される）。

訴えの利益や当事者適格の問題は訴訟当事者の判断に委ねられるべきものではなく，職権調査事項であるため，当事者の申立てがなくとも，裁判所は職権で調査を開始することが可能である[2)]。

---

2)　伊藤眞『民事訴訟法［第4版補訂版］』（有斐閣・2014年）166〜167頁。もっとも，訴えの利益や当事者適格については，判断のための資料を提出するのは当事者のみであり，職権探知は認められないため，裁判所が職権で資料の収集を行うことはできない。

2　訴えの利益消滅の典型例

以下では，訴えの利益消滅が争われた典型例を概観する。

(1)　処分の職権取消し及び撤回

課税処分，公立学校生徒の退学処分，公務員の懲戒免職処分といった不利益処分が職権で取り消された場合には，攻撃対象であった処分が消滅するため，取消判決によって回復すべき利益は失われる。自作農創設特別措置法（1952年農地法施行により廃止）15条に基づき町の農業委員会が策定した買収計画に対し，買収対象となっている土地の所有者が買収計画取消訴訟を提起した事例を考えてみよう。この訴訟係属中に買収申請が取り下げられ，買収計画が瑕疵を帯びることとなったため，農業委員会は買収計画を取り消した。この事例では，取消訴訟の対象である買収計画が失効したことから，当該訴訟の訴えの利益は消滅する[3)]。

(Q 1)　県の公文書公開条例に基づき知事の交際費に関する公文書の公開をBが請求したところ，知事により非公開決定を受けた。そこでBは，同決定の取消しを求めて出訴した。次の①及び②の事例で，訴えの利益は消滅するか，説明しなさい。

①　取消訴訟係属中に知事が非公開決定を職権で取り消して，請求に係る公文書の全部について公開決定をした場合

②　非公開決定を維持する一方で，知事が取消訴訟において，請求に係る公文書を書証として提出した場合

①②のどちらの事例においても，Bは求めていた公文書に目を通すことができるため，目的を達成したということができる。したがって，訴えの利益は両事例において消滅したように見える。非公開決定が取り消された①の事例について，訴えの利益が消滅する点は異論がない。

これに対し，②について，最高裁は訴えの利益は消滅していないという判断

---

3)　最判1961［昭和36］年4月21日民集15巻4号850頁［百選Ⅱ 240事件］。

を下した[4]。その理由は，公文書公開条例に基づき公開を求めた者は，条例の定めた手続により閲覧（又は写しの交付）を受ける法律上の利益を有していることから，たとえ裁判の過程で書証として公開請求した公文書に目を通すことができたとしても，非公開決定は維持されたままであり，条例の手続に基づく閲覧や交付を受けていないことにある。換言すれば，条例によって保護された法律上の利益（条例の手続により閲覧等を受ける利益）は，依然として侵害されている点に着目したのである。

(2)　期限到来や特定日の経過による処分の効力消滅

(a)　期限の到来

処分の効力に期限が付されている場合には，期限の到来により処分取消訴訟の訴えの利益は失われる。一例として，土地・建物の売買等の業務を営むCに対して，宅地建物取引業法に基づき3カ月間の業務停止処分がなされた事例を考えてみよう。Cが当該処分に対して取消訴訟を提起したところ，係争中に業務停止期間が経過したため，Cは再び営業を行うことができるようになった。この場合には，処分の取消しを求めなければ回復できない法律上の不利益は残存しておらず，処分取消訴訟は不適法となる[5]。

（発展問題1）　営業停止処分には，実務上停止期間が付されることが一般的である。裁判は通常（停止期間以上の）長い時間がかかることから，上記停止処分取消訴訟はその係争中に訴えの利益を失い，原告の救済の目処は立たないのではないかという指摘がある。この見解を踏まえて，取消訴訟を用いた救済の可能性について検討しなさい。

たしかに，営業停止処分が違法になされたにもかかわらず，停止期間の経過といった理由で市民の争う機会が失われるのも合理性を欠く。なお救済を求めていく戦略として，次の3つの方法が考えられる。

4）　最判2002［平成14］年2月28日民集56巻2号467頁。

5）　最判1980［昭和55］年1月25日判時1008号136頁，その原審である東京高判1978［昭和53］年8月30日行集29巻8号1585頁は，業務停止期間経過後にした当該停止処分取消訴訟は法律上の利益がないと判示している。

第1に，金銭賠償である国家賠償で争う方法である。国家賠償請求の仕方としては，取消訴訟で訴えの利益が消滅したとして請求が却下された後に，新規に国家賠償請求訴訟を提起するという方法のほか，取消訴訟の口頭弁論終結に至るまでに申し立てることにより，取消訴訟を国家賠償請求訴訟へと変更する方法がある（⇒第7章*9*）。

第2に，執行停止を用いる方法である。判決が出るまでの間，営業停止処分の効力を停止させて，営業を続けながら取消訴訟を争うという方法である。この方法を用いるためには，執行停止の要件（⇒第13章*2*）を充たす必要がある。

第3に，取消訴訟で争う方法を模索するものである。1つには，最高裁判決に反旗を翻して，期限到来後にも（例えば名誉や信用の侵害など）不利益が残存しているから，取消訴訟の訴えの利益はなお消滅していないと主張する方法である。もっとも，最高裁はこうした名誉等の侵害は処分の効力ではなく事実上の効果にすぎず，訴えの利益を基礎づけるものではないと解釈している（⇒後述(c)*COLUMN*）。したがって，判例変更がなされなければ，この方法は実現されない。

(b) 特定日の経過

(Q 2) Dは1952年5月1日にメーデーの集会等を開催しようと考え，皇居外苑の使用許可を前年11月10日に申請したところ，1952年3月13日に拒否処分を受けた。そこで，Dは拒否処分取消訴訟を提起した。係争中に5月1日が経過した。当該期日の経過後に訴えの利益は消滅するか，説明しなさい。

この事例で，最高裁は訴えの利益は消滅すると判示した[6)]。その理由は，当該処分は1952年5月1日に皇居外苑を利用させないという効力をもつにすぎず，同日を経過した後の段階では取消判決を求める法律上の利益はもはや存在しない点にある。

(発展問題 2) (Q 2) のDが，1952年5月1日に限定して集会を開催したいという趣旨ではなく，毎年5月1日に集会を開催する意図である場合を考える。上記最高裁判決を前提とすると，翌年も，またその翌年も，拒否処分を受けて

6) 最大判1953［昭和28］年12月23日民集7巻13号1561頁［百選Ⅰ 68事件］。

から当該処分の取消訴訟を提起するのでは，係争中に5月1日が経過して，毎回，訴えの利益は消滅する。取消訴訟で裁判所の審理を受ける機会は永遠に失われることになりそうである。Dの権利を救済する手法はないか，検討しなさい。

第1に，次年度の利用申請で拒否処分をしないことを求める差止訴訟を早い段階から提起する方法のほか，利用拒否処分が出されたら直ちに義務付け訴訟と仮の義務付けを求めて争い，当該年度における許可を勝ち取る方法が考えられる。

第2に，次年度以降に皇居外苑を利用できる地位の確認訴訟（公法上の当事者訴訟）を提起することも考えられる[7]。

(c)　処分加重要件と訴えの利益

（基本事例2）　Eは，県警本部長から，自動車運転免許の効力を30日間停止する処分（以下「本件処分」という）を受けた。本件処分に対して，Eが取消訴訟を提起した場合，次の①及び②の時点で訴えの利益は認められるか，検討しなさい。なお，処分期間の満了後，1年間無事故無違反で経過すれば処分歴はすべて消滅し，次回以降，処分の加重要件とされることはない。

①　30日の免許停止期間中

②　30日の免許停止期間が満了後1年間

①の期間中には，本件処分により運転ができないことから，本件処分の取消しを求める訴えの利益は認められる。これに対し，②の場合には，免許停止期間は過ぎているため，運転は可能である。したがって，当該期間の経過により取消訴訟の訴えの利益は消滅したように見える。しかし，②の期間内に新たに処分を受けた場合には，本件処分の存在により前歴のある者として新たな処分に際して不利益に扱われる（処分の加重要件として作用する）。このように，本件処分のもたらす不利益な効果は②の期間中もなお存続していると見ることができる。したがって，本件処分の取消しを求める訴えの利益は認められるのである[8]。

7）　同旨，村上裕章教授執筆・稲葉馨ほか『行政法［第2版］』（有斐閣・2010年）222頁。
8）　参照，最判1980［昭和55］年11月25日民集34巻6号781頁［百選Ⅱ 181事件］

なお，運転免許更新処分取消訴訟については，章末の *COLUMN* 参照。

(Q 3) 出入国管理及び難民認定法（以下「入管法」という）違反で退去強制令書発付処分（以下「本件処分」という）を初めて受けた者が，本件処分の取消訴訟を提起した。入管法5条1項9号ロによれば，初めての入管法違反で退去強制令書発付処分の執行により送還された者は，5年間上陸を拒否されるものと定められている。この場合，本件処分の執行によって国外に送還され5年が経過した時点以降，本件処分取消訴訟の訴えの利益は消滅するか，検討しなさい。

(Q 3) は，退去強制令書が執行され，国外退去という処分の目的は達成された事例である。送還の後も本件処分の取消しにより回復すべき法律上の利益が認められるか，審理されなければならない。ここでは既に5年が過ぎており，今後日本に上陸する場合を想定しても，強制退去歴によって入管法5条1項9号ロ該当として上陸を拒否されることはない[9]。したがって，処分歴に基づく不利益も存在しないため，送還から5年を経過した時点で本件処分取消訴訟の訴えの利益は消滅する。

COLUMN

名誉侵害と訴えの利益

(基本事例 2) の基とした最高裁判決[10]の事件において，原告は，違法な免許停止処分によって運転ができなかったことに加えて，免許証に処分を受けた旨の記載が残る点を捉えて，名誉などが侵害されていることを理由に，訴えの利益は消滅していないことを主張した。免許証への上記処分の記載は法改正により現在では行われていないが，事件当時にはそうした記載が行われていた。したがって，処分後に例えば警察官に免許証を見せるよう言われた際に，免許証の記載から処分を受けた事実がわかってしまい，名誉を侵害される点を主張したのである。これは，免許証に不利益記載が残っている場合には，免許の更新（＝新しい免許証の交付）までは，訴えの利益が存続するという見解である。これに対し，最高裁は，名誉，感情，信用などは，事実上の効果であって，取消訴訟で「回復すべき法律上の利益」に当たらないと判示した。

---

57 。

9) 参照，最判 1996［平成 8］年 7 月 12 日訟務月報 43 巻 9 号 2339 頁（送還後の上陸拒否の期間が 1 年の法律規定のもとで，同様の判断をした）。

10) 最判 1980［昭和 55］年 11 月 25 日・前掲注 8)。

しかし，名誉等が法律上の利益に該当しないという解釈は合理的根拠を欠くものである。また，公証機能をもつ免許証について自己情報のコントロール手段が認められてしかるべきであると解する[11]。違法処分の記載状況が続く場合には，処分の取消しを求める法律上の利益は認められるように思われる。

⑶　工事の完了

（基本事例3）　建築確認に対し，建築確認の対象となった建築物の隣地に居住する者が取消訴訟を提起したところ，当該建築物の工事等が完了した場合，取消訴訟は訴えの利益を失うか，説明しなさい。

最高裁は，工事が完了した場合には，建築確認取消訴訟の訴えの利益は消滅すると判示した[12]。その根拠は，第1に，建築確認は適法に工事を行うことを許容する法的効果を有するものであり，工事が完了してしまえば，建築確認が許容する工事がもはや存在しないこととなり，建築確認の法的効果は消滅したと解釈できるからである。建物が完成した場合であっても，建築確認が以後の行政過程で法的基準として働くのであれば，法的効果は消滅していないと考えることもできる。しかし，最高裁は，第2の根拠として，建築確認と工事完了後の検査済証交付及び違反是正命令とを分断して捉え，建築確認を取り消したところで原告の権利救済には結びつかないと解釈した。具体的に述べるならば，工事完了後における建築主事による検査済証の交付，特定行政庁による違反是正命令発令は，完成した建築物及び敷地が建築基準関係規定に適合しているかを基準としてなされるものである。つまり，建築確認があるからといって検査済証交付拒否や違反是正命令発令の法的障害になるわけでもなく，また，建築確認が違法で取り消されたからといって検査済証交付の拒否や違反是正命令の発令を法的に義務づけるものではない。

もっとも，上記判決を前提とすれば，建築主は，迅速に建築を進めることに

11）　現在では，例えば，違法な処分の記録が公文書にあれば，個人情報保護法により自己訂正権の対象になりうる。大橋・行政法Ⅰ 353頁参照。

12）　最判1984［昭和59］年10月26日民集38巻10号1169頁［百選Ⅱ 183事件］［55］。

よって，隣人の提起した取消訴訟を不適法な訴えとして退けることが可能となる。これでは，隣人にとって，早期の段階で違法な建築活動を阻止する訴訟手段を失わせることになりかねない。そこで，工事完了によって訴えの利益が失われるのであれば，実効的な権利救済という観点から，執行停止を積極的に容認することが必要になる。つまり，判決まで建築工事を止めた状況で取消訴訟の審理が進められるようにするのである。

(Q 4)　建築確認の場合と同様の判断を，最高裁は都市計画法29条に基づく開発許可について下した。つまり，開発許可を受けた開発行為に関する工事が完了し，工事完了の検査済証が交付された後においては，開発許可の取消しを求める訴えの利益は失われると判示したのである[13]。開発許可の法的効果は，工事完了により消滅するので，工事完了後において開発許可を争う利益はないという論理である。これに対し，建築確認と開発許可の法律条文を読み比べた場合，開発許可は工事完了後の行政過程に法的影響を及ぼすのではないか，この点で建築確認とは異なるのではないかと説く見解がある。この見解について，2つの条文を素材に検討しなさい。

建築基準法第7条⑤　建築主事等は，前項の規定による検査［完了検査を指す。著者注］をした場合において，当該建築物及びその敷地が**建築基準関係規定に適合していること**を認めたときは，国土交通省令で定めるところにより，当該建築物の建築主に対して検査済証を交付しなければならない。

都市計画法第36条②　都道府県知事は，前項の規定による届出［工事完了検査の届出を指す。著者注］があつたときは，遅滞なく，当該工事が開発許可の内容に適合しているかどうかについて検査し，その検査の結果当該工事が当該**開発許可の内容に適合している**と認めたときは，国土交通省令で定める様式の検査済証を当該開発許可を受けた者に交付しなければならない。［太字・下線は筆者による］

都市計画法36条2項によれば，工事完了検査において，知事は開発許可の内容に適合している場合に検査済証を交付するよう義務づけられており，開発許可と工事完了後の検査済証交付が法的に結びつけられている。このように検査済証交付に関する要件が上記2つの法律で異なることから，建築確認に関する判例法理を開発許可にそのまま及ぼすことはできない。

13)　最判1993［平成5］年9月10日民集47巻7号4955頁。

(4) 施設工事による不利益状況の解消

農林水産大臣が森林法26条2項に基づき保安林の指定を解除したことに対し，自衛隊のミサイル基地建設が同項所定の「公益上の理由」に該当しないとして，付近住民が保安林指定解除処分の取消訴訟を提起した。保安林指定の解除により，立木竹の伐採が可能になり，森林が水を蓄えて水の流量を調整する機能（理水機能）が失われ，洪水や渇水の危険が生じることとなる。本事例では，取消訴訟係属中に，（保安林の理水機能を代替する）洪水防止施設の設置がなされた。これにより，洪水等の危険は消滅したとして，上記処分の取消しを求める訴えの利益は失われたと最高裁は判示した[14)]。

(5) 権利利益の回復が不可能になった場合——原状回復の不能（その1）

(Q 5) 自作農創設特別措置法に基づき土地を買収された者（被買収者）が買収計画に対する取消訴訟を提起した。その後，当該土地の売渡しを受けた者が土地を時効取得した。この場合において，買収計画取消訴訟の訴えの利益は消滅するか，検討しなさい。

最高裁は，被買収者が当該土地の所有権の回復を目的として提起した買収計画取消訴訟は，売渡しの相手方が買収土地を時効取得した場合には，取消判決によって土地所有権の回復は不可能になることから，訴えの利益を欠くに至ると判示した[15)]。

(発展問題3) 町が行う土地改良事業について知事がその施行を認可したことに反対して，当該事業地内に土地を所有する者が施行認可取消訴訟を提起した。本事例で，町が工事に着手し完了した場合，施行認可取消訴訟の訴えの利益は消滅するか，検討しなさい。

1つの考え方として，土地改良事業の工事が完了した場合には，たとえ原状回復が物理的には可能であっても，社会通念上は不可能であり，法的にも原状回復を求めることはできないと解釈し，取消訴訟は訴えの利益を失い却下すべ

---

14) 最判1982［昭和57］年9月9日民集36巻9号1679頁［百選Ⅱ 182事件］50。
15) 最判1972［昭和47］年12月12日民集26巻10号1850頁。

しという見解がみられた。これに対し，最高裁は，原状回復が社会的・経済的損失からみて社会通念上不可能であるとしても，訴えの利益が消滅したとして訴えを却下すべきではないと解釈した[16]。つまり，原状回復が社会的・経済的損失の観点からみて不能な場合であっても，訴えの利益を肯定したうえで事情判決で対応すべしと判示したのである。事情判決が出される場合には，請求が棄却されるとしても少なくとも上記認可の違法性は判決主文で宣言されることから，将来において同様の処分が行われることを防止するとか，後の国家賠償請求が容易になるなど，原告の権利救済に有利な事情が認められる。

COLUMN

競願事例の争い方

1つの許可の取得をめぐり複数の者が争う競願事例において，行政庁は甲の申請を拒否し，乙に許可を与える処分を下した。この場合，甲が自らに対する申請拒否処分に対して取消訴訟を提起できるかを考えてみよう。甲が取消訴訟で取消判決を得たところで，行政庁は既に許可を乙に与えてしまっており，甲に与える許可を持ち合わせていない。したがって，甲による上記取消判決は無益にも見える。

最高裁は，甲に対する申請拒否処分と乙に対する許可処分が表裏の関係にあることに着目したうえで，以下のような理由で，甲による拒否処分取消訴訟について訴えの利益を肯定した[17]。この事案で，拒否処分の取消判決が下された場合，取消判決の拘束力により，行政庁は判決の趣旨にしたがって行動する義務を負う（行訴法33条1項）。具体的にいえば，行政庁は，甲の申請を再審査することになるが，競願審査において甲が最も適格であると判断した場合には，行政庁は，乙に対する許可を職権で取り消して甲に許可を与えるという可能性が認められる。このように解すると，甲の提起した取消訴訟は無益ではなく，権利救済の可能性を有している。最高裁は取消判決の拘束力に着目して，訴えの利益を肯定したのである。

本判決により，競願事例の争い方として，申請を拒否された者は，自己に対する拒否決定の取消訴訟を提起する方法と，他の競願者に下された許可の取消訴訟を提起する方法の2通りで争うことが可能となった。

16） 最判1992［平成4］年1月24日民集46巻1号54頁［百選Ⅱ184事件］51。
17） 最判1968［昭和43］年12月24日民集22巻13号3254頁［百選Ⅱ180事件］53。

(6) 回復すべき法的地位が消滅した場合――原状回復の不能（その2）

(a) 地位の喪失

（基本事例4） 韓国籍をもつFは在留資格を得て日本に滞在している時に，米国留学後に再度日本へ入国するため，入管法26条1項に基づく再入国許可を申請した。再入国許可は，出国後も在留資格を存続させるものであり，在留資格を前提に再度の入国を可能にする。Fは，再入国許可申請について不許可処分を受けたため，当該処分の取消訴訟を提起した後に，再入国許可を得ないまま出国した。入管法は再入国許可を得ないまま出国した場合には，在留資格を失うものとしている。この事案で，上記の取消訴訟の訴えの利益は消滅するか，検討しなさい。

本事例では，再入国許可を得ずに出国した時点でFの在留資格は消滅したものと解される。したがって，再入国不許可処分取消訴訟でFが勝訴し，当該処分が取り消されたとしても，（在留資格の存続を前提とする）再入国許可がFに認められる余地はない。最高裁はこのように解釈して，上記取消訴訟の訴えの利益を否定した[18)]。

COLUMN

行訴法9条1項括弧書きの意味

郵政省（当時）の職員Gが免職処分を受けたため，当該処分に対して取消訴訟を提起した。裁判で争っている最中に，原告は市議会議員選挙に立候補し，当選した。この場合に，取消訴訟の訴えの利益は消滅するかという問題が存在する。公職選挙法90条によれば，公務員が公職の選挙に立候補した場合，その届出の日に当該公務員の職を辞したものとみなされる。

本件の場合，取消判決を得たところで，立候補の時点で既にGは公務員を辞職しており，公務員に復帰する可能性はないことから，取消訴訟は無益であり，訴えの利益は失われたという考え方が存在する。しかし，免職処分が違法であり取り消されるべきものであったとすれば，免職処分の日から立候補の日まで公務員の職にあったことから，その間の俸給を請求する権利をGは有していたことになる。そこで，回復する利益がなお存在する点を理由に，取消訴訟の訴えの利益が肯定された[19)]。行訴法9条1項括弧書き（「処分又は裁決の効果が期間の経過その他の理由によりなくなつた後においてもなお処分又は裁決の取消しによつて回復すべき法律上の利益を有する者を含

18）最判1998［平成10］年4月10日民集52巻3号677頁［百選Ⅱ185事件］58。

19）最大判1965［昭和40］年4月28日民集19巻3号721頁。

む。」）は，このような場合を念頭に置いた規定である。

(b)　法令の改正・廃止

（Q 6）　保険医の指定を取り消された者が指定取消処分の取消訴訟を提起したところ，訴訟係属中に，法令の改正で保険医指定制度が廃止された。この場合に，当該訴訟の訴えの利益は消滅するか，検討しなさい。

最高裁は，旧法上の保険医に相当する地位は法令改正により現行法上なくなったため，保険医指定取消処分の取消訴訟により回復すべき法的地位がもはや存在しないとして，訴えの利益は失われると判示した[20)]。

(7)　処分の執行完了

処分取消訴訟が提起された事例で，その係属中に処分の執行が完了した場合に訴えの利益が失われるかが問題となる。具体的には，服役中に受けた懲罰処分の取消訴訟などで争われてきた。最高裁は，懲罰処分が執行された段階で，同処分取消訴訟は訴えの利益を失うと判示した[21)]。

（Q 7）　建築基準法 9 条 1 項に基づき，違法建築物であるとの理由で建築物除却命令を受けたことから，建築物の所有者が当該除却命令及び代執行令書発付処分に対して取消訴訟を提起した。この事例で，代執行により当該建築物の除却が完了したときは，訴えの利益は失われるか，検討しなさい。

最高裁は訴えの利益は失われたと帰結するが，その理由を明らかにしていない[22)]。最高裁判決は，除却工事の完了によって処分の法的効力が完了したことに着目した判決と捉えることが可能である。他方，もはや原状回復が物理的に不可能であることを理由とした判決と解釈することもできる[23)]。

名古屋高裁は，この最高裁判決を，原状回復が事実上不可能な事案に関して

20）　最判 1966［昭和 41］年 11 月 15 日民集 20 巻 9 号 1792 頁。

21）　最判 1975［昭和 50］年 9 月 19 日訟務月報 21 巻 11 号 2229 頁，最判 1975［昭和 50］年 10 月 9 日訟務月報 21 巻 11 号 2238 頁。

22）　最判 1973［昭和 48］年 3 月 6 日裁判集民事 108 号 387 頁。

23）　以上，高橋利文・判例解説平成 4 年度 45 頁（注）参照。

訴えの利益消滅を判示したものと理解したうえで，都市公園法に基づく船舶除去命令についてなされた代執行の事案で，原状回復がなお物理的に可能であることから，代執行完了後でも除却命令取消訴訟の訴えの利益は消滅しないと判示した[24]。この判決は，事実上原状回復が可能な場合には，取消判決の拘束力として，代執行前の状態に原状回復する義務が関係行政庁に課される点を重視したものである。

3　訴えの利益消滅への対応方法

(1)　取消訴訟から国家賠償請求訴訟への訴えの変更

取消訴訟の係属中に，*2* に挙げた理由で訴えの利益が消滅する場合には，取消訴訟を，その口頭弁論の終結に至るまでに，国又は公共団体に対する損害賠償請求訴訟に変更することが可能である（⇒第7章 *9*。行訴法21条参照）。こうした方法により，原告は，取消訴訟で処分の違法性を主張するため収集した訴訟資料を，国家賠償請求訴訟で引き続き活用することができる。

COLUMN

増額再更正処分と訴えの変更

判例によれば，更正処分取消訴訟係属中に当該処分が再更正処分により増額変更された場合には，更正処分は過去に遡って消滅し，再更正処分により改めて課税義務が課される[25]。したがって，更正処分取消訴訟は訴えの利益を失う[26]。この場合に，更正処分取消訴訟を再更正処分取消訴訟に変更することができれば，更正処分取消訴訟の原告は引き続き裁判で争うことが可能となる。民事訴訟法143条による訴えの変更は，同種の訴訟手続間の変更に限られる。上記の再更正処分取消訴訟への訴えの変更は行政訴訟を他の行政訴訟に変更する点で同じ訴訟手続間の変更であり，民事訴訟法143条の適用により変更可能である（行訴法19条2項参照）。なお，民事訴訟法143条による訴えの変更は，請求の基礎が同一であれば認められ，当初の訴えが

24)　名古屋高判1996［平成8］年7月18日判時1595号58頁。

25)　吸収説という。最判1980［昭和55］年11月20日判時1001号31頁，最判1967［昭和42］年9月19日民集21巻7号1828頁［百選Ⅱ 179事件］。これに対し，増額再更正処分があっても更正処分と再更正処分は併存し，両者が取消訴訟の対象となるという見解を併存説ないし独立説という。

26)　減額再更正の場合には一部取消処分であるため，訴えの利益は失われない。参照，最判1981［昭和56］年4月24日民集35巻3号672頁。

不適法であっても行うことができるものである[27]。

⑵ 執行停止の活用

被告である行政側の行為等により原告の訴えの利益が消滅に導かれる場合には，訴訟上の信義則の観点から，行政側の活動続行を止めて，両訴訟当事者で判決を待つのが公平である[28]。こうした観点からは，執行停止の活用が重要な選択肢になる。2004年の行訴法改正で，執行停止の要件の緩和がなされた(25条2項)。従前の要件（「回復困難な損害」を避けるため緊急の必要がある場合）は，現行法では，「重大な損害を避けるため緊急の必要があるとき」と緩和されている。

COLUMN

運転免許証更新処分と取消訴訟

(Q 8)　運転免許制度は，免許証の交付を受ける者を，優良運転者（いわゆるゴールド免許取得者），一般運転者，違反運転者の3種類に区分している（その差異については，**図表6-1**参照)。次の①及び②の事例において，免許の更新を受けた者が，更新処分を違法であると主張して取消訴訟を提起することは適法か，説明しなさい。

①　一般運転者として更新されるべきであるのに，違反運転者として免許が更新された場合

②　優良運転者として更新されるべきであるのに，一般運転者として免許が更新された場合

一般運転者と違反運転者とでは，免許の有効期間が異なっており，適法に運転することができる地位の継続期間が異なる。したがって，①の場合に，違反運転者としての免許更新では免許の有効期間が短い点に不利益を認めることは容易であり，訴えの利益は肯定される。

これに対し，優良運転者と一般運転者では，免許の有効期間に差異は存在しない。免許更新後の違いといえば，(a)優良運転者の場合には，免許証に優良運転者としての記載がある。また，(b)免許更新手続に関しては，優良運転者への優遇が図られている。この2点における差異に，不利益が存在すると考えれば，②の場合にも訴えの利益を肯定できる。最高裁は，「優良運転者

27)　市村陽典氏執筆・高橋＝市村＝山本編・条解447頁。

28)　参照，宮崎良夫「処分後の事情変更と訴えの利益」自治実務セミナー20巻9号(1981年) 36頁。

図表 6-1　免許更新手続一覧

	免許の有効期間	免許への記載	更新手続における優遇	講習手数料(例)
優良運転者	原則5年	優良運転者である旨	30分の講習，他の公安委員会経由	600円
一般運転者	原則5年	—	1時間の講習	900円
違反運転者	3年	—	2時間の講習	1500円

である旨の記載のある免許証を交付して行う更新処分を受ける法律上の地位」の回復という点（(a)の部分）に着目して，訴えの利益を肯定した[29]（他方，法律上の地位に関わらない(b)の部分，すなわち免許更新手続上の優遇や手数料における差異は，訴えの利益の根拠にならないと解釈している）。法律上の地位に着目し，優良運転者である旨の記載を道路交通法が「単なる事実上の措置にとどめ」ていないと解釈した点に特色がある。

最高裁は，本件を，法律上の地位の回復が争われているとして，（狭義の）訴えの利益の問題として処理した。他方，本件の第1審や第2審のように，更新処分が不利益な内容を含むかという観点から法律構成すれば，処分性の問題としても把握可能である。さらに，優良運転者として更新処分を受ける法律上の地位を判示している部分に着目すれば，原告適格に関する判決と位置づけることもできる。このように複数の法律構成が可能である原因は，処分性，原告適格，狭義の訴えの利益が（広義の）訴えの利益問題の一環をなし，共通した性格をもつ点に認められる。

●***参考文献***

伊藤眞「訴えの利益」行政法大系4巻237頁以下

古城誠「訴えの利益——9条カッコがきを中心に」ジュリスト925号（1989年）144頁以下

29）　最判2009［平成21］年2月27日民集63巻2号299頁［40］。

第7章 取消訴訟の審理方法

▶本章の狙い

取消訴訟の本案審理を行う場合に，具体的にどのように進めるのか，その方法が重要な検討課題となる。ここでは，立証責任の配分，証拠調べ，訴訟参加，訴えの併合，訴えの変更など，民事訴訟法でも学ぶ事項が登場する。これらの問題を取消訴訟に即して理解する必要がある。他方，行政法に特有な問題を多く含むものとして，違法性判断の基準時，違法性の承継，処分理由の差替えといった諸問題が存在する。本章で扱う内容は全体として，理論が確立していないものが多いが，諸課題の意味と基本的な考え方について正確に理解しておく必要がある。かなり細かな実務的内容も含むため，学部生は通読する程度でかまわない。他方，法科大学院生は，丁寧に読み進むことが望まれる。

1　事実認定と裁量審査

⑴　事実問題と法律問題

取消訴訟において，裁判所はどのような審理方法を採用すべきなのか，どの程度の審査密度が必要とされるかという問題が存在する。以下では，事実問題と法律問題に分けて，審理方法について説明する（**図表 7-1** 参照）。

処分の基礎となる事実の認定に関して，原則として裁判所が全面的に審理を行う[1)]。例外は，実質的証拠法則を法律が定めている場合である。この場合には，裁判所の審理は実質的証拠の有無に限定され，かかる証拠が存在する場合

図表 7-1　裁判所の司法審査方式

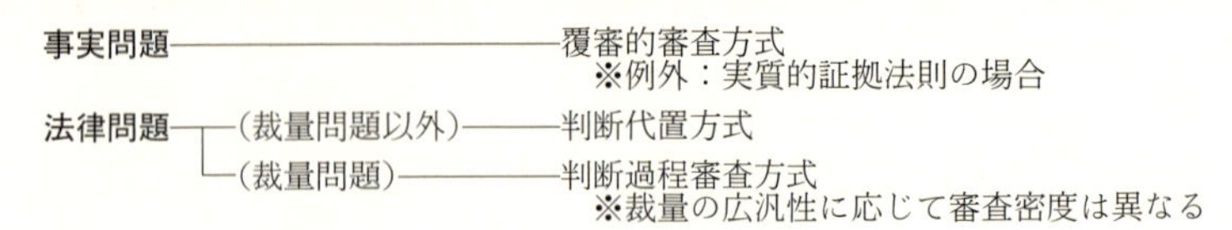

には裁判所も行政機関による事実認定に拘束される[2)]。

法の解釈適用に関しても，その審理は裁判所の権限に属する。裁判所は全面的に行政庁の解釈適用を審理することができる。このように，法律問題に関しては，裁判所は自らの立場で全面的に行政活動の審理を行うことができる。具体的に述べるならば，裁判所は独自の立場で判断を行い，それと行政庁の判断が異なる場合には，裁判所は自らの判断をもって行政判断に置き換えることができる。こうした審査の手法を，「判断代置方式」と呼ぶ。

他方，法の解釈適用が争われる場面であっても，裁量行為が対象となる場合には，裁量権の行使が逸脱又は濫用に該当する場合に限り，裁判所は違法と判断することができる。換言すれば，裁量問題に関しては，裁判所の審理権は抑制・限定されている。抑制的審理が肯定される理由は，「行政判断に対する授権」が関連法令に認められることから，行政庁による裁量的判断に立法者が期待したと解されるからである。こうした事情から，行政裁量が認められているのか，その範囲はどの程度かといった法令の解釈問題が前提となって，司法審理のあり方が決せられる。このように，裁判所による審理では行政裁量（参照，行政法Ｉ第9章）の審査が最も重要な課題となる。

⑵　裁量の広汎性と審査方法

行政法Ｉで学習したように，行政裁量は，行政決定に関わる市民の権利・利益の性質や法律における授権の趣旨に応じて，その範囲は様々である[3)]。一般的にいえば，行政裁量が広汎なものであれば裁判所の審理は抑制的になり，裁量の範囲が狭ければ裁判所の審理はそれだけ厳格になる。

---

1)　塩野・Ⅱ 160頁，宇賀・概説Ⅱ 238～239頁。
2)　例えば，鉱業等に係る土地利用の調整手続等に関する法律52条参照。
3)　大橋・行政法Ｉ 207頁以下参照。

通常の場合には，行政庁による裁量権行使を前提に，行政庁の判断過程に不合理な点がなかったのかという視点のもとで審理する方式が採用されている。このように行政庁の判断過程を裁判所が社会通念を基準に追試していく方式を，判断過程審査（方式）と呼ぶ。国家公務員に対する懲戒処分の司法審査を例に，当該審理方法の特質を見ることとしよう[4)]。

「裁判所が右の処分の適否を審査するにあたつては，懲戒権者と同一の立場に立つて懲戒処分をすべきであつたかどうか又はいかなる処分を選択すべきであつたかについて判断し，その結果と懲戒処分とを比較してその軽重を論ずべきものではなく，懲戒権者の裁量権の行使に基づく処分が社会観念上著しく妥当を欠き，裁量権を濫用したと認められる場合に限り違法であると判断すべきものである。」

最高裁は，判断過程を審査する場合に，①重要な事実の基礎を欠くことがないか，②判断過程に要考慮事項が投入されているか，③それぞれの要考慮事項に対して適切な考慮が払われているかといった観点から実体審査に踏みこんだ審理を行っている[5)]。このように，判断過程審査方式は，判断過程における考慮要素とその評価に注目した方式へと発展を遂げている。小田急訴訟本案判決を見ることとしよう。

「裁判所が都市施設に関する都市計画の決定又は変更の内容の適否を審査するに当たっては，当該決定又は変更が裁量権の行使としてされたことを前提として，その基礎とされた重要な事実に誤認があること等により重要な事実の基礎を欠くこととなる場合，又は，事実に対する評価が明らかに合理性を欠くこと，判断の過程において考慮すべき事情を考慮しないこと等によりその内容が社会通念に照らし著しく妥当性を欠くものと認められる場合に限り，裁量権の範囲を逸脱し又はこれを濫用したものとして違法となるとすべきものと解するのが相当である。」

なお，より広汎な行政裁量が肯定される行政活動の場合には，その司法審査は一層限定的なものとなる。例えば，在留期間更新許可に関する法務大臣の判断には極めて広汎な裁量権が肯定されているため，この場合には，重要な事実

4）　最判1977［昭和52］年12月20日民集31巻7号1101頁［百選Ⅰ 83事件］［Ⅰ140］。
5）　最判2006［平成18］年11月2日民集60巻9号3249頁［百選Ⅰ 79事件］［Ⅰ185］。

誤認の有無，事実に関する評価が明白に合理性を欠くかなどという点に，裁判所の裁量審査は限定されるのである[6)]。

（Q 1）　伊方原発訴訟で原子炉設置許可処分にかかる内閣総理大臣の判断が総合的な判断を要すること，専門家から構成される委員会が判断に関与していることを重視して，最高裁は大臣の判断について広い裁量を肯定した[7)]。他方，公害健康被害の補償等に関する法律4条2項に基づく水俣病認定申請は，県知事による総合的判断を必要とする点，また，専門家からなる公害健康被害認定審査会の意見を聴いたうえで行われる点で，上記の原子炉設置許可の仕組みと類似する。それにもかかわらず，水俣病認定の司法審査は裁量審査の方法によるべきではないと最高裁は判示した。こうした差異を生じた理由について説明しなさい。

最高裁は，水俣病認定判断の法的性格について，「客観的事象としての水俣病のり患の有無という現在又は過去の客観的事実を確認する行為」と捉えている[8)]。つまり，当該認定は事実の認定問題（事実問題）であり，行政庁の裁量に委ねられていない。そこで，当該認定は裁判所の全面的審理に服すると解釈されたのである。

「裁判所において，経験則に照らして個々の事案における諸般の事情と関係証拠を総合的に検討し，個々の具体的な症候と原因物質との間の個別的な因果関係の有無等を審理の対象として，申請者につき水俣病のり患の有無を個別具体的に判断すべきものと解するのが相当である。」

2　立証責任

(1)　概　　念

法律上の要件について，ある事実の主張が当事者からなされたが，証拠調べを通じても裁判所がその事実の存在を確定できない場合が存在する。このよう

6)　最大判1978［昭和53］年10月4日民集32巻7号1223頁［百選Ⅰ 80事件］［Ⅰ7］。

7)　最判1992［平成4］年10月29日民集46巻7号1174頁［百選Ⅰ 81事件］［17］［Ⅰ139］。

8)　最判2013［平成25］年4月16日民集67巻4号1115頁。

な場合であっても，裁判所は判断をできないとして，裁判を拒否することはできない。なぜならば，当事者による自力救済を否定し，他方で裁判を受ける権利を保障しているシステムのもとでは，裁判の拒否は許されないからである。そこで，事実の存否が不明の場合であっても，当該事実が存在するのと同じ法律効果を発生させるのか，それとも事実が存在しないものとして取り扱うのかを，予め決めておく必要がある。これが，立証責任の問題である。例えば，真偽不明に伴う不利益を原告が負わされる場合に，原告が立証責任を負うという。

⑵ 裁判実務における原則的な取扱い

立証責任に関し，現在の裁判実務に見られる原則的な取扱いについて，5点にわたって紹介する[9]。裁判実務は，後述の法律要件分類説に立脚しているというよりはむしろ，以下の①や②に見られる視点，すなわち，不利益処分であるか，授益処分であるかに着目して判断を下している[10]。これは，二分説と呼ばれる見解に相当する。そのうえで，③以下の視点や，次の⑶で紹介する特例を通じて，個別の修正を加えている。

① 不利益処分の場合には，原告は当該処分が違法であると主張すればよく，当該処分の適法性に関する要件については，被告（＝行政主体）の側が立証責任を負う[11]。

② これに対し，市民に対して利益を与える処分の申請拒否の場合，典型的には年金や社会保障給付の申請に対する拒否処分の場合には，給付要件の存在について，原告側が立証責任を負う[12]。

③ 行政処分が裁量権の範囲を超えたり，濫用にあたるなど，違法である場合には，裁量権行使の違法を導く逸脱・濫用を基礎づける事実について，原告

9） ①及び②について「〈特集〉行政事件訴訟法判例展望」ジュリスト925号（1989年）84頁の宍戸達徳氏発言，鈴木康之氏発言参照。

10） 実務的研究172頁，鶴岡稔彦氏執筆・高橋＝市村＝山本編・条解241頁参照。

11） 所得税の決定処分について所得の存在と金額に関し決定庁が立証責任を負うと判示したものとして，最判1963［昭和38］年3月3日訟務月報9巻5号668頁。

12） 最判2000［平成12］年7月18日判時1724号29頁 86 は，全額公費負担の医療給付が得られる原爆症の認定を申請した原告が，厚生大臣（当時）によって申請を拒否されたため，拒否決定取消訴訟を提起した事例であるが，最高裁は，認定処分の要件である因果関係の存在について原告の証明責任を前提として審理を進めている。

側が立証責任を負う[13]。これは，行政裁量権の行使が原則として違法の評価を受けるものではなく，例外として，逸脱・濫用の場合に違法と判断される点に着目した取扱いである。

なお，取消訴訟以外の抗告訴訟において，裁量権限の行使ないし不行使が逸脱・濫用に該当することが勝訴要件として法定されている場合（非申請型義務付け訴訟［37条の2第5項］，申請型義務付け訴訟［37条の3第5項］，差止訴訟［37条の4第5項］）に関しては，原告側が逸脱・濫用にあたる点について立証責任を負うものと解される[14]。

④　処分が重大な違法を有し無効であることは，原告側が立証責任を負う[15]。

⑤　証明度として，民事訴訟と同様に，高度の蓋然性の証明が要求される[16]。

(3)　裁判実務における特例的な取扱い

(a)　情報公開訴訟における不開示事由

情報公開法制における特例として，申請拒否決定（不開示決定）取消訴訟では，不開示事由に該当する事実について被告に立証責任を負わせる判例が確立している[17]。この理由として，情報公開制度において，原則開示を前提に開示請求権の存在が法定されている点を挙げることができる[18]。法律が情報開示請求権を与えている点のほか，行政機関情報公開法の制定時に既に情報公開条例に基づく不開示決定をめぐる裁判で被告に立証責任を負わせる判決が固まっていたことを視野に入れて立法者が同法を制定したという事情から，同法が

13）参照，最判1967［昭和42］年4月7日民集21巻3号572頁［百選Ⅱ 203事件］［87］（無効確認訴訟の判決ではあるが，裁量権濫用に基づく処分の違法の部分について，原告の立証責任を肯定している）。最判1992［平成4］年10月29日・前掲注7）も，原則として原告が立証責任を負うことを前提としたうえで，証拠の偏在する事案の特質から立証責任を被告に転換している。

14）鶴岡・前掲注10）242〜243頁も同旨。

15）最判2000［平成12］年7月18日・前掲注12）。

16）最判2000［平成12］年7月18日・前掲注12）。「立証は，一点の疑義も許されない自然科学的証明ではないが，経験則に照らして全証拠を総合検討し，特定の事実が特定の結果発生を招来した関係を是認し得る高度の蓋然性を証明することであり，その判定は，通常人が疑いを差し挟まない程度に真実性の確信を持ち得るものであることを必要とする」。

17）最判1994［平成6］年2月8日民集48巻2号255頁。

18）阿部・解釈学Ⅱ 223頁。

被告の立証責任を含意しているという解釈も見られる[19]。このように，法律で原則的に承認された権利を侵害する場合には，侵害する被告の側が立証責任を負う。

(b) 情報及び事案解明能力に格差が認められる場合の負担軽減

(2)の取扱いに立脚したうえで，個別に原告側の負担軽減を図る解釈が見られる。例えば，原子炉設置処分が争われた事例において，「災害の防止上支障がない」という要件の充足について，被告に根拠・資料に基づく主張・立証を求め，被告がこの責任を果たすことができなければ，行政庁の判断が不合理であることが事実上推認されると判示した裁判例がある[20]。こうした判断を導いた理由として，両当事者間における情報及び事案解明能力の格差（例えば，安全審査資料がすべて処分庁に保持されている事情）を挙げることができる。

(4) 理論化に向けた課題

行政訴訟における特質の1つとして，行政機関が処分等を行うに際して説明責任を果たすことが行政過程で法令上義務づけられており，その延長線上に行政訴訟が位置する点を指摘することができる（この点では，後述の調査義務説の視点は重要である）。行政訴訟で立証責任の所在が問題になる場面が極めて少ないといわれる1つの理由は，こうした法令上の構造にあるものと考える[21]。したがって，権限行使等の理由にかかる事実に関しては，裁判所は釈明権を行使して，とくに行政側に立証を促す運用が必要である。

行政訴訟における特質の2つは，行政機関が専門性に優れ，情報を独占する状況（偏在状況）がしばしば存在するという点である。この特質に鑑みるならば，伊方原発最高裁訴訟にみられたように，原告の負担を軽減するといった視点は極めて重要となる。

さらに，行政訴訟では，不利益処分のほかに，利益的内容の行政活動が増加

19) 藤山雅行氏執筆・藤山＝村田編・行政争訟404頁以下。

20) 最判1992［平成4］年10月29日・前掲注7)（伊方原発訴訟）。本判決が主張・立証責任を負わない当事者の事案解明義務を実質的に認めたものと分析する文献として，竹下守夫「伊方原発訴訟最高裁判決と事案解明義務」木川統一郎博士古稀祝賀『民事裁判の充実と促進中巻』（判例タイムズ社・1994年）1頁以下。

21) 藤田・総論480頁。

しており，市民生活においての重要性も増しつつある。これらを利益措置として一括して捉え，利益を受ける市民の側に一律に立証責任を課すのは概括的にすぎる。利益の中でも，市民が本来有していた自由の回復にあたるもの，市民の基本権として把握することが可能なものについては，授益というよりも与えないことが実質上は侵害の性格を強くもつことから，行政側の立証を求めることが肝要である（この点では，後述の基本権説の視点が重要である）[22]。

最後に，行政訴訟では，三面関係にかかる訴訟が少なくないことから，三面関係に即した立証責任の理論化を進めるべきである。第三者である原告は処分が違法であれば「法律上保護された利益」を侵害される立場にあり，違法な許可を出した行政庁が第三者の権利・利益を侵害する場面と解釈できることから，二面関係における原則である上記(2)①の実務に準じて，被告側が立証責任を負うこととなろう。

（発展学習）立証責任に関する諸理論

立証責任に関しては，確立した見解は存在しない。以下では，先に紹介した二分説以外の代表的見解について概観する。それぞれの見解は全く異なるものではなく，結論において重なる部分が多い点に注意が必要である。

(a)　法律要件分類説（規範説）

この見解は，民事訴訟における証明責任と同様に考えるものである。これによれば，権利の発生を定める規範のもとで権利の発生を主張する者が，権利発生事実（権利根拠事実）について立証責任を負う。他方，権利の発生を妨げる者が権利障害事実について，また，一度成立した権利の消滅を主張する者が権利消滅事実について，それぞれ立証責任を負う。このように，法令の規定に着目したうえで，訴訟当事者は自己に有利な要件事実について立証責任を負うという考え方である。これを，「法律要件分類説（規範説）」という。

「○○の場合には，××の処分を行う」というタイプの条文＝権限行使規定では，処分をすべきであったと主張する者が証明責任を負う[23]。例えば，不

22）　塩野・II 166頁，藤山雅行氏執筆・藤山＝村田編・行政争訟410頁，実務的研究181頁参照。

23）　このほか，「□□の場合には，△△の処分をしてはならない」というタイプの条文＝

利益処分では，これに対して取消訴訟が提起された場合，不利益処分をすべきであったと主張する被告＝行政主体が，要件事実の充足について立証責任を負う。他方，申請拒否処分では，これに対して取消訴訟が提起された場合，申請認容処分をすべきであったと主張する原告が，受給権を基礎づける事実の存在につき立証責任を負う。この帰結は，先に述べた裁判実務の①及び②と一致する。

未解明な点は，なぜ，民事訴訟の場合の責任分配原則と同様に考えることが理論的に許容されるのかである。たしかに，形式的には，行訴法7条は，同法に定めがない事項については，民事訴訟の例によるとしている。しかし，そうした準用にはそれを許容する実質的根拠が必要である。民事訴訟で法律要件分類説が支持される理論的根拠は，立法者がそうした立証責任の分配を考えて立法しているという前提にある。行政訴訟の場合，多くの研究者や実務家が指摘するように，行政法規の立法者はそうした考慮をしていない（行政法規は民事法とは異なった規範構造をとり，とりわけ，行政機関に対する行為規範として定められることが多い）。このように，法律要件分類説の根拠について疑問が提起されているのである。

(b) **基本権説**

この説は，処分の性質，影響を受ける基本権に着目する。これによれば，市民が既に有する自由権に対して，それを制約すべく行政の側が不利益処分を課す場合には，基本権を制約しようとする被告（＝行政主体）の側が，権限行使について立証責任を負う。こうした視点からは，市民が本来自由に行うことができた行為を一般に禁止し，個別に解除する警察許可の場合，許可申請を拒否する処分は本来できたはずの行為を禁止する点で侵害処分に該当するとして，同じく被告側が立証責任を負う。他方，処分の発動によって，現時点で有していない権利（基本権とは評価できないもの）を市民が新たに獲得を目指すとか，拡張しようとする場合には，訴訟法上の条理から，現在の権利状態を有利に変

権限不行使規定では，処分をすべきでなかったと主張する者が証明責任を負う。不利益処分取消訴訟では，不利益処分をすべきでなかったと主張する原告が立証責任を負う。他方，申請拒否処分取消訴訟では，申請認容処分をすべきでなかったと主張する被告が立証責任を負う。浜川清「立証責任」遠藤博也＝阿部泰隆編『講義行政法Ⅱ』（青林書院新社・1982年）238頁以下，笠井正俊・本章末参考文献328頁参照。

動させようとする原告（＝市民）が，処分の発動について立証責任を負う。

基本権説が法律要件分類説と結論を異にするのは，申請拒否処分の扱いについてである。法律要件分類説では権限行使規定のもとでの申請拒否処分について，立証責任は原告が一律に負うのに対して，基本権説では，基本権の性質により場合分けがなされる。すなわち，法律要件分類説では，(ア)警察許可申請の場合には申請拒否は（既存の営業の自由などの）侵害処分であるとして被告が立証責任を負い，他方，(イ)社会福祉給付の場合には，従前有していない権利を獲得する処分であり原告が立証責任を負う。これに対し，基本権説は，(ア)の点に関して，基本権侵害を理由に被告の立証責任を導き出している点で，法律要件分類説と結論を異にする[24]。

(c)　調査義務説

行政法規の特色を考慮した見解も見られる。行政法では，専門知識を有した行政機構が設立され，これが法律で与えられた行政権限を法律の要件に従い行使するという基本構造が認められる。多くの場合に，行政機関は権限行使の理由を市民に対して説明する責任を負っている。これが，理由提示の仕組みや情報公開制度を基礎づける。また，別の側面からいえば，行政機関は権限行使にあたっては，権限発動の基礎となる事実等を調査する義務を負っていると解される[25]。こうした特質に鑑みると，処分を適法ならしめる主要事実について，行政は調査義務の範囲内で立証責任を負うという調査義務説が登場することとなる[26]。この見解では，侵害処分，申請拒否処分の区別なく，被告（＝行政主体）が取消訴訟で立証責任を負うことが原則とされる点に特色が認められる。

3　違法判断の基準時

(1)　取消訴訟の制度目的と基準時論

取消訴訟において，処分の違法性をどの時点の法令や事実を基礎に判断する

24)　藤山雅行氏執筆・藤山＝村田編・行政争訟403頁以下は，生存権的基本権の侵害として，生活保護などの申請拒否処分を侵害処分と位置づけ，その請求権の発生を根拠づける事実の立証責任を被告に課している。

25)　これが，7(2)で述べる釈明処分の特則の基礎となっている。

26)　小早川・下Ⅱ178頁以下。阿部・解釈学Ⅱ222頁以下も同様の見解を示す。

のかという問題が存在する。これは，取消訴訟における「違法判断の基準時」と呼ばれる。とくに争われたのが，処分が行われてから判決時（正確には，事実審の最終口頭弁論終結時）までの間に，法令や事実状態が変更になる事例である。この場合に，裁判所は処分時の法令や事実状態を基礎に処分の違法性を判断すべきか（この考え方を「処分時説」という），判決時のそれによるべきか（これを肯定する見解を「判決時説」という）が争われてきた。

両説の対立は，取消訴訟の制度目的をどのように捉えるのかという視点（取消訴訟観）と密接に関連していた。処分時説によれば，取消訴訟は，行政庁により処分が下されたことを前提に，その処分が法令や事実に適合して適法に行われたのかを，事後的に裁判所が審理するものである。そうだとすれば，裁判所が取消訴訟の審理で依拠する法令や事実は処分時を基準に判断すべきである。処分時説は判例や多くの学説によって支持されてきた。

他方，判決時説は，取消訴訟は処分によってもたらされた違法状態を排除する点にその本質があると捉えている[27]。このように，取消訴訟の制度目的に関して見解の相違が存在し，行政事件訴訟法はこの点について明文の規定を置いていない[28]。

（基本事例 1）　村農地委員会が（当時の）自作農創設特別措置法附則第 2 項により農地買収計画を定めたことに対し，買収計画に含められた土地の所有者が同委員会に異議を申し立てたが却下され，さらに県農地委員会に（現在の行政上の不服申立てにあたる）訴願を申し立てたところ，棄却裁決が下された。そこで，所有者は裁決取消訴訟を提起した。この事例で，買収計画から判決までの間に法律が改正された場合に，裁判所は買収計画の適法性を判断するにあたり，計画策定時の附則第 2 項によるべきか，判決時に効力を有している改正条文により判断すべきか，検討しなさい。

処分時説によれば，処分の適法性は原則として，処分時の法令や事実状態を基礎に判断されるべきである。最高裁は，農地買収計画の適法性は，それが定められた時点の法令により審理すべきであるとした[29]。

27）　田中・上 348 頁以下参照。雄川・争訟法 211 頁以下は，判決時の法規に行政行為が適合しているかを判断対象とする訴訟を抗告訴訟とする。

28）　同法の立法に関与した者は，処分時説を前提としていた。杉本・解説 105 頁以下。

(2) 処分時基準と判決時基準

従来から，取消訴訟について，処分時説と判決時説を対置した説明がなされてきた[30)]。しかし，各説とも首尾一貫することはできず，例外を許容する。例えば，処分時説であっても，瑕疵の治癒の理論[31)]や訴えの利益の消滅[32)]などを通じて，処分後の事情を処分取消訴訟において考慮する方途を残してきた。したがって，両説の対立を強調するよりも，処分時基準と判決時基準の特質を踏まえて，どのように組み合わせていくべきかを考える解釈論のほうが柔軟で合理的な帰結を導くことを可能とする[33)]。

(3) 手続の機能に応じた基準論

2つの基準は，(1)で述べた制度目的に関連するほかに，取消訴訟手続のもつ機能なりその役割に着目したものである[34)]。具体的に述べると，判決時基準は，処分後の事情の変化すべてを処分取消訴訟の中で審査し処理することを認める見解である。換言すれば，取消訴訟手続を通じて一回的に解決しようとする手続合理性を背景とする。これに対し，処分時基準は処分取消訴訟では処分までの事情を審査し，処分後に変化した事情は，取消訴訟の判決後における行政手続なり，他の行政訴訟手続で処理することを是とする。換言すれば，手続の機能分担に期待を置く発想である。このように，両基準は，取消訴訟手続と

29）最判1952［昭和27］年1月25日民集6巻1号22頁［百選Ⅱ 204事件］。

30）両説の帰結を論理的に分析したものとして，小早川光郎「処分時説か判決時説か」法学教室160号（1994年）120頁以下。違法判断の基準時は，訴訟類型との関連で判断すべきである。取消訴訟に関しては処分時説が妥当するが，不作為の違法確認訴訟では不作為が継続している点の違法を判断するのが制度趣旨であるから，基準時は判決時である。また，義務付け訴訟は処分要件の充足を確認して処分を行うことを命ずるものであるから，基準時は判決時である。

31）処分時から判決時の間に事実状況が変化し，処分がもはや違法ではないことを認める「瑕疵の治癒」が肯定される場合がある。最判1972［昭和47］年7月25日民集26巻6号1236頁［83］。もっとも，瑕疵の治癒理論は違法な処分について処分庁による職権取消しを省略するものであり，法治主義の例外であることから，その適用には慎重な対応が要請されている。参照，大橋・行政法Ⅰ 191頁。

32）処分後の処分執行は，従来から訴えの利益の問題として処理され，その判断の基準が判決時とされてきた点については，山本隆司「取消訴訟の審理・判決の対象――違法判断の基準時を中心に（2・完）」法曹時報66巻6号（2014年）11頁，13頁参照。

33）処分時基準，判決時基準といった用語法については，山本・前掲注32）21頁参照。

34）手続相互間の理論的整理に関しては，山本・前掲注32）3頁参照。

行政手続なり他の行政訴訟手続との役割分担に関する考え方の相違を基礎とする。

法律が経過規定などで個別の処理方針を示している場合を除き，(1)に述べた制度目的から処分時基準を原則にして考察を進め，処分後の法令や事実状態の変化が原告に有利な場合について，紛争の一回的解決や権利救済の実効性を尊重して判決時基準に従って処理する可能性を探るべきである[35)]。問題の所在と基本的な考え方について，次の**（発展学習）**に記すこととしたい（議論は確定するに至っていない）。

（発展学習）　処分時基準と判決時基準の（処分類型別）適用方法

（以下の記述は，第10章で扱う義務付け訴訟の理解を必要とすることから，その学習後に改めて読むことを推奨する）

(1)　不利益処分に関しては，処分時を基準として処分の違法性を判断すべきである。

(a)　不利益処分が処分時には違法であったが，判決時に適法に変化した場合には，変化した状況は取消訴訟で判断されるべきではなく，行政過程で処理されるべきである。具体的には，裁判所は処分時を基準として処分を取り消し，行政庁が新たな状況を踏まえて（再度の）不利益処分手続を進めることとなる。こうした処理がなされる理由は，（再度の）不利益処分について，名宛人は聴聞等の不利益処分手続を受ける地位を有するからである。

(b)　不利益処分が処分時には適法であったが，判決時に違法に変化した場合には，1つの考え方として，処分時基準により，処分は適法になされていることから処分取消請求は棄却される。こうした処理がなされる理由は，処分後の事情は処分取消訴訟の中で判断するべきではなく，処分の撤回を求める非申請型義務付け訴訟により争うべき事柄だからである。他方，原告の救済に有用な変更の場合には，法律の規制目的に照らして支障がないのであれば，判決時基準によって取消判決を下す余地を認める見解もある[36)]。

35）**（発展学習）**の執筆に際しては，小早川・前掲注30）120頁以下，山本・前掲注32）21頁以下の理論的整理から多くの示唆を得た。

36）藤田・総論478頁参照。

⑵　申請拒否処分の場合には，処分時を基準として処分の違法性を判断すべきであるが，例外的に，原告に有利に状況が変化した⒝の場合では判決時を基準とする余地がある。

⒜　申請拒否処分が違法になされたが，判決時に適法になった場合[37]については，処分取消訴訟の単独提起が想定される（判決時を違法判断の基準とする申請型義務付け訴訟は，判決時に拒否処分が適法であることから勝訴は困難である）。この場合に，裁判所は処分時を基準として処分を取り消すべきである。その理由は，申請者が申請時に適法に申請処理されれば得られた地位に着目して，申請者の抱く期待や信頼を保護する見地から，裁判所が申請拒否処分を取り消すべきだからである[38]。判決時に処分を維持できない事情が認められるのであれば，行政庁が処分の撤回で考慮すべき事項であるから，行政庁が進める不利益処分手続や，第三者が提起する，許可撤回を求める（非申請型）義務付け訴訟の中で扱うことが考えられる。

⒝　申請拒否処分が適法になされたが，判決時に違法となった場合には，申請型義務付け訴訟と処分取消訴訟の併合提起が予想される。この場合には，処分取消訴訟について処分時基準を採ると，取消訴訟は請求棄却となり，併合提起要件を欠くことから義務付け訴訟も不適法と判断されてしまう。申請者は，再度の申請を行政庁に行うこととなろう。もっとも，この場合には，申請型義務付け訴訟が主たる訴訟であることや，裁判において行政庁と申請者が主張や立証を尽くし許可等の申請認容処分が適法と判断するに至ったのであれば，私人の実効的な権利救済という観点，及び紛争の一回的解決という視点から，処分取消訴訟についても判決時を基準として解釈する余地が残されている[39]。

⑷　原発訴訟

（Q 2）　内閣総理大臣が行った原子炉設置許可処分に対して，周辺住民が取消訴訟を提起した。この事案で，処分当時の科学的知見によれば当該原子炉の危

37）　この問題の詳細は，横田明美「申請型義務付け訴訟の『違法性判断の基準時』論」公法研究76号（2014年）223頁以下も参照。
38）　阿部・解釈学Ⅱ 248頁参照。
39）　芝池・救済法76頁。

険設計で事故防止対策としては十分に安全であると考えられていたところ，その後，そうした科学的知見が誤りであることが学界の通説的見解になった。このような場合に，裁判所は処分時，判決時，いずれの科学的知見を利用して審理を行うべきであるか，検討しなさい。

1つの考え方として，これを違法判断の基準時の問題であると理解して，処分時説に従い，「処分当時の科学技術水準に照らして」判断する立場が考えられる[40]。もう1つの考え方は，本件は法令や事実状態の変化が生じた事例ではないことから，違法判断の基準時が問われたものではなく，審理で用いるべき事実に関する評価基準（科学的経験則）の選択問題であると理解する。最高裁は後者の立場に立ち，許可申請された基本設計通りの原子炉を将来稼働させた場合に当該原子炉が安全であるといえるのかという審査を行う際には，現在の科学技術水準といった評価基準に準拠して判断すべきであると判示した[41]。本判決の意義は，原子炉設置許可処分については，原子力技術の特殊性から，処分時の科学技術水準への適合が図られていれば処分後に新たな知見が明らかとなった場合であっても許可処分を維持できるとはいえず，設置者の信頼保護（既存不適格）が排除されていることを明確化した点に認められる[42]。

(5) 都市計画決定

都市施設などのプロジェクトを内容とする都市計画は，それを基礎にした都市計画事業を通じて実現される。例えば，東京都市計画道路環状第6号線整備計画は1950年3月2日に決定され，これに基づき道路拡張事業が実施された（事業認可は，1991年3月8日に建設大臣［当時］により出された）。こうした事例で，周辺住民が事業認可取消訴訟を提起する場合を考えてみよう。当該訴訟の中では，事業認可の前提となる都市計画決定の適法性が争われる。この場合に，都

40） 福島地判1984［昭和59］年7月23日行集35巻7号995頁。
41） 最判1992［平成4］年10月29日・前掲注7）。高橋利文・判例解説平成4年度423頁以下の解説も参照。本文の説明は，太田匡彦「取消訴訟の審理に関する諸問題」行政訴訟実務研究会編『行政訴訟の実務』（第一法規・2015年2月現在）688頁より示唆を受けて執筆したものである。
42） 高木・行政訴訟377頁，山本・前掲注32）35頁。

市計画決定の適法性をいつの時点で判定すべきかという問題が存在する。本件事例では，都市計画決定後に制定された法令によれば都市計画は公害防止計画との適合等を図られなければならないとされたため，事業認可時の新法令を基準に判断すれば，本件都市計画は違法と判断される可能性がある。他方，都市計画決定時の旧法令に適合していればよいとすれば，都市計画は適法である。最高裁は，後者の立場に立つことを明確にした[43]。

(Q 3)　小田急訴訟において，都市高速鉄道に関する都市計画決定は1993年2月1日に東京都知事によって行われた。この都市計画を基礎にして，建設大臣（当時）は鉄道事業の認可を与えた（1994年6月3日）。この事業認可は，土地収用法にいう事業認定とみなされ，以後，この事業において土地収用を利用することが可能となる。この事業認可に対して周辺住民が提起した取消訴訟で，事業認可の前提となる都市計画の違法を主張しようとする場合，都市計画の違法判断の基準時は都市計画決定の時か，事業認可の時か，検討しなさい。

最高裁は，都市計画決定時を基準時として，都市計画の適法性を判断している。したがって，計画決定から事業認可の間の法令変更，事実状況の変化は考慮に入れることはできない。事業認可時を基準時として計画の適法性を審理することは，計画決定後の法令変更や事実状況の変化に照らして都市計画の適法性を裁判所が判断することとなり，行政庁の権限を侵すことになるというのがその理由である[44]。

4　違法性の承継

(1)　具体的な内容

(基本事例 2)　第2章で学習した新宿タヌキの森事件を再び取り上げることとしよう。この事例では，まず安全認定がなされ，続いて建築確認が与えられた（上図参照）。本件は建築確

2004年12月	2006年7月
安全認定	建築確認

43)　最判1999［平成11］年11月25日判時1698号66頁［百選Ⅰ 58事件］81 Ⅰ187。
44)　小田急訴訟第1審・東京地判2001［平成13］年10月3日判時1764号3頁。控訴審，上告審も第1審の判断を前提としている。

認に対して取消訴訟が提起された事例である。最高裁は，建築確認取消訴訟の中で（周辺住民である）原告が先行行為である安全認定の違法性を主張することを許容した[45]。しかし，安全認定も処分であるから，安全認定取消訴訟の提起に出訴期間の制限がかかるはずである。それにもかかわらず，安全認定を争わずに，後行行為である建築確認の段階（この時点で，安全認定から1年以上が経過している）で，なお安全認定の違法性を主張できると判示されたのはなぜか，次の質問を踏まえて答えなさい。

① 最高裁の判断は，安全認定取消訴訟で遵守すべき出訴期間を軽視することにはならないのだろうか。

② 建築確認段階で，先行行為である安全認定の違法を主張できる理論的根拠は何か。

行政過程では，しばしば2つ以上の処分が連続する仕組みが見られる。上記の安全認定と建築確認もその1つである。両者が処分であることから，安全認定取消訴訟，建築確認取消訴訟を提起することが可能である。取消訴訟の出訴期間を重視する立場をとれば，先行行為の違法性は先行行為取消訴訟で争うべきであり，後行行為取消訴訟においては主張できないという結論になる。原則は，このように解すべきであろう。しかし，例外的に，上記の最高裁のように，後行処分（建築確認）の取消訴訟段階で，先行行為（安全認定）の違法性の主張を認める解釈が見られる。これは，「違法性の承継論」と呼ばれてきた。つまり，先行行為の違法性が後行行為に承継されるため，後行行為の取消訴訟でもなお先行行為の違法性を主張できると説く考え方である。違法性の承継が肯定される場合には，先行行為の違法性は，2つの方法（先行行為取消訴訟と後行行為取消訴訟）で主張可能となる。これまでも，土地収用の事業認定と収用裁決という2つの処分が連続する行政過程で，違法性の承継が肯定されてきた[46]。

45) 最判2009［平成21］年12月17日民集63巻10号2631頁［百選Ⅰ 87事件］75。
46) 札幌地判1997［平成9］年3月27日判時1598号33頁 Ⅰ165（二風谷ダム事件），東京地判2004［平成16］年4月22日判時1856号32頁。他方，租税賦課処分と滞納処分に関しては違法性の承継は否定されている。参照，広島高判1951［昭和26］年7月4日行集2巻8号1167頁。

(2) 根　　拠

違法性の承継を肯定する根拠は，理論的には2つの視点から説かれてきた。第1に，2つの処分が相連続して1つの目的・効果の実現を目指している[47)]とか，先行行為が後行行為の準備活動としての性格をもつ[48)]といった，実体法上の結びつきを強調する見解である。**(基本事例2)** で最高裁は，建築確認と安全認定が，①1999年の東京都建築安全条例改正前は一体的に行われていたことや，②避難又は通行の安全の確保という同一の目的を達成するために行われている点に言及した。もっとも，目的の同一性が考慮事項の1つであるという趣旨なのか，違法性の承継を認めるための必要条件であるのかは明確にされていない。しかし，目的の同一性という説明は，先行行為段階で出訴期間を遵守して争っておくべき事項について，なぜ後行行為取消訴訟の段階でも主張を許容するのかという疑問に対する十分な解答になっていない。他方，違法性の承継を肯定する第2の根拠として，先行行為に関する手続規定の整備状況が原告との関係で不十分であり，手続保障が不十分な原告に対して先行行為の適否を争うことが期待できない点を挙げることができる[49)]。この立場では，違法性の承継を判断する場合には，原告に対して先行行為の適否を争うための手続保障が法令上十分に与えられていたのかが基準になる[50)]。

(基本事例2) で最高裁は，安全認定について，原告のような周辺住民（申請者以外の者）に通知されることが制度上予定されていないことから，速やかにその存在を知ることができるとは限らない点に着目して，原告らに安全認定を争うための手続保障が十分に与えられていなかったと判示している（ちなみに，建築確認では，建築確認があった旨が工事現場に表示される。建築基準法89条1項)。かりに周辺住民等が安全認定の存在を知っていたとしても，不利益が現実化する建築確認まで訴訟を提起しないと判断することも，あながち不合理ではないと最高裁は判示した。手続保障が不十分な法的仕組みのもとでは，安全認定を

47)　田中・上176頁。

48)　原田・要論187頁。

49)　遠藤・実定114頁，宇賀・概説Ⅰ 344頁以下，阿部・解釈学Ⅱ 178頁。

50)　札幌地判1997［平成9］年3月27日・前掲注46）も，先行行為である事業認定について，原告ら土地所有者に対する手続保障が十分ではない点を，違法性の承継を認める根拠としている。

認識しただけでは違法性の承継の障害にならないのである。

(3) 処分性の肯定と違法性の承継

(Q 4) 最高裁判決によって，次に掲げる行政活動について新たに処分性が肯定された。これに伴い，違法性の承継の問題が議論されている。なぜ，こうした議論が必要になるのか，事例に即して説明しなさい。

① 医療法 30 条の 11 に基づく病院の病床数削減の勧告[51)]

② 土地区画整理法 52 条 1 項に基づく土地区画整理事業の事業計画決定[52)]

①の事例では，まず知事の勧告がなされ，後の段階で厚生労働大臣による保険医療機関指定拒否が見られる（健康保険法 65 条 4 項 2 号）。従前のように勧告の処分性を否定するのであれば，原告は当然，後行行為である指定拒否の取消訴訟において先行行為である勧告の違法性を主張できる。なぜならば，勧告段階での出訴が認められておらず，その段階で主張の機会が与えられていないからである。換言すれば，処分は指定拒否だけであり，2 つの処分が存在する場合に論じられる「違法性の承継」の適用場面ではない。これに対し，新たに最高裁が勧告に処分性を肯定したことにより，勧告，指定拒否という 2 つの処分が連続することになり，勧告の違法性をどの段階で主張できるのかという問題が生じる[53)]（⇒第 4 章 *5*(4)(d)）。

②でも同様の問題を指摘することができる。事業計画決定に続き仮換地の指定や換地処分（土地区画整理法 98 条 1 項，103 条 1 項）がなされる行政過程において，事業計画決定に処分性が肯定されると，2 つの処分が連続することとなる。つまり，違法性の承継を論ずる前提が整うのである[54)]（⇒第 4 章 *5*(3)(a)）。

住民訴訟における違法性の承継については，住民訴訟を解説する第 14 章で改めて説明する[55)]。

51） 最判 2005［平成 17］年 10 月 25 日判時 1920 号 32 頁。

52） 最大判 2008［平成 20］年 9 月 10 日民集 62 巻 8 号 2029 頁［百選Ⅱ 159 事件］[1]。

53） 藤田宙靖裁判官は，補足意見の中で，この事例での違法性の承継を否定している。

54） 近藤崇晴裁判官は，補足意見として，違法性の承継を認める場合に当たらないと解釈している（今井功裁判官も同意見である）。処分性承認に伴う違法性の承継問題については，太田・前掲注 41）682 頁以下が詳細である。

5　自己の法律上の利益に関係のない違法の主張制限

行訴法10条1項によれば，原告は，取消訴訟において，「自己の法律上の利益に関係のない違法」を主張することはできない。これは，本案審理における原告の主張制限を定めたものである。この制限に反した場合には，請求は棄却される。以下では，原告が処分の名宛人の場合（⑴）と，名宛人以外の第三者の場合（⑵）に区分して説明することとしたい。争いは主として第三者が提起する取消訴訟に見られる点に注意していただきたい。

> **行訴法第10条①**　取消訴訟においては，自己の法律上の利益に関係のない違法を理由として取消しを求めることができない。

⑴　名宛人が原告の場合

自己の権利や利益に不利な内容の処分を受けた名宛人が，当該処分を基礎づける要件の充足について，違法性を広く主張することが原則として肯定されている。例えば，土地収用を用いて進めるのに適格な事業であることを決定する事業認定に対して，土地収用の対象となる土地の所有者が取消訴訟を提起する場合には，土地収用法20条所定の各号の定める事業認定の要件が充たされていることの違法性を主張することができる。3号や4号は一見したところ公益を保護した規定のようであるが，原告はこれらの充足についても違法性を主張することができる。その理由は，こうした要件を充足することによって初めて，原告に対する不利益処分が正当化されるからである[56]。換言すれば，処分要件に関する違法性は，原告の利益にも関係するものである。

> **土地収用法第20条**　国土交通大臣又は都道府県知事は，申請に係る事業が左の各号のすべてに該当するときは，事業の認定をすることができる。

55）最判1992［平成4］年12月15日民集46巻9号2753頁（一日校長事件），最判2003［平成15］年1月17日民集57巻1号1頁 I 66（議会議員野球大会旅費事件）。住民訴訟で論じられるものは，本文で述べたものと理論状況，内容において全く異なる。
56）同旨，実務的研究190〜191頁，阿部・解釈学II 242頁。

一 事業が第3条各号の一に掲げるものに関するものであること。
二 起業者が当該事業を遂行する充分な意思と能力を有する者であること。
三 事業計画が土地の適正且つ合理的な利用に寄与するものであること。
四 土地を収用し，又は使用する公益上の必要があるものであること。

他方，原告以外の者の利益をもっぱら保護していると解釈できる規定の該当性について違法性が存在する場合，原告は例外としてその違法事由を主張できないと説かれてきた。具体的には，以下で挙げる例外的事例である。

① 滞納処分として行われる公売処分を受けた納税義務者が当該処分を取消訴訟で争う場合，原告は公売物件の抵当権者に対する通知（国税徴収法96条1項）を欠いたという違法事由を，主張できない[57]。通知を要請した法律の趣旨がもっぱら抵当権者保護にあると解されるからである。

② 滞納処分である差押えに対する取消訴訟において，原告は差押物件が第三者の所有物であり，差押処分は他人の財産を差し押さえるものであることを理由に差押処分の違法性を主張することはできないとした裁判例がある[58]。第三者所有物の差押処分には，原告に対する法益侵害の要素がない点を理由とする。もっとも，滞納者の所有に属さない物に対する差押えが原則無効であることからすれば[59]，上記原告に違法性の主張すら認めないのは疑問である。

③ 労働組合の申立てを受けて地方労働委員会（当時）が使用者に対して救済命令を出したことに対して，使用者が救済命令取消訴訟を提起した。この事例で最高裁は，申立てをした労働組合が労働組合法（以下「労組法」という）2条の要件を欠くことを理由とした救済命令の違法性を，原告（使用者）は主張できないとした[60]。この判決も，労組法2条の解釈を前提にして，同条が使用者を保護する趣旨の規定ではないことを理由とする。労組法2条は，いわゆる御用組合の地位に甘んじている労働組合に対して，同条の要件を備え，自主化，民主化を図るよう要請した規定である。多くの場合，組合に支配介入し，

57） 東京地判1953［昭和28］年8月10日行集4巻8号1835頁。
58） 東京地判1971［昭和46］年5月19日判時646号36頁［73］。
59） 金子・租税法870頁参照。また，所有者である第三者から滞納者に対して後に損害賠償請求等が考えられるとすれば，差押が原告の権利利益に全く影響を及ぼさないとは考えにくい。参照，最大判1962［昭和37］年11月28日刑集16巻11号1577頁。
60） 最判1957［昭和32］年12月24日民集11巻14号2336頁［百選Ⅱ 200事件］。

御用組合を作り出しているのは使用者であり，そうした原因を作り出した使用者が同条違反の主張をすることは，法律の趣旨に反するからである[61]。

⑵　第三者が原告の場合

第三者の提起する取消訴訟について，行訴法10条1項の解釈が争われる問題状況について，次の（**基本事例3**）を素材に考えることとしよう。

（基本事例3）　本事例においては，平成24年法律47号改正前の核原料物質，核燃料物質及び原子炉の規制に関する法律（以下「原子炉等規制法」という）を素材に学習する。内閣総理大臣は，電力会社を名宛人として，原子炉設置許可処分を出し，これに対して周辺住民が取消訴訟を提起した。許可処分の根拠規定は，24条1項である。同項は以下で示すように許可の要件を4つ挙げているが，このうち，例えば3号は技術的能力に関する要件と経理的基礎に関する要件の2つから構成されている。

核原料物質，核燃料物質及び原子炉の規制に関する法律（平成24年法律47号による改正前のもの）

第24条①　主務大臣は，第23条第1項の許可の申請があつた場合においては，その申請が次の各号に適合していると認めるときでなければ，同項の許可をしてはならない。

一　原子炉が平和の目的以外に利用されるおそれがないこと。

二　その許可をすることによつて原子力の開発及び利用の計画的な遂行に支障を及ぼすおそれがないこと。

三　その者（……）に原子炉を設置するために必要な技術的能力及び経理的基礎があり，かつ，原子炉の運転を適確に遂行するに足りる技術的能力があること。

四　原子炉施設の位置，構造及び設備が核燃料物質（……），核燃料物質によつて汚染された物（……）又は原子炉による災害の防止上支障がないものであること。

本件取消訴訟では，まず，周辺住民の原告適格が問われる。この問題に対しては，違法な許可の付与によって生じた事故災害等を念頭に置いて解釈すると，3号の技術的能力要件，4号の災害防止要件も周辺住民の生命や身体を保護す

61）　参照，白石健三・判例解説昭和32年度300～301頁。

る趣旨であると解釈することができ，周辺住民の原告適格を肯定することが可能である。そのうえで，本案審理において，原告が許可の違法を主張しようとする場合に，主張できる違法の範囲について，2つの考え方が見られる。

1つは，行訴法10条1項により，本案で主張できる違法事由は原告適格を基礎づけた「法律上保護された利益」に限られるという厳格な見解である[62)][63)]。この見解によれば，処分の根拠規定であっても，原子炉等規制法24条1項3号の経理的基礎にかかる部分は，原告適格を基礎づけず，原告の法律上の利益に関係しないものであるから，この規定に違反することを理由に処分の取消しを本案で求めることはできない。この見解では，第三者が提起する取消訴訟において，原告適格の判断と本案における違法性の主張の問題とは，連動して捉えられている[64)]。

2つは，行訴法10条1項の趣旨は，もっぱら他の者の利益保護の観点から定められている処分要件について違法の主張を認めないものであり，不特定多数者の一般的公益保護という観点から定められた処分要件であっても，同時に当該処分の取消しを求める者の権利・利益の保護という観点とも関連する側面があるものについては，違法の主張を認めるという見解である。東京高裁は，3号の経理的基礎に関する要件や1号・2号の要件も，原告らの生命・身体の

62)　実務的研究・192頁以下。もっとも，行訴法9条の2004年改正の趣旨が「法律上の利益」を一層柔軟に解釈する点にあったことを10条1項の解釈に及ぼすことは可能である。参照，野呂充教授執筆・室井ほか編・コンメンタールⅡ 162頁。

63)　新潟地判1994［平成6］年3月24日行集45巻3号304頁，東京高判2005［平成17］年11月22日訟務月報52巻6号1581頁［74］（柏崎・刈羽原子力発電所訴訟）がこうした立場をとる。最判1989［平成元］年2月17日民集43巻2号56頁［百選Ⅱ 170事件］［39］（新潟空港訴訟）も，当時の航空法101条1項3号に基づいて騒音障害に着目して原告適格を認めたが，この事例で原告がなした違法性の主張（例えば，遊興目的の団体客が利用客の大部分であることが同項1号に違反すること，輸送力が著しく供給過剰になることが同項2号に違反することなど）は，いずれも自己の利益に関係がないと判示した。

64)　近時の事例として，東京地判2008［平成20］年5月29日判時2015号24頁（三井グラウンド訴訟）では，土地区画整理事業の施行認可に対して周辺住民が提起した取消訴訟について，施行地区にある土地を避難場所として利用することが予定される周辺住民に，震災時に拡大する火災等から生命又は身体の被害を保護する法律の趣旨から，原告適格が肯定された。他方，原告が行った違法性の主張のうち，工事中や工事後における道路交通環境の悪化等，地域全体の住環境・景観の悪化，事業設計図に通路等が示されていないといった設計図表示の特定性の不足，一定の公園面積確保の不足を理由とした違法性の主張は，いずれも自己の法律上の利益に関係しないとされた。

保護という観点とは無関係ではないとして，違法の主張を肯定した[65][66]。原告適格の判断と本案における違法性の主張制限の問題を連動して捉えておらず，後者について（処分の名宛人が提起する取消訴訟で原告が許可要件に関する違法事由を広く主張できるのと同じように捉えて）柔軟に解釈している点に特徴がある。

6　処分理由の差替え・追加

(1)　問題の所在

処分取消訴訟の係属中に，被告行政主体が処分の維持を図るために，処分の際には示していなかった事実等を新たに主張することができるのか，という問題が存在する。これは，「処分理由の差替え・追加」と呼ばれる。この問題は，以下でも述べるように，行政手続制度，とくに理由の付記（理由の提示）制度と密接な関係をもつ。今日では，行政手続法の制定等を通じて，理由提示の制度が一般的な仕組みとして確立した[67]（8条・14条）。

行政処分を行う際に理由の提示を求める趣旨は，理由の提示義務によって，行政庁の判断は慎重になり，他方，市民が当該処分を争う場合の準備を行う際に便宜を与える点に認められる。そこから，行政庁が処分時にαという理由を挙げており，その後，市民が取消訴訟を提起して当該処分を争っていたところ，行政庁が，法廷で新たにβという理由を持ち出してきて，当該処分の適法性を

65)　東京高判2001［平成13］年7月4日判時1754号35頁（東海第2原発訴訟）。

66)　産業廃棄物処理施設の設置許可処分に対して周辺住民が提起した取消訴訟で，千葉地判2007［平成19］年8月21日判時2004号62頁は，廃棄物の処理及び清掃に関する法律が当該許可の要件として，技術上の基準を挙げていることや，災害防止のための計画に言及していることから，周辺住民の生命，身体の安全等を個々人の個別的利益として保護する趣旨を含むと解釈し，その原告適格を肯定した。そのうえで，法律や施行規則が定める経理的基礎があることを同法が許可の要件としているのは周辺住民の原告適格を基礎づけるものではないとしながらも，設置者の資金計画などから不適正な産業廃棄物処理が行われるおそれが著しく高く，周辺住民の健康や身体の安全等に重大な被害が想定される程度に経理的基礎を欠く場合には，その違法性の主張を許容している。この判決は，上記許可処分を取り消した。

67)　かつては青色申告に代表されるように，個別の法律が理由提示を例外的に制定しているにとどまった。行政手続法制定後も，白色申告のように同法の適用除外の例も見られたが（これは，本書初版で取り上げたとおりである），2011年の国税通則法改正により白色申告でも適用除外がなくなり，理由提示が要求されるに至った（74条の14）。

主張することが許されるか，という問題が登場することとなる。これは，行政手続法制の立法趣旨を取消訴訟の局面でどこまで尊重すべきかといった問題を根幹に含むものである。この問題は，行政手続法の規律状況に応じて議論すべきことから，以下では，不利益処分の場合（⑵）と，申請拒否処分の場合（⑶）とに区別して，検討することとしよう[68]。

⑵ 不利益処分における処分理由の差替え・追加

⒜ 弁明の機会付与の手続が適用される場合

不利益処分は，行政庁が市民に対し直接義務を課し，又はその権利を制限するものであり（行政手続法2条4号），いわば市民の既得の権利に行政が不利益に介入するものである。したがって，その法令上の根拠とそれを適用するに足りる事実の調査が前提とされている（同法30条1号・2号）。市民の側は，文書の形式で弁明を行い，証拠等の提出もできるとされている（同法29条）。これに，行政庁の理由提示義務が加わる（同法14条）。こうした行政手続を前提にした場合，訴訟段階における被告による理由の差替え・追加は，①処分段階における行政庁の事実調査義務を軽減すること，②審査請求の準備における市民の便宜，弁明の機会付与を犠牲にして，処分の維持を認めることを意味する。このように，処分理由の差替え・追加は，処分の発動段階から行政の側が主体となって説明責任を尽くしていくといった，不利益処分手続の基本構造に抵触する点が多い。処分理由の差替え・追加が制約される理由は，こうした点に認められる。原告が紛争の一回的解決を望み理由の差替え・追加に同意している場合を除き，理由の差替え・追加を積極的に認める合理性は存在しない[69]。

当事者双方に対する便益から見た場合，不利益処分における処分理由の差替え・追加は，被告側に，別の理由で処分のやり直しをする負担から解放するという便益を与える一方で，侵害を受ける市民の側には，理由の差替え・追加により行政過程や訴訟において充分な攻撃・防御の機会をもつことができないデ

68） 区分の視点は，小早川・下Ⅱ 206〜215頁，阿部・解釈学Ⅱ 244〜247頁参照。

69） 山本隆司「取消訴訟の審理・判決の対象——違法判断の基準時を中心に⑴」法曹時報66巻5号（2014年）31頁，8頁は，弁明手続の場合における差替え・追加を肯定的に評価する。

メリットをもたらしうるのである。

(b)　聴聞の手続が適用される場合

聴聞手続が適用になる場合，当事者や参加人には，意見を述べたり行政庁の職員に対し質問を発する機会が保障されているほか（行政手続法20条2項），不利益処分の決定が聴聞調書の内容等に基づくことが要請されるなど（同法26条），手厚い手続保障が用意されている。これらの点からすると，聴聞手続の適用がある場合には，処分理由の差替え・追加は，弁明の機会付与の手続が適用される場合に比べ，こうした市民の手続権を軽視する点で，一層，認められないこととなる。

(c)　同一の処分要件内における事実の修正

上記の(a)(b)のように，不利益処分の場合には処分理由の差替え・追加に関しては，原則として制限が働く。その場合でも，不利益処分の処分要件について変更する場合と，同一の処分要件において処分を基礎づける事実に関して修正なり追加を認める場合を区別したうえで，後者について処分理由の差替え・追加を肯定する見解が多い。処分要件事実の修正が認められるものとして挙げられている例は，課税処分の根拠条文は維持したまま所得をもたらした事実を差し替える例[70)]，懲戒処分の根拠条文は維持したまま争議行為参加を特定の集会参加へと非行事実を差し替える例[71)]などである。当初挙げられた処分要件事実の指摘が，①行政庁の説明責任を一応は果たしたものと評価できるか，②名宛人に対して不利益処分に関し予測可能性をもたらすのに充分なものであったか，③当初の要件事実と修正された事実が別個の事実とは評価されないほど一定の関連性をもつかといった観点から総合評価し，それらが肯定されれば，同一性のある事実の変更として処分理由の差替え・追加が肯定されよう。

(3)　申請拒否処分における処分理由の差替え・追加

申請に対する処分の手続は多くの場合，許可や認可，各種サービス，補助金を求めて，市民の申請によって開始される。法令で要求された各種の給付条件

70)　最判1981［昭和56］年7月14日民集35巻5号901頁［百選Ⅱ196事件］79，金子・租税法912頁，小早川・下Ⅱ210頁以下。

71)　塩野・Ⅱ176頁。

がすべて充足されていることを，市民の側が説明し立証することが原則的に要請される。他方，申請の審査にあたる行政庁の側は，1つでも条件を満たさない点があれば，それを指摘して給付を拒否することができる。したがって，αという理由で申請が拒否された場合には，市民の側はαの充足さえ主張できれば他の要件に関わりなく給付を受けられるわけではない。こうした手続法制の特色を前提とすると，訴訟段階で被告がβの要件を欠くから給付できないという理由を持ち出したとしても，市民にとって不意打ちの要素は少ない。申請処理手続では，不利益処分の場合と異なり，事前の意見聴取（弁明の機会付与や聴聞）といった手続ルールが存在しないことから，これらとの抵触問題も存在しない。

他方で，処分理由の差替え・追加を認めることは，行政の側にも，申請者である市民の側にもメリットをもたらす点に注意が必要である。まず，行政庁は，不備であった拒否理由を補充して，拒否処分の適法性を主張する機会に恵まれる。他方，申請者としては，かりにαという理由が不備で申請拒否処分が取り消されたとしても，行政機関はβという理由で再度，申請を拒否することは可能であることから，申請通りの給付を得るために，再度取消訴訟を提起しなくてはならないこととなる。それよりも，最初の取消訴訟の中ですべての拒否理由を被告に出させたうえで，すべてに反論し，どの理由によっても申請拒否処分は維持できないことを裁判所に認めてもらい取消判決を得るほうが，紛争の一回的解決になる。つまり，申請の実現には近道なのである。したがって，手続法制との抵触の要素が少なく，原告にとっても紛争の一回的解決の点でメリットをもたらすことからすれば，不利益処分の場合と比べ，理由の差替え・追加は肯定されやすくなる。

市の情報公開条例に基づく非公開決定を争う取消訴訟において，処分通知書に記載していなかった理由の主張を最高裁は肯定した[72)]。こうした結論は，上記の考察を前提とすれば承認できるものである。

（Q 5） 行政法Ⅰで学習した最判 1992［平成 4］年 12 月 10 日判時 1453 号 116

72）最判 1999［平成 11］年 11 月 19 日民集 53 巻 8 号 1862 頁［百選Ⅱ 197 事件］78 Ⅰ83。

頁［I 110］では，理由付記は行政庁の慎重判断担保機能をもち，申請者には不服申立てに対する便宜機能を有することから，こうした理由付記制度の趣旨からすれば，後から行政庁が理由を説明しても理由付記不備の瑕疵は治癒されないという厳格な判断が示されていた。これに対し，最判1999〔平成11〕年11月19日（前掲注72））は同じ情報公開の非公開決定の事例で，取消訴訟段階での行政庁による他の非公開理由の主張を許容している。2つの判決の関係について，説明しなさい。

1992年最判の事例では，単に非公開の根拠となる法律規定が申請者に拒否理由として示されたにすぎず，その示された法律規定には複数の拒否事由が挙げられていることから，申請者はどの事由に該当して拒否されたのかが不明であることに加え，その根拠も示されていなかった。結論として，最高裁は東京都の条例が要求する理由付記の要件を満たすものではないと判断したのである。換言すれば，当初の理由付記がずさんなものであり，行政過程のありようとしては異常な状況を示すものであった。こうした場合には，取消訴訟段階で差替え・追加をしたからといって理由付記の瑕疵は治癒されず，適法になるものではない。これに対し，1999年最判は，先に挙げた理由付記の2つの機能は，「非公開の理由を具体的に記載して通知させること……自体をもってひとまず実現されるところ」と述べているように，1992年最判のいう手続水準を備えた理由付記が当初の段階でなされていることを前提としたものである（1999年最判の事例では，1992年最判に見られた異常な行政過程は存在しない）。1999年最判は，1992年最判の要求を満たす水準の理由付記がなされれば，理由付記規定の目的はひとまず実現されたと解釈したものである[73)]。そのうえで，司法過程に移行した際に，行政庁がさらに調査を進め別の理由が見つかった場合にはそれを主張し，差替え・追加をすることは，理由付記制度からは制限されないと判示したものである。

73)　大橋寛明・判例解説平成11年度（下）831頁。

7 証拠調べ

(1) 職権証拠調べ

当事者の主張した事実について十分な証拠が提出されておらず，裁判所が心証を得られない場合には，適正な裁判を行う目的で裁判所は職権で証拠を収集することができる（行訴法24条）[74]。もっとも，行訴法24条は弁論主義を基調としてそれを補充する趣旨であるから，当事者の主張していない事実について裁判所が職権で証拠収集すること（職権探知）までは認めていないと解されている[75]。

職権証拠調べは，裁判所の権限であり，義務ではないと解されている[76]。職権証拠調べは，実務上は行われず，伝家の宝刀としてそれを背景に釈明権が行使され（行訴法7条，民事訴訟法149条），当事者がそれに応じて立証を尽くすことから，審理に支障が生じていないのが現状である[77]。

(2) 釈明権と釈明処分の特則

(a) 釈明権

裁判長は，訴訟関係を明瞭にするために，「事実上及び法律上の事項に関し，当事者に対して問いを発し，又は立証を促すことができる」（民事訴訟法149条1項）。行政訴訟においても，当事者が主張していない法律論なり法的論点について裁判所が判断を下そうとする場合には，当事者にその法律論なり論点を提示して，議論を尽くさせる義務があるのではないかという問題が存在する（法的観点指摘義務）[78]。

74） 最判1953［昭和28］年12月24日民集7巻13号1604頁［百選Ⅱ201事件］。

75） 杉本・解説83頁，塩野・Ⅱ153頁，芝池・救済法87頁。職権探知を認める立法例は，人事訴訟法20条，非訟事件手続法49条などに見られる。

76） 最判1953（昭和28年）12月24日・前掲注74）も参照。

77） 宍戸達徳氏発言・研究会「現代型行政訴訟の検討課題」ジュリスト925号（1989年）89頁，実務的研究215頁，藤山雅行氏執筆・高橋＝市村＝山本編・条解491頁以下。

78） 新堂幸司「手続保障と最高裁の最近の動き」JLF NEWS No.49（2011年）は，法的観点指摘義務について論じ，最高裁の砂川市空知太神社判決において最高裁が法的観

（Q 6）　最大判 2010［平成 22］年 1 月 20 日民集 64 巻 1 号 1 頁（砂川市空知太神社判決）[79] を素材にして，裁判所の法的観点指摘義務について考察しなさい。

空知太神社訴訟は，市の敷地を無償で神社に貸与している事例で，神社施設の物件撤去及び土地明渡請求を怠る事実の違法確認を求めた事案である。本件では，原告の請求通りに物件撤去なり土地明渡を行えば神社を利用している者の宗教活動等を不可能にする一方で，違憲性解消のための手段としては，市には，当該土地の無償譲渡や，有償での貸与といった方法も存在していたのである。最高裁は，土地の無償貸与が違憲であると判断したが，違憲性解消のための他の合理的で現実的な手段があるかを審理すべきであり，当事者に対して釈明権を行使する義務があると職権で判示して，原判決を破棄し高裁に差し戻した。これは住民訴訟に関しての判示であるが，当事者が想定しない法律構成を裁判所が採用する際には当事者に議論の機会を与えるべきであるという視点は，行政訴訟一般についても示唆に富むものである。

(b)　釈明処分の特則

口頭弁論の内容を理解し，事件の内容を把握するために，口頭弁論の準備ないし補充として，釈明処分が裁判所に認められている（民事訴訟法 151 条）[80]。民事訴訟法 151 条 1 項 3 号は裁判所が行うことのできる釈明処分の一類型として，「訴訟書類又は訴訟において引用した文書その他の物件で当事者の所持するものを提出させること」を規定している。しかし，取消訴訟では，従来，行政が処分に関する資料を出し惜しみする事例がしばしば見られ，訴訟の遅延につながっていた。そこで，審理の充実・促進を図るべく，取消訴訟の早期の段階で，争点整理を可能にする手法として，釈明処分の特則が 2004 年の行訴法改正で導入された。これにより，裁判所は「必要があると認めるときは」行政処分の理由・根拠を明らかにする保有資料・記録の提出を，行政庁に対して求めることができる（行訴法 23 条の 2 第 1 項 1 号。なお，審査請求の裁決に関する記

点指摘義務を肯定したと分析する。

79)　最大判 2010［平成 22］年 1 月 20 日民集 64 巻 1 号 1 頁 [5]。本書第 14 章 *1*（**基本事例**）参照。

80)　鈴木正裕教授執筆・中野貞一郎ほか編『新民事訴訟法講義［第 2 版補訂 2 版］』（有斐閣・2008 年）207 頁。

録については，「必要があると認めるとき」という要件は存在しない［同条2項1号］)。対象になる資料の例としては，処分に際して作られる一件書類，審査基準（行政手続法5条1項)，処分基準（同法12条1項）等が考えられる。

行訴法23条の2は，対象資料の範囲を拡大した点に特色がある。つまり，争点を整理し，充実した審理を図るという目的に即して，対象資料は訴訟当事者が引用したか否かに関わりないとされたほか，被告が所持する資料に限定されず，資料を保有する行政庁すべてに対し資料提出を求めることが可能とされた（同条2項2号)。

釈明処分の特則では，文書の特定は不要である。また，こうした特則による争点整理は，第1回の口頭弁論期日以前においても可能である。特則によって，原告（市民）と被告（行政）との関係において，説明責任原則や武器対等原則（これは行政と市民の法律関係に見られる情報格差，証拠の偏在状況について是正を要請する原則である）が強調されることとなった。

裁判所によって資料等の提出が求められた場合であっても，行政庁は提出義務を負わない（直接の制裁手段は存在しない)。しかし，行政庁が，（例えば，第三者のプライバシーや営業秘密の侵害といった）正当な理由なく提出要求に従わない場合には，口頭弁論の全趣旨（民事訴訟法247条）として考慮され，裁判官の心証形成で不利になりうる[81]。また，原告には，後の証拠調べの段階で，文書提出命令を申し立てる方法が残されている。

釈明処分の特則は，処分の理由や根拠を明らかとする資料を対象としていることから明らかなように，既に下された処分に着目した仕組みである。したがって，処分が関わる訴訟に準用されている。具体的には，処分無効等確認訴訟，(処分・裁決が問題となる）当事者訴訟，争点訴訟である（行訴法38条3項・41条1項・45条4項)。これに対し，処分が関わらない行政訴訟（例えば，公法上の確認訴訟）で通達，行政指導を争う場合などには適用がない（同法41条1項参照)[82]。釈明処分の特則が説明責任に基づく仕組みであるとすると，行政はす

81）山本和彦「行政事件訴訟法の改正について」ジュリスト1277号（2004年）39頁，小林・行訴法67頁，宇賀・行訴法102頁，橋本・要説77頁。

82）したがって，処分が下されていない差止訴訟には釈明処分の特則の準用はなく，また，義務付け訴訟についても準用はない（行訴法38条3項・41条1項参照)。申請型義務付け訴訟が取消訴訟や無効等確認訴訟と併合提起される場合に限って，併合提起さ

図表 7-2　文書提出命令と釈明処分特則の制度比較

	端　緒	従わない場合の効果・制裁	時　期	特徴
文書提出命令	申立人の申立て	あり（民訴 224 条・225 条 1 項）	口頭弁論期間 弁論準備手続 （180 条 期日前可）	厳格
釈明処分特則	裁判所の職権	なし	争点整理手続	柔軟

べての活動について説明責任を負うものであることから，釈明処分の特則の規定が対象を処分関連に限定したことは合理的理由がない。現行法の規定は暫定的な仕組みであり，処分以外の行政活動に対しても拡張が望まれる。

(3)　文書提出命令

(a)　基本的性格

文書提出命令は，申立人の申立てに基づき，裁判所が文書の所持者に対して文書の提出を命ずる制度である（民事訴訟法 223 条）[83]。この仕組みは，公害，薬害，消費者被害，環境問題などの現代型訴訟において証拠となる文書が企業や医療機関などに偏在する構造（情報格差）に着目して，当事者の実質的平等を実現するためのものである[84]。文書提出命令と釈明処分の特則とを比較したのが，**図表 7-2** である。文書提出命令が厳格である趣旨は，次の 4 点に認められる[85]。第 1 に，文書提出命令の基礎となる文書提出義務の範囲が以下で述べるように法律上規定されており（同法 220 条），第 2 に，こうした義務と証拠調べの必要性（同法 181 条）という要件を共に充たして初めて発令可能なのである（同法 221 条 2 項）[86]。第 3 に，発令のための手続も法定されている（同法 221 条～223 条）。さらに，第 4 に，当事者が文書提出命令に従わない場合に

れる取消訴訟や無効等確認訴訟との関連で釈明処分の特則の適用があるにとどまる。

83）　ここでいう文書の所持者は，かつては被告が行政庁であったことから，行政庁と解された。しかし，2004 年行訴法改正後は，行政主体が被告とされたことから，国又は公共団体といった行政主体が所持者である。参照，太田・前掲注 41）666 頁，藤山・前掲注 77）496 頁，前田雅子教授執筆・室井ほか編・コンメンタールⅡ 280 頁。

84）　上原敏夫教授執筆・同ほか著『民事訴訟法［第 6 版補訂］』（有斐閣・2012 年）167 頁，北沢晶＝村田一広氏執筆・藤山＝村田編・行政争訟 416 頁。

85）　小林・行訴法 275 頁参照。

86）　高橋宏志『重点講義民事訴訟法 下［第 2 版補訂版］』（有斐閣・2014 年）166 頁。

は，裁判所は，当該文書に関する相手方の主張を真実と認めることができる（同法224条1項・2項。3項では要証事実の内容について真実と認めうる）。第三者が命令に従わない場合には，過料が科される（同法225条1項）。

(b) 文書提出義務

民事訴訟法220条1号〜4号が文書提出義務を掲げており，これは取消訴訟に準用される（行訴法7条）。申立人（原告）は，民事訴訟法220条の規定を文書提出義務の根拠として主張することになる。提出義務が認められるのは，①当事者が訴訟で引用した文書で自ら所持するもの（1号），②挙証者が引渡し又は閲覧の請求権を有する文書（2号），③挙証者の利益のために作成された文書（利益文書）又は挙証者と所持者との法律関係について作成された文書（法律関係文書）について（3号）である。法律関係文書には，法律関係それ自体を記した文書のほか，法律関係に関する事項を記載した文書も含まれ，この範囲がしばしば解釈問題となる[87]。1号から3号に挙げられた文書に当たらなくとも，4号は同号所定の除外事由がない限り，広く文書提出義務を認めている。これを「一般義務化」という。この一般義務文書には，国又は地方公共団体が所持する文書も含まれるため，取消訴訟では，4号イからホ所定の（一般義務）除外事由が存在するのかが争点となる。

中心をなすのが公務秘密文書（公務員の職務上の秘密に関する文書でその提出により公共の利益を害し，又は公務の遂行に著しい支障を生ずるおそれのあるもの）である（4号ロ）。当該文書が公務秘密文書に該当するかについて，裁判所は，監督官庁（つまり，文書に記載された事項を所管する長など）の意見を聴取する義務を負う。監督官庁は，意見に理由を付す義務を課されている（民事訴訟法223条3項）。例えば，国の安全，犯罪予防等へのおそれを理由とする場合に，「相当の理由」があれば，裁判所は提出を命じることができない（同条4項）。これは，行政機関情報公開法5条3号・4号に対応した規定である。

国・地方公共団体の組織共用文書は，所持者の自己利用文書であっても提出

87) 地域住民が提起した原子炉設置許可取消訴訟において，法律関係文書は許可の前提となる法律関係に関するものも含むとして，原子力委員会の議事録，安全専門審査会議事録及び審査に際して提出された部会報告書，科学技術庁原子力局が原子力委員会等に提出した文書，電力会社提出の調査資料についても文書提出命令が下された。参照，高松高決1975［昭和50］年7月17日行集26巻7=8号893頁。

義務がある（同法220条4号ニ括弧書き）。

8　関連請求の移送・併合

(1)　関連請求の概念と意義

例えば，処分αに対する取消訴訟と処分αに対する国家賠償請求訴訟が別々の裁判所に提起された場合を考えてみよう。請求理由に共通性をもつ2つの訴訟が異なる裁判所に提起されることは，当事者にとって負担であり，加えて，裁判所にとっても，審理の重複による非効率，裁判の矛盾抵触のおそれをもたらす。そこで，2つの請求を併合したり，国家賠償請求訴訟を取消訴訟係属裁判所へと移送することができれば，それは，裁判所にとっても当事者にとっても便宜である。こうした要請に配慮して，行訴法は，取消訴訟と関連する一定範囲の請求を関連請求として列記し，移送及び併合に関する特則を定めた（行訴法13条・16条～19条）[88]。

(a)　関連請求の概念

関連請求という概念を採用したことは，2つの意味をもつ。

第1に，行政訴訟と民事訴訟は異なる種類の訴訟手続であり，両者は併合ができない（民事訴訟法136条参照）と従来から解されてきた理解を修正する意味である。両者が併合できないと解されていた理由は，弁論や証拠手続について基本原則を異にすること，基本原理の違いに応じて異種の手続を設けた趣旨に反すること，両者の併合により手続が混乱することにあった[89]。これに対し，行訴法は，併合のもたらす便宜を重視して，関連請求に限定して，取消訴訟とは異種の訴訟手続である民事訴訟との併合を可能としたのである。

第2に，併合の可能な範囲について一定の枠を設定したことである。取消訴訟に対して他の請求を無制限に併合することは，審理を複雑化させ，取消訴訟自体の審理を遅らせるなど，支障を生じかねない。そこで，取消訴訟に併合可

88）制度の趣旨に関しては，杉本・解説51頁参照。

89）新堂幸司『新民事訴訟法〔第5版〕』（弘文堂・2011年）748頁，伊藤眞『民事訴訟法〔第4版補訂版〕』（有斐閣・2014年）594頁，栗田隆教授執筆・中野ほか編・前掲注80）504頁。

能な請求を制限することとした。つまり，一定範囲の請求に限り関連請求として，取消訴訟への併合を可能としたのである。

(b) **関連請求の具体例**

① 東京都による違法な（租税滞納処分である）公売処分によってAの家屋が公売された事例で，Aが公売処分取消訴訟を提起した場合，Aが都を被告として提起する損害賠償請求（公売処分が取り消されても公売財産の回復が不能であることを理由とする損害賠償請求）は，関連請求に該当する（行訴法13条1号)[90]。

② 租税滞納手続における差押処分の取消請求と公売処分の取消請求は相互に関連請求に該当する。両処分が1個の手続を構成する点に着目したものである。同様に，土地収用手続における事業認定の取消請求と収用委員会の収用裁決に対する取消請求も相互に関連請求である（13条2号)。相互に関連請求であるという意味は，土地収用の例でいえば，事業認定取消訴訟を基本事件として収用裁決取消訴訟を併合することもできれば，逆に，収用裁決取消訴訟を基本事件として事業認定取消訴訟を併合することも可能であるという意味である。

③ 処分に対して審査請求がなされ裁決が出された場合，（原）処分取消請求と裁決取消請求は，相互に関連請求である（13条3号・4号)。

④ 1つの処分に対して複数の者が取消訴訟を提起する場合，例えば，原子炉設置許可処分に反対して，複数の周辺住民が当該許可に対して取消訴訟を提起する場合，これらは関連請求である（13条5号)。このほか，不動産差押処分に対して不動産所有者が取消訴訟を提起した事例で，差押不動産に抵当権を有する者が提起する当該処分の取消訴訟も関連請求である。

⑤ このほかにも，立法趣旨や上述の例から推して関連請求として扱うことが可能な請求も，関連請求と解釈される。13条6号はそうした柔軟な解釈の余地を残したものである。つまり，行訴法13条における関連請求の列挙は限定列挙の趣旨ではなく，例示である。6号の解釈に関しては，13条1号から5号に掲げられた事例に準ずるほどの関連性が必要であるとする厳格な解釈がかつて見られた[91]。しかし，最高裁は，請求の基礎となる社会的事実が一体と

90) 参照，東京地判1961［昭和36］年2月16日行集12巻2号255頁。

91) こうした解釈により，甲と乙が競願関係にある事例で，甲に対する免許処分の取消

して捉えられるべきものであって密接に関連しており，争点が同一である場合には関連請求に当たり，併合提起が可能であるとする柔軟な解釈を採用した[92]。この解釈によって，争点と証拠が共通する事例において，審理の迅速化と当事者の負担軽減が図られることとなった。

(Q 7)　A株式会社がリゾートホテルを構成している21棟の建物を所有している事例で，各建物の固定資産評価を不服としてAが審査の申出を行ったところ，固定資産評価委員会が棄却の審査決定を下したため，当該決定の取消訴訟を提起する場合，21の請求は互いに関連請求に当たるか，説明しなさい。

形式的に考えれば，固定資産評価は建物ごとに個別に行われるものであり，審査決定の取消訴訟（訴えの個数21）は互いに関連請求に当たらないと解釈することができる。しかし，本件では，固定資産評価における減点補正のあり方という点で争点は共通し，また，社会的事実の点でも，同一敷地内でリゾートホテルという同一目的に用いられた同一人所有の建物という密接な関連性が認められる。こうした点を前提に，最高裁は，柔軟な解釈を展開した[93]。つまり，審理の重複や判断の矛盾抵触の回避，当事者の負担軽減，訴訟の迅速な審理という関連請求制度の立法趣旨に適合することから，行訴法13条6号所定の関連請求であると認めたのである[94]。

⑵　関連請求にかかる訴訟の併合・移送

関連請求の仕組みは，一般的な理解によれば，取消訴訟を基本として，それに関連請求にかかる訴訟を併合するという考え方を前提とする。したがって，関連請求にかかる訴訟が取消訴訟の係属裁判所とは異なる裁判所に係属している場合に，関連請求にかかる訴訟を取消訴訟の係属裁判所に移送することは可能であるが，逆（取消訴訟を関連請求にかかる訴訟の係属裁判所に移送すること）はできない[95]。上記の移送は，関連請求が係属している裁判所が相当と認める

請求と乙に対する免許拒否処分の取消請求が，相表裏する関係にあるとして，2号に準じて関連請求と解釈された（杉本・解説53頁）。

92)　最決2005［平成17］年3月29日民集59巻2号477頁［百選Ⅱ193事件］101。

93)　最決2005［平成17］年3月29日・前掲注92)。

94)　島村健・重判平成17年度37頁以下。

図表 7-3 併合の類型（例）

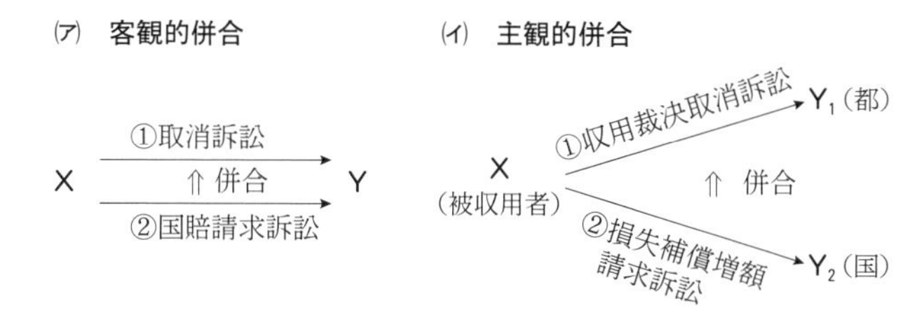

ときは，当事者の申立て又は裁判所の職権により可能である（行訴法 13 条）。移送先の裁判所（取消訴訟の係属裁判所）が関連請求に関して管轄権を有していなくとも，移送は認められる[96]。

取消訴訟又は関連請求にかかる訴訟が高等裁判所に係属している場合には，関連請求を理由とした移送をすることはできない（同条但書）。なぜならば，取消訴訟が高等裁判所に係属している事例で，関連請求にかかる訴訟が追加で提起され，関連請求訴訟が高等裁判所に移送されてしまうと，関連請求訴訟の被告は審級の利益を害されるからである。被告の審級の利益保護が移送禁止の理由であることから，被告の同意があれば，移送は可能である[97]。

(3) 併合の諸類型

(a) 客観的併合

1 人の原告が 1 人の被告との関係で，複数の請求を 1 つの訴訟手続でなすものを客観的併合という（図表 7-3 (ア)参照）。客観的という意味は，審理対象が複数存在するという意味である。具体的には，国を被告として処分取消訴訟を提起し，あわせて（関連請求であり，当該処分の違法を理由とする）国家賠償請求訴訟を併合する場合などである。このほかにも，同一の処分を対象に，主位的に取消訴訟，予備的に無効確認訴訟を提起することも認められている[98]。

95） 参照，大阪高決 1973［昭和 48］年 7 月 17 日行集 24 巻 6＝7 号 617 頁。
96） 杉本・解説 53 頁。
97） 阿部・解釈学Ⅱ 199 頁，藤山・前掲注 77）377 頁。
98） 実務的研究 164〜165 頁，市村陽典氏執筆・高橋＝市村＝山本編・条解 421 頁。同一処分に取消訴訟と無効確認訴訟を並列的に提起することができるかについては争いがあるが，肯定例として，大阪地判 1964［昭和 39］年 7 月 3 日行集 15 巻 7 号 1179 頁，大

図表 7-4　併合の類型と行訴法

併合の態様 ＼ 併合時期	客観的併合	主観的併合
原始的併合	16条	17条
追加的併合	19条1項	

併合には，併合の時期に着目して，訴えの提起時から併合がなされている原始的併合のほか，当初の訴えが係属した後で併合がなされる追加的併合の2つがある。客観的併合を例にとると，**図表 7-3**(ア)で，①と②の訴えが当初からそろって提起されているのが原始的併合であり，これについては行訴法16条が規定する。他方，①が訴訟係属した後に②が追加されるのが追加的併合であり，これについては同法19条1項が規定する（**図表 7-4** 参照）。

(b)　主観的併合

複数の原告が共同で1つの訴訟を提起する場合，ないしは，1つの訴えで複数の被告が訴えられる場合を，主観的併合（共同訴訟）という（**図表 7-3**(イ)参照）。主観的という意味は，1つの訴訟手続の中に複数原告ないし複数被告といったように主体が複数存在するという意味である。具体的には，ある市民が東京都を被告に収用裁決の取消訴訟を提起し，関連請求にかかる訴えとして，起業者たる国を相手に損失補償金額の増額請求訴訟を提起する場合である[99)][100)]。

主観的併合を例に原始的併合・追加的併合について説明すると，**図表 7-3**(イ)で，①と②の訴えが当初からそろって提起されているのが原始的併合であり，これについては行訴法17条が規定している。他方，①が訴訟係属した後に②が追加されるのが追加的併合であり，これについては同法19条1項が規定する（**図表 7-4** 参照）。

(c)　行訴法所定の併合の要件

行訴法に規定されている併合は，原則として，以下の3つの要件を充たさなければならない。

阪地決 1970［昭和45］年11月21日行集21巻11＝12号1312頁。
99）宇賀・概説Ⅱ 231頁。
100）松江地判 1970［昭和45］年3月25日行集21巻3号603頁。

① 取消訴訟を基本事件として，これに関連請求にかかる訴訟を併合するものであること（逆のパターンの逆併合が認められない点に関しては後述(e)参照）。

② 基本事件たる取消訴訟も関連請求にかかる訴訟も，共に適法であること。

③ 併合が行われる場合に，取消訴訟の第1審裁判所が高等裁判所であるとき（又は取消訴訟が既に高等裁判所に係属しているとき）には，関連請求にかかる訴訟について併合によって被告の審級の利益が奪われるため，被告の同意があること（16条2項・17条2項・19条2項）。

(発展問題1) Bは処分に対して（不服があり）審査請求を申し立てたが，棄却の裁決が下された。この場合，Bは原処分の違法を主張するのであれば原処分取消訴訟を提起すべきであり，棄却裁決固有の違法を主張するのであれば裁決取消訴訟を提起すべきである（原処分主義。⇒第16章**7**(3)(b)）。しかし，Bは原処分主義を誤解しており，裁決取消訴訟で原処分の違法も主張できると考え，裁決取消訴訟を提起した。ところが，当該訴訟係属後，この訴訟では原処分の違法を主張できないことに気づき，別途，原処分取消訴訟を提起しようと考えた。しかし，原処分取消訴訟の出訴期間は既に徒過してしまっている。この場合に，19条1項の追加的併合（客観的併合に当たる）として，裁決取消訴訟に原処分取消訴訟を併合することは可能か，説明しなさい。

(発展問題1) の2つの訴訟は，原処分取消しの請求と，原処分に関する裁決の取消しの請求であり，相互に関連請求に当たるため（13条3号・4号参照），19条1項の追加的併合は可能であるように思われる。もっとも，同条でいう併合をするためには，基本事件である取消訴訟と追加される関連請求が共に適法でなければならないため，本件事例では，追加される原処分取消訴訟が出訴期間を徒過しており不適法である点で，併合が認められない。この点を救済する目的で，行訴法20条が制定された。本件事例についていうと，追加される原処分取消訴訟は，裁決取消訴訟が提起された時点で提起されたものと同条によりみなされる。原告の権利救済目的で，20条はさらに，裁決取消訴訟が高裁係属中であっても追加的併合に被告の同意を不要としているため，裁決取消訴訟が高等裁判所に係属した段階でも，Bは被告の同意なく，原処分取消訴訟を追加的に併合できる。

COLUMN

第三者による主観的併合

追加的併合については，（訴訟当事者ではない）第三者による主観的併合の規定が行訴法18条に置かれているが，その例は少ない[101]。考えられる事例としては，競願事例で，知事（Y県）がAに対して行った許可処分に対し，競願者であるX_1が当該許可の取消訴訟を提起して争っているところに，競願者であるX_2が許可取消訴訟を提起する場合である（次頁**図表7–5**参照）[102]。この事例で訴訟の併合は，共同訴訟参加と同様の機能をもつこととなる。この場合，関連請求にかかる訴訟の被告の利益を保護する見地から，基本事件である（X_1による）取消訴訟が既に高等裁判所に係属している場合には，関連請求にかかる訴訟（X_2による取消訴訟）の被告（Y県）の同意が必要である（18条後段）。

(d)　すべての行政訴訟への準用

関連請求にかかる訴訟の移送に関する13条，関連請求にかかる訴訟の併合に関する16条から19条1項の規定は，取消訴訟以外の抗告訴訟，当事者訴訟に準用される（38条1項・41条2項）。なお，民衆訴訟ないし機関訴訟で処分又は裁決の取消しを求める訴訟等にも同様の準用がなされているが（43条1項），迅速な審理と判決を確保する趣旨で，個別法で準用を排除する例が多い[103]。

(e)　逆 併 合[104]

行訴法16条から19条1項に定めのある併合は，いずれも取消訴訟を基本事件として，これに関連請求にかかる訴えの併合を認める仕組みである（**図表7–6**(ア)参照）。これに対して，民事訴訟である関連請求を基本事件として取消訴訟（などの抗告訴訟）を併合することができるか，という問題がある。これは，逆併合と呼ばれる（**図表7–6**(イ)参照）。損害賠償請求に取消訴訟を併合することは，一般に消極に解されている[105]。その理由は，異なる訴訟手続間の併合はできないのが原則であり，行訴法が例外として法定している限りで許容されるにす

101）　芝池・救済法82頁は，処分取消訴訟に第三者が処分に起因する損害賠償請求をする例を挙げる。

102）　実務的研究250頁。

103）　山本隆司教授執筆・高橋＝市村＝山本編・条解903頁。

104）　渡邊千恵子氏執筆・藤山＝村田編・行政争訟279頁以下参照。

105）　参照，東京高判1998［平成10］年6月29日税務訴訟資料232号945頁。

図表 7-5　第三者による主観的併合

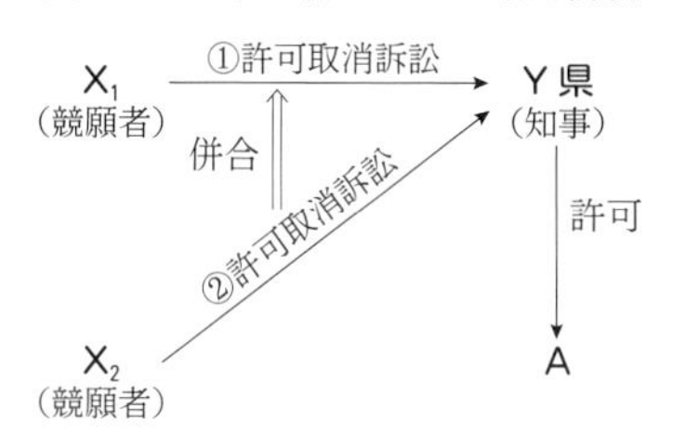

図表 7-6　併合と逆併合

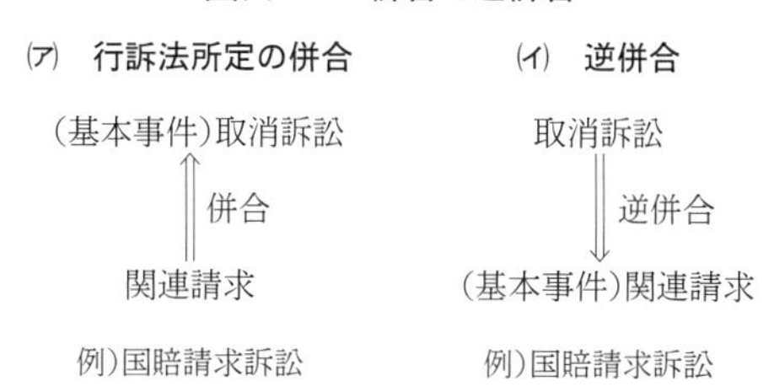

ぎないからである。なお，最高裁は，国家賠償法1条1項に基づく損害賠償請求（民事訴訟である）に憲法29条3項に基づく損失補償請求（公法上の当事者訴訟である）の追加的併合を民事訴訟法143条（訴えの変更）に相当する規定を準用して，肯定している[106]。この判決は，2つの請求が実質的には同じ発生原因に基づく点，同一の経済的不利益を内容として，対等な当事者間において金銭を請求する点，被告を同じくする点などに着目して，上記民訴法規定の準用により追加的併合を認めたものである。したがって，民事訴訟に取消訴訟を併合する逆併合まで肯定する趣旨ではない[107]。なお，民事訴訟（国家賠償請求訴訟）を基本事件として行政訴訟（損失補償請求訴訟）を併合した場合，併合後の訴訟手続は行訴法による[108]。

COLUMN

訴えの併合と印紙代の計算

訴えの併合が認められると原告の請求の価格は合算される（民訴法9条1項本文，行訴法7条）。訴状に添付すべき印紙代は金額が増大するほど手数料の負担割合が逓減する仕組みが採用されているため，訴えを並列的に行う場合と比べて，原告の印紙代は少なくてすむ（例えば，(Q 7）ではそうした効用が顕著である)[109]。これは，訴えの併合の効用の1つである。このほかにも，複数の原告が提起した取消訴訟で，主張する利益が共通する部分については，合算は不要であり，全員で1人分の印紙代ですむ（民訴法9条1項但書，行訴法7条)。ただし，林地開発許可に対し開発区域周辺の原告複数人が取消訴訟を提起した事例で，原告は請求の共通性を主張したが，最高裁は，処分取消しにより回復される利益は原告各人が有するものであり全員に共通

106）　最判1993［平成5］年7月20日民集47巻7号4627頁［百選Ⅱ 217事件］102。
107）　三村量一・判例解説平成5年度713頁。
108）　三村・前掲注107）712頁。
109）　印紙代については，阿部・解釈学Ⅱ 201頁参照。

していることではないとして，原告の主張を認めなかった[110]。

9　国又は公共団体に対する損害賠償請求等への変更

(1)　訴えの変更の必要性

取消訴訟の係属中に処分期間の満了等の理由で訴えの利益が消滅すると，原告は当該訴訟を維持することができなくなる。こうした例は決して少なくない。このような場合に，取消訴訟で争ってきた処分の違法を理由として国家賠償請求を行うためには，原告は新たに訴えをを提起しなければならない。原告の負担軽減を意図して，行訴法21条1項は，取消訴訟が係属中に訴えの利益を失う場合，国又は公共団体に対する損害賠償請求訴訟等に訴えの変更が可能である旨を定めた。同条により，原告は別訴の提起をせずに，取消訴訟における訴訟資料を利用して国家賠償請求訴訟等を追行することが可能とされたのである。

民事訴訟法143条によっても訴えの変更は可能であるが，同条は同一の訴訟当事者間における同種の訴訟手続への変更を可能にするものである。これに対し，行訴法21条の訴えの変更は，取消訴訟から国家賠償請求訴訟という民事訴訟への変更（つまり，異なった訴訟手続への変更）をも可能にするものである。

なお，行訴法21条による訴えの変更には，被告の同意は要求されていない。

（基本事例4）　次の①②において訴えの変更は認められるか，説明しなさい。

①　C市の建築主事が違法に建築確認を与えた事例で，周辺住民が建築確認取消訴訟を提起した。当該訴訟の係属中，建物の工事が完了し，取消訴訟の訴えの利益が消滅した。この場合に，当該取消訴訟をC市を被告とした国家賠償請求に訴えの変更をすることはできるか。

②建築確認取消訴訟が控訴審に係属している際に，原告はC市の同意なく，当該取消訴訟をC市を被告とする国家賠償請求訴訟に変更することができるか。

110)　最決2000［平成12］年10月13日判時1731号3頁［百選Ⅱ221事件］98。批判的見解として，阿部・解釈学Ⅱ201頁以下は，開発許可のない状態の回復は原告全員に共通するとする。

上記の①は，行訴法21条により訴えの変更が可能な典型例である。行訴法21条に基づく変更では，変更前の取消訴訟が適法なものであることを要しないため，訴えの利益を欠くに至り不適法となっても訴えの変更は可能である。②については，行訴法21条に基づく変更には，被告の同意が要求されておらず，このことは控訴審段階での変更についても同様である。したがって，C市の同意を要せずに訴えの変更は可能である。

⑵　要　　件

行訴法21条による訴えの変更が認められるためには，以下の4つの要件を充たす必要がある。

① 原告は取消訴訟の口頭弁論終結までに変更を申し立てること
② 裁判所が変更を相当であると認めること
③ 請求の基礎に変更がないこと
④ 当該処分又は裁決にかかる事務の帰属する国又は公共団体に対する損害賠償請求等に変更すること

上記④の要件は，処分庁が行政組織上所属する行政主体を被告とする意味ではなく，処分に関する事務が帰属する主体を被告とする趣旨である。例えば，東京都国立市の建築主事が行った建築確認は，国立市の事務であり，当該事務の帰属主体は国立市ということとなる。この結果は，建築主事が行政組織上所属する行政主体＝国立市と同じものである。このように，通常の場合は，事務帰属主体と処分庁の所属主体は同一になる。問題が生ずるのは，行政権限を民間主体に委託したような場合である。

〔基本事例5〕 指定確認検査機関であるD株式会社がC市内で建築確認を違法に与えた事例で，建築工事が完了した場合に，Dの行った建築確認の取消訴訟を，C市を被告とする国家賠償請求訴訟に，訴えの変更ができるか，検討しなさい。

建築確認取消訴訟は指定確認検査機関Dを被告として提起される。これを国家賠償請求訴訟に変更する場合でも，Dを被告にするのが適切であるように見える。しかし，行訴法21条1項の文言は，「事務の帰属する国又は公共団体」と定め，建築確認に関する事務は地方公共団体の事務である（建築基準法4条）。このことから，国家賠償請求訴訟への（行訴法21条に基づく）訴えの変更を行う場合には，事務の帰属するC市が被告となる[111]。指定確認検査機関Dが行った建築確認がC市の建築主事の行った建築確認とみなされること（建築基準法6条の2第1項）や，C市がDの出した建築確認に対し是正権限を有していること（同条第11項）が，C市の賠償責任を導く判断において実質的な基礎になっている。なお，行訴法21条1項による訴えの変更では，変更後の請求が変更前の請求の関連請求であることは要求されていない[112]。

（発展問題2） 行訴法19条1項に基づき損害賠償請求の追加的客観的併合を行い，続いて，取消訴訟を取り下げれば，同法21条1項が定める訴えの変更と同様の効果を上げることができるだろうか。**（基本事例4）**を素材に検討しなさい。

行訴法19条1項による訴えの追加的併合と行訴法21条1項による訴えの変更は，類似した機能を有する。もっとも，21条1項による訴えの変更の方が利用条件が緩やかである。第1に，行訴法19条1項に基づく訴えの追加的併合の場合には，取消訴訟が適法であることが必要である。したがって，**（基本事例4）**①では，変更前の訴えが不適法であるから，行訴法19条1項の併合は利用できない。他方，21条1項による訴えの変更は可能である。

第2に，行訴法21条1項による訴えの変更は被告の同意を要しない点で利用条件が緩やかである（これは，控訴審段階でも同様である）。他方，19条1項による併合には，取消訴訟が既に高等裁判所に係属しているときは被告の同意を要するため，**（基本事例4）**②では併合はできない。また，19条1項による併合に続いて取消訴訟の取下げを行う場合には，取下げに関して，（第1審でも，本案について被告が準備した段階以降は）被告の同意を要する（民訴法261条2項，行訴法7条）。

111）②について，最決2005［平成17］年6月24日判時1904号69頁［百選Ⅰ6事件］ Ⅰ69 は，訴えの変更を肯定した。

112）市村・前掲注98）454頁，実務的研究254頁。

10 訴訟参加

(1) 補助参加

取消訴訟においても，民事訴訟法42条の定める補助参加を利用することができる。同条に基づき，「訴訟の結果について利害関係を有する第三者」は，当事者の一方を補助するために取消訴訟に参加することができるのである（ここで必要とされる補助参加の利益は後述(2)の行訴法22条に基づく第三者の補助参加よりも要件としては緩やかなものである）。補助参加人は，攻撃防御方法の提出，異議の申立て，上訴の提起，その他被参加人を勝訴させるのに必要な一切の行為を行うことができる（民事訴訟法45条1項）。もっとも，補助参加人の訴訟行為は，被参加人の訴訟行為と抵触するときにはその限りで効力を生じない（同条2項）。補助参加の申立てに対して異議がなければ参加は認められ，異議が被参加人又はその相手方から出された場合に限り，裁判所が決定で許否を裁判する（同法44条1項）。

図表7-7　取消訴訟における補助参加

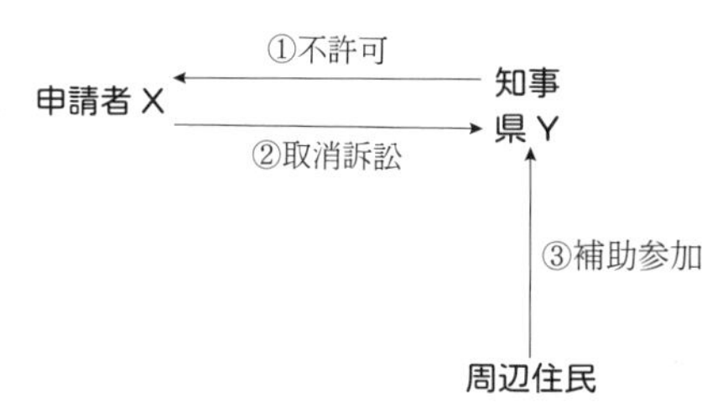

補助参加の具体例を挙げることとしよう。廃棄物の処理及び清掃に関する法律15条1項に基づく処分場設置許可申請に対して，県知事が不許可処分を出した場合，申請者が提起した取消訴訟において，当該施設から排出される有害物質により直接かつ重大な被害を受けることが想定される周辺住民は，被告側に補助参加をすることが考えられる（**図表7-7**）。最高裁はこの事例で補助参加の利益を肯定した[113]。

113） 最決2003［平成15］年1月24日裁判集民事209号59頁［百選Ⅱ195事件］［100］。

図表 7-8　第三者の訴訟参加例

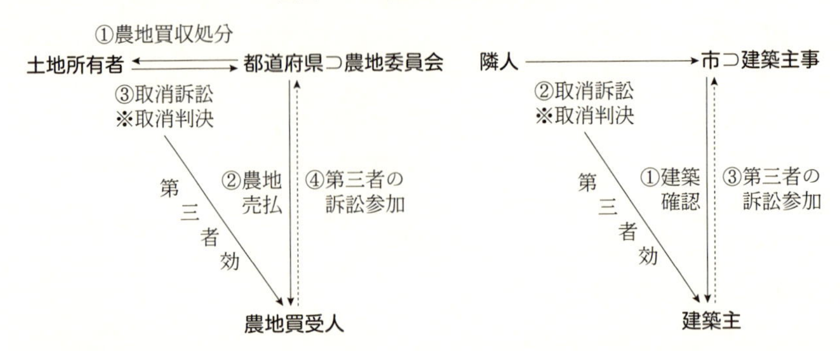

(2)　第三者の訴訟参加

(a)　訴訟参加の概要

取消判決の効力は第三者にも及ぶため（第三者効。行訴法32条1項），第三者の利益を保護する観点から第三者を訴訟に参加させる仕組みが行訴法で特別に置かれている（22条1項）。土地を農地買収処分で取り上げられた土地所有者が都道府県を被告に当該処分の取消訴訟を提起した場合，原告が勝訴すると，取消判決の効力は当該土地を買い受けた者にも及ぶ（**図表 7-8** の左）。そこで，当該取消訴訟に農地買受人を被告側に参加させて，攻撃・防御の手段を尽くし，権利・利益を保護させることとしたのである。このほか，市の建築主事が出した建築確認を隣人が取消訴訟で争う場合には，取消判決の効力を受ける第三者（建築確認を得た建築主）は，被告である市に訴訟参加して，建築確認の防御に努める機会を得るのである（**図表 7-8** の右）。

第三者が訴訟参加する前提として，第三者の権利に影響を及ぼす取消訴訟が係属した事実が第三者に通知されることが不可欠であるが，現行法では，第三者に必ず訴訟係属を通知する仕組みとはなっていない。取消訴訟の当事者が第三者に訴訟告知を行うことは可能であるが，訴訟告知は義務として規定されていない（民事訴訟法53条1項）。そこで，裁判所が第三者に対して訴訟係属事実の通知義務を負うかが解釈問題となる。裁判例には，明文規定の不存在，第三者再審の異議制度の存在を理由に，そうした義務を否定したものが見られる[114]。

第三者の訴訟参加は，第三者の権利保護の見地から，第三者の申立てによって決定される場合もあれば，処分の適正を確保する公益性の観点から，裁判所の職権によって決定される場合もある[115]（行訴法22条1項)。第三者の訴訟参加について，裁判所の職権行使は裁量行為であり，裁判所は職権を行使する義務を負っていない。第三者に取消判決の効力が及ぶ以上，立法で，第三者を必要的に参加させる（例えば，裁判所による職権行使義務の肯定）ことが望ましいと思われる。

(b) 訴訟参加の法的性格

取消判決の形成効を受ける第三者の訴訟参加は共同訴訟的補助参加であり（行訴法22条4項，民事訴訟法40条1項〜3項)，第三者の参加は被告の側になされる。この訴訟参加が共同訴訟参加にならないのは，取消訴訟の被告が行政主体であるため（行訴法11条1項)，第三者市民が被告適格を有していないからである。他方で，補助参加であるとしても，取消判決の効力を第三者は受け（第三者効)，とりわけ自らの権利利益に影響を受けることから，補助参加に特有な従属的地位を超えた独立の地位を与え，訴訟行為を可能にする必要がある。こうした理由から，第三者は共同訴訟的補助参加人としての地位を有することとされた。共同訴訟的という意味は，被告や参加人に有利な行為はその一方が行っても両者に及び，不利な行為は，被告と参加人が全員で行わなければならないということである[116]。したがって，例えば，被告が訴えの取下げ，請求の認諾・放棄，自白，上訴権の放棄などの不利な行為を単独で行っても効力は生じず，参加人とともに行う必要がある。

第三者が自己の責めに帰すことのできない理由で参加できなかった場合には，第三者再審の訴えが用意されている（行訴法34条)。もっとも，第三者再審の訴えは，提起された例が極めて少ない。

(3) 行政庁の訴訟参加

このほか，事情に通じていたり，処分の審査に有用な資料を保有している行

114） 東京地判1998［平成10］年7月16日判時1654号41頁。
115） 職権による参加がほとんど利用されていない点につき，神橋一彦教授執筆・高橋＝市村＝山本編・条解465頁。
116） 神橋・前掲注115）467頁参照。

政庁を取消訴訟に参加させ，訴訟資料を豊富にする仕組みが用意されている（行訴法23条1項）[117]。行政庁の参加は，被告行政主体の側になされる。原告の側になされないのは，それを認めると，機関訴訟に類似した状況が生じてしまうからである[118]。具体例としては，道路や下水道の管理者である市長の不同意を理由に知事が開発許可申請の拒否処分を出した事案で，申請者が提起した拒否処分取消訴訟において，市長が被告である都道府県側に訴訟参加するものが考えられる。参加にあたっては，原告の意見を聴くことが必要である（同条2項）。これは意見を聴取する趣旨の規定であるため，原告が反対の意見を表明した場合であっても，裁判所は行政庁の参加を許可することができる[119]。

ここで参加する行政庁の地位は，補助参加である。したがって，被告本人の行ったことに従う立場にある（同条3項，民事訴訟法45条1項・2項）。

●参考文献

秋山壽延「行政訴訟における文書提出命令」新実務民訴9巻283頁以下

阿部泰隆「行政訴訟特に税務訴訟における和解に関する管見」自治研究89巻11号（2013年）3頁以下

飯島淳子「釈明処分の特則」小早川＝高橋編・詳解117頁以下

石崎誠也「申請拒否処分における処分理由の追加・変更について」法政理論37巻1号（2004年）1頁

市原昌三郎「取消訴訟における立証責任」実務民訴8巻227頁以下

稲葉馨「行政訴訟の当事者・参加人」新構想Ⅲ67頁以下

大橋洋一「行政手続と行政訴訟」法曹時報63巻9号（2011年）1頁以下

海道俊明「違法性承継論の再考⑴〜(4・完)」自治研究90巻3号97頁以下，4号102頁以下，5号88頁以下，6号84頁以下（2014年）

笠井正俊「行政事件訴訟における証明責任・要件事実」法学論叢164巻1〜6合併号（2009年）320頁以下

金子正史「指定確認検査機関がした建築確認に関する取消訴訟の訴えの利益を認めた平成17年最高裁決定」同『まちづくり行政訴訟』（第一法規・2008年）358頁以下

117)　取消訴訟の被告が国又は公共団体とされたため，処分を行った行政庁以外で資料を有している行政庁も被告に属する場合が多く，行訴法23条に基づき参加させるべき範囲も限定された。門脇雄貴准教授執筆・高橋＝市村＝山本編・条解474頁以下。

118)　宇賀・概説Ⅱ237頁。

119)　宇賀・行訴法98頁。

可部恒雄「違法判断の基準時」実務民訴 8 巻 239 頁
菅野博之「釈明処分の特則」園部 = 芝池編・理論 116 頁以下
北村和生「行政訴訟における行政の説明責任」新構想Ⅲ 85 頁以下
桑原勇進「環境行政訴訟における立証責任の配分」宮崎古稀 135 頁以下
交告尚史「伊方の定式の射程」加藤一郎先生追悼『変動する日本社会と法』（有斐閣・2011 年）245 頁以下
小早川光郎「調査・処分・証明」雄川一郎先生献呈『行政法の諸問題（中）』（有斐閣・1990 年）　頁以下
新山一雄『職権訴訟参加の法理』（弘文堂・2006 年）
鈴木康之「処分理由と訴訟上の主張との関係」新実務民訴 9 巻 257 頁以下
高木光「行政処分における考慮事項」法曹時報 62 巻 8 号（2010 年）2055 頁以下
高林克巳「行政訴訟における立証責任」講座 3 巻 294 頁以下
高林克巳「訴訟参加」実務民訴 8 巻 197 頁以下
鶴岡稔彦「特殊問題 3――行政訴訟における証明責任」高橋 = 市村 = 山本編・条解 234 頁以下
時岡泰「審理手続」行政法大系 5 巻 139 頁以下
並木茂「参加」行政法大系 5 巻 165 頁以下
深澤龍一郎「行政訴訟の審理のあり方」ジュリスト 1263 号（2004 年）61 頁以下
深澤龍一郎「特殊問題 2――審理の範囲」高橋 = 市村 = 山本編・条解 221 頁以下
宮崎良夫「行政訴訟における主張・立証責任」新実務民訴 9 巻 225 頁以下
矢野邦雄「請求の併合および変更」講座 3 巻 275 頁以下
矢野邦雄「関連請求の併合とその問題点」実務民訴 8 巻 181 頁以下
山村恒年「主張責任・立証責任」行政法大系 5 巻 187 頁以下
山本弘「民事訴訟法学の見地からみた行政事件訴訟法改革」民商法雑誌 130 巻 6 号（2004 年）1018 頁以下
渡部吉隆「行政訴訟における被告適格，被告の変更」実務民訴 8 巻 45 頁以下

第 8 章
取消訴訟の終了

▶本章の狙い

本章では，取消訴訟の審理の結果として下される判決に焦点を当てる。あわせて，判決によらずに取消訴訟が終結する場合についても説明する。請求認容判決である取消判決は，様々な効力を有している。例えば，処分の効力を遡及的に失わせる形成力をもつ。形成力は第三者効をもつといわれるが，第三者効がどのような特色をもつのかを考察する。さらに，取消判決は関連行政庁を拘束する特殊な効力（拘束力）をもつが，その具体的内容についても検討する。このほか，取消訴訟における判決には，処分の違法を判決主文で宣言するにもかかわらず原告の請求を棄却する事情判決が存在する。事情判決の法的特色，制度趣旨もあわせて分析することとしよう。

1　判決によらない取消訴訟の終了

(1)　訴えの取下げ

訴えの取下げは請求にかかる審判要求を撤回する原告の訴訟行為であり，裁判所に対してなされる。市民が取消訴訟の提起をするかどうか自ら決めることができるとされている趣旨から，もはや取消訴訟では争わないという選択を行うこと（訴えの取下げ）も許容されている[1)]。訴えの取下げにより，訴訟は提

1）　塩野・II 179 頁，村上裕章教授執筆・高橋＝市村＝山本編・条解 208 頁。

訴時に遡って係属していなかったものとされ，終了する（民事訴訟法262条1項，行訴法7条）。本案判決について紛争解決を図る被告の利益保護の観点から，取下げには被告（＝行政主体）の同意が必要である（民事訴訟法261条，行訴法7条）。訴えの取下げによる行政訴訟の終了は実例が多く，2013年の第1審既済件数2906件のうち訴えの取下げにより終了したものは402件（13.8%）にのぼる。

訴えの取下げを用いた訴訟の終了方法として，実務では事実上の和解がなされている[2)]。これは，争われた処分の取消し，変更，又は新規処分を被告が職権で行い，それを待って原告が取消訴訟を取り下げることを，和解調書等を作成せず，事実上の合意に基づき実施するものである。事実上のものにとどめるのは，以下の⑵で述べる理由に基づく。

⑵　和解・請求の認諾

和解とは，訴訟の係属中に，当事者が訴訟の終了を目的として，互いに譲歩し，争いの解決を期日で合意するものである。取消訴訟における和解に関しては，否定論が通説である。その理由として挙げられるのは，法律による行政の原理である（行政主体は処分の適法を最後まで争うべきであると説かれる）[3)]。理論的には，和解が実体法上の和解契約としての性格をも有することから，ある処分の発令なり取消しを契約内容として合意することができるのか，法令で認められた処分権限を契約で拘束できるのかという問いが含まれており，伝統的に和解は消極視されてきたのである。したがって，第1に，処分の義務付けの要素を有しない和解であれば，禁止される理由はない。例えば，訴訟費用の負担を定める和解は許容されよう[4)]。第2に，かりに処分の発令を含む和解であっても，①約束された処分が実体法や手続法から見て適法であり，②和解調書を非公表とする約束などをしない場合には，和解を禁止する理由はないように考える。現状のように（上記⑴で述べた）事実上の和解として処理するよりも，裁判所が①のように約束された処分の適法性を訴訟手続の中で確認してなされる和解の方がすぐれている[5)]。また，②の点でも透明性が高い。裁判例の中には，

2）　実務的研究235頁。
3）　塩野・Ⅱ 180頁，雄川・争訟法216頁，実務的研究233頁。
4）　村上・前掲注1）209頁，実務的研究233頁。

行政裁量の範囲内で和解は可能であるとするものがある[6]。

請求の認諾（民事訴訟法266条1項）は被告が原告の請求を理由があるとして認めるものであり，取消訴訟の和解を否定する通説からは，請求の認諾も許容されないと解されてきた[7]。

2 判　　決（概論）

判決により取消訴訟は終了する。取消訴訟の判決には，**図表8-1**に掲げた4種類が存在する。

図表8-1　取消訴訟における判決

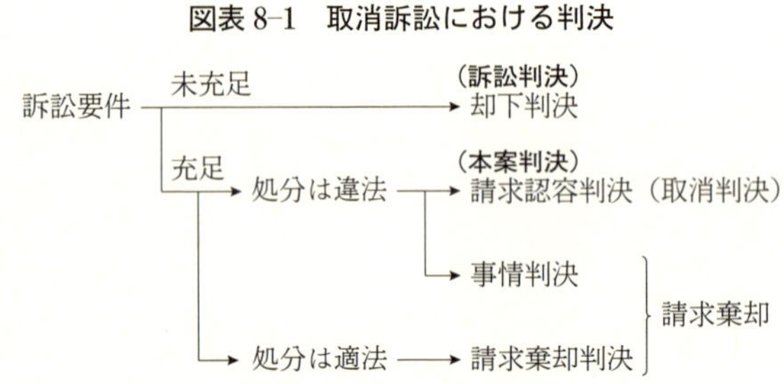

取消訴訟が訴訟要件を欠く場合には，訴えは却下される（却下判決）。これは，処分の適法性の審理に入ることなく，訴えを退けるものである。新聞等で「門前払い」といった記事が出るのは，却下判決の場合である。

これに対し，訴訟要件を充たしている場合には，争われた処分が適法であったのか違法であったのかという点について審理がなされる（本案審理）。その結果，処分が適法であった場合には，請求は棄却される（請求棄却判決）。他方，処分が違法であった場合には，請求は認容され，取消判決が下されるのが原則である（請求認容判決＝取消判決）。例外として，処分は違法ではあるけれども，当該処分を前提として事業等が既に完成しており，取消判決を下して原状に戻すことが公の利益に著しい障害を生ずる場合などでは，裁判所は違法を宣言して請求を棄却する。これは「事情判決」と呼ばれる。

以下では，各判決類型について，その効力を説明する。

5）阿部泰隆「行政訴訟特に税務訴訟における和解に関する管見」自治研究89巻11号（2013年）9頁は，事実上行われている事実上の合意に対して法的基盤を与えるのが合理的であると説く。

6）長崎地判1961［昭和36］年2月3日行集12巻12号2505頁。

7）雄川・争訟法216頁，塩野・Ⅱ 180頁，原田・要論427頁。

Column

一部取消判決

ある土地について1億円と評価した固定資産評価審査委員会の決定を不服として，当該土地の固定資産税の納税義務を負う者が5000万円を適正価格であると主張して提起した当該決定取消訴訟で，第1審の裁判所が8000万円を適正な価格と認定した場合を考えてみよう。裁判所は委員会決定を全部取り消すか（全部取消判決），8000万円を超える部分を取り消すべきか（一部取消判決）が，争われてきた。最判2005［平成17］年7月11日民集59巻6号1197頁［百選Ⅱ 210事件］は，一部取消判決を認めた。その理由は，土地価格をめぐる紛争を早期に解決できる点にある。つまり，第1審裁判所が決定の全部を取り消した場合，原告は，第1審判決に対して控訴することができず，同判決が確定した場合には，同委員会が取消判決に拘束されて行う新規評価決定（8000万円）に対して原告は取消訴訟を再度提起しなければならない。他方，8000万円を限度とする一部取消判決を認める場合には，原告は自分が適正であると考える5000万円を超える敗訴部分について，控訴して争うことが可能となる。

3　請求認容判決（取消判決）

原告の請求が認容されて，処分の違法性が認定され処分が取り消される場合を考えてみよう。**図表8-2**に示したように，建築確認，収用裁決，農地買収処分が取消訴訟で争われ，取消判決が下された場合の判決の効力を取り上げる。形成力，既判力，拘束力が主要な考察対象である。

図表8-2　取消判決の第三者効

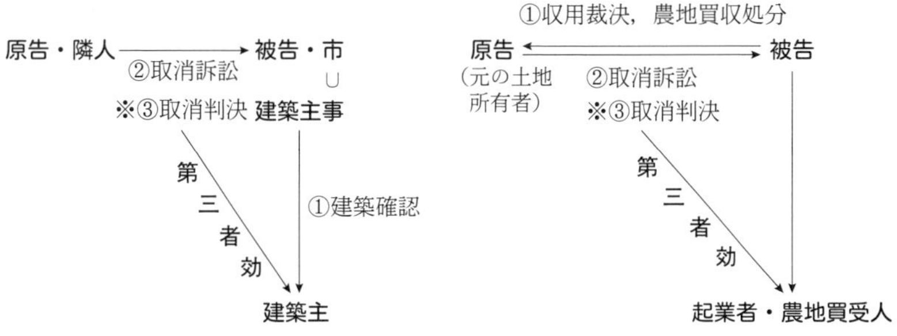

原告・隣人 → 被告・市 ∪ 建築主事
②取消訴訟
※③取消判決
第三者効
①建築確認
建築主

①収用裁決，農地買収処分
原告（元の土地所有者） ⇄ 被告
②取消訴訟
※③取消判決
第三者効
起業者・農地買受人

(1) 形 成 力

(a) 第三者効の意義

取消判決によって，処分の効力は遡及的に消滅する。つまり，処分は当初から存在しなかったこととされる。これは「取消判決の形成力」と呼ばれる。形成力は訴訟当事者以外の第三者に対しても及ぶ（行訴法32条。これを「第三者効」という）。例えば，隣人が（市の建築主事が下した）建築確認を不服として市を被告に取消訴訟を提起した場合，取消判決の形成力は訴訟当事者（原告＝隣人，被告＝市）のほか，訴訟当事者ではない第三者（この例では建築確認を受けた建築主）に対しても及ぶ。つまり，取消判決の効力は，その主観的範囲が拡大されているのである。同様に，収用裁決や農地買収処分に対して対象土地の元所有者が取消訴訟を提起して取消判決を得た場合には，取消判決の形成力は土地を取得した起業者，農地買受人といった第三者にも及ぶ。

立法者が取消判決の形成力について第三者効を肯定した理由は，第1に，原告の権利救済の実効性を考慮した点に求められる。例えば，収用裁決取消訴訟で勝訴して取消判決を受けた原告（元の土地所有者）が，取消判決後に，土地を所有している起業者（第三者）に土地の返還を要求する際に，第三者に取消判決の形成力が及ばないとすれば，起業者は原告に対して収用裁決の有効性を主張して争うことができることとなる。これでは，取消訴訟で原告が勝訴しても，権利救済を図ることができない。取消判決の効力が第三者に及ぶことにより，第三者は処分が有効に存続していることを主張できなくなるのである。第2の理由としては，行政上の法律関係を画一的に扱うという立法趣旨である。収用裁決取消訴訟の例でいえば，形成力の第三者効が認められないとすると，元の土地所有者である原告と被告・行政の間では収用裁決は取り消され消滅するのに対し，原告と当該土地を取得した第三者の関係では依然として収用裁決が有効として存在する。こうした相違を解消するために，取消判決の第三者効は認められた。

もっとも，取消訴訟に関与しないまま自らの権利が侵害される事態を第三者に生じさせないために，立法者は救済手段を用意した。つまり，取消訴訟の結果により影響を受ける第三者は，自らの権利を保護するために，①被告の側に訴訟参加することができるほか（22条），②第三者再審といった方法を利用することが可能である（34条）。

(b)　原告と利益を共通にする第三者

(a)で説明した事例において，取消判決の形成力を受ける第三者は，いずれも被告と利害を共通にしており，原告とは対立的利害関係に立つ。これに対し，原告と利益を共通にする第三者にも取消判決の形成力が及ぶのか，という問題が存在する[8]。例えば，療養費の値上げを内容とする告示に対してAが取消判決を得た場合に，告示の効力を受ける他の市民BやCにも，取消判決の形成力が及ぶのかという問題である（事例①）。同様に，鉄道運賃の料金値上げ認可をDが取消訴訟で争い取消判決を得た場合において，他の鉄道利用者E，Fにも取消判決の形成力が及ぶのかという問題である（事例②）。**図表8-3**から明らかなように，ここで取消判決の形成力が及ぶかが問題とされているB，C，E，Fは，いずれもが原告と共通する利害関係を有しており，取消判決の形成力が肯定されるならば原告勝訴の利益を共に享受する者である。

図表8-3　利益を共通にする第三者

事例①：原告A ―取消訴訟→ **被告** 職権告示（医療費値上げ）
他の市民B・C

事例②：原告D ―取消訴訟→ **被告** ↓認可 **鉄道会社**（運賃値上げ）
他の利用者E・F

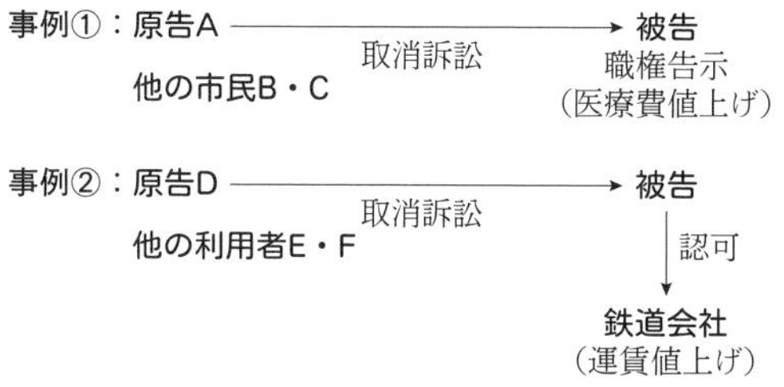

上記の場合について，2つの考え方が対立している。1つは，利益を共通にする第三者にも取消判決の形成力が及ぶという見解である。これは「絶対的効力説」と呼ばれる。これに対し，こうした第三者には取消判決の形成力は及ばないという見解（相対的効力説）が見られる。

（相対的効力説）

厚生労働大臣が医療費を平均9.5パーセント値上げする内容の告示をしたことを違法であるとして健康保険組合が効力の執行停止を申し立てた事件で，申立てを認め効力停止を決定した裁判例がある[9]。裁判所は，同決定の効力が及ぶ範囲として，申立てを行った健康保険組合に限定する旨を説示し，相対的効力説を採用した。その基本的な発想は，以下の4点に認められる[10]。第1に，

---

8)　この問題は行訴法制定時に具体的に想定されていなかった。雄川・理論201頁。
9)　東京地決1965［昭和40］年4月22日行集16巻4号708頁 90 。

取消訴訟は個人の権利救済を目的としたものであるから，原告は自らの権利義務や法的利益に直接関係する部分を超えて，それと関係のない部分についてまで取消しを求めえない。第2に，原告との関係で処分は違法とされるわけであるから，裁判の後始末として，行政庁としては取消判決の拘束力により告示の職権取消し等をするであろうから，行政による事後処理によって柔軟な解決を図ることが期待できる。第3に，現行法は原告と利益を共通にする第三者に配慮した訴訟手続を用意していない。第4に，相対的効力説は（取消判決の形成力の及ぶ範囲が絶対的効力説に比べ限定的であり）裁判所にとっても裁判を行ううえで心理的負担が少ない。

（絶対的効力説）

近鉄の特急料金改定申請に対し陸運局長が認可を行ったことは違法であると主張して，特急を利用する通勤客が認可取消訴訟を提起した（近鉄特急事件）。第1審の大阪地裁は，認可を違法であるとしたうえで，認可処分を取り消すと1日の利用者が10万人にも及ぶ近鉄特急の運行に支障を及ぼし，特急料金を徴収している他の私鉄にも影響を及ぼしかねないとして，事情判決を下した[11]。同裁判所は，取消判決の形成力が原告以外の鉄道利用者にも及ぶこと（第三者効）を前提として，その影響を考慮して事情判決を出したのである。絶対的効力説の基本的発想は，以下の3点に認められる[12]。第1に，第三者の範囲に明示的な制限を加えていない行訴法32条の文言に忠実である。第2に，違法の是正を画一的に行うという点でも明解である。争われた処分はすべての者との関係で違法であり，取消判決によって遡及的に消滅する。この見解によれば，取消訴訟は，個人の権利救済という目的とともに，代表訴訟の性格をもつこととなる。第3に，判決の形成力は極めて強く，行政庁としては直ちに収拾策に取り組まなければならないこととなる。

最高裁は，横浜市が設置する特定の保育所を廃止する条例の制定行為について処分性を肯定し，取消訴訟を適法であると判示した。そうした結論を導く1つの理由として，取消判決に第三者効が認められている点を重視している[13]。

10）相対的効力説を主張するものとして，遠藤・実定385頁以下，小早川・下Ⅱ 219頁。

11）大阪地判1982［昭和57］年2月19日行集33巻1＝2号118頁 95 。

12）絶対的効力説を主張するものとして，塩野・Ⅱ 184頁，阿部・解釈学Ⅱ 262頁。

つまり，判決後における市の対応を含め，紛争解決，権利救済にとって合理的な解決を取消判決の第三者効が導きうる点から，取消訴訟の利用を肯定したのである。最高裁判決の以下の説示を参照されたい。

> 「市町村の設置する保育所で保育を受けている児童又はその保護者が，当該保育所を廃止する条例の効力を争って，当該市町村を相手に当事者訴訟ないし民事訴訟を提起し，勝訴判決や保全命令を得たとしても，これらは訴訟の当事者である当該児童又はその保護者と当該市町村との間でのみ効力を生ずるにすぎないから，これらを受けた市町村としては当該保育所を存続させるかどうかについての実際の対応に困難を来すことにもなり，処分の取消判決や執行停止の決定に第三者効（行政事件訴訟法32条）が認められている取消訴訟において当該条例の制定行為の適法性を争い得るとすることには合理性がある。」

なお，土地区画整理事業計画決定取消訴訟の最高裁判決[14]において，近藤崇晴裁判官は，補足意見として，絶対的効力説を妥当である旨を述べている。その理由として，「行政上の法律関係については，一般に画一的規律が要請され，原告とそれ以外の者との間で異なった取扱いをすると行政上不要な混乱を招くこと」を挙げている。

COLUMN

形成力の拡張

処分に対して審査請求がなされ，処分を維持する棄却裁決が出された場合，行政過程には元の処分（「原処分」という）と棄却裁決の2つの処分が存在する。したがって，原処分取消訴訟，裁決取消訴訟がそれぞれ提起可能であるように見える。こうした場合に，法律が裁決取消訴訟を提起するよう義務づけ，この中で原処分の違法も裁決の違法も主張するよう指示している場合がある。いわゆる裁決主義である。こうした裁決主義が個別法で採用されている場合，原処分の違法の主張をして裁決取消訴訟を提起したところ，原処分の違法を理由に裁決の取消判決が下されたとする。この場合に，裁決取消判決の形成力は原処分にも及ぶかという問題が存在する。1つには，原処分にも裁決取消判決の形成力が及び原処分は遡及的に消滅するという見解がある[15]。これは，事案の一挙的処理を重視した解釈である[16]。2つには，原

13）　最判2009［平成21］年11月26日民集63巻9号2124頁［百選Ⅱ 211事件］29。

14）　最大判2008［平成20］年9月10日民集62巻8号2029頁［百選Ⅱ 159事件］1。

15）　最判1975［昭和50］年11月28日民集29巻10号1797頁［百選Ⅱ 192事件］。もっとも，この判決は原処分主義が明記されていなかった行政事件訴訟特例法下の判決であ

処分に裁決取消判決の形成力は及ばないとする見解も見られる[17]。この説によれば，原処分は消滅せず，裁決庁は原処分の違法性審査をやり直すこととなる。

---

(2) 既判力

処分の取消判決が確定した場合，当事者や裁判所は後訴で当該処分の適法を主張できない。取消判決は後訴の裁判所を拘束するのである。これは既判力と呼ばれ，紛争の蒸返し禁止を目的とした効力である。既判力が問題とされる典型例は，取消判決と後続の国家賠償訴訟との関係においてである[18]。

取消判決の既判力は，後続の国家賠償にも及ぶ。したがって，取消訴訟の被告は，国家賠償訴訟において，取消しの対象となった処分の適法を主張することはできない[19]（⇒第17章*8*(3)(b)）。

(Q 1)　外国人Aに対する退去強制令書発付処分に対して，Aが取消訴訟を提起し，取消判決により処分が取り消された（取消判決は確定した）。その後，Aは入国管理事務所主任審査官による上記発付処分（強制収容）によって損害を被ったとして，国家賠償法1条1項に基づき損害賠償を国に求める訴訟を提起した。この訴訟の中で，国は上記発付処分が適法であったと主張できるか，検討しなさい。

取消判決の既判力により，国は上記の主張をすることができない。この問題

り，現行法下の先例とすることはできない。

16）一挙的処理という説明は，小早川・下Ⅱ 233頁による。

17）実務的研究202頁。杉本・解説112頁は33条2項（拘束力）の適用例として捉えている。

18）国家賠償が先行し，取消訴訟が後続する例では，取消訴訟の出訴期間が徒過しているため，現実的ではない。また，2つの訴訟が最初から提起された場合には，当事者は訴えを併合することができ（請求の客観的併合。行訴法16条），裁判所が必要と考えれば弁論の併合がなされるため，2つの訴訟の内容的抵触・矛盾は回避される。したがって，両訴訟類型間で内容の調整が必要となる組み合わせは，本文に挙げたものとなる。

19）阿部泰隆「抗告訴訟判決の国家賠償訴訟に対する既判力」判タ525号（1984年）16頁，宇賀・概説Ⅱ 277頁，塩野・Ⅱ 186頁，芝池・救済法97頁。もっとも近時の判例がとる職務行為基準説（⇒第17章*7*）では，取消訴訟の違法性と国家賠償の違法性は異なるものと捉えられるため，本文で述べたような連関を一般に語ることができない（第17章*8*(3)(b)）。参照，遠藤・補償法（上）176頁以下，同・実定275頁。

に関し，次のように判示した裁判例がある[20)]。

「［退去強制］令書発付処分の違法が訴訟の対象とされ，同処分を取り消す旨の前訴判決が確定した以上，同処分に係る事務の帰属する被告（国）もまた，その既判力の効果として同処分の違法性につき，後訴においてこれに反する主張をすることは許されないものというべきである。したがって，本訴において，被告は右処分の違法を争うことはできず，右処分は違法といわなければならない。」

⑶　拘 束 力

⒜　意　　義

拘束力とは，取消判決の趣旨に従い行動しなければならない義務を行政庁（ここには，処分庁のほか，それ以外の関係行政庁が含まれる）に負わせるものである（行訴法33条1項）。これは，取消判決の効力の実効性を確保する趣旨で法定されたものである[21)]。

⒝　拘束力の客観的範囲

取消判決は，「その事件について」行政庁を拘束する（行訴法33条1項）。その趣旨は，裁判所が違法であるとしたのと同一の理由もしくは資料に基づいて，同一人に対して同一の行為をすることを禁止する趣旨である[22)]。拘束力は，判決主文を導くのに必要な判決理由中の判断からも生ずる[23)]（換言すれば，判決主文と関係のない判決理由中の判断は拘束力をもたない）（客観的範囲）。

(Q 2)　市長が公文書公開請求に対し非公開決定をしたところ，申請者が取消訴訟を提起し，取消判決を得た。この訴訟では，市が開催した懇談会への出席者氏名を含む文書の公開が争われた。裁判所は，当該公文書について，出席し

---

20)　横浜地判1983［昭和58］年10月17日判時1109号121頁 91 。もっとも，担当官に過失は存在しないと解し，損害賠償請求を棄却している。

21)　杉本・解説111頁。

22)　杉本・解説111頁。

23)　杉本・解説110頁。最判1992［平成4］年4月28日民集46巻4号245頁（「拘束力は，判決主文が導き出されるのに必要な事実認定及び法律判断にわたるものである」）。東京高判1999［平成11］年1月28日判時1708号64頁（「［取消］判決の拘束力は，判決主文及びこれを導くのに必要とされた要件事実（主要事実）について裁判所がした具体的な認定と判断について生じるものと解するのが相当である」）。

たのは公務員であると事実認定したうえで，公務員が職務として懇談会等に出席した場合には，出席者氏名は条例が非公開事項として掲げる個人情報に当たらないという法律判断を前提に，非公開決定を取り消した。その後，市長は，この公開請求に対して，当該出席者は懇談会に法人の従業員として職務で参加したものであると判断し，法人を代表するなど法人そのものと評価しうる立場で参加していない従業員の氏名を含む文書は非公開情報（個人情報）に該当するという法律判断により，非公開決定を再度行った。この非公開決定は，取消判決の拘束力に違反するか，検討しなさい。

拘束力は，取消判決の判決理由に示された判断についても生ずるが，それは判決主文を導くのに必要である(ア)事実認定，及び(イ)法律判断にわたり生ずるものである。（**Q 2**）に即していえば，非公開決定取消判決の判決主文を導くうえで，(ア)必要な事実認定は，出席者が公務員の立場で出席していたという事実であり，(イ)必要な法律判断は，公務員が職務として出席した場合には出席者氏名を含む文書は公開の対象であるという解釈であった。市長の再度の非公開決定は，(ア)の事実認定の点でも，(イ)の法律判断の点でも，取消判決の判断を尊重していない。こうした理由で，裁判所は，再度の非公開決定を取消判決の拘束力に違反するとして，違法と判示したのである[24)]。

(c)　拘束力の主観的範囲

拘束力は，処分庁以外の関係行政庁にまで及ぶ点に特色をもつ（主観的範囲）。例えば，消防長が同意を与えなかったことが違法であるという理由で，知事の行った建築不許可処分が取り消された場合，取消判決の拘束力は，市町村の機関である消防長にまで及び，消防長は不同意を撤回し同意を与えるよう義務づけられる[25)]。

このように，拘束力は，判決理由中の判断からも導かれ（⇒(b)），訴訟当事者以外の行政庁にも拡張されて，係争処分とは法形式上別の再処分にも及ぶ。こうした特質から，拘束力は，行訴法が与えた特殊な効力であるといわれている[26)]。

24）　大阪地判 2005［平成 17］年 6 月 24 日判タ 1222 号 163 頁。
25）　参照，福岡高判 1954［昭和 29］年 2 月 26 日行集 5 巻 2 号 403 頁。
26）　拘束力を既判力として説明する見解も見られる。法的性格に関しては，興津征雄教

(d) 拘束力の諸類型

拘束力の内容として論じられてきたものを，以下では類型化して説明する[27]。具体的には，反復禁止効，整合化義務，原状回復義務である。

(ア) 反復禁止効（その 1）――不利益処分の場合

不利益処分の取消判決が下されたあとに，行政庁が同一理由に基づき同一内容の不利益処分を繰り返すことは禁止される。こうした反復禁止効は拘束力の1つである[28]。例えば，A に対する農地買収処分について，買収の対象となっている土地が A の所有ではないことを理由とする取消判決が確定した場合，行政庁は当該土地が A 所有のものであるという認定のもとで（再度の）買収処分を行うことを禁止される[29]。

もっとも，行訴法 33 条 1 項が禁止するのは同一理由で同一内容の処分を繰り返すことであるから，例えば，別の理由で不利益処分を行うことや，判決後に明らかとなった資料に基づいて不利益処分を行うことは許容される。

(イ) 反復禁止効（その 2）――申請に対する応答処分の場合

（行政庁の再審査義務）

(i) 申請拒否処分に対して申請者が取消訴訟を提起し，取消判決を得た場合

取消判決の拘束力として，処分庁は判決理由中の判断を尊重して申請の再審査を行う義務を負う（行訴法 33 条 2 項)。申請拒否処分が取り消された場合，処分庁が申請に応答していない状況に戻るため，申請者は取消判決後に改めて申請をする必要はない。取消判決により再審査義務が生ずることは当然の帰結であり，行訴法 33 条 2 項は確認の意味をもつにすぎない。注目すべきことは，行政庁は再審査にあたり，取消判決の趣旨に従って行動しなければならないという義務まで規定した点である。例えば，処分庁は同一理由に基づいて再度の申請拒否処分を行うことはできない。換言すれば，行政庁は取消訴訟で処分取消原因とされた理由ないし事実とは異なる理由ないし事実に基づくのであれば，

授執筆・高橋＝市村＝山本編・条解 661 頁以下参照。

27) 具体例は，興津・前掲注 26）664 頁以下参照。

28) 田中・上 354 頁，原田・要論 434 頁，芝池・救済法 100 頁。これに対し，塩野・II 191 頁以下は反復禁止効を既判力で説明する。

29) 行政事件訴訟特例法下の事例であるが，こうした義務を取消判決の拘束力として判示したものとして，最判 1955［昭和 30］年 9 月 13 日民集 9 巻 10 号 1262 頁。

申請を拒否することができる。行訴法33条1項にいう「その事件について」という文言は，同一の理由ないし事実で同一処分を繰り返すことの禁止を示す趣旨と解釈されている。

(ii)　申請認容処分に対し第三者が取消訴訟を提起し，取消判決を得た場合

この場合には，処分が手続違反により取り消された場合に限り，処分庁は判決理由中の判断を尊重して申請を再審査する義務を負う（行訴法33条3項）。実体法上の違法性が認められて処分が取り消された場合には，行政庁が再審査をしても結果が変わらないと考えられるため，再審査義務は法定されていない。

(Q 3)　公文書の開示請求に対し，条例に定める「事務事業情報に該当する」との理由で知事が申請を拒否した事例で，申請者Xは拒否決定取消訴訟で勝訴し取消判決を得た。その後，知事はXの申請に対する再審査の結果，同条例の「個人情報に該当する」という理由で拒否処分をすることは，上記取消判決の拘束力に反するか，検討しなさい。

別の理由に基づく再度の拒否処分は許容されるという理解が一般的である[30)]（つまり拘束力には反しない）。これに対して，異なる見解も存在する。その説くところは，取消判決のあとに別の理由で再度の拒否処分を認めることは，①取消訴訟で十分な攻撃・防御の手段を尽くさなかった行政庁に利益を与えることになること，②再処分が下されればXは再び取消訴訟を提起して争うことになって紛争の一回的解決が期待できないことにある[31)]。

(Q 3) と同様の事例で，第1審裁判所は，再処分の理由を前処分取消訴訟の口頭弁論終結時までに提出できたにもかかわらず提出しなかったなどの事情がある場合には，前訴の取消判決の拘束力により，そのような理由を根拠に再度の拒否処分をすることは許されないと判示した[32)]。このように，紛争解決の一回性の要請から，口頭弁論終結時までに提出できたにもかかわらず提出しなかった理由については，当該理由に基づく再度の同一処分は許されないとす

30）　大阪高判1998［平成10］年6月30日判時1672号51頁 92 ②。
31）　申請拒否処分取消訴訟において，紛争の一回的解決を理由に理由の差替えが肯定されやすい点については，第7章 ***6***(3)参照。
32）　大津地判1997［平成9］年6月2日判例地方自治173号27頁 92 ①。

る考え方が存在する[33]。こうしたルールを拘束力として説明する見解が見られる一方，拘束力については従前通りに理解したうえで（つまり，別の理由であれば再度同一処分をすることも可能であると考えたうえで），訴訟法上の信義則として説明する見解も見られる[34]。新たな理由を取消訴訟で提出することが行政庁に可能であり，それが十分期待できたような場合には，取消判決後に当該理由に基づいて再度の拒否処分を行うことを禁止することは妥当である。その理論的根拠としては，信義則違反や，権利濫用問題と捉えるなど，柔軟な解釈が可能である[35]。

㈦ 整合化義務（不整合処分の取消義務）

取消判決による処分Ａの取消しにより処分Ｂが意味を失ったにもかかわらず形式上存続する場合，行政庁は，取消判決の拘束力として，処分Ｂを取り消す義務を負う[36]。以下では，行政庁の積極的行為義務の例を挙げる[37]。

（先行行為の取消しに伴う後行行為の取消義務）

(i) 贈与税賦課決定が取り消された場合には，当該決定を前提とした差押処分について取消義務が生じる[38]。

(ii) 公有水面埋立免許が取り消された場合には，当該免許を前提とした埋立工事竣工認可の取消義務が生じる[39]。

(iii) 町議会議員が町議会により除名処分を受けたため町選挙管理委員会が議員の繰上補充を行った事例で，除名処分を受けた議員が取消訴訟を提起し，執

33) 一般的に肯定するものとして，芝池・救済法 102 頁，申請拒否処分取消訴訟について肯定するものとして，小早川・下Ⅱ 227 頁，兼子・総論 310 頁。

34) 小早川光郎教授は，前訴の取消判決の判断を，当初の理由が成り立たずそれ以外の理由も成り立たないことを前提に裁判所が処分を取り消した趣旨と理解することによって，拘束力として，上記ルールを説明する理論的根拠を提示している。小早川・下Ⅱ 227 頁。問題は，そうした理解が一般化している状況にあるかという点であろう。

35) 村上敬一氏執筆・園部逸夫編『注解行政事件訴訟法』（有斐閣・1989 年）425 頁，鶴岡稔彦氏執筆・藤山＝村田編・行政争訟 277 頁。新たな処分理由に基づく再処分の問題に関して，詳細は興津・前掲注 26）668 頁以下参照。

36) 杉本・解説 111 頁。阿部泰隆「取消判決の拘束力による不整合処分の取消義務に関する一考察」原田古稀 139 頁以下参照。

37) 積極的な義務を拘束力として説明する実益はなく，実体法の解釈問題として説明する立場が存在する。塩野・Ⅱ 188 頁以下が代表例である。本書は，取消判決の拘束力を具体化し豊かなものにしていくという観点から，理論構成を試みたものである。

38) 大阪地判 1963［昭和 38］年 10 月 31 日行集 14 巻 10 号 1793 頁。

39) 札幌地判 1976［昭和 51］年 7 月 29 日行集 27 巻 7 号 1096 頁。

行停止も申し立て，裁判所が執行停止を認めた場合には，取消判決の拘束力の規定は執行停止決定にも準用される（行訴法33条4項）。これにより，除名処分の効力が停止され，除名された議員が将来に向かって地位を回復するため，繰上補充は前提を欠くこととなる。したがって，関係行政庁である町選挙管理委員会は繰上補充による当選人の定めを撤回し，その当選を無効としなければならない[40]。

（後行行為の取消しに伴う先行行為の取消義務）

(i)　知事により事業認定がなされ，それを前提に収用委員会により収用裁決がされた事例で，違法性の承継が肯定され，事業認定の違法を理由に収用裁決が取り消された場合には，先行行為である事業認定の取消義務が生じる。

(ii)　(c)で述べたように，消防長の不同意の違法を理由に知事の建築不許可処分が取り消された場合には，消防長は不同意を撤回する義務を負う。

（取り消された処分と密接な関係にあり，判決理由から維持できない処分の取消義務）

第一種市街地再開発事業の施行地区内の宅地所有者と，当該宅地上の借地権者との間で，借地権の存在について争いがある状況下で，借地権が存在することを前提として宅地所有者に権利変換処分（宅地所有権を，再開発ビルの施設の一部を取得する権利や敷地の共有持分等に変換する処分）がなされ，借地権者にも権利変換処分（借地権を，再開発ビルの施設の一部を取得する権利等に変換する処分）がなされた。この事例で，その後，借地権の不存在を理由に借地権者に対する権利変換が判決で取り消された場合には，行政庁は，所有者に対する権利変換処分を取り消して，当該宅地に借地権が存在しないことを前提とした権利変換処分を新たに宅地所有者に対して行う義務を負う[41]。

(Q 4)　放送局の同一の周波数をめぐって，AとBが競願関係にある事例で（申請者は両名のみとする），Aに対して免許付与処分がなされ，Bに対して拒否処分がなされた。そこで，Bが自己に対する申請拒否処分の取消訴訟を提起したところ，判決理由で，Aに対する免許付与処分が違法である旨も示され，Bに対する拒否処分の取消判決が下された。この事例に即して，取消判決の拘

---

40)　最決1999［平成11］年1月11日判時1675号61頁［107］。

41)　最判1993［平成5］年12月17日民集47巻10号5530頁［93］。

東力の具体的内容及び機能について説明しなさい。

この事例では，判決の趣旨からすれば，行政庁は取消判決の拘束力として，Bの申請を再審査する義務を負い，再審査の結果によってはAに対する免許付与処分が職権で取り消され，Bに許可が付与されることが考えられる（⇒第6章 **2**(5) *COLUMN*）[42]。

㈤　原状回復義務

処分に基づいて事実上の措置が行われた後に，当該処分が判決で取り消された場合において，取消判決の拘束力として行政庁は事実上の措置に関して原状回復義務を負うか，という問題がある。例えば，建築基準法9条に基づき違反建築物の除却命令が出され，代執行により除却工事が完了した事例で，後に除却命令取消判決が出された場合，行政庁は原状回復義務を負うかが争われてきた[43]。下級審判決の中には，消極に解釈したものが見られる[44][45]。最高裁は「建築基準法9条1項の規定により除却命令を受けた違反建築物について代執行による除却工事が完了した以上，右除却命令および代執行令書発付処分の取消しを求める訴は，その利益を有しない」と判示した[46]。この判決は，除却工事や代執行が完了した場合について，取消判決により原状回復義務が発生しないことを前提に，除却命令取消訴訟の訴えの利益は消滅すると判断したのである（⇒第6章（**Q 7**）参照）。

他方，除却命令が取消判決で取り消された場合において，原状回復が可能であれば，違法な事実状態を排除して代執行前の原状に回復しなければならないと説示した裁判例もある[47]。この事件は，都市計画公園内の係留場所に違法

42）　最判1968［昭和43］年12月24日民集22巻13号3254頁［百選Ⅱ 180事件］53の事例を一部変更したが，最高裁の考え方によれば，（**Q 4**）の事例ではこうした結論になるものと解する。

43）　本文で挙げたほか，小田急訴訟の第1審は，都市計画事業の事業認可取消訴訟において，事業認可の取消判決の効力として，事業認可に基づき既になされた工事について行政庁が原状回復義務等を負うものではないと説示して，事情判決の規定を適用せず，事業認可を取り消した（東京地判2001［平成13］年10月3日判時1764号3頁）。

44）　東京地判1969［昭和44］年9月25日判時576号46頁。

45）　大阪高判1966［昭和41］年11月29日行集17巻11号1307頁。

46）　最判1973［昭和48］年3月6日裁判集民事108号387頁。

47）　名古屋高判1996［平成8］年7月18日判時1595号58頁。

図表 8-4　連続する処分と取消訴訟判決

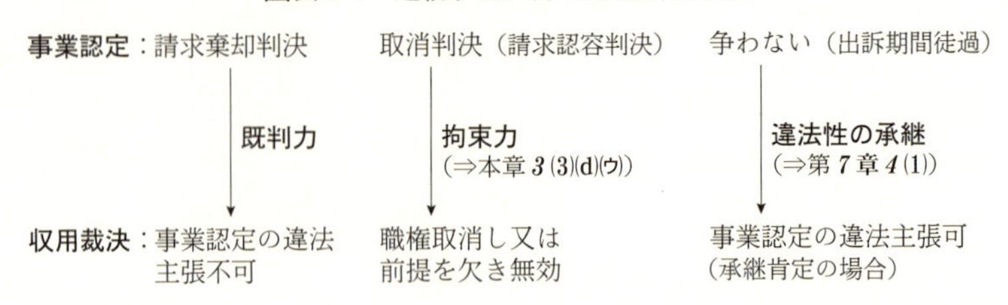

に係留されていた船舶（プレジャーボート）に対して（都市公園法に基づき管理権を有する）市長が除却命令を出し，公園外の土地に移置させたものであり，代執行前の状況に戻すこと（＝柵や水門を開けて元の係留場所に船舶を係留させること）が事実上容易であった。名古屋高裁は，上記最高裁判決は除却された違法建築物の原状回復が事実上困難な事例に関するものであり，本件とは事案を異にすると説示した。

4　請求棄却判決

請求棄却判決により，処分が違法でないことが認定される。

(a)　事業認定取消訴訟で請求棄却判決が言い渡され，判決が確定すると，当該判決の既判力により，原告は（後続処分である）収用裁決の取消訴訟において事業認定の違法を主張することはできない（**図表 8-4** 参照）[48]。その理由は，取消訴訟の訴訟物は処分の違法性一般であり，請求棄却判決により事業認定に違法がなかったことが既判力により確定されるからである。

(b)　処分の違法を否定した請求棄却判決の既判力は国家賠償請求訴訟に及ぶ。したがって，原告は国家賠償請求訴訟で処分の違法を主張することができない[49]。これに対し，取消訴訟でいう違法よりも国家賠償法でいう違法の方が

---

48)　熊本地判 1968［昭和 43］年 11 月 14 日行集 19 巻 11 号 1727 頁。近藤昭三「判決の効力」講座 3 巻 334 頁参照。阿部・前掲注 19）25〜26 頁，宇賀・補償法 385 頁も同旨。

49)　札幌地判 1970［昭和 45］年 4 月 17 日判時 612 号 48 頁，東京高判 1987［昭和 62］年 8 月 31 日訟務月報 34 巻 4 号 656 頁 163 ，千葉地判 1988［昭和 63］年 3 月 23 日判時 1290 号 115 頁，最判 1973［昭和 48］年 3 月 27 日裁判集民事 108 号 529 頁，古崎・賠償法 182 頁。

広いとして，取消訴訟で請求棄却判決があったとしても，後訴の国家賠償請求訴訟で違法を主張する余地を認める見解がある（詳しくは，第17章8(3)(a)参照）[50]。

5 事情判決

(1) 制度の趣旨

事情判決は，判決主文で処分の違法宣言を行い，請求を棄却するものである（行訴法31条1項）。判決の主文は，「請求棄却。但し，～の処分は違法である。」という形になる。事情判決は，違法事由があるにもかかわらず既成事実を尊重して取消判決を回避する仕組みであり，例外にとどまる。

事情判決の既判力は，処分が違法である点に生じる。なお，事情判決では原告の請求が退けられるが，処分が違法と判断されていることから，被告が訴訟費用を負担するのが実務上の取扱いである。

(2) 適 用 例

事情判決が下された主要例として，次のものが存在する。

(i) 土地区画整理事業における換地処分[51]　違法な換地処分の取消しは，換地計画全体の修正を余儀なくし，換地上で多数の第三者間に生じた法律関係及び事実関係を一挙に覆滅させることを理由に，事情判決が下された。

(ii) 収用裁決　変電所新設のための土地収用裁決の取消しは，土地を返還するために大規模な改修工事が必要となることなどを指摘し，事情判決が下された[52]。

このほかにも，国を起業者とする二風谷ダム建設工事に伴い，北海道収用委員会が行った収用裁決の取消訴訟で，事情判決が下された。理由としては，数百億円の投入を得て建設が完了し湛水しているダムが収用裁決の取消しにより

50) 村重慶一「国家賠償訴訟」実務民訴10巻327頁，下山・補償法136頁。このほか，芝池・救済法275～276頁は，取消訴訟の訴訟物が処分の違法性一般であるという規範論理はありうるとしても，実際にはそうした違法性の全面的審理が行われないことがありうる点を指摘する。参照，東京地判1989［平成元］年3月29日判時1315号42頁。

51) 長崎地判1968［昭和43］年4月30日行集19巻4号823頁。

52) 大阪高判1983［昭和58］年9月30日判タ515号132頁。

無用の長物となること，本件ダムの撤去には巨額の資金を投ずる必要があること，洪水調整のための堤防等を別途建設する必要が生じることなどが挙げられている[53]。

(iii)　土地改良区設立認可処分[54]　知事がなした土地改良区設立認可が取り消される場合には，多数の農地及び多数の人について生じた各種法律関係及び事実関係を一挙に覆滅し去ることとなり，公共の福祉に反するとして事情判決が下された。

(iv)　都市計画事業の認可処分[55]　都市計画道路は市のずさんな都市計画のもとに造られたとしても公益性が高く，路線を変更することは，密集市街地である当該道路周囲の土地建物の所有者等に対する影響が大きく，さらに，道路建設を前提とする社会経済活動は20年来に及ぶことなどを挙げ，認可処分取消しは公の利益に著しい障害を生ずるとして，事情判決が下された。

(v)　私鉄の特急料金改定認可処分[56]　認可処分の取消しによって，1日の利用者が約10万人にも達する近鉄特急の運行に多大の混乱を惹起するほか，特急料金を徴収している他の私鉄（名鉄，小田急，西武，東武など）にも影響を及ぼしかねないとして，事情判決が下された[57]。

このほか，憲法で学習するように，議員定数配分規定の違憲性を争う選挙訴訟でも，事情判決と同様の紛争解決がなされている（後述 *COLUMN* 参照）。

(3)　事情判決に続く金銭支払請求の法的性格

当事者間で損害賠償がなされるのを裁判所が見届けたうえで事情判決が下される場合には，判決で違法宣言と金銭の支払いの両者が実現する。これに対し，事情判決が下された後に別途，原告が金銭の支払いを請求する事例が考えられる。この金銭請求の法的性格について，見解が分かれている。これを損害賠償請求と捉えた場合，国家賠償請求が認められるためには，事情判決における違

53）　札幌地判1997［平成9］年3月27日判時1598号33頁 Ⅰ165 。

54）　最判1958［昭和33］年7月25日民集12巻12号1847頁［百選Ⅱ209事件］。

55）　広島地判1994［平成6］年3月29日行集47巻7=8号726頁。

56）　大阪地判1982［昭和57］年2月19日・前掲注11)。

57）　控訴審，上告審は，特急利用者には原告適格がないとして訴えを不適法であるとした。最判1989［平成元］年4月13日判時1313号121頁［百選Ⅱ172事件］ 47 。

法宣言に加えて，公務員の故意・過失が必要となる。したがって，金銭支払請求が認められない可能性が残る。この点に着目して，損失補償請求と構成する見解がある。この見解は，本来取り消されるべき不利益処分が公益のために維持される点に着目して，収用類似の侵害を認定する解釈論である。損失補償であることから，損害賠償で要求される故意・過失の要件は不要とされる。

⑷ 訴えの利益消滅との関係

事情判決が下される事例において，（原状回復が社会通念上不可能と考え）訴えの利益の消滅を肯定する解釈も見られた。この見解によれば，原告の処分取消請求は却下されることとなる。これに対し，最高裁は，土地改良事業の施行認可処分取消訴訟に関して訴えの利益は否定されないと判示し，原状回復が社会通念上不可能と考えられる事例についても，事情判決で対応すべきであるとした[58]。訴えの利益消滅を説く解釈と比較した場合において，事情判決の方が，判決で処分の違法宣言がなされるなど，後の金銭賠償を容易にする点，訴訟費用が通常は被告負担である点などで，原告の権利救済に資するものである。

COLUMN

選挙の効力を争う訴訟と事情判決

公職選挙法（以下「公選法」という）に規定する衆議院議員の定数配分規定が憲法14条に違反し，公選法に基づいて行われた選挙は無効であると原告が主張して争った事例を取り上げる。最高裁は議員定数配分規定を違憲と判示したが，事情判決の法理に従い，判決主文で選挙の違法を宣言するにとどめ，選挙の効力を無効とする請求は棄却した。これは，選挙の効力を選挙人が争った選挙訴訟であり，民衆訴訟の代表例である。

法律上の根拠は，公選法204条にある。選挙訴訟には事情判決を規定した行訴法31条1項が準用されていない（公選法219条1項）。このため，最高裁は31条1項を適用することができず，同項の基礎に含まれている「一般的な法の基本原則に基づくものとして」「高次の法的見地から」，選挙は違法であるとしつつも，無効とはしなかった[59]。

本判決では，⑴選挙訴訟が本来は，法令の合憲性を前提として行われた選挙の管理の違法（例えば，不在者投票の管理の違法，開票手続の違法など）を理由に無効な選挙のやりなおしを予定した制度[60]であったにもかかわらず，

58）　最判1992［平成4］年1月24日民集46巻1号54頁［百選Ⅱ 184事件］51。
59）　最大判1976［昭和51］年4月14日民集30巻3号223頁［百選Ⅱ 220事件］111。

選挙の前提となる法令の違憲審査のために利用された点，(2)公選法が適用除外とした事情判決の考え方を一般法理として利用した点において，判例による法創造機能が発揮された。ここで用いられた「事情判決の法理」は，法令の違憲を宣言して立法者に改正を促すとともに，衆議院が憲法に適合した公選法の改正を行う作業に支障を及ぼさないように配慮した現実的な法解釈である。

●*参考文献*

阿部泰隆「事情判決」新実務民訴 10 巻 3 頁以下（後に，同・実効性 289 頁以下に所収）
大貫裕之「行政訴訟の審判の対象と判決の効力」新構想Ⅲ 131 頁以下
興津征雄『違法是正と判決効』（弘文堂・2010 年）
木村弘之亮「判決――第三者効を中心として」行政法大系 5 巻 247 頁以下
久保茂樹「取消訴訟の判決」杉村編・救済法Ⅰ 219 頁以下
近藤昭三「判決の効力」講座 3 巻 325 頁以下
富沢達「行政事件における和解」実務民訴 8 巻 279 頁以下
吉川正昭「判決の効力」実務民訴 8 巻 259 頁以下

---

60)　山本隆司教授執筆・高橋＝市村＝山本編・条解 880 頁参照。

第 9 章
出訴期間経過後の救済方法
――処分の無効等確認訴訟，争点訴訟，公法上の当事者訴訟

▶本章の狙い

取消訴訟においては，出訴期間の制限が設けられている。他方，出訴期間を徒過した場合であっても，処分が無効である場合には，訴訟で処分を争う方法が残されている。具体的には，処分の無効等確認訴訟，争点訴訟，公法上の当事者訴訟である。本章では，処分が無効である場合の争い方として，この 3 つの訴訟類型について利用条件などを考察する。

1　出訴期間経過後の訴訟手段

取消訴訟を提起する場合，原告は出訴期間内に訴えを提起しなければならない（行訴法 14 条）。出訴期間経過後に提起された取消訴訟は，不適法として却下される。こうした原則に対し，処分が重大な違法性をもつ場合に，例外が認められている。つまり，処分が重大な違法性をもち無効である場合には，取消訴訟の出訴期間経過後であっても，処分を争う方法が存在する。

具体的には，処分の無効等確認訴訟[1]，争点訴訟，公法上の当事者訴訟の 3

1）　処分の無効等確認訴訟は，処分の無効「等」確認訴訟という名称にも表れているように，処分の有効確認訴訟，処分の存在確認訴訟，処分の不存在確認訴訟をも含むものである。このうち，本書では利用されることが多い「処分の無効確認訴訟」を例にとって解説を進める（説明の中で処分無効確認訴訟と記しているのは，この趣旨である）。

つである（図表9-1を参照）。このなかで，行訴法36条は処分無効確認訴訟の利用に制約を設けた。この点の説明から始めることとしよう。以下では，（Q 1）を素材に，3つの訴訟類型の選択問題を考える。

図表9-1　出訴期間経過後の訴訟選択

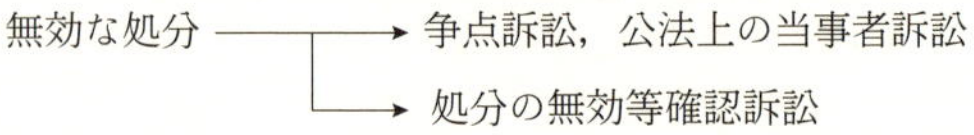

無効な処分 → 争点訴訟，公法上の当事者訴訟
無効な処分 → 処分の無効等確認訴訟

（Q 1）　(a)から(c)における各処分は重大な違法を有しているが，取消訴訟の出訴期間は既に徒過している。各事例で用いるべき訴訟方法について検討しなさい。

(a)　公務員Aが懲戒免職処分を受けた場合
(b)　県立高校の生徒Bが退学処分を受けた場合
(c)　市民Cがその所有地に対して収用裁決を受けた場合

2　処分無効確認訴訟の補充性

(1)　処分無効確認訴訟に対する疑問

（Q 1）について，行訴法制定前の時代には，取消訴訟に準じて処分無効確認訴訟の利用が広く許容されていた。具体的には，懲戒免職処分，退学処分，収用裁決に対する無効確認訴訟の提起である。しかし，行訴法の制定時に，処分無効確認訴訟の利用に対して疑問が提起された。批判は，古い民事訴訟法理論に基づく。すなわち，確認訴訟は「現在の法律関係の確認」であるべきである（＝過去の行為を対象とした確認訴訟は認められない）といった疑問である。処分はいずれも過去に行われたものであるから，処分無効確認訴訟を提起することは，過去の事実の確認を求めることとなり，上記の民事訴訟法理論に反する。こうした立場からは，過去になされた処分の無効確認を求めるのではなく，処分の無効を前提とした「現在の法律関係」について確認を求めるべきであると説かれたのである[2)]。

2)　高木光「行政事件訴訟法制定の経過」塩野宏編著『行政事件訴訟法［昭和37年］(1)』（信山社・1992年）10頁参照。

図表 9-2 処分の無効を争う訴訟

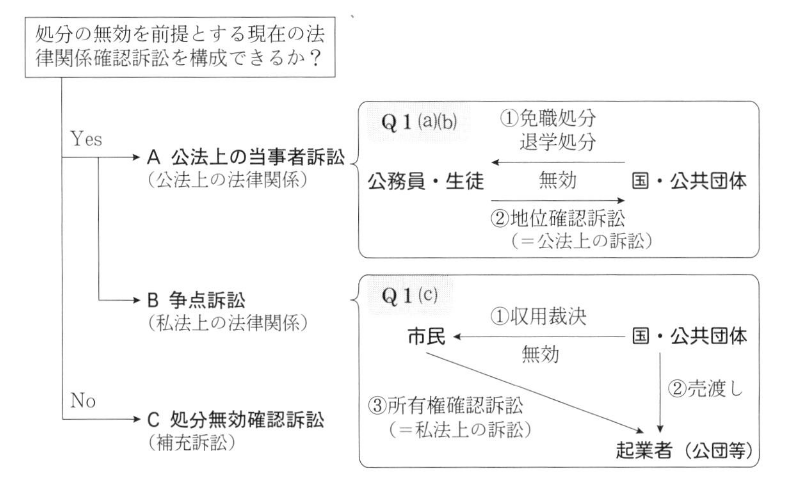

(2) 補充性要件の法定

上記疑問を受けて制定された行訴法 36 条は，「効力の有無を前提とする現在の法律関係に関する訴えによって目的を達成することができないものに限り，提起することができる」と定めた。つまり，現在の法律関係に関する訴訟で目的を達成できない場合に限り，補充的に，処分無効確認訴訟は提起可能であると制限されたのである。こうした利用制限を「補充性要件」という。

ここでいう「現在の法律関係に関する訴え」とは，具体的には，公法上の当事者訴訟と争点訴訟を指す。両者は対象とする法律関係の性格によって区別され，公法上の法律関係に関するものが公法上の当事者訴訟，私法上の法律関係に関するものが争点訴訟である。

補充性要件は，**図表 9-2** に示したとおりである。（Q 1）でいえば，(a)では公務員の地位確認訴訟，(b)では生徒の地位確認訴訟を「現在の法律関係に関する訴え」として提起すべきこととなる。公務員の地位や公立学校の生徒の地位は公法上の法律関係におけるものと理解されてきたことから，これらの訴訟は（行政事件訴訟の一種である）「公法上の当事者訴訟」に該当する。

他方，（Q 1）(c)では，土地所有権の確認訴訟を提起すべきである（補充性要件により収用裁決無効確認訴訟は許容されない）。土地所有権は私法上の法律関係におけるものであることから，この確認訴訟は民事訴訟に当たる（行訴法はいくつかの特則を定めるにとどまる)。被告は，現在土地を有している起業者である。この民事訴訟は，処分の効力（無効）を先決問題として争点としていることから，争点訴訟と呼ばれる[3]。

COLUMN

訴えの変更の活用

処分が無効である事例において，補充性要件について誤解して，現在の法律関係に関する訴訟を提起すべきであるのに，処分無効確認訴訟を提起してしまった場合には，訴えの変更で対応することが可能である[4]。いずれの訴訟も被告は行政主体であり，また，処分無効確認訴訟に対しても訴えの変更規定が準用されているため（行訴法38条1項・21条)，争点訴訟ないしは公法上の当事者訴訟への変更が可能である。

(3)　補充性要件の柔軟な解釈

民事訴訟法理論の進展の結果，現在では，過去の行為の確認訴訟も認められている。つまり，現在の法律関係をめぐる紛争の抜本的解決に資する場合には，過去の行為であっても柔軟に確認の利益が肯定されている[5]。したがって，古い民事訴訟法理論を基礎に行訴法36条が補充性要件により制約した処分無効確認訴訟についても，紛争解決に対する貢献度を考慮して，柔軟に認めることが可能である。実際，現在の紛争の直截的解決に資する場合には，適切な訴訟形態であるとして，処分無効確認訴訟は判例によって認められている。以下，具体例を検討する。

(Q 2)　Dは土地改良区により土地改良法54条に基づき換地処分を受けた。Dへの換地は従前の土地に比べて著しく形状が異なるなど「照応の原則」（同法53条1項2号）に明らかに違反している。Dは土地改良事業には賛成であるが，自分への換地に不服である。取消訴訟の出訴期間は既に徒過している。この事

3)　行訴法45条1項が「私法上の法律関係に関する訴訟において，処分若しくは裁決の存否又はその効力の有無が争われている場合」と規定しているものである。

4)　参照，宇賀・概説Ⅱ 320頁。

5)　高橋宏志『重点講義民事訴訟法上［第2版補訂版］』（有斐閣・2013年）368頁，伊藤眞『民事訴訟法［第4版補訂版］』（有斐閣・2014年）176頁，新堂幸司『新民事訴訟法［第5版］』（弘文堂・2011年）275頁。

例で，Dは換地処分の無効を先決問題として，従前地の現所有者を相手に，争点訴訟として従前地の所有権確認訴訟を提起すべきであるか，それとも換地処分無効確認訴訟を適法に提起できるか，検討しなさい。

（Q 2）では，換地のやり直しを通じて別の換地を希望するDにとって，従前地の所有権確認訴訟では紛争解決に役立たない。本件では，換地処分の無効確認訴訟の方が，紛争解決に資する。なぜならば，この訴訟でDが勝訴すれば，処分無効確認判決のもつ拘束力により，判決の趣旨に従って再度換地し直すことを土地改良区に義務づけることができるからである[6)]（行訴法38条1項・33条。争点訴訟の勝訴判決にこうした拘束力はない）。これにより，現在割り当てられた換地に対するDの不満が解消できるのである。最高裁は処分無効確認判決のもつ効力に着目し，「直截的で適切な争訟形態」として換地処分無効確認訴訟を肯定した[7)]。

最高裁は，争点訴訟として法律構成できれば極力それを提起すべきであって，処分無効確認訴訟は排除されるといった形式的解釈を採用していない。むしろ紛争解決の直截性・適切性といった観点（実効的権利救済）から，柔軟に処分無効確認訴訟の提起を許容したのである。

⑷　民事差止訴訟と処分無効確認訴訟

（Q 3）　内閣総理大臣は，動力炉・核燃料開発事業団（以下「動燃」という）に対して原子炉設置許可（以下「本件許可」という）を与えた。Eは当該原子炉周辺に居住する者であり，動燃に対して建設や操業の差止めを求める民事訴訟を提起している。本件では，本件許可取消訴訟の出訴期間は既に徒過している。Eは本件許可に重大な違法があると主張して，本件許可無効確認訴訟を提起したいと考えている（図表9-3参照）。Eは既に上記民事訴訟を提起していることから，補充性要件により本件許可無効確認訴訟は提起できないのか，検討しなさい。

（Q 3）において，民事の差止訴訟が提起できるのであれば，補充性要件に

6)　山崎敏充・判例解説昭和62年度150頁参照。
7)　最判1987［昭和62］年4月17日民集41巻3号286頁［百選Ⅱ 186事件］66。

より，それが優先し，処分無効確認訴訟は利用できないと思うかもしれない。（Q 3）の場合，民事差止訴訟，処分無効確認訴訟のいずれか一方でも認容されれば原子炉の操業は不可能になる。民事差止訴訟と処分無効確認訴訟との選択問題は，争点訴訟と処分無効確認訴訟の優劣問題と類似した印象を与えるものである。

図表 9-3　民事差止訴訟と処分無効確認訴訟

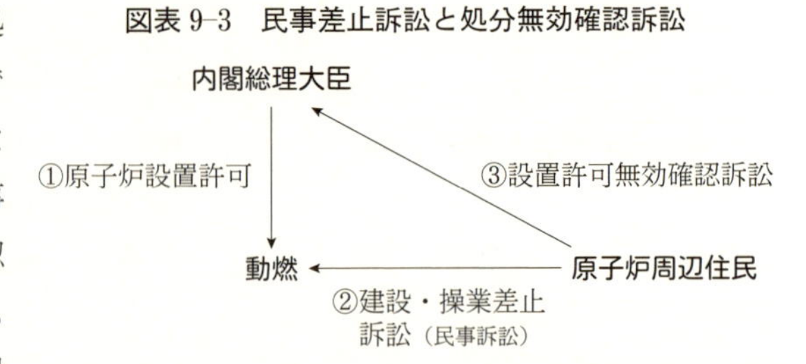

しかし，次の点で重要な相違がある。行訴法36条の解釈で争点訴訟が処分無効確認訴訟に優先すると説かれる場合，そこでいう民事訴訟（争点訴訟）は処分の無効を前提としたものである。換言すれば，争点訴訟は処分の無効を前提とした訴訟形式であって，処分が有効な場合には提起できない性格のものである。これに対し，民事差止訴訟の場合は，事情が異なる。原子炉が有効な許可を受けた場合であっても，民事差止訴訟は適法に提起することが可能なのである。その理由は，わが国における許可の仕組みは民事訴訟を排除するほどの丁寧な審査過程，利害調整過程を有しておらず，許可後の民事差止訴訟を排除するまでの法的効果を予定していないからである。たしかに，ドイツ法の計画確定手続のように，そこまでの効力を許可に認める法技術は存在する。しかし，そうした場合には，法律で民事の関係も十分に規律・調整できるほどの完備した審査手続を規定しておくことが前提となる。それがない以上は，許可が有効であろうと無効であろうと，民事差止訴訟は抗告訴訟と並列して提起可能なのである。

以上述べた通り，（Q 3）における民事差止訴訟は許可の無効を前提とした訴訟ではない。したがって，民事差止訴訟は行訴法36条にいう「現在の法律関係に関する訴え」に該当せず，処分無効確認訴訟は同条によって制約される関係にはない。また，実際問題としても，民事差止訴訟が認容される要件は一般に厳しく，これが可能であるからという理由で処分無効確認訴訟が排除されるならば，原子炉周辺住民の権利救済は過度に制約されることとなる。最高裁は，人格権侵害を理由とする民事差止訴訟が提起されている場合についても，原子炉設置許可処分の無効確認訴訟を「直截的で適切な争訟形態」として認めている[8]。

3　予防訴訟としての処分無効確認訴訟

(Q 4)　F は税務署長から，所得税について重加算税の賦課処分（以下「処分」という）を受けた。本件において，処分は重大な違法を有しており，処分取消訴訟の出訴期間は既に徒過している。F は税金を納めなければ滞納処分を受けるおそれがある。この事例で，処分が無効であれば，F は納税義務を負わないことから，現在の法律関係に関する訴訟として，租税債務不存在確認訴訟を公法上の当事者訴訟として提起すべきであるか，検討しなさい。

結論を先にいえば，F は後続の滞納処分を受けるおそれがあることから，その「予防訴訟として」課税処分無効確認訴訟を適法に提起することができる。行訴法 36 条は難解な条文であり，その解釈をめぐり説が対立してきた（**図表 9-4** 参照）。以下，同条の文言に即して，予防訴訟としての処分無効確認訴訟の可能性について検討する。

多くの学説は，行訴法 36 条は(a)の部分だけで直ちに予防訴訟としての処分無効確認訴訟を認め，加えて，(b)＋(c)の部分で処分無効確認訴訟を補充訴訟として限定的に肯定する（「二元説」と呼ばれる考え方である）。同条の文理には反するが，立法関係者の見解を参考にしたものであり[9]，特に(c)の補充性要件なしに予防訴訟を肯定できることから支持を集めてきた[10]。

これに対し，36 条は(a)＋(c)を充たす訴訟ないしは(b)＋(c)を充たす訴訟を処分無効確認訴訟として許容する条文であり，(c)の補充性要件は(a)，(b)に共通して適用があると説く見解が見られる（これを「一元説」という）。この見解は，36 条の文言に忠実な解釈である。もっとも，一元説に立った場合であっても，(Q 4) に見られるような予防訴訟の事例（(a)を充たす訴訟）では，結果として

8)　最判 1992［平成 4］年 9 月 22 日民集 46 巻 6 号 1090 頁［百選Ⅱ 187 事件］67。
9)　立法関係者の見解として，杉本・解説 120 頁，田中・上 356 頁，雄川一郎「行政事件訴訟法立法の回顧と反省」雄川・理論 200 頁参照。
10)　独立的に予防訴訟を提起できることを理由に，現時点で二元説の余地を肯定するものとして，塩野・Ⅱ 217 頁，宇賀・概説Ⅱ 313 頁以下参照。

図表 9-4　行訴法36条の条文構造と解釈方法

（条文の構造）

無効等確認の訴えは，

(a)　当該処分又は裁決に続く処分により損害を受けるおそれのある者

(b)　その他当該処分又は裁決の無効等の確認を求めるにつき法律上の利益を有する者で，

(c)　当該処分若しくは裁決の存否又はその効力の有無を前提とする現在の法律関係に関する訴えによつて目的を達することができないものに限り，

提起することができる。

（解釈方法）

二元説			**一元説**		
(a)	→	予防訴訟	(a)+(c)	→	予防訴訟
(b)+(c)	→	補充訴訟	(b)+(c)	→	補充訴訟

※予防訴訟にも(c)の補充性要件を要請する。

処分無効確認訴訟を肯定することができる。その第1の説明は，(c)の補充性要件に関して，現在の法律関係に関する訴訟として租税債務不存在確認訴訟を優先しようとしても，当該確認訴訟では切迫した滞納処分の不利益を回避することはできないため，(c)の補充性要件を充たし，処分無効確認訴訟を提起できるとする[11]。

第2の説明は，一元説を前提としたうえで，(c)の補充性要件に関して，現在の法律関係に関する訴訟として租税債務不存在確認訴訟を優先したところで，その実質は処分無効確認訴訟と変わらないと捉え，結局，現在の法律関係に関する訴訟を観念することができないと説く。この立場によっても，(c)の補充性要件は充たされ，処分無効確認訴訟は適法に提起することが可能と解される[12]。

以上のように，いずれの説に立とうとも，不利益処分が後続し切迫している状況では，予防訴訟としての処分無効確認訴訟を認めることができる。最高裁が一元説や二元説に言及することなく予防訴訟としての処分無効確認訴訟を適法と解してきたのも，上記の考慮に基づくものであろう[13]。

11）一元説から予防訴訟の訴えの利益を肯定する解釈論上の試みについては，塩野宏「無効確認訴訟における訴えの利益」同『行政過程とその統制』（有斐閣・1989年）366頁（初出1970年）参照。

12）参照，芝池・救済法122頁。

13）最判1973［昭和48］年4月26日民集27巻3号629頁［百選Ⅰ 86事件］ Ⅰ164 ，

4 処分無効確認訴訟の典型例

(Q 5)　(a)から(c)における各処分は，重大な違法を有しており無効である。本件では取消訴訟の出訴期間は既に徒過している。各事例において用いるべき訴訟について検討しなさい。

(a)　レストランを経営しているGがレストランの営業禁止処分を受けた場合

(b)　飲食店の営業をしようとHが営業許可申請したところ，拒否処分を受けた場合

(c)　建築確認を受けた建物の隣に住むＩが建築確認を争う場合

ここに挙げた事例は，いずれも補充訴訟として処分無効確認訴訟を提起することができると行訴法制定時から説明されてきたものである（つまり，争点訴訟や公法上の当事者訴訟を優先すべきであるとは解されてこなかった。**図表 9-5** 参照)[14]。これらに関しては，取消訴訟に準じた利用が処分無効確認訴訟として許容されている点に注目されたい。(a)(b)はいずれも処分の名宛人が原告となるものであるから，原告適格は容易に肯定される。(c)は第三者が提起する処分無効確認訴訟であるが，行訴法 36 条は原告適格について，処分の無効を求めるにつき「法律上の利益を有する者」と定めている。これは取消訴訟の第三者の原告適格（9 条）と同様に解釈する趣旨であ

図表 9-5　処分無効確認訴訟の典型例

(a)

営業禁止処分（無効）

レストラン ⟷ 国・公共団体

処分無効確認訴訟

(b)

申請拒否処分（無効）

市民 ⟷ 国・公共団体

処分無効確認訴訟
（＋義務付け訴訟）

(c)

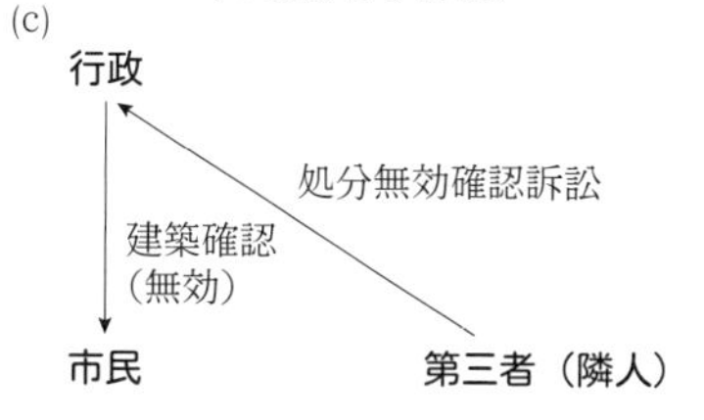

最判 1976［昭和 51］年 4 月 27 日民集 30 巻 3 号 384 頁 65，石井健吾・判例解説昭和 51 年度 193 頁参照。

14)　杉本・解説 121 頁。こうした取扱いに関する理論的解明はなお不十分であり，処分無効確認訴訟制度を難解なものにしている。

ると判例上解されている[15]。

5　処分無効確認訴訟の審理と判決

(1)　処分無効確認訴訟の審理

処分無効確認訴訟は，処分を不服とした訴訟である点，原告適格の解釈方法の点で取消訴訟と共通する。被告について行政主体主義が採用され，国や公共団体が被告になることや，管轄に関しても，取消訴訟と同様である（行訴法38条1項・11条・12条）。第三者の訴訟参加（38条1項・22条），行政庁の訴訟参加（38条1項・23条），資料提出制度（釈明処分の特則。38条3項・23条の2），職権証拠調べ（38条1項・24条）についても，取消訴訟に関する規定が準用されている。処分無効確認訴訟では，処分に重大（明白）な違法が存在すること[16]を主張する必要があるが，その主張責任・立証責任は原告にあるとするのが判例のとる見解である[17]。

COLUMN

取消訴訟との比較

処分無効確認訴訟の提起は，取消訴訟と比較した場合に，次の2点において容易である。

①　出訴期間（行訴法14条）の制約がない[18]（38条で準用なし）。

②　審査請求前置（＝審査請求に対する裁決を経たうえでなければ訴えを提起できない）（8条1項但書）も不要である[19]（38条で準用なし）。

他方，次の2点で，提起の条件は厳しくなっている。

③　処分が無効であること，つまり，違法が重大（かつ明白）であることを原告が主張・立証しなければならない。

15）最判1992（平成4）年9月22日・前掲注8）。

16）大橋・行政法Ⅰ 187頁以下。

17）最判1959［昭和34］年9月22日民集13巻11号1426頁［百選Ⅰ 85事件］，最判1967［昭和42］年4月7日民集21巻3号572頁［百選Ⅱ 203事件］［87］。

18）出訴期間が存在しないとはいっても，あまりに時間を経過した後に処分無効確認訴訟を提起することは信義則違反となる（芝池・救済法118頁）。名古屋高判1978［昭和53］年3月14日判時888号116頁は，退職処分10年後の（処分無効を前提とする）地位確認訴訟の提起を信義則違反と判示した。

19）処分無効確認訴訟についても不服申立前置を要請する立法論が存在する。宮崎良夫『行政争訟と行政法学』（弘文堂・1991年）135頁。

④　行訴法36条で，処分無効確認訴訟が補充的なものと制限されたことから，処分の無効を前提とする現在の法律関係に関する訴訟の利用可能性を予め検討しなければならない。

(2)　処分無効確認判決

処分無効確認判決には，取消判決に関する拘束力の規定が準用されている（行訴法38条1項・33条）。（**Q 2**）では，照応原則違反を理由として換地処分を争う場合に，処分無効確認訴訟は適切な争訟手段であると最高裁により判断された[20]。これも，処分無効確認判決の拘束力に着目した結果である。このほか，訴訟費用の裁判の効力に関する規定も同様に準用されている（38条1項・35条）。このように，処分無効確認訴訟は，出訴期間経過後に提起されるほかは，取消訴訟に準じた性格の訴訟として制度設計されている。

図表 9-6　処分無効確認判決の効力

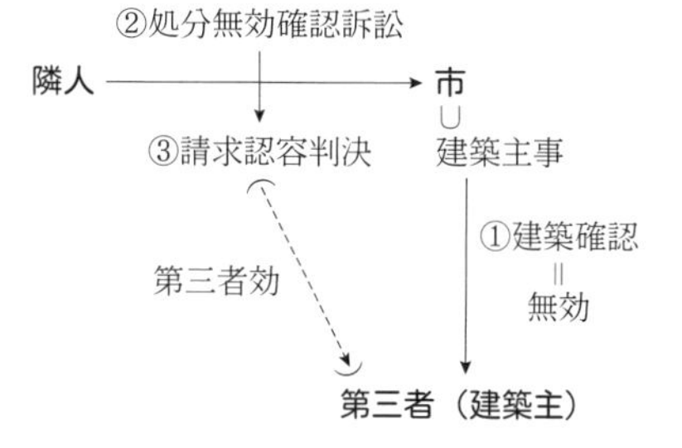

しかし，次の2点に関しては，取消訴訟と取扱いを異にしており，学説からは立法の不備として批判が強い。

①　処分の無効確認判決には，取消判決に関する第三者効の規定（32条1項）が準用されていない（38条1項参照）。

準用規定が存在しないことを理由に，処分無効確認判決には第三者効が認められないと考えた場合に，不合理な結果が生ずる。例えば，（**Q 5**）(c)である（**図表 9-6** 参照）。隣人が提起した建築確認無効確認訴訟の請求認容判決が，第三者（この場合，建築確認を得た建築主）に及ばなければ，第三者は建築確認の有効をなお主張することができ，紛争解決につながらない[21]。

第三者効に関する規定の準用がない点を補うために，運用面で，裁判所は第

20）　最判1987［昭和62］年4月17日・前掲注7）。

21）　もっとも，実際には，自分が申請して得た建築確認を隣人が行政相手に争っているのであれば，建築主は無効確認訴訟に訴訟参加するとか，建築主に無効確認判決の効力を及ぼそうと隣人から建築主に対して訴訟告知がなされるのが普通であろうから，ここで議論している状況は例外的なものであり，多分に理論上の性格が強い。

三者の訴訟参加を促すか，訴訟告知（行訴法7条，民事訴訟法53条，民事訴訟規則22条）を促して，第三者に処分無効確認判決の効力を及ぼすべきである。また，解釈論としては，取消判決に関する第三者効の規定を，処分無効確認判決にも類推適用することが学説上主張されている。その根拠は，処分無効確認判決が第三者に法的影響を及ぼすことを前提としていると考えられる規定が行訴法に存在する点に求められる。例えば，第三者の訴訟参加の規定は，処分無効確認訴訟にも準用されている（行訴法38条1項・22条）。

②　処分無効確認訴訟に，事情判決の規定（31条）が準用されていない（38条1項）。

（Q3）を例にとると，原子炉設置許可を受けた事業者は，処分無効確認訴訟が提起された後も引き続き原子炉設置工事を継続することが可能である。こうした執行不停止の状況は取消訴訟の場合と変わらない。したがって，判決時に既成事実が積み重なり，社会通念上原状回復が難しくなる事態も考えられることから，処分無効確認訴訟においても事情判決を認める必要性は否定できない。

6　公法上の当事者訴訟及び争点訴訟の審理と判決

公法上の当事者訴訟及び争点訴訟に関し，その審理と判決の特色について，ここでは処分無効確認訴訟との比較を通じて説明することとしたい。

(1)　共 通 点

公法上の当事者訴訟，争点訴訟には，行政庁の訴訟参加（行訴法41条1項・45条1項・23条），釈明処分の特則（41条1項・45条4項・23条の2），職権証拠調べ（41条1項・45条4項・24条），訴訟費用の裁判の効力（41条1項・45条4項・35条）に関する規定が，準用されている。この点で，処分無効確認訴訟と共通する（民事訴訟とは異なる特色を有している）。

⑵ 相 違 点

図表 9-7 争点訴訟の判決の効力

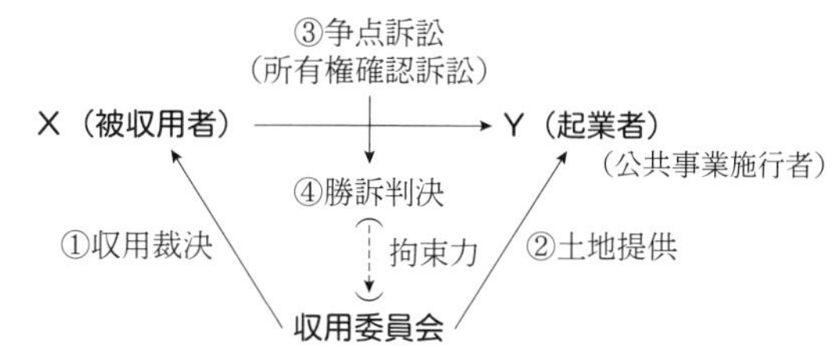

① 争点訴訟では，例えば所有土地を収用された市民が原告になって，現在土地を有している起業者を被告として所有権確認を請求しているため（(Q 1) (c)参照），収用を行った行政主体が訴訟当事者（被告）にならない。そこで，裁判所は，処分庁へ争点訴訟の提起を通知するものとされている（行訴法 45 条 1 項・39 条）。

② 争点訴訟の請求認容判決が出された場合について，取消判決の拘束力の規定（32 条）は準用されていない[22)]（41 条，45 条 1 項・4 項参照）。拘束力が認められないとすれば，**図表 9-7** に示したように，収用裁決の無効を前提として，所有権確認訴訟で収用の対象とされた土地の所有者 X（原告）が勝訴したとしても，訴訟当事者ではない収用委員会に対して判決の拘束力は及ばない。このため，起業者 Y（被告）が再度，収用裁決を申請した場合，収用委員会によって同一の収用裁決が出される可能性がある。これを回避するためには，運用として，収用委員会を争点訴訟に参加させるとか，裁判所が訴訟告知を促して所有権確認判決の効力を収用委員会にも及ぼす必要がある。

③ 公法上の当事者訴訟，争点訴訟には，執行停止の規定（25 条）が準用されていない（41 条，45 条 1 項・4 項参照）。この問題は，第 13 章で詳しく扱う予定であり，ここでは問題の指摘にとどめる。

22） 最判 1987［昭和 62］年 4 月 17 日・前掲注 7）は，争点訴訟の勝訴判決に拘束力がない点を重視して，補充訴訟としての処分無効確認訴訟を認めた。

●*参考文献*

雄川一郎「行政行為の無効確認訴訟に関する若干の問題」同・理論 211 頁以下（初出 1967 年）
塩野宏「無効確認訴訟における訴えの利益」実務民訴 8 巻 95 頁以下（後に同『行政過程とその統制』（有斐閣・1989 年）に所収）
白井皓喜「争点訴訟」行政法大系 5 巻 277 頁以下
杉本良吉「争点訴訟」講座 3 巻 162 頁以下
満田明彦「争点訴訟の諸問題」新実務民訴 10 巻 163 頁以下
南博方「無効確認訴訟の訴えの利益」新実務民訴 9 巻 151 頁以下
村上敬一「無効等確認の訴え」行政法大系 4 巻 267 頁以下

第10章
義務付け訴訟

▶本章の狙い

義務付け訴訟は，2004年の行訴法改正で初めて明文化された訴訟類型である。処分の発動を要求する点で，義務付け訴訟は抗告訴訟の一種である。取消訴訟以上に，直截で実効的権利救済を市民に可能にするものである。学習にあたり，義務付け訴訟には，2つの異なった訴訟類型が存在する点に注意が必要である。第1の類型は，許認可や各種サービスを申請して拒否された場合や裁決を求めて審査請求をしたが拒否された場合などに，一定の処分又は裁決を行うよう，裁判所に対し，行政庁に命ずることを求める訴えである（「申請型義務付け訴訟」という）。第2の類型は，許可した工場に対する規制権限を行政庁が行使せずに放置しており，工場が違法操業を続けている場合などに，工場の近隣住民が，裁判所に対し，行政庁に一定の処分をすべき旨を命ずることを求める訴えである（「非申請型義務付け訴訟」という）。2つの訴訟類型は利用条件等が大きく異なることから，紛争状況に合わせて利用することができるように丁寧に学習してほしい。

なお，申請型義務付け訴訟は不作為違法確認訴訟の機能強化を図ったものであることから，本章では不作為違法確認訴訟とあわせて説明する。

図表 10-1　行政事件訴訟の一覧

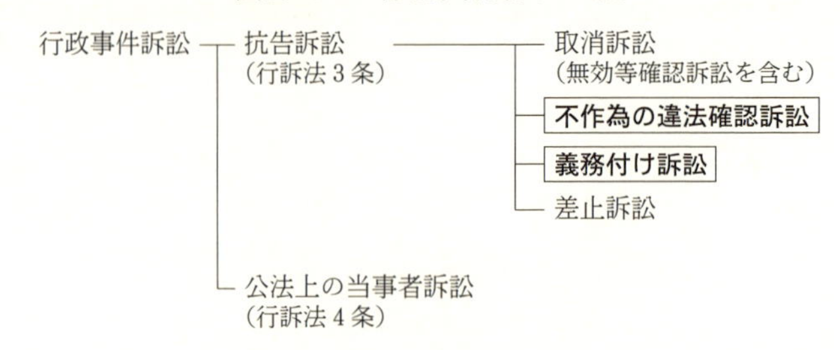

1　義務付け訴訟の意義と特色

(1)　一定の処分を行うよう行政庁に義務づける訴訟

義務付け訴訟は，一定の処分が行われるべきであるにもかかわらず，行政庁が権限を行使しない場合に，行政庁が一定の処分を行うべき旨を裁判所に命じてもらう訴訟類型である（行訴法3条6項）。2004年の行訴法改正により明文化された。義務付け訴訟は処分の義務付けを要求するものであり，抗告訴訟の一種である（**図表 10-1** 参照）。

(2)　2種類の義務付け訴訟――法令上の申請権の有無による区分

行訴法は申請型と非申請型という2種類の義務付け訴訟を定めている。両者は訴訟要件，訴訟手続，本案勝訴要件などで大きく異なるものであることから，的確に選択して利用することが重要である。区別の基準は，原告になろうとする者が義務付けを求める処分について実定法上申請権を有しているかである。建築確認を例に説明する。

（基本事例1）　市民Aは，自宅を建築しようと思い，B市の建築主事Cに建築確認の申請をしたところ，拒否されてしまった。この場合に，申請者Aは，裁判所に対し，Cが建築確認を発令すべき旨を命ずることを求める訴えを提起できるか，説明しなさい。

図表 10-2　申請型義務付け訴訟

建築主事C ⊂ B市
①建築確認
申請
②申請
拒否
③申請型
義務付け訴訟
市民A
（申請権あり）

このように，行政庁が申請を拒否した場合や応答しない場合に，裁判所に対し，行政庁が原告（申請者）に法律が定める金銭，許認可，サービスを与えるよう処分又は裁決を求めるのが，申請型義務付け訴訟である（行訴法3条6項2号・37条の3）。被告はCが属する行政主体（＝B市）である（同法38条・11条）。原告が申請権を法令上有し，実際に申請を行ったことが着眼点である。申請型義務付け訴訟は，二面関係で用いられることが多い。

（基本事例 2）　市民Dが違法に建築物の改築を行ったため，隣に住む市民Eは，日照や通風等で不利益を被っている。F市の特定行政庁Gは違法建築物の除却等の是正措置を命ずる権限を有しているが（建築基準法9条1項），一向に行使の気配はない。裁判所に対し，Gが規制権限をDに対して行使すべき旨を命ずることを求める訴えをEは提起できるか，説明しなさい。

図表 10-3　非申請型義務付け訴訟

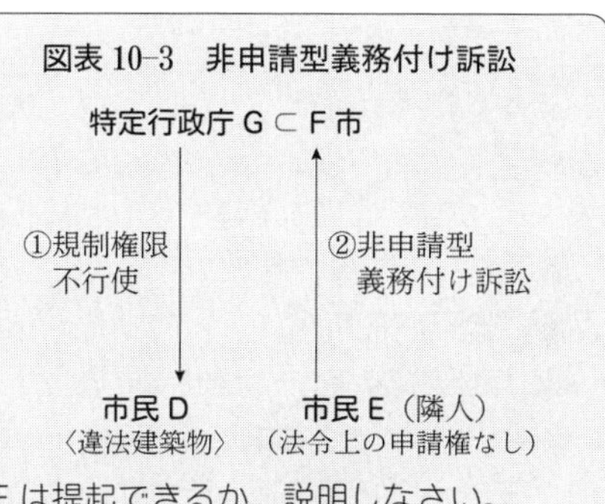

ここに見られるように，第三者Dに対する規制権限（不利益処分）を行政庁Gが行使するよう求めるタイプの訴えが，非申請型義務付け訴訟である（3条6項1号・37条の2）。被告は，特定行政庁Gが属する行政主体（＝F市）である（38条・11条）。ここでは，行政庁Gに是正権限の行使を求める申請権を原告Eが法令上有していない点が着眼点である。このタイプの訴訟は，三面関係で用いられることが多い。

（Q 1）　Hは生活保護を申請したが，当該申請は保護の実施機関により拒否された。Hは病気で働けないうえ，子供を抱えているため，どうしても生活資金が必要である。この事例において，Hは申請型，非申請型のどちらの義務付け訴訟を利用して争うべきか，検討しなさい。

（**Q 1**）で，Hは，生活保護の受給に関し生活保護法に基づく申請権（7条・24条参照）を有しており，実際に申請もしていることから，申請型義務付け訴訟を利用可能である[1)]。このほかにも，申請型義務付け訴訟は公文書の開示請求で活用されている[2)]。さらに，当該訴訟は，社会福祉の給付，年金の支給，水俣病の認定，公立学校等への入学，営業にかかる許認可，地方公共団体の設置した公の施設の使用許可などの申請事案でも，広く利用することができる[3)]。

以下，申請型義務付け訴訟，非申請型義務付け訴訟の順で説明する。

2　申請型義務付け訴訟
――付・不作為違法確認訴訟

（基本事例3）　甲市に住むⅠ（5歳）は，気管の切開手術の後，喉に気管への空気の通り道を確保する器具を装着している。気管内にたまる唾液やたんを定期的に除去することが必要であり，1時間に1回程度，約1分かけて吸引器を使って唾液等の吸引を行っている。Ⅰは，心身に障害のある，就学前の児童を対象とした施設に通っている。4歳の時に1級であった身体障害者手帳も4級になるなど，次第にⅠの身体的状況・運動能力は改善し，精神的発達に問題もみられない。そのため，医師からは保育園での集団保育を勧められた。医師の診断書によれば，たん等の吸引行為は危険を伴うが，いずれも看護師の対応で回避することが可能であるとされていた。

図表10-4
入園承諾の義務付け

福祉事務所長Ｊ
①入園申請
②入園拒否
児童Ⅰ

そこで，Ⅰは（看護師の配置された）乙保育園への入園申込みを1月20日に行った。しかし，市の福祉事務所長Ｊは，たん等の吸引措置が必要な健康状況であることを重視して，適切な保育を確保することが困難であり，児童福祉法24条1項但書にいう「やむを得ない事由」に当たるという理由で，入園を承諾しなかった。その旨は，同年2月23日に通知された。通知の時点でⅠは，

1）　生活保護に関して義務付け請求を肯定したものとして，東京地判2011［平成23］年11月8日裁判所HP，その控訴審である東京高判2012［平成24］年7月18日裁判所HPがある。

2）　公文書開示請求に関し，開示を義務づけた事例として，参照，さいたま地判2006［平成18］年4月26日判例地方自治303号46頁。専門学校が作成した私立学校運営費補助金申請書の専任教員調書欄における氏名について，県の情報公開条例に基づき，県民が開示請求したところ，非開示決定を受けたため，取消訴訟と義務付け訴訟を併合提起（⇒*2*(2)(e)）した事例である。裁判所は条例が開示事項として定める「公にすることが予定されている情報」に上記教員氏名は該当すると判示した。

3）　最判2013［平成25］年4月16日判時2188号35頁（②事件）は，公害健康被害の補償等に関する法律に基づく水俣病の認定申請について，認定の義務付け請求を認容した。

保育園に通うために，どのような方法で争うべきか，検討しなさい4)。

〔基本事例3〕では，Ｉの求めている保育園入園承諾がどのような法的性格を有するのかを判断することが重要である。ここでは，申請の拒否は申請者Ｉの法律上の地位に影響を及ぼすものであり，処分に該当する。したがって，抗告訴訟に属する訴訟類型を活用するという方針が得られる5)。そのうえで，Ｉは法令上の申請権を有し，申請していることから，裁判所が行政庁Ｊに対し入園承諾処分をするべき旨を命ずることを求める訴訟（義務付け訴訟）が，直截的救済手段である。ここでは，申請に対する応諾の処分を求める義務付け訴訟，つまり，申請型義務付け訴訟（行訴法3条6項2号・37条の3第1項2号）を選択すべきである。

⑴　申請型義務付け訴訟の意義

⒜　不作為の違法確認訴訟を上回る実効的権利救済

申請者に困難をもたらすのは，申請に対して行政庁が何も応答しない場合である。およそ応答がないため，取消訴訟すら利用できない。そこで，行政庁が何らかの応答（応答には申請認容もあれば申請拒否もある）をすべきであるにもかかわらず，これをしないことについて，違法であることを裁判所に確認してもらう訴訟が法定されている（行訴法3条5項）。この不作為の違法確認訴訟では，原告（申請者）が勝訴しても，行政庁は申請に対して何らかの応答をする義務を負うだけであるため，応答として申請拒否処分が出された場合には，申請者は改めて取消訴訟を提起しなければならない。つまり，市民は，裁判を提起する負担を2度強いられるのである。行訴法の制定時には，裁判所が行政庁に対し処分の義務付けを命ずる訴訟について，行政権の第一次的判断権を侵すのではないかといった懸念が強く，義務付け訴訟は明文化されるに至らなかった。そこで，いわば妥協の産物として法制化されたのが，不作為の違法確認訴訟

4)　参照，東京地決2006〔平成18〕年1月25日判時1931号10頁，東京地判2006〔平成18〕年10月25日判時1956号62頁。
5)　参照，最高裁判所事務総局編『主要行政事件裁判例概観7』（法曹会・1995年）241頁。

(3条5項) である。申請に対して行政庁が何らかの応答をするよう裁判所が義務づけることくらいは許容されるといった判断に基づく制度である。しかし，上述のように，権利救済手段としては，極めて中途半端である (⇒後出 (**補論**) 参照)。

2004年の行訴法改正は，行政庁が申請に対して応答しない場合 (37条の3第1項1号) に，不作為の違法確認訴訟にあわせて，申請型義務付け訴訟を提起できる旨を明文化した (他方，申請拒否の場合［37条の3第1項2号］には，取消訴訟［又は処分無効確認訴訟］にあわせて申請型義務付け訴訟が提起可能である)。これにより，申請者は，申請に対して行政庁が何ら応答しない場合に，不作為の違法を裁判所に確認してもらう訴訟と共に，申請で求めた処分を行うよう裁判所に命じてもらう訴訟を提起できることとなった (3条6項2号・37条の3第1項1号)。一度の訴訟で，義務付け判決により自己の望んだ処分を得ることが可能とされたのである。このように，申請型義務付け訴訟の法定は，従前の不作為違法確認訴訟のもつ権利救済機能を格段に向上させた。

(b)　取消訴訟を上回る実効的権利救済

申請拒否処分に対して取消訴訟を提起して勝訴すれば，取消判決の拘束力により，処分庁は再度申請を審査しなければならない。同一事情のもとで同一理由による拒否処分は禁止されるが，異なる理由であったり事情が変われば，再度の申請拒否も可能である。したがって，申請者は，再び取消訴訟を提起しなければならない。このように，申請で求めた給付を獲得するという目標達成にとって，取消訴訟は直截的救済手段とはいえない。また，取消判決が出るまでの間，仮の権利救済制度である執行停止では，暫定的に権利救済を図ることができず，実効的権利救済手段は欠けている (詳細は第13章で扱うが，具体例を挙げれば，生活保護の給付を拒否された事例では少なくとも取消判決まで生活保護の給付は得られず，公立高校への入学拒否の事例では少なくとも取消判決まで志望の高校に通学することができない)。

これに対し，義務付け訴訟は，行政庁が申請に基づく給付を与えるよう裁判所が命じる訴訟類型であるから，勝訴判決によって申請者は給付を得ることができる。また，仮の権利救済制度として仮の義務付けが利用できるため，義務付け判決が出るまで暫定的に救済を得ること (上記の例でいえば，生活保護の支給を受けたり，公立高校に通学すること）が可能になる。このように，申請型義務付け訴訟の法定化は，取消訴訟以上の権利救済機能を実現するものである。

⑵ 利用条件

⒜ 申請権の存在及びその行使

申請型義務付け訴訟は，法令により認められた申請権を市民が行使した場合に提起することが可能である。申請権が存在するかは具体の法令の解釈問題である。市民の申出に対して行政庁が応答義務を負うことが認められる場合には申請権が存在し，他方，市民の申出が行政庁による職権行使の端緒，職権発動を促す行為にすぎないと解釈される場合には，申請権の存在は否定される[6)]。

最高裁は，住民基本台帳法の規定に基づく転入届（22条），転居届（23条），転出届（24条）について，届出にかかる記載をすべき旨を求める申請権が市民に付与されていると解釈した[7)]。他方，同法22条1項が出生を転入届の対象から除外している点などから，出生した子につき住民票への記載を求める申出は同法の定める届出には該当せず，応答義務を課すものではないと解釈して，最高裁は申請権の存在を否定した[8)]。

⒝ 対象となる処分の特定性――「一定の処分」

申請型義務付け訴訟は，「一定の処分」を求める旨の法令に基づく申請がなされ，申請が拒否された場合，又は応答が全くない場合に，当該処分をすべき旨を命ずるよう求める訴えである（行訴法3条6項・37条の3第1項1号2号）。申請行為が先行して存在するため，後述の非申請型義務付け訴訟と比べた場合，「一定の処分」（3条6項2号）の解釈（処分の特定性問題）は裁判所にとって容易である。もっとも，実際に与える給付の範囲や，次に述べるような条件の内容に関しては，なお，裁判の対象としてどこまで特定が要求されるのかという問

6） 裁判上，職権発動を促す行為にすぎず申請に該当しないとされた例としては，ほかに，国土調査法17条2項に基づく申出（最判1991［平成3］年3月19日判時1401号40頁），独占禁止法45条1項に基づく措置要求（最判1972［昭和47］年11月16日民集26巻9号1573頁［百選Ⅰ 130事件］［Ⅰ152］）などがある。

7） 最判2003［平成15］年6月26日判時1831号94頁。

8） 最判2009［平成21］年4月17日民集63巻4号638頁［百選Ⅰ 65事件］［68］［Ⅰ93］（取消訴訟及び非申請型義務付け訴訟が提起された事例である）。

題は存在する。

例えば，在留特別許可をすべき旨を命ずることを求める訴訟が提起された場合，裁判所はいかなる在留資格を認めるのか（例えば，永住者，日本人の配偶者），在留期間をどの程度にするのか（例えば，無期限，3年，1年）など，許可に付すべき条件の内容指定について，複数の可能性が存在する。この場合に，どのような処分を求める訴えであるのかが裁判所に判断できるほど請求が特定されているのか，つまり「一定の処分」を求めるものといえるのか，が解釈問題となる。在留特別許可を求める訴えを申請型義務付け訴訟と解釈したうえで，条件の指定を除いて，当該許可の義務付けの請求を認容した裁判例が存在する[9]。つまり，在留資格や期間といった条件部分について特定がなくとも，「一定の処分」を求める訴えとして対象の特定はなされていると柔軟に解釈して，義務付け判決を下したのである[10]。

（Q 2） 筋萎縮性側索硬化症（ALS）の障害をもつAは，障害者自立支援法（2012年には「障害者の日常生活及び社会生活を総合的に支援するための法律」に名称変更）に基づき，（1日24時間介護を前提とする）月651時間の介護支給を申請したところ，（1日あたり8時間介護とする）月268時間の支給決定が市福祉事務所長により下された。Aは，支給決定取消訴訟と併合して，月651時間の介護支給決定を義務付ける訴えを提起した。裁判所は，少なくとも1日21時間（月542.5時間）の職業付添人による介護がAの障害の程度や心身の状況からすれば不可欠であると考える場合において，月542.5時間の義務付け判決を下すことが可能か，検討しなさい。

裁判所は，Aの提起した義務付け訴訟は，月268時間以上の支給決定を求める趣旨を含むと捉えたうえで，Aが求める月651時間までの支給は必要ないとしても，少なくとも542.5時間の支給がなければ裁量権の濫用に該当すると判断した事例で，542.5時間の義務付け判決が可能であると判示した[11]。こ

9）東京地判2008［平成20］年2月29日判時2013号61頁 71 。

10）東京地判2007［平成19］年5月25日裁判所HPは，在留特別許可を求める訴えを非申請型の義務付け訴訟と捉えたうえで，上記条件の指定内容は「法令の規定から明らかであると認めることはできない」として，37条の2第5項の要件を充たさないと判示した（在留特別許可を求める義務付け訴訟について，裁判所により申請型と非申請型とに解釈が分かれた点につき，後出の**（発展学習）**参照）。

れは，一定量の義務付けについて柔軟に解釈した裁判例である。

(c)　原告適格

申請型義務付け訴訟は，法令に基づく申請をしたにもかかわらず行政庁からの応答が全くない場合や，申請が拒否された場合に利用可能なものである（37条の3第1項)。訴訟物は，原告が有する実体法上の給付請求権である[12]。原告適格は，申請をした者に限り認められている（同条第2項)。このように，申請型義務付け訴訟では申請者にのみ原告適格が認められるため，原告適格をめぐる問題は少ない。

(d)　被告適格

申請型義務付け訴訟の被告は，求められた処分を行う行政庁の所属する行政主体である（38条1項・11条）

(e)　併合提起強制

注意を要する点は，申請型義務付け訴訟は，次に述べる訴訟と併合提起されねばならないことである（37条の3第3項)。こうした併合提起強制は申請型義務付け訴訟に特有の訴訟要件であり，非申請型義務付け訴訟には妥当しない。

申請型義務付け訴訟を提起するためには，以下の併合提起が要求されている。

(イ)　申請に対し何ら応答がない場合

不作為の違法確認訴訟＋申請型義務付け訴訟

(ロ)　申請拒否処分が下された場合

申請拒否処分の取消訴訟（又は処分無効確認訴訟)＋申請型義務付け訴訟

したがって，**(基本事例3)** の保育園入園拒否の事例では拒否処分が下されているため，上記(ロ)に当たり，出訴期間内であれば入園不承諾処分の取消訴訟を，出訴期間経過後であれば入園不承諾処分の無効確認訴訟を提起し，これに併合提起する形で，承諾処分の義務付け訴訟を提起しなければならない。

取消訴訟と義務付け訴訟が併合提起された場合，保育園入園拒否の事例では，原告の請求を認容する判決主文は，「①保育園入園を承諾しない旨の処分を取り消す，②処分行政庁は，原告に対して乙保育園への入園を承諾せよ」という内容になる。②の部分は，給付判決である。なお，入園の承諾処分を行うのは

---

11)　和歌山地判2012［平成24］年4月25日判時2171号28頁。

12)　塩野・II 237頁。

（裁判所によって命ぜられた）行政庁（福祉事務所長J）であって，裁判所ではない。

（Q 3）　Kはホテル建設の建築確認を申請するため，市長に対して，都市計画法施行規則60条に基づき，自己の建築計画が都市計画法の規定と適合することを証する書面（以下「60条書面」という）の交付を求めた（本件では知事の権限を市が処理し，市長が事務の管理を行っている。地方自治法252条の17の2第1項）。市長は開発行為の基準を定めた市条例の要件を充たしていないとして，不交付通知を発した。Kは，60条書面の交付が建築確認の要件となっており，不交付では建築確認や検査済証の交付を得られないことから，60条書面の交付を裁判で求めたい。当該不交付通知が処分であるとして，どのような訴訟を提起すべきか，説明しなさい。

申請に対して拒否された60条書面の交付を要求する訴訟であるので，Kは申請型義務付け訴訟を利用することができる。もっとも，併合提起強制が妥当することから，義務付け訴訟を単独で提起することは許されない。既に不交付通知＝拒否処分が出されている事例であるので，出訴期間内に不交付通知の取消訴訟と書面交付の義務付け訴訟を併合提起する必要がある[13)]。

併合提起強制は，矛盾した判断を回避する趣旨から必要とされている。取消訴訟との併合提起強制で注意を要する点は，取消訴訟が適法に提起されていなければならないので，①取消訴訟に要求される出訴期間遵守，②（個別法で取消訴訟提起に先だち審査請求を要求する）審査請求前置が，義務付け訴訟の提起にとって必要とされることである。こうした条件を満たさない場合，義務付け訴訟は不適法であり却下される。

⑶　本案勝訴要件

申請型義務付け訴訟において義務付け判決を下すための条件（本案勝訴要件）として，次の2点が法律上挙げられている（行訴法37条の3第5項）。

①　併合提起された訴訟（不作為の違法確認訴訟，取消訴訟又は無効確認訴訟）に関し，その請求理由があると認められること。

②　求められた処分をすべきであることが法令上明らかな羈束処分であるこ

13）　岡山地判2006［平成18］年4月19日判タ1230号108頁は，請求を認容している。

と，又は，裁量処分の場合に，求められた処分をしないことが裁量権の踰越・濫用に当たると認められること。

これらの条件はいずれも，申請に対する不作為なり拒否が違法であることを内容とする。**(基本事例 3)** に即していえば，入園不承諾処分は違法で取り消されるべきであり（①），求められた処分を行わないことが（例えば，要考慮事項である医師の診断書を軽視した点で）裁量権行使として濫用であることから（②），行政庁に入園処分を行うことを命ずる判決が可能である。

①が要求されている理由であるが，不作為の違法確認訴訟，取消訴訟，無効確認訴訟を基礎として，その権利救済の実効性を向上させるための付随的訴訟類型として申請型義務付け訴訟を用意したという制度理解のほか，義務付け判決と抵触する申請拒否処分等を予め是正しておく点への配慮が考えられる[14)]。こうした要件は，遅くとも事実審の口頭弁論終結時に認められる必要がある[15)]。

COLUMN

併合提起強制と違法判断の基準時

取消訴訟が併合提起された申請型義務付け訴訟の場合，取消訴訟の違法性の判断は処分時を基準とするのに対し，義務付け訴訟の本案勝訴要件の判断は原則として判決時を基準とする（⇒第 7 章 *3*（**発展学習**））。このように基準時に関して生じた相違は，併合提起強制がもたらした副産物である。

(4) 訴訟の審理方法

併合提起された取消訴訟等と申請型義務付け訴訟は，弁論及び裁判を分離しないで行うのが原則である（弁論・裁判の分離禁止。行訴法 37 条の 3 第 4 項）。ただし，審理の状況等を判断して，裁判所が迅速な争訟解決に資すると認める場合には，両訴訟を分離して取消訴訟等のみについて終局判決を下し，義務付け訴訟の手続を中止するといった方法も可能である（同条第 6 項）。こうした審理方法を裁判所が選択できるのは，例えば，義務付け判決を出すためには現段階では証拠が足りないとか，主張立証を尽くしていないためなお時間を要する一方で，取消判決を下して行政庁に再審査に基づく処分を行わせることで一層迅

14) 参照，小早川光郎教授発言・同編・研究 137 頁。
15) 小林・行訴法 166 頁，塩野・Ⅱ 245 頁，小早川・下Ⅲ 310 頁。

速な紛争解決が見込まれる場合である[16]。

(Q4)　市民が1級の障害厚生年金支給処分（以下「1級処分」という）を期待して申請したところ，3級と認定する障害厚生年金支給処分（以下「3級処分」という）が出された。3級処分取消訴訟と1級処分義務付け訴訟を併合提起した場合，下される可能性のある判決の組み合わせを説明しなさい[17]。

①　3級処分が違法で取り消されるべきであり，1級処分について本案勝訴要件も充たす場合，3級処分の取消判決に加えて，1級処分の義務付け判決が出される。

②　3級処分は違法で取り消されるべきであるが，1級処分をすべき作為義務は肯定できないという結論に至った場合には，3級処分の取消判決，1級処分義務付け請求の棄却となる。

③　3級処分は違法で取り消されるべきであるが，1級処分をすべき作為義務を肯定するまでは裁判所が心証形成できず，1級か2級かを認定するのになお相当の証拠調べを必要とする場合には，3級処分の取消判決を下し，1級処分義務付け訴訟の審理を中止することができる（行訴法37条の3第6項）。この場合には，3級処分取消判決の拘束力に従い，処分庁が早期に資料や再度の診断書等を得て新たな処分を下すことにより，「より迅速な争訟の解決」が期待される。

④　3級処分が適法であり，当該処分の取消訴訟が請求棄却になる場合，1級処分義務付け請求は認容されない。この場合に，義務付け訴訟は棄却になるのか却下になるのかについて，争いがある（次の*COLUMN*参照）。

COLUMN

併合提起要件の意義

併合提起される訴訟について請求が認容されることは申請型義務付け訴訟の訴訟要件であるという考え方と，本案勝訴要件と捉える見解が見られる[18]。訴訟要件とする見解は裁判例に極めて多く見られる[19]。これは，行

16)　原子爆弾被害者救護法に基づく健康管理手当支給決定の義務付け訴訟について，長崎地判2008［平成20］年11月10日判時2058号42頁。

17)　事例は市村陽典「行政事件訴訟法の改正と訴訟実務」法律のひろば2004年10月号27頁を参考にした。

18)　村上裕章「多様な訴訟類型の活用と課題」法律時報82巻8号（2010年）20頁。

訴法37条の3第1項2号が当該処分が取り消されるべきであるときに限り義務付け訴訟が提起できるという規定を置いている点を重視する解釈である。この見解によれば，併合提起される訴訟が棄却される場合，義務付け訴訟は却下される。

他方，本案勝訴要件とする見解は，学説に多く見られる[20]。これは，37条の3第5項が，併合提起される「請求に理由があると認められ」るときに義務付け判決を出すことができる旨を規定している点に注目する。この見解では，併合提起される訴訟が請求棄却の場合，義務付け訴訟は棄却される。

(Q 5) 個人タクシー事業を営むＬは，Ｍ運輸局長に対して初乗り運賃を480円とするタクシー運賃の変更認可申請を行った。Ｍは，Ｌの申請はダンピング運賃の設定等を防止する趣旨の規定（道路運送法9条の3第2項3号）に反するとして，当該申請を却下した。これに対し，Ｌは申請却下処分の取消訴訟と，変更認可の義務付け訴訟を併合提起した。第1審裁判所は，審理の過程で，却下処分についてはＭの裁量濫用があり取消請求は認容できるとの判断に至ったが，義務付け訴訟に関しては，必要かつ十分な主張・立証がなお尽くされておらず，認可申請にかかる判断の専門性・技術性から，審理にはなお時間を要し，義務付け判決まで時間をかけて審理するのでは，迅速かつ適切な救済に支障が出ると考えている。この場合にどのような判決を下すことができるか，検討しなさい。

(Q 5) では，取消判決の趣旨に従い，Ｍが専門的・技術的な知識経験に基づく処理・判断を行うことにより，紛争の迅速かつ適切な解決が期待できる。したがって，行訴法37条の3第6項前段に基づき，取消訴訟についてのみ認容判決をすることが認められる[21][22]。

19） 最判2009［平成21］年12月17日判時2068号28頁，最判2011［平成23］年10月14日判時2159号53頁①事件，市村・前掲注17）27頁，村田斉志氏発言・小早川編・研究136頁，深澤龍一郎教授執筆・室井ほか編・コンメンタールII 406頁。

20） 橋本博之『解説改正行政事件訴訟法』（弘文堂・2004年）72頁，宇賀・概説II 341頁，東京高判2005［平成17］年12月26日裁判所HP，さいたま地判2007［平成19］年4月25日裁判所HP。

21） 大阪地判2007［平成19］年3月14日判タ1252号189頁［70］①は，こうした判断を下した。

22） 本文で述べたように，運賃の変更認可申請の拒否処分（「当初拒否処分」という）に対し取消訴訟と義務付け訴訟が併合提起され，裁判所が取消判決についてのみ終局判決を下すことを選択した場合，行政庁は取消判決の拘束力により，再審査をすることとな

申請型義務付け訴訟の審理に関し，請求の併合（16条〜19条），訴えの変更（21条），訴訟参加（22条・23条），職権証拠調べ（24条）の規定が準用されている（38条1項）。釈明処分の特則（資料提出要請制度。23条の2）の規定は，既に下された処分について処分の基礎を開示する趣旨であるとして，未だ処分が下されていない義務付け訴訟には準用されていない。しかし，処分案件の検討に利用された文書の提示を求めるのが制度趣旨であるとすれば，処分を発動しないという行政判断が既になされている事例について，処分の不発動を判断した際の検討資料の提出を求めることにも合理的理由があるといえよう[23]。

⑸ 判　　決

義務付け判決が下されると，行政庁は判決主文で命ぜられた処分を行わなければならない。義務付け判決は給付判決に該当する[24]。しかし，判決の執行確保に関する規定は置かれていない。行政庁による判決の尊重を信頼して，義務付け判決には執行力が認められていないのである。義務付け判決には取消判決の拘束力の規定（行訴法33条）が準用されている（38条1項）。

COLUMN

義務付け訴訟・義務付け判決の法的性格

本文では義務付け訴訟を給付訴訟として説明した。第1の理由は，義務付け判決は，行訴法37条の3第5項で確認的に規定されているように，行政庁の作為義務が実体法上存在すること，つまり，原告が実体法上の請求権を有していることを前提とするからである。これまでも，国家賠償の分野では規制権限不行使に基づく損害賠償請求が肯定されてきたが，同様の請求が行政訴訟で実現してこなかったのは，法定外抗告訴訟の機能不全に起因するものである[25]。したがって，義務付け判決により初めて権利が生じることを理由に形成訴訟であるとする説明は実体法に合致しない[26]。第2の理由は，

る。その結果，行政庁が再び拒否処分（以下「再度拒否処分」という）を行った際には，原告としては，当初拒否処分に対し提起されていた義務付け訴訟が中止のままで残っていることから，新規に再度拒否処分の取消訴訟を提起すれば，併合提起要件を充たすことになる（大阪地判2009［平成21］年9月25日判時2071号20頁 70 ②）。

23） 塩野・Ⅱ 221頁も，説明責任の観点から行政庁は訴訟資料提供に誠実に対応すべきとする。

24） 芝池・救済法138頁，塩野・Ⅱ 234頁，宇賀・概説Ⅱ 339頁。

25） 同旨，高木光「義務付け訴訟・差止訴訟」新構想Ⅲ 57〜59頁。

26） 山本和彦「行政事件訴訟法の改正について」ジュリスト1277号（2004年）37頁，

給付訴訟説は法文（3条6項の「処分又は裁決をすべき旨を命ずることを求める訴訟」）に素直な法律構成だからである。なお，義務付け判決に執行力がない点に関しては，給付訴訟と執行力との結びつきは必然ではなく，給付訴訟説の妨げにならない。給付訴訟としての性格付けは，非申請型義務付け訴訟や差止訴訟にも妥当する。

⑹　仮の義務付け

（基本事例3）の保育園入園拒否事件では，児童は日々発育していくため，発育に見合った適切な時期において教育環境を整え，成長段階にとってふさわしい教育機会を与える必要がある。そのためには，判決を待っていられない事情が認められる。こうした場合には，義務付け訴訟の審理の初期段階から暫定的に入園を可能とするために，仮の権利救済手段として，仮の義務付け（行訴法37条の5）の利用が検討されるべきである。仮の義務付けは，2004年の行訴法改正で初めて制度化された。詳細は，第13章で扱う。

（発展学習）法令上の申請権の有無

申請型義務付け訴訟と非申請型義務付け訴訟の区分は，法令上認められた申請権の有無を基準に解釈される。以下では，申請権の存否が争われた例を扱う。

（Q 6）　外国人Nは旅券不携帯の嫌疑で埼玉県狭山警察署の警察官により現行犯逮捕された。東京入管入国審査官はNが不法残留に該当する旨の認定を行い，東京入管特別審理官も当該認定は誤りがないと判定した。Nは法務大臣に対して，出入国管理及び難民認定法（以下「入管法」という）49条1項に基づく異議を申し出たが，法務大臣は異議の申出は理由がない旨の裁決を行った。その通知を受けた東京入管主任審査官はNに対し送還先をガーナとする退去強制令書を発付し，同日，Nは東京入管収容所に収容された。Nは在留特別許可を得るために，収容の時点で，どのような方法で争うべきか，検討しなさい。

入管法には，在留特別許可を求める申請権が明確に規定されていない。特別審理官の判定に不服である容疑者は法務大臣に異議を申し出ることができると

最高裁判所事務総局行政局監修『改正行政事件訴訟法執務資料』（法曹会・2005年）32頁。

図表10-5　在留特別許可制度

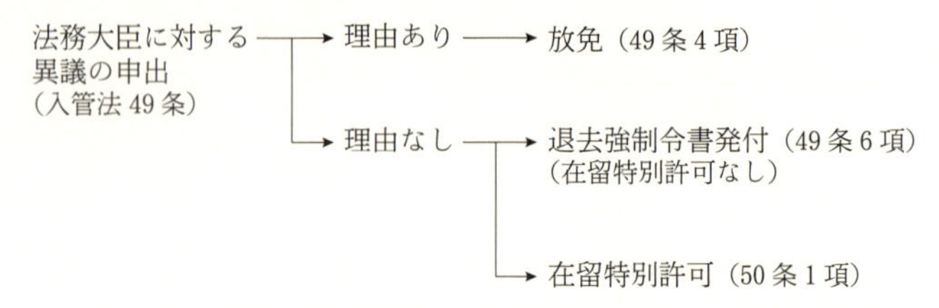

され（49条1項），法務大臣は異議の申出に理由があるかどうかを裁決するが，理由がない場合であっても，在留特別許可を出すことができる仕組みとなっている（50条1項）（**図表10-5**参照）。在留特別許可は申請に基づくものではなく，法務大臣が職権で与えるものであると解釈すれば，Nには申請権はなく，在留特別許可を求める義務付け訴訟は非申請型ということになる。他方，49条1項に基づく異議の申出は，特別審理官の判定に対する不服申立てと在留特別許可の申請という2つの行為を含むと解釈すれば，在留特別許可に対するNの申請権が認められ，Nは申請権を行使していることから，申請型義務付け訴訟の提起が可能となる。東京地判2008［平成20］年2月29日（前掲注9））は申請型と解釈したうえで，在留特別許可の義務付けを一定の限度で認めた。他方，控訴審の東京高判2009［平成21］年3月5日裁判所HPは非申請型と解釈し，当該許可を与えなかった処分を適法であると判示した。

（補論）不作為違法確認訴訟

不作為の違法確認訴訟は，法令に基づく申請に対し，行政庁が相当期間経過後も応答を行わない場合に，不作為の違法確認を求める訴訟である（行訴法3条5項）。これは申請に対する応答処分の不作為に不服を申し立てるものであり，抗告訴訟の一種である（同条1項）。当該申請をした者に限り，原告適格が認められる（37条）。被告は，申請を処理した行政庁の属する行政主体である（38条1項・11条）。法令に基づく申請権の存在が，訴訟要件である[27]（申請権

27）塩野・Ⅱ231頁，内野俊夫氏執筆・高橋＝市村＝山本編・条解737頁。最判1972［昭和47］年11月16日・前掲注6）は，独禁法45条1項に基づく報告・措置要求は職権行使を促すものであり，法令に基づく申請権の行使ではないとして，不問に付した行

が存在するかは，申請型義務付け訴訟で説明したのと同様，法令の解釈問題である)。応答の不作為が続いている限り，不作為の違法確認訴訟は提起することが可能である。したがって，出訴期間制限は存在しない。違法判断の基準時は判決時(最終口頭弁論終結時）である[28]。

審査の中心事項は，申請から相当期間が経過したかという点である。行政手続法6条が標準処理期間を置いていることは，相当期間経過の解釈にとって重要な判断材料となる。裁判所は，標準処理期間を基礎に通常処理に要する時間を考慮に入れて，当該事案でそれを経過することに正当な理由が存在するかを解釈することとなる。したがって，標準処理期間を経過したら直ちに違法になるというものではない。勝訴判決が出れば，判決の拘束力により，行政庁は申請に対する応答を義務づけられる（38条1項・33条)。しかし，何らかの応答をすれば足りるため，拒否決定が出される可能性が残されている。この点に不作為の違法確認訴訟の限界が認められる。

不作為の違法確認訴訟の係属中に行政庁により何らかの応答がなされると，当該訴訟は訴えの利益を失う。原告は，行政庁の申請拒否決定がなされたときは，当該決定の取消訴訟（及び申請型義務付け訴訟）に訴えを変更することが可能である（民事訴訟法143条)[29]。ここでは，①訴訟当事者は同じであり，②行政訴訟という同じ種類の訴訟への変更であるため，③口頭弁論終結時までに変更がなされれば，請求の基礎には変更がないと解することができるため，訴えの変更は可能である[30]。このほか，不作為の違法確認訴訟から国家賠償請求訴訟への変更も，行訴法21条に基づき可能である（38条1項・21条)。

為に対する不作為の違法確認訴訟を不適法として却下した。なお，立法関係者は法令に基づく申請の存在を本案要件と捉えていた。参照，杉本・解説121頁。

28）塩野・II 231頁，杉本・解説18頁。

29）東京地判1968［昭和43］年10月11日行集19巻10号1637頁，神戸地判1971［昭和46］年2月26日行集22巻1＝2号109頁，名古屋地決2010［平成22］年11月8日判タ1358号94頁参照。

30）杉本・解説18頁，芝池・救済法136頁。

3　非申請型義務付け訴訟

（基本事例 4）　並木通りの景観が美しい地区に住む甲市市民Ｐの隣地に，高さ約44メートルのマンション（以下「本件建物」という）の建設計画がもちあがった。事業者Ｑは建築確認を取得し，工事に着手した。建築基準法68条の2に基づいて制定された甲市建築条例（以下「条例」という）によれば，高さ20メートルを超える建物の建築は禁止されている。東京都建築事務所長Ｒは条例施行時に本件建物は既に建設中であり，条例の適用はないと解釈し，工事の進展を傍観していた。このため，建物は完成した。Ｐらは本件建物には条例の適用があり，20メートルを超える本件建物は条例違反の違法建築物であると考えている。Ｐは，建築基準法9条1項に基づく是正権限をＲが行使しないことに不満を抱いている。Ｐが再三にわたり当該権限行使をＲに要求したにもかかわらず，Ｒは全く応ずる姿勢を示さない。

条例が本件建物に適用されることを前提に，上記是正権限をＲに発動させるため，Ｐはどのような訴訟で争うべきか，利用条件も含め検討しなさい[31]。

図表 10-6　規制権限行使の義務付け

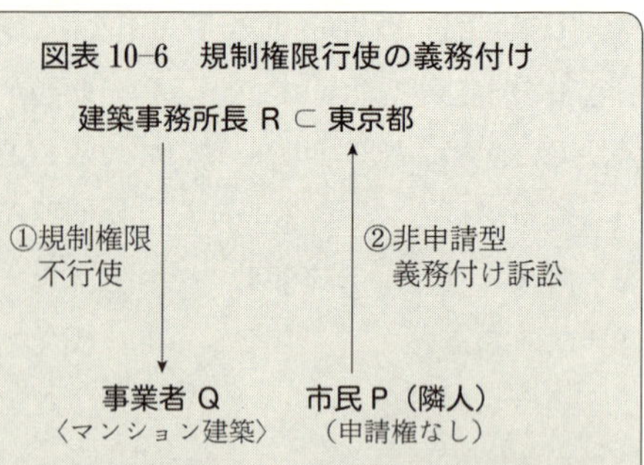

⑴　非申請型義務付け訴訟の意義

違法建築物に対する是正命令について，その法的性格の分析が，訴訟類型選択の出発点となる。建築基準法9条1項に基づく是正命令は処分であることから，抗告訴訟に属する訴訟類型を活用することとなる。義務付け訴訟は，処分の義務付けを求める訴訟類型であり，抗告訴訟の一種である（行訴法3条6項）。**（基本事例 4）**では，東京都建築事務所長Ｒが是正権限を行使するよう命ずる

31）　参照，東京地判2001［平成13］年12月4日判時1791号3頁 10 Ⅰ184（行訴法改正前の事例であり，是正命令を発しないことの違法確認請求を無名抗告訴訟として適法とした判決である）。

判決を求める訴訟（義務付け訴訟）が，直截的な権利救済手段である。ここでは，2種類ある義務付け訴訟のどちらを選択すべきであろうか。Pには是正権限の行使を求める申請権が法令上定められていないことから，東京都を被告として，非申請型義務付け訴訟（37条の2・3条6項1号）を提起すべきである[32]。

非申請型義務付け訴訟の典型例は，規制権限を有する処分行政庁が処分権限の発動を怠っている場合に，処分の名宛人以外の市民（第三者）から当該権限の行使を求めて提起されるものである（37条の2第1項）。

(2) 利用条件

非申請型義務付け訴訟が認められるためには，次の(a)から(e)に挙げた利用条件を満たす必要がある。これらを満たさない訴えは不適法であり却下される。

(a) 対象処分の特定性——「一定の処分」

非申請型義務付け訴訟の提起にあたり，原告は義務付けを求める処分の特定をどこまでなさねばならないか，という問題がある。特定性を厳格に要求しすぎると，この訴訟類型の利用可能性は失われる[33]。この点について，行訴法は「一定の処分」という文言を用いている。**（基本事例4）**でいえば，違法建築物を対象とした是正内容として，除却をはじめとして移転，改築，修繕，使用禁止，使用制限など，複数の可能性が法定されている。Pとしては，非申請型義務付け訴訟の提起にあたり，是正箇所まで特定する必要はなく，是正措置命令の義務付けといった幅のある請求方法で足りる。

(b) 原告適格

非申請型義務付け訴訟の場合，「行政庁が一定の処分をすべき旨を命ずるこ

32） 建築基準法43条1項の定める接道義務違反を理由に，同法9条1項に基づく是正措置命令を求める訴訟について，当該命令発動について申請権が法定されていないことから，非申請型義務付け訴訟であるとされている（東京地判2007［平成19］年1月31日裁判所HPは，重大な損害を生ずるおそれがないとして，訴えを却下した。東京地判2007［平成19］年9月7日裁判所HP［69］*Reference* 1）は，接道義務違反により重大な損害が生ずるおそれを肯定したものの，本件では接道義務違反は存在しないとして請求を棄却した）。

33） 行訴法改正前の事例である東京地判2001［平成13］年12月4日・前掲注31）は，義務の内容について一義的明白性を要求したため，処分義務付け訴訟は不適法とされた。現行法はこれを緩和するものである。

とを求めるにつき法律上の利益を有する者に限り」原告となることができる（37条の2第3項）。訴訟物は，原告が有する実体法上の給付請求権である[34]。非申請型義務付け訴訟は多くの場合，処分の名宛人以外の第三者が提起するため，第三者が提起する取消訴訟の原告適格（9条1項参照）と同様，「法律上の利益」をめぐる解釈問題が存在する（37条の2第4項は取消訴訟における第三者の原告適格解釈の指針を定めた9条2項を準用する）。**〔基本事例4〕**では，Pの原告適格を建築基準法及びその関連法令から基礎づける必要がある。

COLUMN

職権利益処分の義務付け訴訟

非申請型の義務付け訴訟では，上述の通り，三面関係において原告が行政庁による第三者への規制権限行使を求める類型が中心になる。しかし，非申請型義務付け訴訟の定義は申請権が原告に法令上定められていない場合の訴訟であるため，二面関係において原告が自己に対する利益処分を求める類型も，申請の仕組みを前提としない場合には非申請型に含まれる[35]。もっとも，こうした申請に基づかない利益処分の法的仕組み，つまり職権措置による利益処分の例は，現行法では例外にとどまる。法務大臣の在留特別許可などがその例である（**〔Q6〕**の2009年東京高裁判決は非申請型と解釈した）[36]。

(c)　被告適格

非申請型義務付け訴訟の被告は，求められた処分を行う権限をもつ行政庁の所属する行政主体である（38条1項・11条）。

(d)　重大な損害

非申請型義務付け訴訟の利用を認めることは，一定の処分を求める申請権が実体法上予定されていない者（**〔基本事例4〕**では市民P）に申請権を認めたのと同様の結果となる。他方，Pの請求は，他の市民（事業者Q）にとって不利益な内容をもつ規制権限（是正命令）の発動を求めるものである。これらの点を総合考慮して，Pに権利救済を求めるだけの必要性があることが前提となる。

34）　塩野・Ⅱ 237頁。
35）　小早川・下Ⅲ 312頁。
36）　阿部・解釈学Ⅱ 295頁は，法定申告期限を過ぎ申請権が消滅した後の減額更正処分に対する義務付け訴訟を，非申請型義務付け訴訟として検討している。

こうした判断から，「一定の処分がされないことにより重大な損害を生ずるおそれ」（37条の2第1項）があることという要件が法定されたのである[37]。もっとも，この文言の解釈に関しては，厳格になりすぎないことが必要である。解釈の指針として，損害回復の困難の程度，損害の性質及び程度を考慮に入れるよう，37条の2第2項が規定している。

〔Q 7〕 Xらは A 社操業の産業廃棄物処理場の周辺地域に居住する住民であり，当該処理場の違法な操業により，有機物による水質汚濁等を通じて生活環境の保全に支障が生じると考えている。上記処分場内のある地点で地下から採取した水からは基準を大幅に上回る鉛等が検出されている。Xらの居住地域では上水道は整備されておらず，Xらは井戸水を飲料水，生活用水に利用している。廃棄物の処理及び清掃に関する法律19条の5第1項1号によれば県知事は支障を除去する措置命令を発することができるが，知事は権限行使に消極である。Xらは非申請型義務付け訴訟の提起を考えているが，その適法要件である「重大な損害を生ずるおそれ」をいかに主張すべきか検討しなさい。

同様の事案で措置命令の義務付け請求を認容した裁判例では，処分場地下に浸透した鉛等が処分場外に流出した場合，鉛で汚染された地下水がXらの生命・健康に被害をもたらし，その性質上回復が著しく困難であることから，重大な損害を生ずるおそれについて肯定している[38]。

37）参照，村田斉志氏発言・小早川編・研究115頁。重大な損害を生ずるおそれを認めた裁判例として，出生届が受理されていないことを理由に東京都世田谷区長により住民票の記載がなされなかった者が，出生届にかかる子の住民票作成の義務付けを請求したものがある。裁判所は，住民票が作成されないことにより，区立幼稚園への入園，区立小学校への就学，私立幼稚園に入学した場合の補助金支給，区営住宅への入居などで，住民票の記載に代替する証明手段をその都度講じなければならないという不利益の累積や，将来，選挙人名簿への未登録という重大な問題になりうることなどを重大な損害と判断した。参照，東京地判2007［平成19］年5月31日判時1981号9頁［69］。控訴審は，おそれを否定して，訴えを却下した（東京高判2007［平成19］年11月5日判タ1277号67頁）。上告審の最判2009［平成21］年4月17日・前掲注8）は住民票不記載の処分性を否定した。

38）福岡高判2011［平成23］年2月7日判時2122号45頁（最高裁は，翌年7月3日に県の上告を棄却している）。このほかにも，福島地判2012［平成24］年4月24日判時2148号45頁では，法15条の3第1項1号に基づき産業廃棄物処理施設設置許可の取消しを知事に義務づける請求が認容されている。同判決は，当該施設から人体に有害なダイオキシン等に汚染された大気や水が継続的に排出されることにより，生活用水や農業用水を原告が直接利用している状況では，原告の生命及び健康に損害を生ずるおそれ

(e) 補 充 性

「その損害を避けるため他に適当な方法がないとき」(37条の2第1項) という要件は，法律の立案に関与した者の説明によれば，特別の救済手段が個別実定法において法定されている特殊な場合を念頭に置いたものである[39]。特別の救済手段を定めた個別実定法規は少数にとどまることから，上記の補充性要件が適用される事例は限定される[40]。

よく挙げられる例が，納税申告書による納付税額が過大な場合について法律上規定された更正の請求制度（国税通則法23条）である。立法趣旨によれば，更正の請求制度が利用できる場合には，それを優先して利用することが求められるため，減額更正の義務付け訴訟は認められない[41]。同様に，固定資産課税台帳に登録された価格を修正して登録するよう求める非申請型義務付け訴訟は，以下で説明するように，地方税法において他の適当な方法が法定されていることを理由に不適法とされた[42]。つまり，地方税法では，上記価格に関する不服は固定資産評価審査会に不服の申出を行い（同法432条1項)，当該審査会の決定に不服であれば取消訴訟を提起して争う（同法434条1項）という方式が法律上明記されている（同条2項)。こうした法律制度のもとで，非申請型義務付け訴訟は不適法と判示されたのである。

上記のほか，自己に対する不利益処分について職権取消し（例えば，課税処分の一部取消し）を求めるのは非申請型義務付け訴訟によるのではなく，取消訴

があるとして重大な損害を肯定した。

39) 小林・行訴法162頁以下。

40) 申請権（営業許可の申請権）を認められた者が申請権を行使せずに処分（営業許可）の義務付けを求めようとする場合，1つの考え方は，申請がなされていない以上，申請型義務付け訴訟の要件を充たさず，非申請型義務付け訴訟として扱うこととなる。この立場では，上記の訴えは，「他の適当な方法」（申請権行使）によらないことから，非申請型義務付け訴訟の補充性要件を充たさず不適法と解される（村田斉志氏発言・小早川編・研究124頁以下)。もう1つの考え方は，上記の場合は申請型義務付け訴訟を利用すべき事例で，申請をなしていない以上，訴訟要件を欠くため申請型義務付け訴訟は不適法と解される（本文で挙げた更正の請求制度について，こうした理解を示すものとして，阿部・解釈学II 298頁)。

41) 広島地判2007［平成19］年10月26日訟務月報55巻7号2661頁に掲載，広島高判2008［平成20］年6月20日訟務月報55巻7号2642頁。

42) 横浜地判2006［平成18］年7月19日裁判所HP，東京高判2006［平成18］年11月15日裁判所HP，神戸地判2007［平成19］年3月16日判例地方自治303号27頁。

訟を利用すべきである[43]。もっとも，処分後の事由を理由とする撤回権行使を求める義務付け訴訟は，取消訴訟の出訴期間経過後にあっては，当該取消訴訟によっては処理できないため許容される余地がある[44]。

なお，違法建築や許可工場の違法操業に対する隣人の民事差止訴訟等が提起可能であるとしても，行訴法改正の立案関係者によれば，こうした民事訴訟は隣人が非申請型義務付け訴訟を利用することを制限する「適当な方法」とは理解されていない[45]。その理由は，両者は要件，効果，当事者などの点で異なるものであり，補充関係にあるとは解されないからである[46]。

⑶ 本案勝訴要件

非申請型義務付け判決の本案勝訴要件として，次の点が挙げられている（行訴法 37 条の 2 第 5 項）。

⒜ 求められた処分をすることが法令上明らかである羈束行為であること。

⒝ 又は，裁量処分の場合に，求められた処分をしないことが，裁量権の踰越・濫用に当たると認められること。

これらの要件はいずれも，求められた処分権限発動の不行使が違法であること（＝権限行使の作為義務が発生していること）を内容とする。**（基本事例 4）**でいえば，違法建築物に対する是正権限の不行使が裁量権行使として違法であると認められる場合に，裁判所は是正命令の発動を処分行政庁に命ずる旨の判決を下すことができるのである。

これらの要件は，遅くとも事実審の口頭弁論終結時には充たされている必要がある[47]。

⑷ 訴訟の審理方法

非申請型義務付け訴訟の審理に関し，請求の併合（16 条～19 条），訴えの変

43） 小早川・下Ⅲ 313 頁，高橋滋「義務付け訴訟」園部＝芝池編・理論 171 頁，橋本・要説 62 頁。
44） 小早川・下Ⅲ 313 頁。
45） 村田斉志氏発言・小早川編・研究 124 頁。
46） 阿倍・解釈学Ⅱ 298 頁。
47） 小林・行訴法 166 頁，塩野・Ⅱ 245 頁，小早川・下Ⅲ 310 頁。

更（21条），訴訟参加（22条・23条），職権証拠調べ（24条）の規定が準用される（38条1項）。釈明処分の特則（23条の2）の規定は，未だ処分が下されていない非申請型義務付け訴訟については準用されていない。ここには，申請型義務付け訴訟の審理について述べたことと同様の問題が存在する。

⑸　判　　決

義務付け判決の主文は，「原告の訴えに基づき，処分行政庁は処分権限を発動せよ」という内容になる。当該判決は給付判決である（⇒**2**⑸ *COLUMN* 参照）。なお，規制権限を行使するのは裁判所によって命ぜられた行政庁であって，裁判所ではない。義務付け判決には，執行力は認められていない（⇒**2**⑸参照）。義務付け判決には取消判決の拘束力の規定（33条）が準用されている（38条1項）。

非申請型義務付け訴訟は，原告（**基本事例4**）では市民P）と被告＝行政主体（建築事務所長Rの帰属する東京都）（行訴法38条1項・11条）との間の争いであり，求められた是正処分の名宛人である市民（本件では事業者Q）は訴訟当事者ではない（**図表10-6**参照）。義務付け判決は第三者効をもたないために（38条1項は32条を準用していない），Qに請求認容判決（義務付け判決）の効力は及ばない。つまり，義務付け判決後においても，事業者Qは建築事務所長Rによる是正権限行使に対し取消訴訟で争うことが可能である[48]。このような三面関係における紛争を一挙に解決するためには，義務付け訴訟の審理過程において，Qの申立て又は裁判所の職権で裁判所の決定をもってQの訴訟参加（38条1項・22条）を図るとか，訴訟当事者（例えばP）がQに訴訟告知する（行訴法7条，民事訴訟法53条）などして，義務付け判決の効力をQに及ぼすことが有用である（ただし，訴訟告知の利用可能性に関しては，告知者と被告知者との間で利害対立が認められる本事例のような場合に，被告知者が訴訟に参加して攻撃・防御を尽くすことは期待できず，訴訟告知のみで参加的効力を及ぼすことができないのではないかという批判が存在する）[49]。

48）　川神裕氏執筆・高橋＝市村＝山本編・条解764頁。

49）　参照，秋山幹男他『コンメンタール民事訴訟法Ⅰ〔第2版〕』（日本評論社・2006年）518頁。

COLUMN

非申請型義務付け訴訟と不利益処分手続

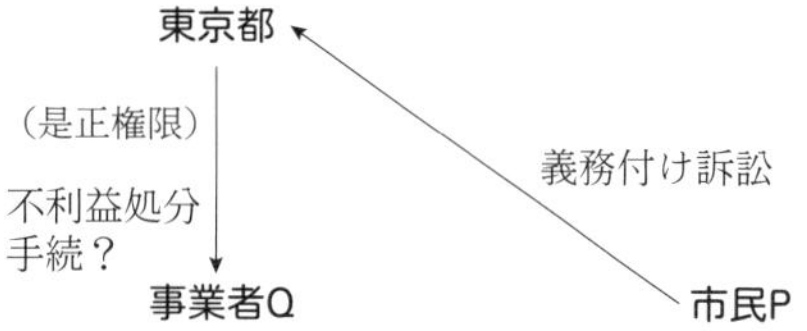

東京都
（是正権限）
不利益処分
手続？
義務付け訴訟
事業者Q
市民P

（基本事例 4）に見られるように，事業者Qに対する不利益処分（規制権限行使）を求める義務付け訴訟で，Qは訴訟当事者ではなく，義務付け判決の第三者効を定めた規定も欠く。こうした制度上の不備により，義務付け判決の効力は，Qに及ばないこととなる。そのため，被告東京都は，事業者Qに訴訟告知をして，Qに義務付け判決の参加的効力が及ぶようにしておかないと，義務付け判決への対応で以下に述べるように苦境に立たされることとなる。

具体的には，義務付け判決に応じて，被告はQに不利益処分を行う場合に，行政手続法が定める不利益処分手続を履践しなければならないのかという問題に直面する。1つの考え方は，判決の執行に当たるため行政手続法3条1項2号により同法第3章の規定は適用除外になるという解釈が存在する[50)]。しかし，訴訟に関与しておらず手続保障を受けていない第三者に不利益処分手続を不要とするのは，行政手続法の適用除外条文を形式的に適用することにより説明することができても，手続保障の観点からは合理的正当性をもつものではない。他方，訴訟に関与していないQとの関係で不利益処分手続の履践が必要であると解した場合，義務付け判決により処分実施という結論を要求されて結論が固定された立場で，処分庁はQの意見聴取等を行わなければならず，不利益処分手続自体が中立性や公平性を欠く異例の事態とならざるをえない。

このように，いずれの解釈によっても，第三者を訴訟に関与させずに非申請型義務付け訴訟で被告が敗訴すれば，被告は義務付け判決の執行に障害を抱える迷路へと追い込まれることになる。したがって，非申請型義務付け訴訟において，被告は第三者に対し訴訟告知を行うこと，ないしは訴訟参加を求めることが不可欠である。

(6) 仮の義務付け

申請型に比べ，非申請型義務付け訴訟においては，仮の義務付けの利用は極

50） 参照，宇賀・概説Ⅱ 343～344 頁。他方，事業者Qが訴訟に参加して主張の機会を保証されたのであれば，義務付け判決の執行において不利益処分手続が適用除外となることは合理性がある。

めて低調な状況にある。詳しくは，第13章で扱う。

●参考文献

阿部泰隆「義務づけ訴訟論」同・改革論223頁以下（初出1977年）
阿部泰隆「義務づけ訴訟論再考」同・改革論305頁以下（初出1985年）
石川正「不作為違法確認の訴え」新実務民訴9巻81頁以下
石崎誠也「社会福祉行政上の処分と義務付け訴訟の機能」法律時報79巻9号（2007年）22頁以下
加藤泰守「行政庁の不作為に対する救済」講座3巻127頁以下
小早川光郎「行政の第一次的判断権・覚え書き」原田古稀217頁以下。
塩野宏「無名抗告訴訟の問題点」新実務民訴9巻113頁以下（後に，同『行政過程とその統制』（有斐閣・1989年）305頁以下に所収）
高橋滋「義務付け訴訟」園部＝芝池編・理論150頁以下
常岡孝好「申請型・非申請型義務付け訴訟の相互関係に関する一考察」宮崎古稀170頁以下
橋本博之「義務付けの訴えの法定」小早川＝高橋編・詳解37頁以下
山田二郎「不作為の違法確認の訴えにおける原告適格及び訴えの利益」実務民訴8巻129頁以下
横田明美「義務付け訴訟の機能――時間の観点からみた行政と司法の役割論(1)～(6・完)」国家学会雑誌126巻9＝10号753頁以下，11＝12号941頁以下，127巻1＝2号26頁以下，3＝4号198頁以下，5＝6号359頁以下，7＝8号538頁以下（2013年～2014年）。

第 11 章
差止訴訟

▶本章の狙い

差止訴訟は，2004 年の行訴法改正で新たに明文規定が設けられた訴訟類型である。なされるおそれのある処分，つまり，未だなされていない処分の差止めを求める訴訟である。処分を対象としている点で，抗告訴訟の一種である。既になされた処分に対する取消訴訟と比較することを通じて，差止訴訟の利用可能な紛争状況，利用条件，差止判決の特色などを深く理解してもらいたい。

1　定義及び特色

(1)　将来予定されている処分に対する先取型「取消訴訟」

差止訴訟は，違法である一定の処分を行政庁が行おうとしている場合に，当該処分を行わない旨を行政庁に対して命じてもらう訴訟類型である（行訴法 3 条 7 項)。2004 年の行訴法改正で明文化された。差止訴訟は処分を攻撃対象とするものであり，抗告訴訟の一種である（**図表 11-1** 参照)。

取消訴訟が既に行われた処分を対象とするのに対し，差止訴訟は行われようとしている将来の処分を対象とする（3 条 7 項は「一定の処分……がされようとしている場合」と規定する)。こうした点から，差止訴訟は，「先にずらされた取消訴訟」[1] などと呼ばれている。

図表11-1　行政事件訴訟の一覧

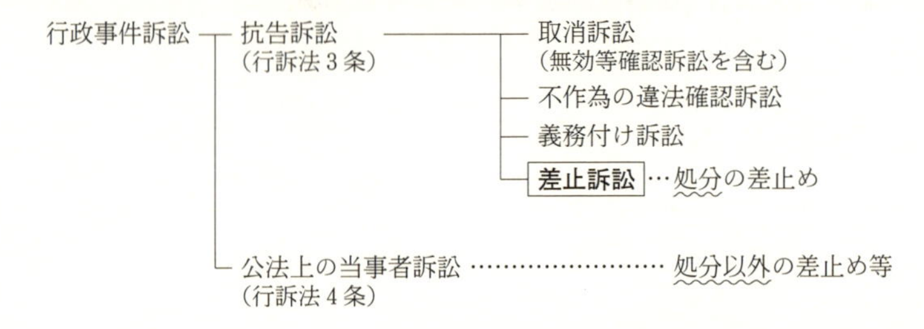

(Q1)　次の各事例において，取消訴訟と差止訴訟のどちらを利用できるか，検討しなさい。解答にあたっては，両訴訟の特色を対比して説明すること。

①　株式会社Aは中間処理施設の設置を予定して産業廃棄物処理業の許可を申請し，知事から許可を得た。施設から汚水，粉じん，振動等が発生するおそれがあることから，当該施設の隣地所有者Bは出訴を考えている。

②　甲拘置所では所長により，刑事収容施設及び被収容者等の処遇に関する法律に基づき，男子受刑者に対し，強制的に髪を短く調髪する処分が行われている。長髪の男子受刑者Cは性同一性障害のため，男子受刑者として調髪処分を受けるのは耐え難い精神的苦痛を被ると考え，調髪処分を阻止したい。

③　福山市等が道路港湾整備事業のために，広島県知事に対して，公有水面埋立法に基づき瀬戸内海の湾内の公有水面約1万9000平方メートルについて，埋立免許の申請をした。これに対し，近隣住民Dらは，埋立が鞆の浦の景観を損なうものであるとして，埋立免許やそれに基づく事業に反対である。

事例①では，産業廃棄物処理業の許可という処分が既に下されているので，取消訴訟を利用することができる（処分が行われていない場合について，後掲の**〔基本事例〕**参照）。事例②では，Cは調髪処分を攻撃対象にしようとしている点で，抗告訴訟を利用できる。まだ処分は下されておらず，処分が予想される事例であることから，差止訴訟の利用が考えられる[2]。事例③では，申請に対して埋立免許処分が予想される事例であることから，Dらは，差止訴訟を利

---

1)　阿部・解釈学Ⅱ 307頁。

2)　名古屋地判2006［平成18］年8月10日判タ1240号203頁は，拘禁施設における拘禁目的等を重視し，拘置所長の裁量権行使に逸脱・濫用はないとして，差止めの請求を棄却した。

用することができる[3)]。

取消訴訟に関して，処分の名宛人が原告となる場合と第三者が原告となり訴訟を提起する場合が存在したのと同様に，差止訴訟でも，処分の名宛人が提起する類型と第三者が提起する類型の 2 つが存在する。上記事例でいえば，調髪処分を受けるであろう受刑者 C が出訴する事例②が名宛人による差止訴訟の例である。他方，近隣住民である D らが埋立免許処分を争う事例③が，第三者による差止訴訟の例である。

(2) 処分性要件

差止訴訟は抗告訴訟の一種であるため，差止めの対象行為が処分であることが訴訟要件である。行政活動の差止めを求める訴訟として，処分の差止めを求める場合には差止訴訟を提起し，処分以外の行政活動について差止めを求める場合には，公法上の当事者訴訟を利用すべきである。

(Q 2) 公立高校の教員 E_1 は，卒業式で君が代を斉唱しなかった等の理由で懲戒処分を受けた。他方，同じ高校の教員 E_2 は，年度末に予定されている卒業式で君が代斉唱を拒否するつもりである。教育委員会の教育長の出した通達では，入学式，卒業式に君が代斉唱やピアノ伴奏等を拒否した教員には学校長が懲戒処分を行う旨が規定されている。これまでも斉唱等を拒否した教員に対し懲戒処分（停職，減給又は戒告）が下されてきた（免職がなされた例は存在しない）。このほか，懲戒処分を受けた者は勤務成績の評価を通じて昇給で不利益を受けており，定年退職後の再雇用も一切認められていない。これらの状況から，E_2 は，斉唱等を拒否すれば懲戒処分のほか，処遇上の不利益を受けることは確実であり，回避したい。以下の①及び②について検討しなさい。

① E_2 は停職，減給又は戒告に対して差止訴訟を提起できるか。

② E_2 は再雇用不承認等を含む不利益措置に対して差止訴訟を提起できるか。

(Q 2) で，E_2 は懲戒処分を攻撃対象にしようとしている点で，抗告訴訟の利用が可能である。E_2 については懲戒処分が未だ下されておらず，年度末の

3) 広島地判 2009［平成 21］年 10 月 1 日判時 2060 号 3 頁 60 は，景観利益を有すると認められる近隣住民に原告適格を認め，埋立免許の差止請求を認容した。

卒業式の後で懲戒処分が予想される事例であることから，停職，減免又は戒告に対して差止訴訟を利用することができる。他方，処分以外の処遇上の不利益（昇給面での不利益や再雇用の不承認）を差し止めるためには，第12章で後述するように，公法上の当事者訴訟によることになる[4)]。

（Q 3） G市は，財政難もあり，翌年4月から市立保育園を廃止し，社会福祉法人に移管する民営化の方針を定めた。翌年3月末日をもって市立保育園廃止を内容とする条例を制定する予定である。この条例が制定されれば，特段の処分等がなされることなく，市立保育園は廃止され，園児は市立保育園に通学する地位を失う。これに対し，民営化により保育園の職員がほぼ全面的に入れ替わり，とくに経験の浅い若手職員が多数となり運営される点について，園児にとって保育環境が大きく変わる点などを批判する意見が，園児の父母を中心に挙がった。父母Fらは，条例制定行為を処分であると捉えており，市立保育園が廃止されることを阻止したいと考えている。Fらはどのような訴訟類型を利用可能か，検討しなさい。

上記事例における条例は後続処分を予定しておらず，条例の制定によって現に入所中の園児等の権利義務を直接に変動させるものである。このような場合には，例外的に条例（制定）の処分性を肯定し，FはG市を被告に制定された条例を対象とした取消訴訟を提起することができる[5)]。こうした解釈を前提とすると，**（Q 3）**では，処分である条例は未だ制定されておらず，将来予定されている条例制定を阻止する訴訟であることから，差止訴訟の利用が考えられる[6)]。これは，処分性拡張による差止訴訟の活用例である。

⑶　第三者の原告適格

（Q 1）②のように，原告が自己を名宛人とする不利益処分がなされる蓋然性

---

4)　参照，最判2012［平成24］年2月9日民集66巻2号183頁［百選Ⅱ 214事件］59。この判決は，懲戒処分差止請求の適法性を認めた（ただし，本案勝訴要件（行訴法37条の4第5項）を充たしていないとする）。

5)　最判2009［平成21］年11月26日民集63巻9号2124頁［百選Ⅱ 211事件］29。第4章*4*⑴(b)参照。

6)　同様の事例で仮の差止めの申立てを認容したものとして，参照，神戸地決2007［平成19］年2月27日賃金と社会保障1442号57頁。

が高いとして差止訴訟を提起する場合には，容易に原告適格が認められる。これに対し，第三者の提起する差止訴訟では，どの範囲の第三者に原告適格が認められるのかが論点になる。この問題に関しては，取消訴訟の原告適格と同様に解することができる。つまり，行訴法9条2項の規定を準用して，「法律上の利益」を有する者の範囲を判断することとなる（行訴法37条の4第3項・第4項）。(**Q 1**)③のように，公有水面埋立免許に反対して近隣住民が出訴する事例が，第三者の提起する差止訴訟の典型例である[7]。

（基本事例） H株式会社は，建築現場や工場から排出される産業廃棄物を選別し破砕する施設（いわゆる中間処理施設）を設置しようと考えている。この施設では，廃プラスチック，木くず等8種類の廃棄物を受け入れ，これらを選別し破砕ないしリサイクルをした後，保管する。廃棄物はその後，最終処分場へ委託される。Hは中間処理施設の設置場所として，東京都甲市にある本社・工場横の敷地を予定している。Hが，上記施設を設置するためには，廃棄物処理法14条6項に基づく産業廃棄物処理業の許可を知事から受けなければならない。そこで，Hは2014年10月1日に許可申請書を提出した。

Iは，Hの施設建設予定地の北側隣地に土地を所有し，同所に居住している。Jは施設建設予定地の南西約50メートルのところに居住し，食堂を経営している。IやJは，施設が稼働した場合には，そこから粉じんが飛散したり，汚水が流出し地下水に浸透するほか，騒音・振動が生じ，生命や健康に重大な損害が発生すると考えている。そこで，東京都の担当部局に何度も足を運んだが，施設や申請者の能力に関する基準を充たしていれば施設設置を許可する方針であるという説明を受けた。そこで，IやJは訴訟を提起しようと考えている。2014年10月段階で，どういった訴え方があるか，説明しなさい。

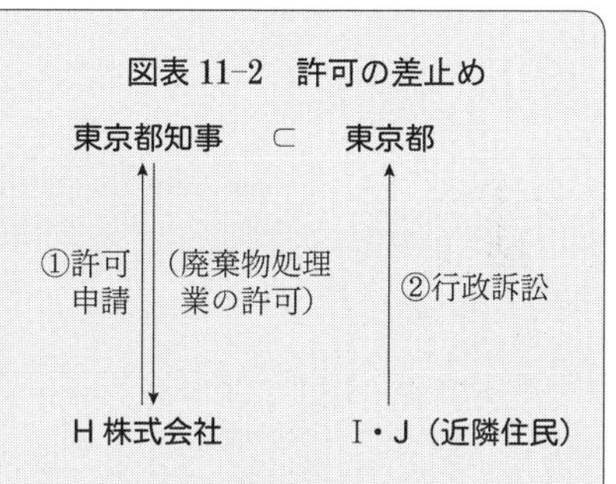

図表 11-2　許可の差止め

上記事例では，未だ許可はなされておらず，処分が予想されることから，差止訴訟の利用が可能である[8]。**（基本事例）**の場合，法律に基づく中間処理施

7）　広島地判2009［平成21］年10月1日・前掲注3)。
8）　参照，大阪地判平成2006［平成18］年2月22日判タ1221号238頁。

設設置許可は典型的な処分であるため，処分性の要件も充たす。

本件で処分の差止訴訟の提起を考える場合に，検討すべき主要問題は，処分の名宛人ではない近隣住民Ｉ・Ｊに原告適格が認められるのかという点にある。つまり，第三者に「法律上の利益」が存在するのか，という解釈問題である。同様の事案で，施設建設予定地から約50メートルに居住する住民などに原告適格を肯定した下級審の裁判例が存在する[9)]（ただし，*2*(3)で述べる「重大な損害」が認められないとして，差止訴訟は却下された）。

(4)　被告適格

差止訴訟の被告は，原則として処分庁が属する行政主体である（行訴法38条1項・11条）。**〔基本事例〕**を例にとると，東京都知事が下すであろう許可に対する差止訴訟であるので，被告は東京都知事の属する東京都である。

(5)　処分発令による訴えの利益消滅（狭義の訴えの利益）

一定の処分が下されるべきではないとして差止訴訟を提起して争っているうちに（＝差止訴訟係属中に）処分が下されてしまった場合には，どのように考えるべきだろうか。処分が下された以上，処分の発令阻止を意図して提起された差止訴訟は，その目的をもはや達成することはできず，訴えの利益を失う。この点が差止訴訟の最大の弱点である。換言すれば，行政庁が処分を下しさえすれば，差止訴訟を終了させることが可能な構造になっている（この点で，仮の権利救済手段が重要となる。⇒第13章）。処分が下された後も原告が争い続けようと考える場合には，訴えを取消訴訟に変更して処分を争うべきである。原告が差止訴訟を取消訴訟に変更することは，訴訟当事者が同一であり，同じ行政訴訟間での変更であり，さらに請求の趣旨も変更がないことから可能であると解される（訴えの変更。行訴法7条，民事訴訟法143条）。

(Q 4)　Ｋは自己の家屋に対して建築基準法９条１項に基づく除却命令が下されないように，差止訴訟を提起して争っていた。ところが差止訴訟係属中に，特定行政庁はＫに対して除却命令を下した。当該命令後に，Ｋは除却命令の

---

9)　大阪地判2006［平成18］年2月22日・前掲注8)。

違法をいかに争うことができるか，検討しなさい。

この事例では，差止訴訟係属中に除却命令が下されたために，除却命令を阻止しようとして提起された差止訴訟は訴えの利益を失う。Kが除却命令の違法を争いたいのであれば，口頭弁論終結時までに差止訴訟から除却命令取消訴訟に訴えを変更すべきである。

2　基本的な利用条件

上記の*1*で述べた解釈方法は，取消訴訟の場合と共通するものが多い。以下では，取消訴訟に比較して差止訴訟の特色と考えられる点を説明する。

⑴　処分発動の蓋然性

差止訴訟は，その定義規定（行訴法3条7項）からも明らかなように，「処分が……されようとしている場合」に提起できるものであるから，処分が発動される蓋然性が訴訟要件となる。

（Q 5）（Q 2）において，E_2が懲戒免職処分の差止訴訟を提起することは適法か，検討しなさい。

この事例では，君が代斉唱等を拒否した教員に対して，停職，減給又は戒告がなされた例は存在したが，免職の事例は存在しなかったのである。この点からすると，懲戒免職処分がなされる蓋然性は認められないため，差止訴訟の提起は不適法である[10)]。

⑵　「一定の処分」――対象の特定性

差止訴訟の対象とする処分について一義的に明確であることまで要求するならば，差止訴訟の利用可能性は著しく減少する。対象行為の特定性を厳格に求めることは，早期の段階での提訴が想定されていること，行政外部にいる市民

10)　最判2012［平成24］年2月9日・前掲注4)。

に複雑な行政活動に関する正確な知識まで要求できないことからも合理的ではない。そこで，立法者は，「一定の処分」という文言を用いることで，対象の特定性について幅をもった訴えの提起を許容した（行訴法37条の4第1項）。例えば，ある法令が懲戒処分や是正処分として複数の措置を規定している場合に，どの措置かを特定しなくとも，懲戒処分や是正処分を行わないことを命ずるよう求めることで足りる。もっとも，原告の側で，少なくともどの法令に基づく処分であるのか程度は申し立てることが必要である。裁判例の中には，高架化事業区間の沿線に居住する市民が，高架鉄道施設上に小田急電鉄が鉄道を複々線で走行させることを許す処分一切の差止めを申し立てた事例が存在する。原告は，列車の走行に直接関係する行政活動だけでも5つの認可等が考えられることから，本件差止請求以上の特定はできないと主張した。しかし，裁判所は差止めの訴えの要件について審理・判断できる程度には対象が特定されていないとして，かかる訴えを不適法と判示した[11]。

（Q 6）（Q 2）において，E_2が停職，減給，戒告といったような具体的な処分名を挙げずに，懲戒処分の差止訴訟といった形で訴訟を提起することは適法か，検討しなさい。

差止訴訟では一定の処分といった形で対象処分を特定することが認められているので，具体的な懲戒処分名まで指摘する必要はなく，懲戒処分差止訴訟といった争い方で適法である[12]。もっとも，懲戒処分差止訴訟といった場合には免職処分差止訴訟も含まれるが，免職処分は過去になされておらず，将来なされる蓋然性がないため，免職処分差止訴訟については不適法である。

⑶　「重大な損害を生ずるおそれ」――積極要件

⒜　取消訴訟よりも厳格な要件

差止訴訟の提起については，「重大な損害を生じるおそれ」が要求されている（行訴法37条の4第1項）。この要件を欠けば，差止訴訟は不適法な訴えとして却下される。この利用条件（訴訟要件）は，取消訴訟では要求されていない。

11）東京地判2008［平成20］年1月29日判時2000号27頁 72 I 108。
12）最判2012［平成24］年2月9日・前掲注4)。

差止訴訟において取消訴訟よりも厳格な要件が求められる理由について考察したい。

差止訴訟は，いまだ下されていない処分を攻撃対象にして，当該処分が下されるであろうという予想のもとに提起される訴訟である。つまり，予測といった不確実な前提に基づく訴訟類型である。1つの考え方として，予測などに依拠せずに，処分が下されてから取消訴訟を提起し，当該処分が不利益をもたらすのであれば，取消訴訟提起と同時に執行停止を申し立てれば充分であり，その方が確実で直截ではないか，という批判が考えられる。こうした批判を視野に入れたうえで，差止訴訟の必要性を説くとすれば，処分後の取消訴訟と執行停止の申立てでは十分な救済ができない場合が存在すること，つまり，処分発令前の救済が必要な場合が存在することを強調することとなる。こうした事情から，差止訴訟の訴訟要件である「重大な損害」は，処分「後に当該処分等の取消訴訟を提起し，執行停止（同法25条）を受けたとしても，それだけでは十分な救済を得られない場合」に認められると解されてきた[13)]。例えば，行政の規制，監督権限に基づく制裁処分と同時にその公表までもが伴う場合などである[14)]。

逆にいえば，処分後の取消訴訟提起と執行停止により回避可能な損害は，「重大な損害」要件を充たさない。例えば，大阪市長が大阪城公園内でテントを設置している申立人に対し都市公園法27条に基づき除却命令を予定している事案に関しては，除却命令が下されてから当該命令の取消訴訟にあわせて執行停止を申し立てれば損害を回避できることから，除却命令に対する差止訴訟は不適法であると判示されている[15)]。

(b)　執行停止と類似の要件

「重大な損害」という要件は，利用促進の趣旨で2004年の行訴法改正で緩和

13)　大阪地判2008［平成20］年1月31日判タ1268号152頁 I 113（後出（Q 7）参照)。最判2012［平成24］年2月9日・前掲注4)，広島地判2009［平成21］年10月1日・前掲注3)。

14)　小林・行訴法183頁。

15)　大阪地決2006［平成18］年1月13日判タ1221号256頁。仮の申立ての事案であるが，本文で述べた理由で差止訴訟は不適法であることから，適法な本案の係属を欠くという理由で，仮の差止めの申立ては却下された。

された執行停止の要件（25条3項）と同じ文言である。差止訴訟における当該要件の解釈指針を示した規定（37条の4第2項）も執行停止における解釈指針（25条3項）と同じ内容である。その理由としては，処分の執行を阻止するという目的において，処分前の差止めと処分後の執行停止は機能において共通する点を挙げることができる[16]。例えば，滞納処分を差し止めるためには，①当該処分差止訴訟のほか，②先行する課税処分取消訴訟とその執行停止によっても目的の達成が可能であり，両者は「重大な損害」要件の点で共通する。こうした共通性が示すところは，もはや差止訴訟は例外的訴訟類型ではないということである[17]。

〔基本事例〕に即していえば，施設稼働による粉じんの飛散，汚水流出，その地下水への浸透，騒音・振動などの発生可能性に着目し，ＩやＪの生命や健康に重大な損害が生ずること，その損害は許可処分後の取消訴訟提起，許可処分の効力停止によっては救済できないことを「重大な損害を生じるおそれ」として主張することが可能である。

〔Q 7〕　歯科医師Ｌの開設した歯科医院Ｍは，患者が保険証を利用できる医療機関（「保険医療機関」という）に指定されている（健康保険法63条3項1号）。同医院では，患者の約7割は保険証を利用して診療を受けている。（厚生労働大臣の保険医療機関指定取消権限の委任を受けた）社会保険事務局長は，Ｍについて診療内容や診療報酬に著しい疑いが存在するとして，健康保険法80条に基づき，その保険医療機関指定を取り消す予定である。取消処分が下された場合，指定医療機関の指定取消しは公示され（保険医療機関及び保険薬局の指定並びに保険医及び保険薬剤師の登録に関する政令1条），公示は地方社会保険事務所の掲示板への掲示といった方法で行われる（保険医療機関及び保険薬局の指定並びに保険医及び保険薬剤師の登録に関する省令5条）。また，運用として，報道機関に発表され，厚生労働省のホームページに当該医療機関の名称が公表される。Ｌは指定取消処分を違法であると考えている。Ｌが差止訴訟を提起する場合，「重大な損害が生ずるおそれ」という要件を充たすか，検討しなさい。

16）　山本隆司教授執筆・小早川＝高橋編・詳解79頁は，執行停止と差止訴訟の連続性を的確に分析する。

17）　山本・前掲注16）72頁。

(Q 7) の場合，歯科医院の保険医療機関指定が取り消されると，同医院の社会的評価は低下し，信用が毀損され，患者は他の歯科医院へ移ることが予想される。そうなると，M の経営破たんのおそれが生じる。とくに現行法の仕組みでは，指定の取消しが公表されるため，処分後の取消訴訟提起と執行停止では不利益の回復は困難であると解される[18]。制裁処分と同時に処分が公表される事例は，行訴法改正時に差止訴訟活用の代表例として説明されたものである[19][20]。

COLUMN

差止訴訟の発展史

差止訴訟が 2004 年に法定されるまで，行訴法は同訴訟の利用を禁止しておらず，解釈に委ねていると説かれた（いわゆる法定外抗告訴訟）。この時代の代表的な判例は，長野勤評事件[21]，横川川事件[22] である。前者は，県立学校長にあてた県教育長の通達に基づき，教員が勤務評定書に自己観察結果を表示する義務を負わないことの義務不存在確認を求めた訴訟である（したがって，訴訟形式としては公法上の当事者訴訟である）。これは，義務違反の場合に予想される懲戒処分等の不利益処分を予防する訴訟としての機能を有する。後者は，河川法 75 条に基づく監督処分等の不利益処分を回避するために，河川管理者が河川法上の処分をしてはならない義務の確認及び河川法上の処分権限がないことの確認，原告所有地が河川法上の河川区域内にないことの確認（これは公法上の当事者訴訟）を求めたものである。両事件において最高裁は，上記のような義務の存否を確認する訴え（これらは，従前の理解では法定外抗告訴訟のうち差止訴訟に該当する）が認められるのは「処分を受けてからこれに関する訴訟のなかで事後的に義務の存否を争つたのでは回復しがたい重大な損害を被るおそれがある等，事前の救済を認めないこと

---

18) 同様の事案で，大阪地判 2008［平成 20］年 1 月 31 日・前掲注 13）は重大な損害を受けるおそれを肯定している。

19) 小林・行訴法 183 頁，291 頁。

20) 大阪地決 2006［平成 18］年 5 月 22 日判タ 1216 号 115 頁は，保険医の登録取消処分に関し，同処分取消しも保険医療機関指定取消しと同様，公表されるにもかかわらず，収入の減少・喪失は財産上のものであり，取消訴訟提起に加えて執行停止を申し立てることで損害を回避できることや，公表は事実上のものであり法令で規定されていないことから，公表による損害は処分の法的効果としてもたらされたものではないことなどを挙げ，重大な損害の存在を否定した。同事案は，適法な差止訴訟の要件を欠くとして，仮の差止めの申立てを却下したものである。

21) 最判 1972［昭和 47］年 11 月 30 日民集 26 巻 9 号 1746 頁。

22) 最判 1989［平成元］年 7 月 4 日判時 1336 号 86 頁。

を著しく不相当とする特段の事情のある場合」であるとして，訴えの適法性を否定した。最高裁は当事者訴訟か差止訴訟かという訴訟類型を重視するのではなく，処分を待たずに提起された訴訟を許容することができるのかという訴えの成熟性の観点から訴えの利益の問題として判断した[23]。学説では，上記最判の示した基準は，差止訴訟が認められる要件を示したものとして理解されてきた。最高裁が示してきた基準（回復しがたい重大な損害）と比較すると，2004年行訴法改正で新たに法定された差止訴訟は，要件を「重大な損害」と緩和したものであることが理解できる。

(4)　補充性要件――消極要件

差止訴訟は，「他に適当な方法があるとき」は利用できない（行訴法37条の4第1項但書）。但書で規定されていることから，他に適当な方法があることの立証責任は被告側が負う[24]。民事訴訟や公法上の当事者訴訟は，ここでいう「適当な方法」には当たらない。つまり，民事訴訟の提起が考えられる場合であっても，差止訴訟の提起は可能である。**（基本事例）**では，IやJは，許可処分後の施設稼働に関し，東京都を被告に不法行為に基づく損害賠償請求訴訟，Hを被告とした差止めといった民事訴訟を提起することが可能であり，加えて，東京都に対する許可の差止訴訟も利用することができる。

ここでいう「適当な方法」とは，法律が特別な差止方法を定めているような場合を指す。例えば，滞納処分による換価を差し止める場合，国税徴収法90条3項は，滞納処分の取消訴訟が提起されれば当該取消訴訟係属中には財産の換価はできないと定めている。このため，処分後直ちに取消訴訟を提起すれば即時に執行を止めることができる。このように国税徴収法には執行不停止原則（行訴法25条1項）の例外が法定されており，取消訴訟の提起で執行が止まることから，換価を避けるために滞納処分の差止訴訟を認める必要はない。同様に，職員団体の登録取消処分は，登録取消処分の取消訴訟を提起すれば当該訴訟係属中には登録取消処分の効力が生じないと規定されているため（国家公務員法108条の3第8項，地方公務員法53条第8項），登録取消処分の差止訴訟を認める必要はない。

23）　阿部・解釈学Ⅱ 306頁。
24）　川神裕氏執筆・高橋＝市村＝山本編・条解791頁，小早川・下Ⅲ 321頁。

COLUMN

段階的行為からなる行政過程と差止訴訟

事業認定（先行行為）と収用裁決（後行行為）のように連続した複数の処分からなる行政過程では，事業認定取消訴訟とその執行停止により，収用裁決を阻止することができる。他方，収用裁決差止訴訟によっても同様の救済が可能である。この場合に，事業認定取消訴訟の出訴期間内であれば，当該取消訴訟が他の「適当な方法」にあたり，収用裁決差止訴訟は許容されないこととなる[25]。これに対し，事業認定取消訴訟の出訴期間を徒過した時（から収用裁決まで）は，「他に適当な方法があるとき」とはいえず，収用裁決差止訴訟は適法に提起できることとなる（収用裁決差止訴訟において事業認定の違法性を主張できるかは，違法性の承継の問題である）[26]。

3　本案勝訴要件

(1)　処分を行うことの違法性

原告は一定の処分を行うことが違法であることを主張しなければならない。一定の処分を行うべきでないことが法令から明らかな場合には，その処分を行うことは違法である。他方，法令が裁量規定である場合には，一定の処分の選択，実施が法令の授権の趣旨に反し，裁量権濫用に該当すれば違法である。このように，差止訴訟の勝訴要件として法定された要件は，行政裁量論，法の一般原則論から帰結されるものである[27]。換言すれば，一定の処分権限不行使を命じる前提となる不作為義務の存在を要請したものである。**（基本事例）**では，原告としては，許可の根拠規定である廃棄物処理法14条6項に関して，知事の裁量権限行使の違法などを主張する必要がある。

(2)　判例に見る裁量審査

裁判例においては，次のような判断が下されている。

(a)　**（Q 2）**の事例で，君が代斉唱に伴いピアノの伴奏を教師に義務づける

25)　塩野・II 249頁。
26)　塩野・II 249頁。
27)　大橋・行政法 I 211頁以下。

通達やそれに基づく指導は，教育基本法10条（現16条1項）に違反し，憲法19条の思想・良心の自由に対する過度な制約であるとして，国歌斉唱やピアノ伴奏の義務が否定された[28)]。

(b)（Q 1）の事例③では，歴史的な港湾施設や建造物が残り，景勝地としても有名な鞆の浦（広島県福山市）において，公有水面を埋め立て，土地を造成する事業が進められた。これに対し，近隣住民が，当該事業は鞆の浦の景観を損なうと主張して，知事による公有水面の埋立免許の差止めを求めた。国土利用上適切かつ合理的であるという免許要件（公有水面埋立法4条1項1号）の判断に関して，知事に政策的見地からの裁量が認められる。そのうえで，広島地裁は当該事業により鞆の浦の景観が大きく変わること，その景観の価値は国民の財産ともいうべき公益であり，事業完成後の復元は不可能であること，本件事業は瀬戸内海環境保全特別措置法等が保護する景観を侵害することなどから，政策判断は慎重に行われるべきであり，基礎とする調査及び検討が不十分である場合や判断内容が不合理な場合には，埋立免許の付与は合理性を欠くものであることを指摘して，行訴法37条の4第5項にいう裁量権の範囲を超えた場合に当たると判示し，差止めを認めた[29)]。

4　訴訟審理及び判決

差止訴訟においては，判決時（口頭弁論終結時）を基準時として差止訴訟の勝訴要件（37条の4第5項）の存否が，判断される[30)]。

差止判決により，行政庁は訴訟の対象となった処分を行わないように拘束される。差止判決は給付判決に該当する[31)]。もっとも，判決の執行についての

---

28)　東京地判2006［平成18］年9月21日判時1952号44頁。控訴審である東京高判2011［平成23］年1月28日判時2113号30頁は，通達の取消訴訟又は無効確認訴訟が直截的で適切な訴訟類型であるとして，こうした「適当な方法」（行訴法37条の4第1項但書）の存在を理由に，懲戒処分差止訴訟を不適法として却下した。上告審判決では，最判2012［平成24］年2月9日・前掲注4）が懲戒処分差止訴訟を適法と判示した。

29)　広島地判2009［平成21］年10月1日・前掲注3)。

30)　小林・行訴法193頁，川神・前掲注24）795頁，福井ほか編・逐条157頁。

31)　差止訴訟を給付訴訟と位置づけるものとして，塩野・Ⅱ 248頁，芝池・救済法151頁，宇賀・概説Ⅱ 359頁。義務付け訴訟・義務付け判決の法的性格論と同様の問題が存

規定は置かれていない。したがって，差止判決について，行政庁に対する強制執行の方法は存在せず，差止判決には執行力が認められない[32]。

差止訴訟には，取消判決の第三者効の規定（行訴法32条1項）が準用されていない（38条1項）。この点で，紛争状況が三面関係である場合には，不都合が生じる。例えば，**（基本事例）**でいうと，原告I・J勝訴の差止判決の効力は，施設設置者であるHには及ばない（**図表11-2**を参照されたい）。差止判決により知事はHの許可申請を拒否することとなるが，Hは，差止判決後もなお，申請拒否処分を争い，例えば義務付け訴訟によって許可を求めることができる[33]。そこで，紛争の一回的解決を差止訴訟において図るためには，Hを差止訴訟に参加させ，判決の効力を及ぼすか（第三者の訴訟参加は38条1項・22条，補助参加は7条及び民事訴訟法42条），東京都ないしI・JからHに対する訴訟告知（民事訴訟法53条）を申し立てることにより，差止判決の効力をHに及ぼすことが考えられる[34]（同法46条）。

差止訴訟においては処分が未だ発令されていないことを理由に，裁判資料の提出に関する制度（釈明処分の特則）は準用されていない（38条1項は23条の2を準用していない）。

COLUMN

差止訴訟の利用方法——取消訴訟における訴えの利益消滅事案への対応策

例えば，土地の所有者が自己の土地に野菜栽培のため盛り土をしたところ，河川区域に当たることから盛り土には河川管理者の許可が必要であり，許可なく行う盛り土は河川法27条1項違反であるとして，県知事から除却命令（同法75条1項1号）を受け，従わなかったために，代執行を受けた事例を考えてみよう[35]。この事例では，除却命令に対して取消訴訟を提起して，

在する（⇒第10章*2*(5)*COLUMN*）。

32）小早川・下Ⅲ298頁，323頁。

33）小林・行訴法193頁，川神・前掲注24）797頁，山本・前掲注16）90頁。

34）訴訟告知によりHに対して参加的効力が及ぶかは，被告（東京都）とHが密接な実体関係にあることが前提であり，そうした関係が認められない場合には，参加的効力は肯定できない場合がありうる。参照，山﨑栄一郎氏執筆・南博方＝高橋滋編『条件行政事件訴訟法［第3版補正版］』（弘文堂・2009年）671頁。

35）最判1989［平成元］年7月4日・前掲注22）を素材にしている。この判決は行訴法改正以前のものであるが，長野勤評事件判決（最判1972［昭和47］年11月30日・前掲注21））を引用して，監督処分をしてはならない義務の確認を求める訴えを不適法と判示した。

あわせて執行停止が認められれば，盛り土の適法性や除却命令の違法性を裁判で争うことが可能である。しかし，執行停止が認められなければ代執行は完了し，取消訴訟の訴えの利益が消滅したとして，訴えは却下される。この場合に，その後もなお野菜栽培のために盛り土を行おうとするならば，知事が除却処分等の監督処分をしてはならないことを求めて差止訴訟を提起することが考えられる。この差止訴訟では，既に代執行を経験していることから，「重大な損害を生ずるおそれがある場合」という要件は充足するものと思われる。

●参考文献

阿部泰隆「公権力の行使に対する差止訴訟」同・改革論365頁以下（初出1984年）

雄川一郎「行政行為の予防的訴訟」同・理論251頁以下（初出1974年）

高木光「義務付け訴訟・差止め訴訟」新構想Ⅲ47頁以下

高安秀明「差止訴訟」園部＝芝池編・理論185頁以下

福井秀夫「行政事件訴訟法37条の4による差止めの訴えの要件」自治研究85巻10号（2009年）39頁以下

湊二郎「差止訴訟と取消訴訟・執行停止の関係――救済ルート選択の問題を中心に」立命館法学342号（2012年）96頁以下

山本隆司「差止めの訴えの法定」小早川＝高橋編・詳解59頁以下

第 12 章
公法上の当事者訴訟

▶本章の狙い

これまで学習したように，処分を直接の攻撃対象とする場合には抗告訴訟を提起しなければならない。これに対し，処分以外の行政活動に起因する紛争で権利救済を図る場合には，以下で述べる公法上の当事者訴訟を用いる。2004 年の行訴法改正では，処分以外の行政活動を対象とした行政事件訴訟を整備する目的で，公法上の当事者訴訟の活用が説かれたのである。この訴訟類型には極めて多種多様な内容のものが混在している状況にあることから，本章では，類型区分のもとに公法上の当事者訴訟の特色を整理し，その利用方法の理解を深めることとする。

1　公法上の当事者訴訟の概念

(1)　法律関係訴訟としての公法上の当事者訴訟

処分を直接攻撃対象として，処分の違法確認，取消し，義務付け等を求める抗告訴訟（3 条 1 項）に対して，処分とは直接関係のない公法上の法律関係を対象とする当事者訴訟が従来から対比されてきた[1)]。公法上の当事者訴訟も，

1)　雄川・争訟法 51 頁は，公法上の当事者訴訟を「行政権の発動とは直接関係のない公法上の法律関係に関する訴訟」と定義する。行政争訟法研究会編『雄川博士行政争訟法改訂草稿』（同研究会・2003 年）85 頁では，「公権力の行使に直接には関係しない公法上の法律関係を対象とする訴訟」と書かれている。芝池・救済法 23 頁，原田・要論 378 頁は当事者訴訟について法律関係訴訟であると把握する。芝池義一「抗告訴訟と法

行政主体を被告として提起される行政訴訟である。上記の対比を具体的にいえば，課税処分，公務員懲戒処分，土地収用裁決などに対する不服の訴訟は，いずれも処分を直接に攻撃対象とする点で抗告訴訟に該当する。他方，処分とは直接関係のない公法上の法律関係を対象とする訴訟とは，第1に，「公法上の権利・義務を争う訴訟」である。日本国籍の確認を求める訴訟や公務員の地位を確認する訴訟，公務員の給与を請求する訴訟，損失補償の支払請求訴訟，公害防止協定に基づく義務履行請求訴訟などが，公法上の法律関係に関する訴訟である。第2は，「処分の無効を前提に，公法上の権利・義務を争う訴訟」である。課税処分が無効であることを前提として過誤納金の不当利得返還を求める訴訟，公務員の懲戒処分が無効であることを前提に公務員の地位を確認する訴訟，公立学校生徒の退学処分の無効を前提に生徒の地位を確認する訴訟などが該当する[2)]。ここでは，先決問題として処分の無効が主張されているが，訴訟自体が処分を直接攻撃するものではないことから抗告訴訟ではない。また，ここで争われている権利や義務が公法上のものとされてきたことから，民事訴訟とも区別されるのである[3)]。

上記の対比を念頭に置いて，抗告訴訟は処分という行為を対象とした訴訟（行為訴訟）であるのに対し，公法上の当事者訴訟は法律関係を対象とした訴訟（法律関係訴訟）であると説かれることがある。

⑵　行為訴訟としての当事者訴訟

上記の2つの類型に加えて，処分性が判例で一般に否定される活動（具体的には，政省令，行政計画，行政指導，通達，行政契約等）に対する救済手段を用意する目的で公法上の当事者訴訟，とくに公法上の確認訴訟の活用が2004年行訴法改正で重視された（行訴法4条には「公法上の法律関係に関する確認の訴え」が

律関係訴訟」新構想Ⅲ 29頁以下は法律関係訴訟，行為訴訟をめぐる理論問題を深く掘り下げた論文であり，その34頁では公法上の（実質的）当事者訴訟は行為訴訟を含まないという見解が提示されている。

2)　処分無効確認訴訟に関して説明したように，行訴法36条は処分無効を前提とした現在の法律関係に関する訴訟を提起できる場合はそれを優先している。同条にいう現在の法律関係の訴訟が，ここでいう公法上の当事者訴訟の一例である。

3)　処分の無効を前提とした私法上の権利や義務を争う訴訟（例えば，土地の買収処分の無効を前提とする，土地の引渡請求訴訟）は，「争点訴訟」と呼ばれる民事訴訟である。

新たに明示された)。公法上の当事者訴訟の第3の類型として注目されたのが,「処分ではない(行政の)行為形式に対する救済手段」としての公法上の当事者訴訟である。こうした目的からすれば,(違法で無効である)行政計画や通達に従う義務のないことの確認を求める訴訟(法律関係訴訟)のほか,行政指導の違法確認訴訟,紛争の抜本的解決に資する場合に行政計画や通達自体を直接の確認対象とする訴訟(行為訴訟)なども不可欠となる(多数当事者を対象とする行政法ではそうした争い方の必要性は高い)。かくして,法律関係訴訟に加えて,処分以外の行為形式を直接の攻撃対象とする行為訴訟としての性格が,公法上の当事者訴訟に新たに期待された[4]。

(3)　いわゆる形式的当事者訴訟

現在では,公法上の当事者訴訟には,上述の3つの訴訟類型が含まれることとなる。これに,実質的性格は抗告訴訟ではあるが,当事者訴訟の形式を法律上採用した「形式的当事者訴訟」が加わる。

形式的当事者訴訟の代表例は,土地の収用裁決(処分)のうち損失補償額に関して,土地収用法133条3項により,収用された土地を利用する者(起業者)と当該土地を所有していた者との間でその額の増減を争う訴訟である。この訴訟はたしかに,収用裁決の内容に対する不服の訴訟である点で抗告訴訟としての実質をもつ。しかし,収用裁決を行った処分庁(都道府県収用委員会)の属する行政主体を被告とせずに,土地所有者と起業者といった当事者間で損失補償額の増減を争うよう法定されたのである。処分を直接の攻撃対象とする訴訟形式が採用されていない点で,当事者訴訟である。さらに,処分(収用裁決)の内容を変更する機能をもつことや,公法上の債権とされてきた損失補償請求権が争われていることなどから,「公法上の」当事者訴訟(行訴法4条)であり,民事訴訟ではない。

---

4)　藤田・総論401頁は,違憲な立法による権利侵害,違法な行政計画による権利侵害の場合に確認訴訟を利用して救済を図ることができる点に,創設的な意味を指摘する。処分以外の活動を直接的に対象とする確認訴訟を許容する見解として,阿部・解釈学Ⅱ316頁以下,櫻井敬子＝橋本博之『行政法〔第4版〕』(弘文堂・2013年)375頁。これに対し,こうした訴訟を法定外抗告訴訟と捉えるものとして,芝池・救済法170頁,同・前掲注1)46頁。

図表 12-1　行政に関する訴訟の一覧

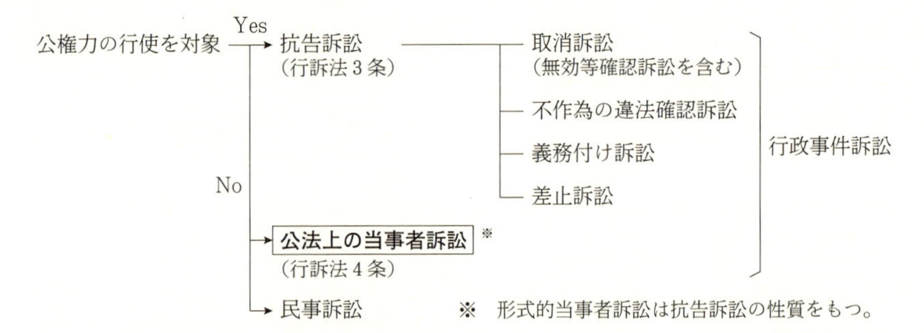

(4)　4種類の公法上の当事者訴訟

大きく分けて，公法上の当事者訴訟は以下に示すように4つの訴訟を含むものである。下記の①～③の訴訟は，④の形式的当事者訴訟と区別して「実質的当事者訴訟」と呼ばれることがある。形式的当事者訴訟は，法定された特定の訴訟であり，行訴法が詳細に手続を規定していることから，公法上の当事者訴訟の解釈問題の多くは実質的当事者訴訟に関わるものである。*2*以下では，実質的当事者訴訟の各類型について詳説する。

①　処分ではない行為形式に対する行政訴訟	
(a)処分ではない行為形式の無効を前提に公法上の権利・義務を争う訴訟	（法律関係訴訟）
(b)処分ではない行為形式に対する訴訟	（行為訴訟）
②　公法上の権利，義務を争う訴訟	（法律関係訴訟）
③　処分の無効を前提に公法上の権利・義務を争う訴訟	（法律関係訴訟）
④　形式的当事者訴訟（実質は抗告訴訟の性格をもつ）	

COLUMN

実質的当事者訴訟と民事訴訟の区別

前章までで説明したように，処分を直接の攻撃対象とするのが抗告訴訟であり，処分を直接に攻撃対象としないのが公法上の当事者訴訟である。この点において，実質的当事者訴訟は，抗告訴訟と区別される（**図表12-1**参照）。

難問は，実質的当事者訴訟は，民事訴訟といかにして区別されるかという解釈問題である。立法者の意思は，「訴訟物（権利ないし法律関係）が公法関係に属すか」を基準とする（第1基準）。これを充たすのが公法上の当事者訴訟である[5)]。公法上の法律関係に関する当事者訴訟は，この点で私法上の法律関係に関する民事訴訟と区別されるのである。上記の①(a)や②③の訴訟に関しては，この基準による。これに加えて，公法上の当事者訴訟では，処分に該当しない行為形式に対する救済にも主眼が置かれている。①(b)の公法上の当事者訴訟では，「処分に該当しない行為形式に対する訴訟」といった点が民事訴訟との区分基準となる（第2基準）。

第1基準に関しては，区分困難な事例が想定される。公法か私法かといった区別は歴史的に形成されてきたものであり，理論的というよりも，偶然的，沿革的，直感的な要素を含むものである。したがって，訴訟物が公法上のものか私法上のものかは，典型例に関して説明することができても，限界事例は残る。公務員の法律関係，国籍，選挙権，損失補償，税の過誤納金の返還，国公立学校の存学関係，強制徴収が認められている利用料金請求権等はその沿革から公法に分類することは容易であるが，それ以外に不明な領域が残る。この点に関しては，行訴法で公法上の当事者訴訟に準用される規定の差異に着目して機能的に区別すべしという提案がなされてきた（機能的アプローチ）。具体的には，公法上の当事者訴訟に準用される訴訟規定[6)]を適用すべきと考えられる場合に，公法関係と解釈する立場である[7)]。しかし，公法上の当事者訴訟にかかる取扱いは民事訴訟手続と大差ない内容のものであることから，機能的アプローチも説得力は弱い[8)]。結局，公法と私法の峻別論を否定した現状では，グレーゾーンは不可避である。グレーゾーンが残る点，民事訴訟と公法上の当事者訴訟で訴訟手続がほとんど異ならない点からすれば，裁判所は鷹揚な姿勢で，当事者の主張を善解して本案審理に入ることが肝要である（第3基準）。民事訴訟か公法上の当事者訴訟かの区別ではなく，裁判による権利救済を与えるに足りる確認の利益等があるかといった点を重視すべきであろう[9)]。

---

5)　杉本・解説128頁。

6)　当事者訴訟に準用されるのは，行政庁の訴訟参加（23条），職権証拠主義（24条），判決の拘束力（33条1項），訴訟費用の裁判の効力（35条），釈明処分の特則（23条の2），移送（13条），訴えの併合（16条〜19条）などである（41条）。

7)　宇賀・概説Ⅱ 376〜377頁が的確に機能的アプローチの意図を整理している。

8)　塩野・Ⅱ 258頁。

9)　阿部・解釈学Ⅱ 317頁。

2 処分ではない活動に対する行政訴訟 ——公法上の当事者訴訟（その1）

(1) セーフティー・ネットとしての公法上の当事者訴訟

従前の裁判例では，政令・省令，行政計画，通達，行政契約，行政指導，さらには条例などについて，処分性は一般に否定されてきた。つまり，これらの行為を取消訴訟で争うのは困難であった。そこで，処分に該当しない行為に対しても権利救済を可能にすることが課題とされ，対応策として，2004年の行訴法改正で，4条後段に「公法上の法律関係に関する確認の訴え」という文言が加えられた。つまり，公法上の当事者訴訟の一種である確認訴訟を明示し，公法上の当事者訴訟の活用を促す方針が示された。

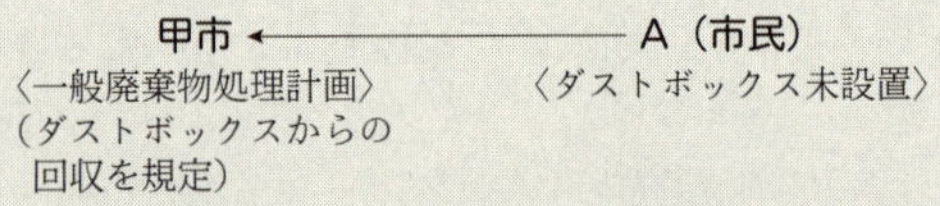

（基本事例） 甲市では，カラスがごみ回収に出された袋を早朝から食いちぎり街が汚れることや，生ごみを餌として繁殖することなどから，市議会で対策が議論された。その結果，ダストボックスを設置する政策が推進された。この政策では，市民自身によるダストボックスの購入・設置が前提とされている。甲市の一般廃棄物処理計画によれば，市はダストボックス内のごみだけを回収するものとされた。

甲市に住むAは，スーパーのレジ袋にごみを入れて，回収日に従前の回収場所に出しておいたが，甲市の清掃員は回収していかず，レジ袋には「ダストボックスを設置して，ごみはその中に入れてください」と注意書きの紙が貼られていた。Aは，市の清掃部局に再三，回収を申し入れたが，聞いてはもらえない。そこでAは行政訴訟を提起したいと考えている。この場合，Aは，どういった訴え方ができるか，利用条件も含めて検討しなさい。

図表 12-2　ごみの回収義務をめぐる争い

甲市 ←―――― A（市民）
〈一般廃棄物処理計画〉（ダストボックスからの回収を規定）
〈ダストボックス未設置〉

本件では処分が存在していないために，Aには抗告訴訟を利用する余地がない。そこで，Aは甲市を被告として，Aがごみを回収してもらう権利を有すること（ないしは，甲市がAのごみを回収する義務を負うこと）の確認訴訟を提起することが考えられる。確認訴訟は公法上の法律関係（＝権利・義務）の確

図表 12-3 公法上の確認訴訟における確認の利益

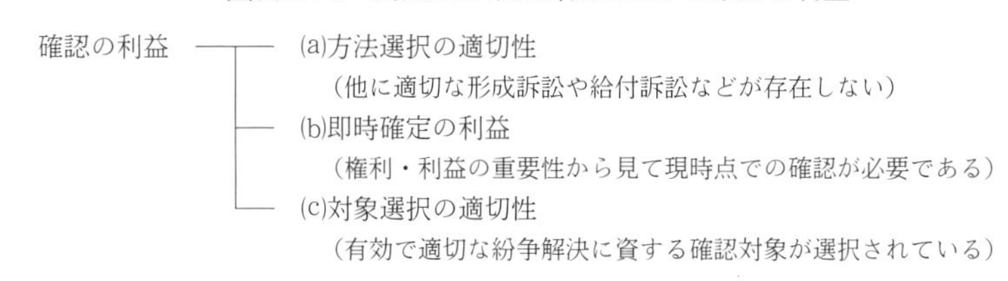

認を求める訴訟として構成可能である。例えば，○○の権利や地位を有することの確認訴訟，△△の義務を負わないことの確認訴訟といった具合である。被告は，国，都道府県，市町村，特別区といった行政主体であり，出訴期間の制限は存在しない。

〔基本事例〕では行政計画（甲市一般廃棄物処理計画）の違法が争点とされており，計画の違法＝無効を前提として，Aの権利ないし甲市の義務を確認する訴えを利用すべきである。換言すれば，公法上の確認訴訟は，処分以外の行為形式（本件では行政計画）の違法を先決問題として審査する訴訟類型である。Aが勝訴して確認判決が下されると，ごみを回収してもらう権利が宣言されると同時に，確認判決の拘束力として，甲市の行政機関は判決の趣旨に従い計画を変更する義務を負う（行訴法41条1項・33条1項）。確認判決が下されるまでの間の仮の権利救済手段としては，仮処分の利用が考えられる。

⑵ 確認の利益

公法上の確認訴訟の利用方法に関する条文は簡略であるため，民事訴訟法で勉強した「確認の利益」の考え方が指針となる[10)]。とりわけ，次の3つの視点に基づく審査が重要である（**図表 12-3** も参照）。

⒜ 方法選択の適切性

第1に確認訴訟という方法を選択することが適切であるのか，他に形成訴訟なり給付訴訟が利用可能であれば，それによるべきではないか，といった審査である。行政訴訟の場合には，処分を対象として争う場合には，これまで学習

10） 確認の利益に関しては，参照，新堂幸司『新民事訴訟法〔第5版〕』（弘文堂・2011年）270頁以下，高橋宏志『重点講義民事訴訟法 上〔第2版補訂版〕』（有斐閣・2013年）363頁以下。

したように，取消訴訟をはじめとする抗告訴訟が用意されており，より直截な権利救済を図ることが可能である。例えば，建築物に対する除却命令が違法である場合に，当該命令の効力を遡及的に否定する除却命令取消訴訟が直截で適切な救済手段である。これが利用できるにもかかわらず，除却命令の違法確認訴訟を提起することは，方法選択としては不適切である。同様に，申請型義務付け訴訟を利用して許可の付与を命ずるよう求めることができる場合に，許可を受ける地位の確認訴訟の利用は適切ではない。こうした解釈は，抗告訴訟で欠ける権利救済について公法上の確認訴訟で補充しようとした立法趣旨にも合致する。以上により，**(基本事例)** では，処分が存在せず，抗告訴訟を利用できないことから，公法上の確認訴訟を利用することができる。

(b)　即時確定の利益

第2に，現時点において確認を求める必要性があるかといった審査が求められる。つまり，原告の権利ないし法律関係に対して危険なり不安が現実的に存在しているのか，を問うものである。解釈にあたっては，当然のことながら，対象となる権利や利益の重要性，その法的性質を直視する必要があり，権利利益の救済の必要性が問われることとなる。**(基本事例)** では，原告はごみの回収をしてもらえず，日常生活に支障が生じることから，この点において不利益の存在を認めることが可能である。

(c)　対象選択の適切性

第3に，確認対象の範囲は性質上無限に広がりうることから，裁判所の審理を求めるのに適切な対象が選択されているのか，換言すれば，有効で適切な紛争解決に資する対象が選択されているのか，という審査が必要となる。これは，確認訴訟の法律構成に関わるものである。例えば，**(基本事例)** において，計画が違法で無効であることを前提に現在において計画が定める義務を原告が負わないことの確認訴訟といった対象選択が考えられる。もっとも，基本的な視角は，有効で適切な紛争解決に資する対象選択がなされているかということであるから，過去の行為である行政計画を直接に確認対象とした無効確認訴訟も，紛争の抜本解決に資する場合は，排除されない。確認訴訟が活用されることにより，政令・省令，行政計画，通達，行政指導などに対する権利救済手段が充実することとなる。

以下では，各行為形式について，活用法を具体的に学習する。

(3) 確認訴訟の活用例

(a) 行政基準の違法を争う

(Q 1) 薬事法の委任を受けて制定された薬事法施行規則（省令である）は，第 1 種薬品や第 2 種薬品について，インターネットで注文を受け付け，郵送する販売方法を一律に禁止していた。法律にはかかる禁止を明示した規定は存在しないことから，通信販売事業者 A は，上記規則は法律の委任の範囲を逸脱した違法なものであると考えている。当該規則を争う方法について，検討しなさい。

規則が法律の委任の範囲を逸脱し違法であれば，規則は無効となる。規則が無効であれば，A は一律禁止の制限を受けずに上記薬品についてインターネット販売を行うことができる。最高裁はかかる販売をすることができる権利ないし地位を有することの確認訴訟を適法として，確認請求を認容した[11)]。

(b) 行政計画の違法を争う

(Q 2) 建物の高さ制限が存在しなかった地域において，都市計画決定により，新たに 10 メートルの高さ制限が課された。これにより，現在 5 階建てのマンションは，将来の建替えの際に 5 階建てとして建築することができない。同マンションの 1 室を所有する B は，違法な都市計画決定によってマンションの資産価値が減少させられたと考えている。同計画決定を争う方法を説明しなさい。

判例を前提とすれば，都市計画決定に対する取消訴訟は訴えの成熟性を欠き，処分性が認められない[12)]。つまり，都市計画決定段階での取消訴訟は早すぎるとされ，B は後続の具体的処分を争うべきである。B は，数十年後のマンション建替え時に，建築主が 10 メートルを超える 5 階建てマンションの建築確

---

11) 最判 2013［平成 25］年 1 月 11 日民集 67 巻 1 号 1 頁 I 177 。行政基準の適法性問題に関しては，大橋・行政法 I 367 頁以下を参照。

12) 地区計画について最判 1994［平成 6］年 4 月 22 日判時 1499 号 63 頁，用途地域について最判 1982［昭和 57］年 4 月 22 日民集 36 巻 4 号 705 頁［百選 II 160 事件］ 31 ，高度地区指定について，最判 1982［昭和 57］年 4 月 22 日判時 1043 号 43 頁が計画上の諸決定の処分性を否定している。

認を申請し拒否処分を待って，同処分に対する取消訴訟（ないし義務付け訴訟）を提起し，そのなかで都市計画決定の違法を主張することが考えられる。もっとも，この争い方では，新たな高さ制限に伴う資産価値減少が既に発生しているにもかかわらず，争う時点はずっと後とされてしまう。これに対し，都市計画決定が違法＝無効であり，同決定の定める高さ制限をBは受けない旨の違法確認訴訟を提起することができれば，行政計画を争う機会が早期の段階で市民に用意される。

(c)　通達の違法を争う

（Q 3）　墓地，埋葬等に関する法律13条は，墓地の管理者は埋葬の求めを受けたときは，正当な理由がなければこれを拒んではならないと定める。その違反に対しては，罰則が科されたり（21条1号），墓地経営許可の取消し（19条）がなされる可能性がある。厚生労働省の課長が通達を発出し，当該通達において，寺社は異教徒を埋葬する義務を負うことを明記した。寺院Cは他の宗教団体信者の埋葬には反対であり，通達は違法であると考えている。しかし，上記通達により厚生労働省の法律解釈が示されているため，埋葬を拒否すると刑事罰や許可の取消しを受けるおそれがある。公法上の当事者訴訟の活用によって，通達に対する権利救済が可能になるか，検討しなさい。

紛争の原因となっている通達は，上級行政機関が下級機関に対して発した命令であり，判例によれば行政の内部行為であり，処分に該当しない（⇒第4章3(1)(a)（Q 1））。例えば，刑事訴追された後に，刑事訴訟において通達の違法等を主張すれば足りるという解釈による場合，Cは刑事罰を受けるリスクを負って裁判に臨まなければならない（許可取消処分の取消訴訟も，Cが当該処分を受けた後に初めて可能となる）。（Q 3）は，最高裁が通達の処分性を否定して取消訴訟を認めなかった事例であるが[13)]，通達の違法確認訴訟や，通達の違法＝無効を前提として，通達が規定する埋葬義務を負わないことの確認訴訟を提起できれば，Cには違法な通達に対する権利救済手段が用意される。公法上の当事者訴訟は抗告訴訟による救済の欠落部分を補う機能を果たすのである。

（Q 4）　Dは非法定単位（尺）を用いたものさし（函数尺）を製造する業者で

13）　最判1968［昭和43］年12月24日民集22巻13号3147頁［百選Ⅰ 57事件］34。

ある。非法定単位の販売自粛を促す通達が出されたため，指導を受けた販売業者が販売をとりやめ，Dからの買入れ契約を解除した。Dは製造業者として，多大の売上げ減少という被害を受けた。

この事例を素材に，公法上の当事者訴訟の活用によって，通達に対する権利救済が可能になるか，検討しなさい。

図表 12-4　函数尺事件

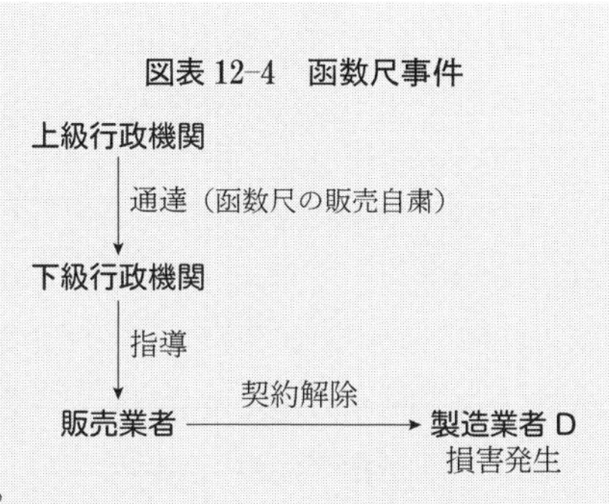

この事例で，損害発生の原因となった通達は行政の内部行為であり処分に当たらないと一般には解釈されてきた。また，通達の内容は販売自粛であることから，通達が販売業者に対する行政指導に当たるとしても，Dのような製造業者には向けられていない。つまり，通達に基づく指導を受けた販売業者の判断により契約解除がなされ，製造業者Dは損失を被ったのである。このように通達の影響は，Dに対して間接的なものにとどまる。通達によってDが受ける影響は直接性を欠く点で通達の処分性を肯定するのは一般に困難であり，抗告訴訟の利用は難しい[14]（⇒第4章5(1)(a)）。抗告訴訟を利用できない場合には，公法上の当事者訴訟として，通達の違法確認訴訟により権利救済を図る可能性が存在する。

(d)　行政指導の違法を争う

（Q 5）　Eは建売住宅の分譲業者であり，郊外に住宅団地の開発を進めている。ところが，地元の市から，住宅団地の造成に伴い必要となる学校や道路の新設費用をまかなうため，開発負担金（1戸あたり50万円）を支払うよう促された。しかしEは，不動産市場を考えると，開発負担金を上乗せして販売したのでは買い手がつかないと危惧している。市は行政指導だと言っているものの，開発負担金に応じない業者からの法令に基づく各種申請は留保しており，Eの住宅団地開発事業は遅れるばかりである。Eは，市の執拗な指導は違法であり，裁判に訴えたいと考えている。

14）（Q 4）の事例で，通達の処分性を例外的に認めた裁判例として，参照，東京地判1971［昭和46］年11月8日行集22巻11＝12号1785頁 35 。

この事例を素材に，公法上の当事者訴訟の活用によって，行政指導に対する権利救済が可能になるか，検討しなさい。

行政指導を攻撃対象にして抗告訴訟を提起しても，判例によれば，処分性は否定される。ここでは，行政指導の違法確認訴訟や，開発負担金の支払義務を負わないことの確認訴訟により，開発負担金要請を攻撃することができれば，それは紛争解決にとって直截な訴訟手段となる。このように，確認訴訟の活用によって，行政指導に対する訴訟手段が市民に提供されるのである。

(e)　処分以外の不利益措置を争う

第11章*1*(2)(Q 2) で学習したように，起立・斉唱義務に従う意思のない教員が懲戒処分以外の処遇上の不利益措置（例えば，昇給面での不利益や再雇用の不承認）を予防しようと考える場合には，公法上の当事者訴訟を用いることができる。

最高裁は，処分を差し止める場合には差止訴訟，処分以外の処遇上の不利益措置を予防する場合には公法上の当事者訴訟という利用区分を判示した[15]。そして，懲戒処分以外の処遇上の不利益措置を差し止める訴訟として，公法上の当事者訴訟の一類型である公的義務の不存在確認訴訟を適法と認めた。第11章*1*(2)(Q 2) の事例では，処遇上の不利益措置が通達を踏まえて反復継続的かつ累積加重的に発生し拡大する危険に着目して，上記確認訴訟の確認の利益が肯定されたのである。

COLUMN

行為確認訴訟と法律関係確認訴訟

確認訴訟は，例えば通達が違法であることを前提として，(a)通達が定める義務を負わないことの確認訴訟（法律関係確認訴訟）として構成できるほか，(b)当該通達自体の違法確認訴訟（行為確認訴訟）としても提起できる。この点に関し，行訴法4条の文言を根拠に，(a)のみが可能であるという見解が聞かれる。これは，既に説明したように確認の利益の問題，とくに対象選択の適切性の問題である。当該紛争解決にとって直截的かつ有効・適切な場合であれば，(b)も許容されるものと解される[16]。行政法では一般に，多数当事

15)　最判2012［平成24］年2月9日民集66巻2号183頁［百選Ⅱ 214事件］59。
16)　確認の利益の問題に関しては，大阪地判2007［平成19］年8月10日判タ1261号164頁が詳細である。

者に関わる行政活動が多く存在し，当該活動に対する市民の予測可能性が尊重されるべきことから，過去の行為であっても原因行為であり，中核的な規律作用である当該行政活動自体を対象に争うことの意義は大きい[17]。

---

(4) 適用条文

公法上の当事者訴訟には抗告訴訟に関する規定が準用される（行訴法 41 条）。なかでも注目すべきは職権証拠調べの規定（24 条）と取消判決の拘束力の規定（33 条 1 項）が準用されることである。その結果，政令や省令，都市計画を対象とした違法確認訴訟が提起され，請求が認容された場合，行政庁は判決の拘束力により，政令や省令，都市計画の廃止や変更など，見直しを迫られる。取消判決が遡及的に処分の効力を失わせるのと比較すると，確認判決は行政庁による是正等に委ねる点で過激性が弱い[18]。なお，確認訴訟は処分を対象とするものではないという理由で，釈明処分の特則（23 条の 2）は準用されない。また，第三者の訴訟参加の規定（22 条）は準用されておらず，第三者が訴訟に参加しようとする場合には，民事訴訟法の補助参加を用いることとなる（民事訴訟法 42 条）。

COLUMN

差止訴訟との関係

1 つの紛争について，差止訴訟も利用できれば公法上の当事者訴訟も法律構成できる場合が存在する。一例として，第 11 章 ***1***(2)(Q 2) の事例を取り上げる。この事例では，卒業式における君が代斉唱を教員に命じた教育長通達が出されており（第 1 段階），将来の入学式，卒業式に君が代斉唱やピアノ伴奏等を拒否した教員に対し懲戒処分が下されるおそれがある（第 2 段階）。ここでは，第 2 段階における懲戒処分に着目して，なされる蓋然性の認められる処分（停職，減給，戒告）の差止訴訟を提起することが考えられる[19]。他方，当該処分の前提となっている通達に着目して，通達の違法確認訴訟や違法な通達に従う義務の不存在確認訴訟などを提起することも考えられる[20]。

---

17) 山本和彦「行政事件訴訟法の改正について」ジュリスト 1277 号（2004 年）38 頁も，行政指導や行政立法等について行為確認訴訟の訴えの利益を肯定する。

18) 参照，芝池・救済法 172 頁注 2。

19) 最判 2012［平成 24］年 2 月 9 日・前掲注 15）参照。

20) 小早川・下Ⅲ 336 頁は，差止訴訟の余地があることにより現在の法律関係の存否を

2つの訴訟が可能になる構造的理由は，現代型行政過程は①行政準則（政令・省令，通達など）や行政計画と，それを具体化した②処分等から多段階に構成されることが多い点にある。こうした法構造を前提にすると，一方では，行政準則や行政計画を対象とした公法上の確認訴訟提起の可能性が開かれ，他方では，処分に対する差止訴訟の提起が考えられる。この場合，訴訟類型の選択は原告の自由に委ねられている。

3　公法上の権利・義務を争う訴訟
――公法上の当事者訴訟（その2）

(1)　公法上の法律関係

公法上の当事者訴訟は，かねてより，国籍の確認訴訟，社会保障給付訴訟，公務員・議員の俸給請求訴訟などで認められてきた。社会保険，社会保障，公務員・議員の各法律関係は伝統的に「公法上の」法律関係と説かれてきた。このことから，これを対象とする訴訟は，民事訴訟ではなく，公法上の当事者訴訟であると分類されてきた（他方，国家賠償請求権は処分の効力に影響を与えず，私益の保護を目的とするため，民事訴訟に当たると説かれてきた）[21]。

以下では具体例を通じて，当事者訴訟の利用方法を学ぶこととしよう。

（Q6）　Fは腎臓がんを患っており，インターフェロン療法（以下「α療法」という）を受けてきた。この診療には健康保険が適用され，3割の自己負担で治療を受けることができる（「保険診療」という）。主治医Gは，α療法に加えて活性化自己リンパ球移入療法（以下「β療法」という）の併用を提案した。β療法には，健康保険を利用できず，治療費は全額が自己負担となる（「自由診療」という）。Fは，治療効果に望みを託して，2つの療法を併用した。厚生労働省による健康保険法63条1項の解釈によると，保険診療と自由診療を併用する場合（これを「混合診療」という）には，保険診療であった部分（α療法の部分）についても，全額自己負担になる。これに対し，Fは厚生労働省の法律

争う公法上の当事者訴訟の可能性は排除されないという。なお，抗告訴訟の規定を没却するような公法上の当事者訴訟の利用は許容されない（市村陽典氏執筆・園部＝芝池編・理論51頁。

21）　雄川・争訟法113頁。

図表 12-5　療養の給付に関する支給システム

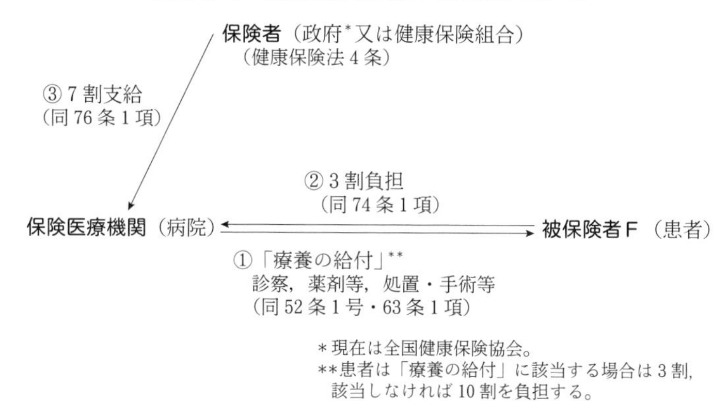

＊現在は全国健康保険協会。
＊＊患者は「療養の給付」に該当する場合は 3 割，該当しなければ 10 割を負担する。

解釈は誤っていると考えている。

①F が α 療法について健康保険を利用できるようにするためには，どのような訴訟を提起すべきか，検討しなさい。

②F はどの地方裁判所に出訴できるか，検討しなさい。

⑵　確認訴訟の活用

健康保険等の医療保険の療養給付については，処分を介在することなしに法令から直ちに支払請求権が発生する法構造になっている（**図表 12-5** 参照）。（Q6）では，F に対する処分は全く存在せず，F は病院の窓口で，α 療法と β 療法の両診療について，治療費の全額支払いを求められる。本件では処分が存在しないため，F は抗告訴訟を利用することができない。加えて，他の行政活動も存在しないため，特定の行政活動を対象に違法であることの確認訴訟を提起する方法（⇒*2*）もうまく機能しない。したがって，本件で，F は，β 療法を併用する「α 療法に関して保険給付を受ける権利を有する」と主張して，（誤った法律解釈を採る）国を被告として公法上の当事者訴訟を提起するほかない[22]。保険料に関して料金滞納処分の規定が用意されていること（健康保険法

22)　東京地判 2007［平成 19］年 11 月 7 日判時 1996 号 3 頁 97 は保険給付を受ける権利を確認したが，控訴審である東京高判 2009［平成 21］年 9 月 29 日判タ 1310 号 66 頁，最判 2011［平成 23］年 10 月 25 日民集 65 集 7 号 2923 頁は厚生労働省の解釈を肯定し，

180条4項）などから，保険にかかる法律関係は公法上のものである[23]。

本件と類似の例としては，高速道路料金を改定した首都高速道路公団（当時）に対して，首都高速の利用者が，改定による増額部分の料金債権不存在確認訴訟を提起した事例がある。裁判所は，処分が介在しない点，料金債権について強制徴収権が法律で定められており（道路整備特別措置法45条）公法上の関係である点に着目して，債務不存在確認訴訟の提起を認めた[24]。

⑶　適用条文

公法上の当事者訴訟には抗告訴訟に関する規定が準用されるが（行訴法41条），職権証拠調べの規定（24条）の準用以外，実質的な意義をもつ準用は少ない。原告勝訴の場合，拘束力の規定（33条1項）が準用され，関係行政庁は判決の趣旨に従い行動する義務を負う[25]。

（**Q 6**）②に関しては，国を被告とする当事者訴訟には特定管轄裁判所の規定（12条4項）は準用されていないので（41条），被告の普通裁判籍の所在地を管轄する裁判所（東京地裁）に訴訟提起しなければならない。立法で当事者訴訟にも12条4項の準用を認めるか，合意管轄や応訴管轄を柔軟に肯定する運用を行うべきである（民事訴訟法11条・12条，行訴法7条）[26]。

COLUMN

憲法訴訟としての当事者訴訟

当事者訴訟では，処分以外の行政活動の違法を争うことができる点を指摘

原告の請求を棄却した。

23）公法上の法律関係の判定基準として，公共主体の強制徴収権が着目されることがある。例えば，水道料金の過払いが存在した場合の不当利得返還請求権が民事訴訟であるのに対し，下水道料金の過払いがある場合の不当利得返還請求は公法上の当事者訴訟であるといわれる。これは，下水道料金が強制徴収の対象とされており（参照，地方自治法231条の3第3項・附則6条3号，下水道法20条1項），下水道の関係は公法上の関係であると伝統的に理解されてきたことによる。こうした判定基準によれば，本文で挙げた保険料請求訴訟は，公法上の当事者訴訟に当たる（4条後段にいう「公法上の法律関係に関する訴訟」）。

24）東京地判1992［平成4］年8月27日行集43巻8＝9号1087頁。料金改定に違法はないとして，請求は棄却している。

25）実質的当事者訴訟について拘束力の有無が問題となる紛争は稀であると説くものとして，山田洋教授執筆・高橋＝市村＝山本編・条解867頁。

26）阿部・解釈学Ⅱ198頁。

した（⇒ *2* (3)）。しかし，同訴訟の機能はそれにとどまるものではない。例えば，国民や選挙民等としての地位を確認する訴訟では，その先決問題として，行政活動だけではなく，法律や条例について違憲・違法を争うことを可能にする。憲法訴訟として利用された例を3つほど挙げる。

(ア) 1998（平成10）年改正の公職選挙法では，国内市町村に住所を有していない在外国民は衆議院小選挙区選挙，参議院選挙区選挙で投票することができなかった。この事例で，公法上の当事者訴訟として，遅くとも次の選挙で選挙権を行使する権利を有することの確認の訴えが認容された[27]。この確認訴訟により，現行法の違憲が明確にされ，他方，立法者は法律改正を義務づけられたのである（これは，確認判決の拘束力で説明することもできるし，違憲を宣言された立法者の憲法遵守義務としても理解できる）。

(イ) 法律が改正され，従来登録制だった薬局開設が許可制のもとに置かれた。薬局登録を受けて営業していた薬剤師が許可を受けずに営業することのできる地位の確認訴訟を公法上の当事者訴訟として提起し，現行法が定める許可制度の違憲性を主張した。この事案で，最高裁は本件訴えを適法なものとしている（許可制は合憲と判示された）[28]。

(ウ) 国籍法旧3条1項が，日本国民である父と日本国民ではない母との間に出生した子について，出生後に父の認知を受けた場合であっても，父母の婚姻がなければ日本国籍の取得を認めていなかった点に関し，国籍法旧3条1項の婚姻要件を憲法14条違反であるとして無効と解釈したうえで，日本国籍の確認を求める訴えが公法上の当事者訴訟として提起された。最高裁は請求を認容した[29]。

---

4 処分の無効を前提に公法上の権利・義務を争う訴訟
——公法上の当事者訴訟（その3）

(1) 具 体 例

処分が無効な場合に，公法上の当事者訴訟が用いられることがある。以下では，その利用法を学ぶ。

27） 在外邦人投票権訴訟・最大判2005［平成17］年9月14日民集59巻7号2087頁［百選Ⅱ 215事件］［4］。

28） 最判1966［昭和41］年7月20日民集20巻6号1217頁。

29） 最大判2008［平成20］年6月4日民集62巻6号1367頁［3］。

（Q 7）　国家公務員であるＨは懲戒免職処分を受けたが，当該処分は重大で明白な違法事由を有する。復職を希望するＨはどのように争うべきか，次の2つの場合について訴訟方法を検討しなさい。

①　出訴期間が経過していない場合

②　出訴期間が経過した場合

懲戒免職処分は違法であるから，①のように出訴期間内であれば，処分取消訴訟を提起することができる。他方，②のように出訴期間を経過した場合には，出訴期間制限のない処分無効確認訴訟の利用が検討対象になる。（Q 7）のような場合について，既に説明したように，行訴法は処分無効確認訴訟の利用を制限した（36条）（⇒第9章*4*）。つまり，処分の無効を前提とした現在の法律関係に関する訴訟（公務員の地位確認訴訟）が可能であればそれによるべきであり，処分無効確認訴訟は許容されない。ここでは，処分の無効を前提とした法律関係が公務員の勤務関係という公法上の法律関係であるため，公法上の当事者訴訟が受け皿になる（⇒第9章**図表9-2**参照）。同様に，公立学校における生徒の退学処分を無効であると争う場合にも，生徒の地位確認訴訟を公法上の当事者訴訟として提起することとなる。

⑵　適用条文

（Q 7）の場合，処分が介在しており，処分の無効が先決問題として審査されることから，処分の取消訴訟に関する規定が準用される（行訴法41条1項）。なかでも，処分の理由を明らかにする資料の提出について，釈明処分の特則の規定（23条の2）が準用される点は重要である。このほか，職権証拠調べの規定（24条）も準用される。取消判決の拘束力の規定（33条1項）も準用されるが，その意味は少ない。なぜならば，（Q 7）において公務員の地位が判決主文で確認されれば紛争は解決され，判決の拘束力までもち出す必要がないからである。

最大の問題点は，仮の権利救済に関してである。詳しくは第13章*5*で説明する。

5　いわゆる形式的当事者訴訟
――公法上の当事者訴訟（その4）

(1)　具体例

道路建設，河川整備などの公共事業を実施するために土地が必要となった場合，起業者（公共事業の施行者）は土地所有者と交渉して，土地を取得するのが通例である。しかし，話合いがつかない場合，起業者は土地収用法に基づく事業認定を受けたうえで，都道府県の収用委員会に対して土地収用裁決を申請することができる（土地収用法39条1項）。当該収用委員会は，土地収用法所定の手続を経て，収用する土地の範囲，補償金の金額などについて裁決を行う（これを「権利取得裁決」という。同法48条1項）。

（Q 8）　起業者である国Ｉが道路建設予定地としてＪ所有の土地の取得に努めたが，Ｊは一向に応じようとしない。そこで，ＩはＫ県収用委員会に土地収用の裁決を申請し，同委員会から権利取得裁決を得た。Ｊは裁決に反対であり裁判で争いたいと考えている。次の①②の場合について具体的な争い方を検討しなさい。

①　土地を取り上げられることが不服で争う場合

②　補償額が不服で増額を求めて争う場合

(2)　「形式的」当事者訴訟と呼ばれる訴訟類型

（Q 8）で，収用裁決（権利取得裁決）は処分に該当し，①や②は，いずれも当該処分に対し不服を申し立てるものである。したがって，抗告訴訟，とくに取消訴訟を利用することが可能である。しかし，立法者は，争い方に関して，②の部分について特則を設けた。

Ｋ県収用委員会が下す権利取得裁決は，(ア)収用により取得する土地の範囲や使用方法に関する事項と，(イ)補償金額に関する事項を含む。設問①は，**図表12-6**の(i)権利取得裁決の(ア)権利取得部分に対する不服の訴訟である。この場合，権利取得裁決は処分であるから，ＪはＫ県を被告に，取消訴訟等の抗告訴訟を提起することができる[30)]。

図表 12-6　権利取得裁決の争い方

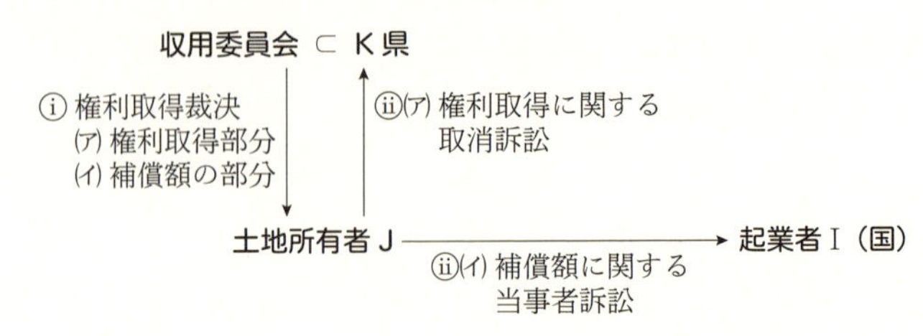

これに対して，設問②に関して，法律上の特則が設けられている。設問②は，ⓘ権利取得裁決の中の(イ)部分（補償金額の部分）に対する不服の訴訟である。これも処分に対する不服の訴えであるから，設問①と同様の争い方になりそうである。しかし，土地収用法 133 条 3 項は別の争い方を定めた。同法によれば，補償額は起業者である国Ⅰと土地所有者 J との間で争うこととされているため，J は国Ⅰを被告として，増額を求める訴えを起こさなければならない。注目すべき点は，この訴えでは，処分（権利取得裁決）を行った収用委員会の帰属主体（=K 県）は訴訟当事者にならない点である。つまり，補償金額については，収用された土地を新たに取得する者（I）と収用される者（J）との間の訴訟で争うことになる（**図表 12-6** 参照）。処分である権利取得裁決への不服の要素を含むにもかかわらず，立法によって，起業者と土地所有者といった当事者間で補償額の増減を争う訴訟形式が指定されたのである[31]（これが，「形式的当事者訴訟」と呼ばれる理由である）。なお，この訴訟については，6 カ月の出訴期間制限の規定が置かれている（土地収用法 133 条 2 項）。

形式的当事者訴訟は，行訴法 4 条前段に規定されたものである。同条の文言

30）土地収用法は，国土交通大臣に対する審査請求を認めているので（129 条），まず審査請求を行い，請求が容れられなかった段階で取消訴訟等を提起する方法もある。

31）この訴訟の性格について，例えば，形成訴訟と見て，請求の趣旨及び判決に決定の取消し・変更を掲げることを要求する見解が見られた（東京地判 1990［平成 2］年 3 月 7 日行集 41 巻 3 号 379 頁）。しかしこれは，本文で説明した，立法者が採用した立法政策に適合せず，法文に忠実な解釈論ではない。最高裁は，土地収用法 133 条所定の訴訟は，裁決の損失補償部分に対する不服を実質的な内容としてその当否を争うものとしながらも，究極的には当事者間で正当な補償の実現を図る目的のものと，土地収用法 133 条の立法趣旨に即した解釈論を展開している（最判 1997［平成 9］年 1 月 28 日民集 51 巻 1 号 147 頁［百選Ⅱ 216 事件］ 96 ）。

に即して説明すると，上記の訴訟は，ＪとＩという当事者間の法律関係を形成する権利取得裁決（の補償額部分）に関する訴訟で，土地収用法133条3項により，法律関係の当事者の一方（起業者又は土地所有者）を被告としなければならないのである。

(3) 適用条文

(Q 8)②では，権利取得裁決を下した収用委員会を蚊帳の外に置く形で，ＪはＩに対して訴訟を提起する。しかし，処分の一部である補償額が争われるわけであるから，当該訴訟の帰趨は処分庁である収用委員会にとっても関心事である。そこで，裁判所は訴訟が提起されたことを処分庁に通知することとされている（行訴法39条)。

処分庁（収用委員会）を訴訟に参加させることが必要であると裁判所が認めるときは，（通知により訴訟提起を知った）処分庁（収用委員会）もしくは訴訟当事者の申立てにより，又は職権で，決定をもって，処分庁（収用委員会）を参加させることができる（41条1項・23条)。

上記の訴訟では権利取得裁決という処分が審査の中心になることから，取消訴訟に適用される規定が多数準用されている（41条1項)。具体的には，訴訟の審理に関しては，職権証拠調べの規定（24条）のほか，処分の理由を明らかにする資料の提出について，釈明処分の特則の規定（23条の2）が準用される。土地収用法における損失補償としては完全補償が要求され，補償金額は通常人の経験則及び社会通念に従って客観的に認定されるものであり，補償金額を決定するに際して収用委員会の裁量は認められていない[32)]。つまり，裁判所は，自ら客観的な補償額を認定し，それと収用委員会の決定額が異なるときは，委員会の決定額を違法として正当な補償額を確定することができる。

判決の効力に関しては，取消判決の拘束力の規定（33条1項）が準用され，関係行政庁は判決に拘束される。つまり，(Q 8)②で例えばＪが勝訴した場合，収用委員会は訴訟に参加していなくとも，判決の示した補償金額に拘束されるのである。

---

32)　最判1997［平成9］年1月28日・前掲注31)。

(4) 他の法定例

土地収用法133条3項が定める訴訟と同様の損失補償に関する仕組みは，特許法183条1項・184条，公有水面埋立法44条1項・2項，漁業法125条14項・15項，道路運送法69条6項・7項，ガス事業法45条3項・4項，農地法55条1項・2項，特定放射性廃棄物の最終処分に関する法律30条1項・2項，大深度地下の公共的使用に関する特別措置法45条などに見られる[33]。このように，行政庁が損失補償額を決定した場合でも，その補償額の増減を行政庁以外の当事者間で争わせるという仕組みは，現行法で多数採用されているのである。

●参考文献

阿部泰隆「公法上の当事者訴訟と予防接種禍訴訟」同・要件論283頁以下（初出1987年）
阿部泰隆「形式的当事者訴訟制度の検討――土地収用法133条の定める損失補償請求について」同・要件論316頁以下（初出1987年）
碓井光明「公法上の当事者訴訟の動向(1)（2・完）」自治研究85巻3号17頁以下・4号3頁以下（2009年）
大貫裕之「実質的当事者訴訟と抗告訴訟に関する論点 覚書」阿部古稀629頁以下
神橋一彦「法律関係形成の諸相と行政訴訟」法学教室369号（2011年）96頁以下
黒川哲志「確認の訴えの明示」小早川＝高橋編・詳解93頁以下
小早川光郎「行訴法4条前段の訴訟」法学教室149号（1993年）57頁以下
下出義明「損失補償に関する訴えにおける訴訟上の諸問題」実務民訴9巻25頁以下
鈴木庸夫「当事者訴訟」行政法大系5巻77頁以下
豊水道祐「当事者訴訟」講座3巻170頁以下
中川丈久「行政訴訟としての『確認訴訟』の可能性」民商法雑誌130巻6号（2004年）963頁以下
野口貴公美「『確認の利益』に関する一分析」法学新報116巻9＝10号

33）なお，特許の無効審判に対する訴訟（特許法179条但書）についても当事者訴訟と理解されているが，これを抗告訴訟と解する見解として，大渕哲也『特許審決取消訴訟基本構造論』（有斐閣・2003年）238〜255頁がある。

（2010年）1頁以下
村上敬一「損失補償関係訴訟の諸問題」新実務民訴10巻135頁以下
村上裕章「公法上の確認訴訟の適法要件——裁判例を手がかりとして」阿部古稀733頁以下

第 13 章
仮の権利救済制度

▶本章の狙い

原告の権利や利益は，請求認容判決により初めて実現される。しかし，裁判には一定の時間がかかるため，判決までの期間において，暫定的に原告の権利救済に配慮する必要が認められる。そのために，行政訴訟を補完し権利救済の実効性を担保するための仕組みが，仮の権利救済制度である。抗告訴訟にかかる仮の権利救済制度として，行訴法には，執行停止，仮の義務付け，仮の差止めが定められている。他方，公法上の当事者訴訟については，民事保全法に基づく仮処分の利用が考えられる。

2004 年の行訴法改正で，執行停止の活用を期待してその要件が緩和されたほか，仮の義務付け，仮の差止めが新設された。ここには，仮の権利救済を充実させようとする立法者の意図が明確に現れている。本章では，こうした諸制度の活用方法を学ぶ。

1 4 種類の仮の権利救済制度

以下では典型的な紛争状況を挙げて，仮の権利救済制度を紹介する（各制度の相互比較に関しては，**図表 13-1** 参照)。

(1) 取消訴訟と執行停止

不利益処分に対して取消訴訟を提起する場合を想定してみよう。典型例は，不法入国・不法滞在の外国人に対する退去強制処分（例えば，退去強制令書発付

図表 13-1　仮の権利救済制度

本案訴訟		仮の権利救済	総理大臣の異議	本案係属
抗告訴訟	取消訴訟（処分の無効確認訴訟）	執行停止	○	○
	義務付け訴訟	仮の義務付け	○	○
	差止訴訟	仮の差止め	○	○
公法上の当事者訴訟		仮処分	×	×

処分），違法建築物に対する除却命令，公務員に対する懲戒免職処分などである。このほか，建築確認に対して第三者（例えば隣人）が取消訴訟を提起する例を挙げることができる。ここでは，取消訴訟を提起した後も処分が効力をもち続けるため，取消判決が下されるまで，原告は不利益な状況に置かれ続けうる。そこで，決定主文に明示された決定の効力の終期まで（例えば，本案の判決の確定まで），暫定的に処分の効力や執行，手続の続行を停止することが急務である。このように取消訴訟を提起したうえで利用することができ，「現状維持」の機能をもつ仮の権利救済制度が，執行停止である（行訴法 25 条 2 項）。これは，2004 年の行訴法改正で要件が緩和され，利用の促進が図られた。以下，***2*** で扱う。

⑵　義務付け訴訟と仮の義務付け

次に，許認可や行政サービスを求める申請に対して，拒否処分が下された場合を想定してみよう。典型例は，年金や生活保護などの公的給付の申請拒否処分，公立高校入学不許可処分などである。ここでは，申請者は取消訴訟と併合して申請型義務付け訴訟を提起するとともに，決定主文に明示された決定の効力の終期まで（例えば，本案の判決の確定まで），仮の地位を得て給付を受け，判決を待つ仕組みが存在する[1)]。義務付け訴訟を提起したうえで利用することができ，「仮の地位創設」の機能をもつ仮の権利救済制度が，仮の義務付けである（仮の義務付けには，もう 1 つの類型が存在するが，ここでは詳説は省く）。これも，行訴法の 2004 年改正で新設されたものである。以下，***3*** で扱う。

---

1)　仮の義務付け決定の終期の定め方について，八木一洋氏執筆・高橋＝市村＝山本編・条解 827 頁参照。

(3) 差止訴訟と仮の差止め

さらに，不利益処分が下されようとしているため，差止訴訟を提起する場合を想定してみよう。典型例は，営業停止処分が下されるのと同時に当該処分が公表されることで，被処分者の名誉や信用等が害され，償うことができない支障が事業活動に生じうる場合である。このような事例では，決定主文に明示された決定の効力の終期まで（例えば，本案の判決の確定まで），暫定的に処分の発令を止めておくことが急務となる。このように差止訴訟を提起したうえで利用することができ，「予防」機能をもつ仮の権利救済制度が，仮の差止めである（行訴法37条の5第2項〜第5項）。これは，2004年の行訴法改正で新設された。以下，*4*で扱う。

(4) 公法上の当事者訴訟と仮処分

このほか，公務員が（処分に該当しない）処遇上の不利益を受ける事例で，当該公務員が（不利益を定めた）通達の違法を主張して通達に基づく公的義務の不存在確認訴訟を提起する場合を想定してみよう。こうした公法上の当事者訴訟においても，判決までの間，暫定的に公務員に仮の救済を与えることができることが望ましい。1つの方法として，民事保全法に基づく仮処分の利用が解釈問題となる。以下，*5*で扱う。

2 執行停止制度

(1) 執行不停止原則と執行停止制度

取消訴訟が提起されても，処分の効力，その執行又は手続は停止されない。これが行訴法の採用する立法政策である[2)]（25条1項。「執行不停止原則」という[3)]）。他方，対等当事者間の私法上の権利調整を目的とした民事保全法上の

---

2) 行政不服審査法も，審査請求について，同様の立法政策を採用している（25条1項参照）。

3) 現行法上，取消訴訟提起による処分の執行停止を規定した例は少ない。代表例として，職員団体登録の取消処分について取消訴訟係属中は当該処分の効力が生じない等とする国家公務員法108条の3第8項，滞納処分のうちの差押物件公売処分について取消訴訟が提起された場合には処分が確定するまで当該処分の執行停止を規定する地方自治法

仮処分は，処分についてはすることができない（44条）。そこで，取消訴訟の原告が，取消判決を受けた時点で既成事実によって権利救済を阻止されることのないようにしなければならない。行訴法には，申立てにより，処分の効力，その執行又は手続の続行を停止するように裁判所に求める執行停止制度が存在する（25条〜29条）。

執行停止制度は本案訴訟である取消訴訟が係属していることを前提とする（25条2項）。このように適法な本案訴訟の係属が手続要件とされる点は，仮の差止め，仮の義務付けと共通である（37条の5第1項・第2項）。この点では，民事保全法上の仮処分が，本案訴訟の提起を前提とせずに申立てができるのとは異なる[4]。例えば，不動産の登記請求（本案訴訟）に先だって，登記請求権を保全するための処分禁止の仮処分を申し立てることができるのである（民事保全法53条）。

（処分無効確認訴訟への準用）

取消訴訟における執行停止制度の規定は，処分無効確認訴訟にも準用されている（38条3項・25条〜29条）。したがって，以下で説明するように，処分無効確認訴訟でも執行停止の効力は第三者に及ぶ（38条3項・32条2項）。

⑵ 執行停止の法的性格

伝統的に，執行停止は行政活動であると考えられてきた[5]。この立場によれば，執行停止を担う主体が裁判所である点は，法律（行訴法）により裁判所に行政活動を行う権限が付与されたものと理解する。このように理解したうえで，

231条の3第10項などがある。他方，不服申立てによる処分の執行停止を認める立法例もわずかではあるが存在する。例えば，差押財産の換価について不服申立てがなされた場合に，決定又は裁決があるまでは換価はできないと規定されている（国税通則法105条1項但書，地方税法19条の7第1項但書）。もっとも，その後に訴訟が提起されたとしても，訴訟提起に伴う執行停止は認められていない。

4） 杉本・解説87頁。民事保全法37条1項は保全（仮差押えと仮処分を含む）の取消しについて定めているが，そこでは，本案訴訟を提起せずに保全の申立てができることが前提とされている。また，同法20条1項は金銭債権にかかる仮差押命令，23条1項は非金銭債権にかかる仮処分命令についてそれぞれ定めているが，本案訴訟の提起は命令発令の要件とされていない。

5） 田中二郎「行政処分の執行停止と内閣総理大臣の異議」同『行政争訟の法理』（有斐閣・1954年）200頁，雄川・争訟法200頁。

執行停止は行政活動であるという理由から，後述するように，行政権の長である内閣総理大臣が最終的には執行停止決定に対し指図・介入できるとされた(⇒⑽(b))。

しかし，執行停止を行政活動であるとする前提は，現行憲法に適合しない。執行停止を行政処分の一種と捉える発想は，その根拠が不明であるばかりか，執行停止制度が司法過程に置かれている文脈を無視するものである。執行停止はむしろ，行政活動の違法を主張して提起された取消訴訟を前提として，原告の権利救済の実効性を確保する目的から，取消訴訟制度を補完する仕組み（権利保全手続）として整備されたものと理解されるべきである（仮の権利救済制度）。つまり，執行停止制度は司法権の一部をなす[6]。

⑶　執行停止の典型例

執行停止には，処分の名宛人が申立てを行うタイプと第三者が申立てをなすタイプの2つが存在する。以下，代表例を挙げる。

⒜　名宛人による申立事例

・建築物の除却処分

・懲戒処分（公務員[7]，弁護士）

・退去強制処分（強制送還部分，収容部分）

・許可取消処分（公共施設利用許可[8]）

・免許や指定の取消処分（運転免許，医師免許，保険医登録，保険医療機関指定，介護保険法上のサービス事業者指定）

・営業許可停止処分（風俗営業法，海上運送法上の許可など[9]）

---

6)　塩野・Ⅱ 204頁。

7)　東京高決1966［昭和41］年5月6日行集17巻5号463頁では，市立大学助教授・講師に対してなされた懲戒免職処分の取消訴訟で，生活を維持するための収入を給料以外に求めることは困難である等の理由で，効力停止の申立てが認められた。

8)　広島地決1969［昭和44］年9月2日判時575号28頁では，市の公会堂使用許可取消処分について，代替となる集会場所を求める時間的余裕がなく，特定日の所定時間に集会を開催できなくなる点に着目して，効力停止の申立てが認められた。

9)　改善命令違反を理由として，九州運輸局長がフェリー会社に対して海上運送法に基づき一般旅客定期航路事業の一部停止命令をなした事例で，同会社が停止命令取消訴訟の判決確定まで，停止命令の効力を停止するよう申し立てた。裁判所は，大幅な売上げの減少，事業者の信用の失墜，信用の回復の著しい困難などから，「重大な損害」の存在

図表 13-2 3種類の執行停止

効力の停止 < 執行の停止（処分の強制執行行為の停止）
手続の続行の停止（処分を基礎とした，他の行為の停止）
優先

(b) 第三者による申立事例

・建築確認，産業廃棄物処理施設の許可処分
・情報公開法に基づく開示決定 [10]
・保育園の指定管理者指定処分

(4) 3種類の執行停止

行訴法は，処分の効力の停止，処分の執行の停止，手続の続行の停止という3種類の執行停止を定める（25条2項）。

このうち「効力の停止」は，処分の効力それ自体を存続しない状態に置くものである [11]。これに対し，「執行の停止」は，処分の執行力を奪うこと，つまり処分内容を実現する強制的行為を差し止めるものである。土地収用の例でいうと，収用裁決処分（権利取得裁決及び明渡裁決）には，それを実現する義務履行確保手段として代執行という強制執行行為が続く。この例では，収用裁決の「効力の停止」と収用裁決の「執行の停止」（＝代執行の停止）の2つが構成可能である。しかし，行訴法25条2項但書によれば，過剰な停止を避ける見地から，両方が可能な場合には，「執行の停止」が「効力の停止」に優先する [12]（**図表 13-2** 参照）。同様に，退去強制令書発付処分についても，当該処分の「効力の停止」ではなく，処分の強制執行行為である強制収容や強制送還を停止す

を認め，停止命令の効力停止を肯定した。福岡高決 2005［平成17］年5月31日判タ1186号110頁参照。なお，執行停止の期間については，一定の期日にはサービスが改善されサービス基準を充たす蓋然性が高いことから，その日の前日までとしている。

10） 宇都宮地決 1990［平成2］年11月2日行集41巻11＝12号1811頁では，情報開示決定に対して，当該公文書に自己の情報が記載されている第三者が取消訴訟（逆FOIA訴訟）を提起し，あわせて開示決定の効力停止を申し立てた事例で申立てが認められている。

11） 杉本・解説90頁。

12） 東京地決 2003［平成15］年10月3日判時1835号34頁。明渡裁決の効力の停止ではなく，（「代執行」という）執行の停止を求めるべきとするものとして，大阪地決1990［平成2］年8月10日判時1391号142頁。

る趣旨で「執行の停止」を申し立てるべきである。

最後に，「手続の続行の停止」は，処分を前提としてなされる他の行為を差し止めるものである。例えば，土地収用では，事業認定を前提として収用裁決が続く。この場合には，事業認定の「効力の停止」と事業認定の「手続の続行の停止」（＝後続の収用裁決の申請処理手続の停止）が構成可能であるが，過剰な停止を避ける見地から，共に可能な場合には，「手続の続行の停止」が「効力の停止」に優先する（25条2項）（**図表13-2**参照）。

以上述べたところをまとめると，処分の「効力の停止」は，強制執行行為が存在せず，後続の処分等が観念できない場合にのみ，申立てが可能である。具体的には，公務員の懲戒免職処分，議会議員の除名処分，営業停止処分，営業許可取消処分などについてである。なお，第三者が建築確認取消訴訟を提起する場合には，第三者との関係で建築確認は執行行為や後続行為を予定していないので，第三者は建築確認の効力の停止を申し立てることとなる。

COLUMN

処分の一部の執行停止

（**Q1**）　東京都の教員Aに対して免職処分がなされた事例について各問に答えなさい。

①　給与支払停止を当該処分の効力の一部であると捉えて，Aに教員としての教育活動を行うことを認めない一方で，給与支払停止部分についてのみ処分の執行停止を認めて，月額の一定割合の給与を支払うことが可能か，検討しなさい。

②　給与支払停止部分についてのみ処分の執行停止が認められた後に，本案でAが敗訴し判決が確定した場合，Aは受け取った給与相当額を返却する義務を負うか，検討しなさい。

免職処分の効力が停止されて公務員としての地位が復活して初めて，当該地位から派生する給与請求権もまた回復すると考えれば，免職処分の効力停止を求めることが必要であり，（**Q1**）のような処分の一部の執行停止は許されないと解される（参照，山口地決1965［昭和40］年11月9日行集16巻11号1847頁）。これに対し，免職処分は職務に就くことを禁止する効力，給与支払いを認めない効力等の複数部分から構成されると把握したうえで，行訴法25条2項が過剰な停止を回避する方針であることを考慮して，給与支払停止部分についてのみ執行停止を認めることを可能であるとする裁判例も存在する（東京高決2012［平成24］年7月12日判時2155号112頁）。

Aが執行停止決定を得た後，本案で敗訴し判決が確定した場合には，Aが執行停止決定により得た給与は不当利得となるため，Aは給与相当額を法定利息も含めて返還する義務を負う。上記期間に，Aは職務を提供していなかったことから，それと返還額との相殺を認めることもできない。なお，こうした返還義務を認めることで，執行停止決定によって給与を取得できると信じたAの信頼が破棄されることとなるといった反論も考えられるが，本案判決までの暫定的な支払いであることは当初から予定されていたことからすると，信頼保護の主張は妥当しないこととなろう[13]。

⑸　執行停止の要件（その1）――積極要件

⒜　積極要件

以下の3つの積極要件については，申立人が主張・疎明する責任を負う（行訴法25条2項）。

⑴　適法な本案訴訟の係属

⑵　執行による重大な損害の発生

⑶　損害回避のための緊急の必要性

(イ)の本案訴訟（取消訴訟）の係属という要件は，執行停止が取消訴訟における原告の勝訴に備えた権利保全手続であるという制度趣旨から導かれる[14]。本案訴訟の係属が要件とされる点は，仮の義務付け，仮の差止めとも共通する（37条の5第1項・第2項）。

⒝　重大な損害の解釈指針

解釈上，しばしば困難を生じるのが，(ロ)の要件（重大な損害の発生）である。2004年の行訴法改正で，「回復の困難な損害」とされていた文言が，「重大な損害」へと改正された。改正の趣旨は，執行停止をより柔軟かつ適切に運用して，仮の救済の充実を図ろうとする要件緩和にある。

回復の困難という従前の要件は，本案判決後では原状回復を図ることができない不可逆的損害が生ずる場合に限り執行停止を認めるような印象を与えるお

13）　仮の地位を定める仮処分に関する議論を参照した。上原敏夫＝長谷部由起子＝山本和彦『民事執行・保全法〔第4版〕』（有斐閣・2014年）307〜310頁〔長谷部教授執筆部分〕。

14）　雄川・争訟法202頁。

それがある[15]。実際，次のように，（財産的損害や非財産的損害といった）損害の性質にもっぱら着目し，硬直的に解釈する傾向が見られた[16]。

・財産的損害の場合には，金銭賠償が事後的に可能であることから，金銭による補償では塡補できない例外的な場合（倒産や生活困窮など）に限り，執行停止は認められるにすぎない

・非財産的損害の場合には，（強制退去や公共施設利用許可取消処分など）原状回復が不能な場合に限って，執行停止は認められるにすぎない

これに対し，「重大な損害」を要件とした法改正は，上記の限定的解釈を緩和し，総合的かつ柔軟な解釈が行われることを意図したものである。具体的には，従来から要件とされている①回復の困難性のほか，②損害の性質や程度，③処分の内容や性質[17]を明文化し，これら3要素を勘案した相互考慮を通じて重大な損害を解釈すべきであると定めたのである（25条3項）。これによれば，財産的侵害であるから事後的に原状回復可能であり執行停止は認められないと（もっぱら損害の性質から）機械的に解釈することは許されず，損害の大きさへの着目も求められている。つまり，個人の人格や生活，法人の活動に対してもたらされる損害の程度をも視野に入れて解釈することが要求されている（損害の性質と程度の総合解釈）[18]。営業許可の取消事案を例にとれば，完全な破綻（倒産）に至らない場合であっても，営業を悪化させる重大な影響が生じるおそれがあり，通常の営業に回復するまでに重大な損害が生じうるのであれば，執行停止は認められることとなる[19]。

(c)　重大な損害の解釈例

「重大な損害」の解釈方法について，以下では，弁護士懲戒と強制退去の例を素材に分析することとしよう。

15）福井秀夫＝村田斉志＝越智敏裕『新行政事件訴訟法』（新日本法規・2004年）354頁。

16）高橋滋編『改正行訴法の施行状況の検証』（商事法務・2013年）95頁（第2回配付資料2）。

17）処分の内容や性質といった考慮要素は，主として，処分が申立人に対して与える影響のほかに，広く多数の者の権利義務にどのような影響を及ぼすかを考慮すべしといった要請である。参照，小林・行訴法280頁。

18）野呂充「仮の救済」園部逸夫＝芝池義一編『改正行政事件訴訟法の理論と実務』（ぎょうせい・2006年）251頁。

19）小林・行訴法282頁。

（弁護士懲戒処分の例）

（Q 2） 弁護士Bは所属弁護士会から業務停止3カ月の懲戒処分を受けたが，Bは当該業務停止期間中に期日が指定されているものだけで31件の訴訟案件を受任している。弁護士が懲戒処分を争う場合，処分を受けた弁護士は，日本弁護士連合会への審査請求を経たうえで，その棄却裁決等に対する取消訴訟を東京高裁に提起する仕組みとなっている（弁護士法56条・59条・61条参照）。取消訴訟提起とともに，懲戒処分の効力の停止を申し立てる場合，「重大な損害」が存在するといえるか，検討しなさい。

2004年の行訴法改正以前には，業務停止の懲戒処分が「回復の困難な損害」の要件を充たすとはいえないとする裁判例が見られた[20)]。しかし，2004年法改正を受けて，最高裁は上記事案で，弁護士に生ずる社会的信用の低下，業務上の信頼関係の毀損などが「重大な損害」要件に該当するという判断を示した[21)]。田原睦夫裁判官は，その補足意見において，現受任事件を他の弁護士に引き継ぐ作業の困難，懲戒による弁護士の信用の大きな失墜，業務停止期間終了後に元の依頼者が再度当該弁護士に依頼するとは限らない事情，失墜した信頼回復の困難などを挙げ，損害の重大性を説示している。

（退去強制令書発付処分の例）

退去強制令書発付処分は，外国人を収容所等に収容させる収容部分と，外国人を本国に送還させる送還部分とからなる（出入国管理及び難民認定法52条5項及び3項）。従前の裁判例によれば，送還部分については一般に，本案訴訟の第1審判決言渡しまで執行停止が認められてきた[22)]。このように送還部分について執行停止が肯定される理由は，外国人が本国に送り返されてしまうと，退去強制令書発付処分が取消判決により取り消された時点では，同人を再度日本に戻す保障が制度的に存在しないからである（この不利益は金銭賠償では回復できな

20） 参照，東京高決1980［昭和55］年2月5日行集31巻2号113頁，東京高決1985［昭和60］年1月25日行集36巻1号26頁。最決2003［平成15］年3月11日判時1822号55頁では，戒告が日弁連の会則によればその機関誌に掲載され公告されるという事例で，公告の結果が回復の困難な損害に該当するかが争われた。最高裁は，公告は戒告の効力でも戒告の続行手続でもないとして，執行停止の申立てを却下した。

21） 最決2007［平成19］年12月18日判時1994号21頁［百選Ⅱ 206事件］ 104 。

22） 最決1977［昭和52］年3月10日判時852号53頁［百選Ⅱ 205事件］は，上訴して裁判を受ける権利保障を含まないとする。

いとされる)。他方，収容部分については，執行停止の必要性が否定される傾向にある[23]。収容部分は外国人の人身の自由を拘束するが，入管法及び被収容者処遇規則などが被収容者の処遇に配慮していること（同法61条の7）も考慮に入れて，執行停止を基礎づける重大な損害には該当しないと解釈されている（収容部分の執行による不利益は金銭賠償による回復をもって満足することもやむをえないとする)。もっとも，最近では，収容部分の執行停止を認める決定も登場してきている。

(Q 3)　外国人Cは，留学目的でわが国に在留し，京都にある大学の3年次に在籍していたが，在留期間の更新不許可による不法残留を理由に退去強制令書発付処分（以下，「処分」という）を受け，現在収容されている。収容が続くと，次年度の履修登録ができず，在学年数徒過で大学を除籍されてしまう蓋然性が高い。Cは処分の取消訴訟を提起し，あわせて執行停止を申し立てようと考えている。この場合，処分の収容部分について，収容のもたらす不利益が重大な損害といえるか，検討しなさい。

同様の事例で，大阪地裁は，収容によって通学できなくなるという学業継続の困難性だけでは重大な損害に当たるとは判断しなかった。しかし，学業継続が困難になることに加えて，大学を除籍になるという不利益までもたらす場合には，日本の大学の卒業を目的に過去5年間在留を続けてきた外国人留学生にとって重大な損害に当たるとして，収容部分の執行停止を認めた[24]。

COLUMN

建築確認の効力の執行停止

新宿タヌキの森事件（⇒第2章*1*）のように，マンション建設に反対して，周辺住民が建築確認取消訴訟を提起しても，マンション建設は妨げられない。そこで，こうした事例でも，周辺住民が損害防止を図るうえで執行停止が利用できないかが重要な論点になる。従来の裁判例の中には，「回復の困難な損害」の存在を否定した例のほか[25]，そうした損害を肯定した場合であっても，「緊急の必要があるとき」に該当しないとして，執行停止を認めない事例が見られた[26]。これに対し，新宿タヌキの森事件で，東京高裁は，上

23）最決2002［平成14］年4月26日訟務月報49巻12号3080頁，最決2004［平成16］年5月31日判時1868号24頁。

24）大阪地決2007［平成19］年3月30日判タ1256号58頁 105 。

25）甲府地決1999［平成11］年3月19日判例地方自治194号94頁。

告受理申立事件の裁判までの間，建築確認の効力の停止を認めた[27]。申立人らが建築される建物の崩壊，炎上等により生命又は財産等に重大な損害を被るおそれがある点や，工事完了により訴えの利益が失われ建築確認取消訴訟が不適法になると上記損害を防止することができなくなることを直視した決定である。2004年の行訴法改正による執行停止の要件緩和を受けて，執行停止を活用する余地が開かれており[28]，東京高裁決定はその可能性を示唆するものである。

⑹ 執行停止の要件（その2）――消極要件

以下の2つの消極要件に関しては，被申立人である行政主体が，主張・疎明の責任を負う（行訴法25条4項）。

㈡ 執行停止による公共の福祉への重大な影響のおそれ

㈭ 行政処分に違法事由がないとみえるとき

⑺ 執行停止義務

上記の積極要件を充たし，あわせて消極要件に該当しない場合には，行訴法25条2項が執行停止を「することができる」と規定している点に関して，申立ての相手方（行政主体）は執行停止の義務を負うと解釈されている[29]。その理由は，詳細で厳格な法定要件を満たした場合については執行停止は認められてしかるべきであるからである。この立場からは，上記条文と行審法34条4項本文（執行停止義務を明記している）は，同じ趣旨の規定と理解されている。

26） 東京高決1999［平成11］年8月2日判時1706号3頁。この決定は，執行停止の判断において，建物の完成により原告の訴えの利益が消滅するからといって緊急の必要があるとはいえないとする。

27） 東京高決2009［平成21］年2月6日判例地方自治327号81頁。本件は，本案の控訴審で建築確認取消請求を認容する判決が出された後に，執行停止が申し立てられた（執行停止の申立期限についての制限は法令上存在しない）。この点では，「本案に理由がないと見える」程度は低く，執行停止を認めやすい事例であった。

28） 越智敏裕「まちづくり紛争における行政訴訟の可能性」法律のひろば2004年10月号34～35頁。

29） 芝池・救済法112頁，小早川・下Ⅲ 291～292頁，宇賀・概説Ⅱ 296頁。

⑻ 執行停止の手続

執行停止は，本案訴訟の原告による申立てがある場合に限り認められる（換言すれば，裁判所の職権による執行停止は予定されていない。行訴法25条2項）。申立ての相手方は本案訴訟の被告である。執行停止の申立ての管轄裁判所は，本案訴訟の係属する裁判所である（28条）。

執行停止の申立ての裁判は，決定の方式による（25条2項）。執行停止の決定は，迅速処理の要請から，その要件の存在について証明を要せず，（裁判官に一応確からしいとの推測を証拠によって与える行為である）疎明で足りると定められている（同条5項）。疎明は，その方法として，即時に取調べのできる証拠によって行われなければならない（民事訴訟法188条）。裁判所は執行停止の決定を口頭弁論を経ずに行うことができるが，その場合には，あらかじめ，当事者の意見を聴かなければならない（行訴法25条6項）。

⑼ 執行停止の効力

⒜ 将来的効力

執行停止は本案判決（執行停止決定の終期の定めによっては本案判決の確定）までの暫定的な仕組みであり，その効力は，処分発令時まで遡及せずに，決定から将来に向かってのみ生じる[30]。具体例を挙げると，生活保護の廃止処分に対して取消訴訟を提起し，執行停止決定を得た場合，生活保護は執行停止決定時以降の分が支給されるにすぎず，廃止処分から執行停止決定までの過去の部分は支給されない[31]。

⒝ 第三者効と拘束力

執行停止の決定は，第三者に対してもその効力が及ぶほか（行訴法32条2項），関係行政庁に対して決定の趣旨を尊重して行動するよう義務づける拘束力をもつ（33条4項）。例えば，町議会が町議会議員に対して行った除名処分について裁判所により執行停止決定が出された場合には，町選挙管理委員会は執行停止決定に拘束されることから，除名処分を受けて行われた繰上げ補充による当

30）杉本・解説91頁，最判1954［昭和29］年6月22日民集8巻6号1162頁［百選Ⅱ207事件］。

31）阿部・解釈学Ⅱ 211頁。

選人の定めを撤回し，その当選を将来に向かって無効とする義務を負う[32]。

(c) 執行停止決定後の事情変更

執行停止決定が確定した後であっても，その理由が消滅したり，事情が変更した場合には，裁判所は相手方の申立てにより，決定をもって執行停止決定を取り消すことができる（26条1項）。

退去強制令書発付処分の強制送還部分について執行停止が認められた事例で，その後，本案訴訟の第1審で原告の取消請求が棄却された場合に，裁判所が事情変更に当たると判断して執行停止を取り消した例がある[33]。

COLUMN

執行停止の限界とその克服

執行停止制度は，新規の申請に対する拒否処分の場合に限界を有していた。一例として，県立高校入学試験において筋ジストロフィーの障害者が学力試験の合格ラインに達したにもかかわらず，疾患のため全課程を履修する見込みが立たないという理由で，違法に不合格処分を受けた場合を考えてみよう。この場合において，不合格処分取消訴訟と共に執行停止を申し立て，執行停止が認められたとしても，それにより実現するのは，本案訴訟の判決確定まで暫定的に不合格処分の効力が発生しないことだけであって，入学には至らない（執行停止決定には，取消判決の拘束力に関する規定［33条2項］が準用されていない［同条4項］ため，相手方が申請を再審査して入学許可をすべき義務が生じないのである）。この事例で，執行停止は申立ての利益を欠くとして却下された[34]。同様に，小学校への通学校指定処分について，執行停止の申立ては却下された[35]。

このように，執行停止制度は，処分前の現状を暫定的に回復することは可能にするが，新しい地位等を創出することはできない。申請拒否処分は，生活保護，年金，補助金，許認可などについて，広い範囲で想定されるものであり，こうした領域で仮の権利救済が欠けていた。

執行停止制度の限界を克服する目的で，2004年行訴法改正により実現したのが，次の***3***で述べる仮の義務付けである。仮の義務付けが認められれば，上記入学拒否の事例では，申立人は例えば本案判決の確定まで，高校に暫定

32） 最決1999［平成11］年1月11日判時1675号61頁 107 。

33） 大阪地決1981［昭和56］年1月20日行集32巻1号52頁。

34） 神戸地決1991［平成3］年7月22日行集42巻6＝7号1193頁，大阪高決1991［平成3］年11月15日行集42巻11＝12号1788頁。

35） 名古屋地決1968［昭和43］年5月25日行集19巻5号935頁。

的に入学して高校生活を送ることが可能になる。

⑽　内閣総理大臣の異議制度

(a)　制度の概観

執行停止の申立てがあった場合，内閣総理大臣は理由を付して異議を申し出ることができる（行訴法27条1項〜3項）。内閣総理大臣は，やむをえない場合にのみ，異議を述べることが可能である（同条6項）。異議を述べた場合には，内閣総理大臣は次の国会で報告しなければならない（同項）。これは異議について説明責任を果たさせる目的のものである。

内閣総理大臣の異議には，裁判所の執行停止決定後になされるもの（**図表13-3の（パターン1）**）と，執行停止の決定前になされるもの（**（パターン2）**）が存在する。**（パターン1）**では，裁判所は，執行停止決定を取り消さねばならず（この場合には執行停止決定は遡及的に失効する），**（パターン2）**では，執行停止の申立てを却下しなければならない（27条4項）。

内閣総理大臣の異議の仕組みは，仮の義務付けや仮の差止めの申立ての場合にも準用されている（37条の5第4項）。

(b)　内閣総理大臣の異議制度の違憲性

内閣総理大臣の異議の制度趣旨は，(ア)執行停止制度は行政権の行使であり，(イ)裁判所の執行停止決定は国民の権利保護のために行政権の行使に干渉する特別な権限行使を意味することから，(ウ)内閣総理大臣の異議は行政権の最高責任者として裁判所の権限排除を内閣総理大臣に留保するものであると説明された[36]。この説明の問題点は，前提である(ア)が現在の日本で成立するかである。

図表13-3　内閣総理大臣の異議申立て

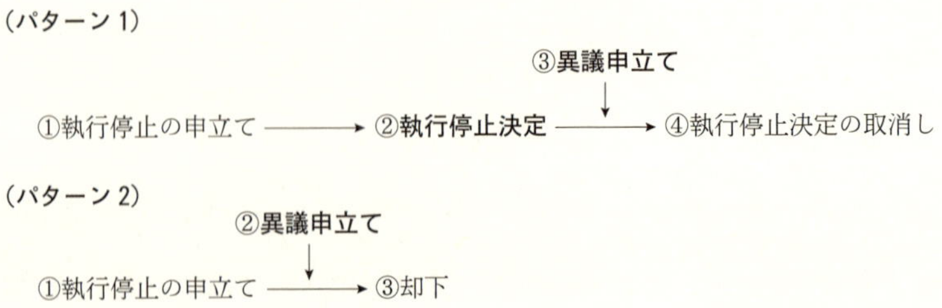

（パターン1）

③**異議申立て**（↓ ②と④の間の矢印へ）

①執行停止の申立て ――→ ②**執行停止決定** ――→ ④執行停止決定の取消し

（パターン2）

②**異議申立て**（↓ ①と③の間の矢印へ）

①執行停止の申立て ――→ ③却下

前述(2)のように執行停止が司法過程に位置づけられると，内閣総理大臣の異議の制度は司法権に対する行政権の介入を意味することとなる。かかる介入により司法審査から異議の適法性審査が除外されるならば，結果として裁判を受ける権利が否定されることになり，違憲となろう[37)38)]。

(c)　具 体 例

護憲運動団体の代表者であるXは，憲法施行20周年を記念する集団示威行進を1967年6月10日に開催すべく，同年6月5日，東京都公安条例に基づき都公安委員会（Y）に許可を申請した。Yは，行進順路一部変更等の条件を付して，許可を与えた。Xは本件処分に付された条件を違法であると考え，許可条件取消訴訟を提起し，あわせて条件である進路変更部分について執行停止の申立てを行った。

東京地裁は，条件は国会周辺の平穏を目的としたものであるが，本件処分に付された他の条件の存在や，行進順路の一部が国会裏側にかかるだけである点等を考慮して，本件行進は国政審議権の適正な行使を阻害するものではないとして，6月9日に執行停止決定を下した[39)]。この決定に対し，同日に内閣総理大臣の異議が出されたため，東京地裁は6月10日に執行停止決定の取消しを行った[40)]。

内閣総理大臣の異議の結果，6月10日に集団示威行進をできなかったXは，表現の自由の侵害を理由に，国を被告とする国家賠償請求を行った。東京地裁は，行政作用である執行停止決定権限を行政権の最終決定者である内閣総理大臣に委ねる異議制度を合憲であるとし，あわせて異議の理由の当否に関する適法性は政治責任問題として国会で検討されるべき問題であり，裁判所の審査対

---

36)　雄川・争訟法205頁，田中・前掲注5）201頁，杉本・解説94頁以下。

37)　芝池・救済法114頁は，裁判所による実質的審査を可能と解釈することを通じて，異議制度の合憲解釈を提唱する。

38)　東京地決1967［昭和42］年6月10日行集18巻5=6号757頁以下参照。本文で述べたほか，処分が地方公共団体の行政機関によってなされた場合には，内閣総理大臣の異議は，国の機関による地方公共団体に対する介入として，地方自治の観点からも違憲の問題を生じうる。この点に関しては，異議制度が地方公共団体の処分には適用がないという解釈をとるなど，合憲解釈の可能性もある（室井力編『新現代行政法入門(1)［補訂版］』（法律文化社・2005年）381頁［室井力博士執筆部分］）。

39)　東京地決1967［昭和42］年6月9日行集18巻5=6号737頁。

40)　東京地決1967［昭和42］年6月10日・前掲注38)。

象外であると判示して，上記請求を棄却した[41]。この決定については，(b)で述べた疑問が妥当する。

3　仮の義務付け

（基本事例） 児童D（5歳）が保育所入所申込みを拒否され，申請型義務付け訴訟を提起して争う場合を考えてみよう。この事例では，Dは日々発育していくため，発育に見合った適切な教育環境を与え，成長段階にとって重要な機会を逸しないようにする必要がある。このためには，勝訴判決を待ってはいられない事情が認められる。本件において，義務付け訴訟の審理の初期段階から入所を可能とするために，仮の権利救済手段として仮の義務付け（行訴法37条の5）が利用できるか，検討しなさい。

⑴　仮の義務付けの要件

仮の義務付けとは，義務付け訴訟が提起された場合において，本案判決が下されるまでの間，暫定的に本案で求められた義務の履行を行政庁に行わせるものである。仮の義務付けは，2004年の行訴法改正で，初めて制度化された。

仮の義務付け決定が下されるためには，以下の要件を充たす必要がある。

⒜　義務付け訴訟の係属

仮の義務付けは，義務付け訴訟の提起を前提とする（行訴法37条の5第1項）。仮の義務付けは，義務付け訴訟の係属する裁判所に申し立てなければならない（37条の5第4項・28条）。

⒝　「償うことのできない損害を避けるために緊急の必要があるとき」

「償うことのできない損害」という要件は，義務付け訴訟により求められた処分がなされないことにより被る損害が，原状回復不能ないしは金銭賠償による塡補が不能であるか，社会通念上相当に困難であり，損害発生が切迫し社会通念上これを回避する緊急の必要性が認められることを意味する（37条の5第1項）。裁判例の中には，市の設置する公の施設（ホール）の使用許可について

41）　東京地判1969［昭和44］年9月26日行集20巻8＝9号1141頁。

仮の義務付けが申し立てられた事例で，公演の準備に支出した諸経費や公演実施に向けた尽力等が無に帰すことによる財産的損害及び精神的苦痛，集会の自由といった憲法上の基本的自由の侵害等を，償うことのできない損害と解釈したものがある[42)]。また，生活保護受給申請の拒否処分については，申立人の困窮状態に着目して仮の義務付けを認めたものがある[43)]。このほか，タクシー運賃据置申請が却下された事例で，却下処分により法人である申立人の倒産の危機が現実的になることに着目して，従前運賃での認可の仮の義務付けを認容した決定が存在する[44)]。最近では，と畜場法14条に規定する検査（獣畜のとさつ又は解体の検査）がなされないと，事業協同組合である申立人は月収の9割以上を得ることができず，組合の存立自体が危機に瀕するとして，検査の仮の義務付け請求を認めた決定がある[45)]。

（基本事例）で，保育所入所拒否により児童が心身の発達期に保育を受ける機会を失うという損害は，事後に金銭によっては塡補することが不可能である。また，児童は1年余り経てば小学校入学年齢に達してしまうことからも，保育所で保育を受ける機会の期間限定性に関して緊急の必要性を肯定することができる[46)]。

(Q 4) 執行停止の要件よりも仮の義務付けの要件の方が厳しいのはなぜか。**（基本事例）**に即して，説明しなさい。

保育所に通っていた児童について，祖父母が同居するようになり，保育に欠ける状況でなくなったという理由で保育所入所の承諾が取り消された事例では，取消訴訟に加えて執行停止を申し立てることができる。ここでは児童は取消処分前に入所資格を有していたため，処分の執行停止は入所資格の回復を求める

42）岡山地決2007［平成19］年10月15日判時1994号26頁 108 は，仮の義務付けの申立てを認容した。

43）那覇地決2009［平成21］年12月22日判タ1324号87頁，福岡高那覇支決2010［平成22］年3月19日判タ1324号84頁。山本弘「民事訴訟法学の見地から見た行政事件訴訟法改正」民商法雑誌130巻6号（2004年）1044頁は，民事法の分野における解雇無効確認訴訟及び賃金仮払いの仮処分と比較して考察している。

44）名古屋地決2010［平成22］年11月8日判タ1358号94頁。

45）東京地決2012［平成24］年10月23日判時2184号23頁。

46）東京地決2006［平成18］年1月25日判時1931号10頁参照。

もの（原状回復）である。これに対し，**（基本事例）**のように入所申込みの拒否の事例で仮の義務付けを求める場合には，未だ有していない入所資格を暫定的に作り出すことが関心事となる。このように，仮の義務付けは従前の状況に比してプラス・アルファの法的地位を要請するものであることから，執行停止よりも厳格な要件が求められるのである。

(c)「本案について理由があるとみえるとき」

仮の義務付けが認められるためには，本案に理由がなければならない（37条の5第1項）。保育所入所拒否の事例に即していうと，入所の不承諾が裁量権の逸脱・濫用に当たることである。これが積極要件として規定されているのは，主張・疎明責任を申立人に負わせる趣旨である[47]（民事訴訟法403条1項1号，民事執行法36条1項）。なお，執行停止の場合には，同じ文言が行訴法25条4項で消極要件として規定されており，被申立人（行政主体）に主張・疎明責任が課されている。

(d)「公共の福祉に重大な影響を及ぼすおそれ」がないこと

仮の義務付けは，公共の福祉に重大な影響を及ぼすおそれがあるときはすることができない（行訴法37条の5第3項）。これは，消極的要件を定めたものである。入所拒否の事例に即していえば，児童を保育所に仮に入所させたところで，公共の福祉に影響が出ることはないため，この要件を充たす。重大な影響を及ぼすおそれがあることを基礎づける事実については，相手方（行政本体）が疎明しなければならない。

(e) 手続要件

仮の義務付けを決定する場合には，裁判所は予め当事者の意見を聴かなければならない（37条の5第4項・25条6項）。なお，仮の義務付け決定手続についても，内閣総理大臣の異議の規定が準用されている（37条の5第4項・27条）。

(2) 仮の義務付け決定の法的性質

仮の義務付け決定によって，行政庁は仮に処分を行うよう義務づけられる。かかる義務の説明として，2種類が考えられる。1つは，これを仮の義務付け

47） 宇賀・概説Ⅱ 349頁参照。

決定の拘束力（行訴法37条の5第4項・33条1項）として説明する見解である。つまり，処分庁は仮の義務付けで命じられた内容に従い当該処分を行うよう拘束されると説くものである。2つには，拘束力をもち出すまでもなく，行政庁の義務を仮の義務付け決定の効力として説明するものである[48]。

仮の義務付け決定の結果，行政庁により下される処分は，行政行為である。裁判所による仮の義務付け決定を契機にするとはいえ，行政庁が下す処分は個別行政法令の授権に基づくものである[49]。例えば，保育所入所拒否の事例で，仮の義務付けの結果下される入所の承諾は，児童福祉法に基づく処分である[50]。

仮の義務付け決定は，義務付け訴訟の判決まで効力をもつ暫定的性格のものである[51]。**（基本事例）**で仮の義務付け決定が認められた後に，本案の義務付け請求が認容され，判決が確定した事例において，(i)仮の義務付け決定の終期の定めに従い，行政庁が行った処分に終期（判決確定まで，又は，それよりも短い終期）が付されていた場合には，行政庁は改めて処分を行う必要がある。他方，(ii)行政庁が既に行った処分に終期が付されていない場合には，当該処分が判決確定後も継続する（行政庁は，改めて処分を行う必要はない）[52]。

義務付け訴訟について原告敗訴の判決が確定した場合，仮の義務付け決定の効力は判決確定により当然に失われるという考え方と，事情が変更した場合に当たるとして，裁判所が仮の義務付け決定を取り消すという考え方が存在する（37条の5第4項・26条1項）[53]。いずれにせよ，仮の義務付け決定によりなされた処分は，効力を失うのが原則である。もっとも，とくに学校や保育所・幼稚

48） 同旨，宇賀・概説Ⅱ 350頁，八木・前掲注1）828頁。

49） 同旨，八木・前掲注1）830頁。

50） 仮の義務付け決定に基づきなされる処分は行訴法を根拠とする処分であるという見解も見られるが，訴訟法に概括的な根拠法令の創設を認めるものであり，授権の包括性という点で問題を抱えるように思われる。

51） 実際には，仮の義務付け決定に対して即時抗告もなされずに決定が確定した後で，本案訴訟について和解が成立し，町立幼稚園への就園許可が出された例や，市の設置する公の施設の使用許可が出され，本案訴訟である義務付け訴訟が取り下げられた例（岡山地決2007［平成19］年10月15日・前掲注42））が見られる。

52） 小早川・下Ⅲ 318頁，八木・前掲注1）832頁。改訂に際して，正確を期すべく本文で(ii)の部分を追記した。高木光教授の御教示にお礼申し上げる。

53） 八木・前掲注1）832頁以下参照。

園の入学・入所申請拒否の事例で，仮の義務付け決定に基づく処分が出て，通学・通園が始まり，児童の新たな生活関係が築かれたような場合に，本案訴訟における原告敗訴によって当然に処分は効力を失うかという問題が存在する。この場合，たしかに，仮の義務付けが暫定的な権利救済制度であることからすれば，仮の義務付け決定の当初から処分の存続に対する信頼保護を語ることは困難である。しかし，児童に対する教育上の配慮といった観点から，本案判決後に通学・通園資格等を否定することは困難であるように解される[54]。こうした配慮を根拠づける考え方として，原告敗訴により仮の義務付け決定の効力が遡及的に消滅することについて，制限すべき場合があることを容認する立場が存在する。もう1つの考え方は，原告敗訴により当該決定の効力が消滅することを承認したうえで，行政上の配慮として，行政庁が新たな入学処分なり入所処分を行うべき場合ないし行う余地を承認する見解である[55]。

(3)　裁判所による取消し

仮の義務付けに対しては即時抗告が可能であり，裁判所は仮の義務付けを取り消すことが可能である（行訴法37条の5第4項・25条7項）。仮の義務付け決定に対して即時抗告がなされても，当該決定の執行を停止する効力をもたない(37条の5第4項・25条8項)。また，仮の義務付けの決定が確定した後でも，理由が消滅したり，事情が変更した場合には，相手方の申立てにより，裁判所は仮の義務付けを取り消すことができる（37条の5第4項・26条1項)。

裁判所により仮の義務付けの決定が取り消された場合には，行政庁は仮の義務付けの決定に基づいてした処分を取り消さなければならない（37条の5第5項)。

54）徳島地決2005［平成17］年6月7日判例地方自治270号48頁の裁判例についての同誌52頁のコメントも同旨。

55）小早川・下Ⅲ319頁参照。

4 仮の差止め

差止訴訟の係属中に差止めを求めていた処分が下されると，差止訴訟について訴えの利益が消滅する。そこで，差止訴訟の判決が下るまで，仮の救済措置として行政庁は処分をしてはならない旨を命ずるよう求める仕組みが重要性をもつ。仮の差止めがこれである（行訴法37条の5第2項）。処分の差止めが争われている場合に，行政庁が処分を発令すれば，それにより原告を簡単に敗訴へと追い込むことが可能となる。仮の差止めの決定が下されれば，原告は処分を差し止めたうえで，差止訴訟を争うことができるのである。

(1) 仮の差止めの要件

仮の差止めを利用するためには，以下の(イ)から(ニ)の要件を充足することが必要となる。第1に，仮の差止めが認められるためには，本案訴訟である差止訴訟が適法に係属していることが前提となる（(イ)）。第2に，本案について理由があると見えることが積極的要件として定められている（申立人に主張・疎明責任を課す趣旨である）。仮の差止め決定により，本案判決と同じ地位が仮であれ創設されることから，本案について理由があると一応認められる必要性が要求された[56]。第3に，「償うことのできない損害」の存在が加えられている（(ハ)）（以上，行訴法37条の5第2項）。さらに，第4の要件として，公共の福祉に重大な影響を及ぼすおそれがないことも要求されている（(ニ)）（同条3項）。

(イ)　差止訴訟の係属

(ロ)　本案について理由があると見える＝本訴での勝訴の見込み

(ハ)　償うことのできない損害を避けるため緊急の必要があるとき

(ニ)　公共の福祉に重大な影響を及ぼすおそれがないこと

仮の差止めは，差止訴訟の審理開始段階で勝訴判決と同様の地位を申立人に仮に認めることになるため，厳しい要件が必要であると説かれてきた。仮の差止めの要件である「償うことのできない損害」は，差止訴訟の要件である「重

56）　小林・行訴法86頁。塩野・II 246頁は救済の実効性の観点から弾力的運用を説き，八木・前掲注1）824頁も，柔軟な解釈論を展開する。

大な損害」よりも，損害回復の困難の程度が著しいものと理解されている。

このほか，手続要件として，仮の差止めを決定する場合には，裁判所は当事者の意見を予め聴かねばならない（37条の5第4項・25条6項）。

⑵　償うことのできない損害

仮の差止めの要件である「償うことのできない損害」（行訴法37条の5第2項）とは，(α)金銭賠償により償うことが不可能な損害が発生する場合，(β)社会通念に照らして金銭賠償のみによることが著しく不相当と認められるような場合である[57]。金銭賠償が不可能ないし著しく不相当と認められるとは，換言すれば，生命や健康を害する場合，選挙権のような重要な基本権の行使を妨げる場合，教育に見られるように特定の時期にサービスの提供を適切に行うことが不可欠であるにもかかわらず，当該サービスの提供が妨げられる場合である（〔Q 5〕参照）。

市長による産業廃棄物処理業の許可に反対して，施設周辺住民が当該許可の差止訴訟を提起し，あわせて当該許可の仮の差止めを申し立てた事例で，大阪地裁は，「償うことのできない損害」の解釈基準として，申立人の生命・健康を著しく害する性質のものであるかという点に着目した[58]。当該事案では，爆発性・毒性・感染性を有する特別管理産業廃棄物が含まれていないことや，焼却処理を行わない点，粉じん対策がとられ雨水・汚水対策が講じられていることから，「償うことのできない損害」の存在が否定された。

〔Q 5〕　市立保育所を民間に移行するため市の保育所設置条例が廃止される事案において，仮の差止めの要件である「償うことのできない損害」が肯定できるか，検討しなさい。解答にあたり，保育所利用者は，子ども・子育て支援法20条1項の認定を市町村から受けたうえで，希望施設の選択を行うことを前提とすること。

例えば，多くの職員の交代があるにもかかわらず，引継ぎのための共同保育が性急に行われる場合には，園児の保育環境に大きな変化が予想される。これ

57）　神戸地決2007［平成19］年2月27日賃金と社会保障1442号57頁。

58）　大阪地決2005［平成17］年7月25日判タ1221号260頁。

では，個々の園児の個性等を把握することができず，その生命・身体等の安全に危険が及ぶことのない体制の確立が困難である。民間移行に伴う保育上の配慮，充分な経過期間の確保も欠けている。こうした状況であれば，移行によって保育所選択の自由（これには，入所後の一定期間にわたり継続的保育を受ける法的地位も含まれる）が侵害され，社会通念に照らして金銭賠償のみによることが著しく不相当と認められる場合に当たると解釈することが可能である[59]。

（Q 6） E市（政令指定都市である）では，3000名を超す者が乙地区の簡易宿所に生活の本拠の実態が存在しないにもかかわらず住民登録している事実が判明した。E市の区長は，住民基本台帳法8条に基づき，職権で住民票の消除処分をしようとしている。Fもこの消除処分の対象に含まれている。Fにとっては，乙地区に非常に近い甲地区が主に利用する簡易宿所の所在地であり，生活の本拠とみなすことが可能である。FはE市議会議員選挙で投票したいと考えているが，住民票が選挙人名簿登録の基礎とされていることから，住民票が消除されると，住民票が回復されるまで投票できず，上記の特殊事情では回復の見込みが現段階では立たないと考えている。Fが住民票の消除を行わないよう求めて消除処分の仮の差止めを申し立てた場合，仮の差止めの要件を充たすか，検討しなさい。

同様の事例について，大阪高裁は，「償うことのできない損害を避けるため緊急の必要があ」るとして，仮の差止めを認容した[60]。消除処分により少なくとも市議会議員の選挙で憲法上保障された選挙権行使が侵害されること，選挙権は侵害を受けた後に争うことによって権利行使の実質を回復することができない性質のものであることに着目した判断である。

（発展学習）退去強制令書の執行に対する権利救済

（Q 7） 次の事例をめぐって行政法ゼミで交わされた学生GとHの会話を読

59）仮の差止めを認容したものとして，神戸地決2007［平成19］年2月27日・前掲注57）。抗告審である大阪高決2007［平成19］年3月27日裁判所HPは，争われていた条例案が撤回されたことから，差止めの対象は不存在となり本案が排斥されるとして，仮の差止めの申立てを却下した。

60）大阪高決2007［平成19］年3月1日賃金と社会保障1448号58頁［109］。

んで，訴訟手段の選択に関し，考えを述べなさい。

　アジアのある国の国籍をもつＩは，留学資格で日本に上陸したが，その後，ラウンジでホステスとして働いていた。Ｉは摘発され，資格外活動をしたとの認定を受けた（出入国管理及び難民認定法45条・47条2項）。続いて，当該認定に誤りがないとの判定（同法48条8項）が下されたため，Ｉは法務大臣に異議を申し立てた（同法49条）。このまま手続が進むと，退去強制令書の発付が行われることが予想される。退去強制令書の発付は，その内容として，収容部分と本国への送還部分から構成される（同法52条3項・5項）。Ｉは，日本で生活を続けるために，訴訟の提起を考えている。

学生Ｇ「退去強制令書の発付は処分だけれど，それに続く収容や送還がどのような法的性格をもつかが重要だと思う。収容も送還も事実行為だから，両者とも，退去強制令書発付処分の執行行為だね。」

学生Ｈ「そうだとして，選択する訴訟は，どのようになるのかな。収容や送還を止める点に狙いがあるとしても，これらの行為は退去強制令書発付処分の執行行為にすぎないわけだから，処分である発付処分を攻撃対象にするのだと思う。この事案では，まだ発付がされていないから，発付処分の差止訴訟を提起して，あわせて仮の差止めを申し立てる戦略が適切だということになる。事実，こうして争った裁判例もあるよ[61)]。」

学生Ｇ「この事例の場合，差止訴訟を利用するとすれば，利用条件を充たすかがポイントだね。本件で差止訴訟の要件である『重大な損害』が発生するといえるのだろうか。」

学生Ｈ「一般に，処分を待って取消訴訟を提起して，執行停止を申し立てるのでは十分ではないことを主張しなければならない。収容された後でも，こうした事後救済で不利益の回復は可能であり，金銭賠償で回復できると考えると，差止訴訟は容れられない。送還については，執行停止により不利益の回避が可能であると解釈すると，同様に差止訴訟は容れられない。先ほど挙げた裁判例も，こうした判断から，結果として仮の差止めを却下しているんだ。」

学生Ｇ「要件については，来週のゼミで引き続き，検討しよう。」

61）　大阪地決2006［平成18］年12月12日判タ1236号140頁。

5 公法上の当事者訴訟と仮の権利救済

(1) 処分の無効を前提とする当事者訴訟と仮の権利救済

懲戒免職になった公務員や退学になった県立高校生が当該処分の無効を争う場合には，公法上の当事者訴訟の提起が可能である。他方，自らの土地に対して収用や買収の処分を受けた土地所有者が当該処分の無効を争う場合には，争点訴訟（民事訴訟である）の提起が可能である。これらの場合において，公法上の当事者訴訟や争点訴訟には，執行停止の規定が準用されていない（行訴法41条・45条参照)。したがって，執行停止は利用できないように見える。他方で，行訴法44条は，処分について，民事保全法上の仮処分を排除している。両者をあわせて考えると，これらの事例では，仮処分も執行停止も利用できなくなりそうである。つまり，仮の救済が欠けることとなる。

こうした帰結に対しては，立法の不備として批判が強い。そこで，次の3つの解釈のいずれかを通じて，仮の救済方法を肯定する必要がある。

(i) 仮の救済が欠ける点を直視して，上記の例では，公法上の当事者訴訟や争点訴訟によっては紛争解決の目的を達成できないとして，補充訴訟として処分無効確認訴訟を認める解釈である[62)]。処分無効確認訴訟には執行停止の規定が準用されているため（38条3項参照)，執行停止の申立てが可能となる。

(ii) 上記の事例で，公法上の当事者訴訟や争点訴訟は処分の無効を前提とする訴訟である点で，処分無効確認訴訟と共通性をもつことから，処分無効確認訴訟に準用される執行停止規定をここでも類推適用する解釈が考えられる[63)]。

(iii) 上記の例における公法上の当事者訴訟や争点訴訟のように，先決問題として処分の効力に関わるにすぎない訴訟には，仮処分を排除する行訴法44条

62) 禁漁区設定処分不存在確認を求める公法上の当事者訴訟では仮の権利救済が得られないことを理由に，執行停止が可能な（禁漁区設定）処分無効確認訴訟と解釈したものとして，甲府地判1963［昭和38］年11月28日行集14巻11号2077頁 110 。

63) 本案訴訟（県立高校における退学許可処分の無効を前提とする生徒の地位確認訴訟）が公法上の当事者訴訟であることを認めたうえで，無効確認訴訟に準じて仮の救済として執行停止が許されると解したものとして，高知地決1992［平成4］年3月23日判タ805号66頁がある。

は適用されないと解釈して，仮処分を肯定する見解である。

(i)〜(iii)の解釈によれば，仮の救済手段の利用により，懲戒免職の事例では公務員として勤務を続けながら判決を待つことが可能となる。同様に，土地収用の事例では，収用裁決の無効を前提とした所有権確認訴訟（争点訴訟）において，仮の救済手段の活用により，収用事業の進展を止めることが可能となる。

(2)　形式的当事者訴訟と仮の権利救済

形式的当事者訴訟では，仮の権利救済に関して，執行停止の規定は準用されていない。他方，権利取得裁決という処分が関係しているので，この点に着目すると，仮処分は排除されるようにも見える（行訴法44条）。仮の権利救済が存在しないという事態は，実効的権利救済を尊重する観点からは避けるべきである。考え方としては，執行停止が排除される事例では，行訴法44条は適用されないと解して，仮処分を肯定すべきであろう。

(3)　その他の当事者訴訟と仮の権利救済

仮の救済は，実効性ある権利救済に対する憲法上の要請であることからすれば，上記(1)，(2)以外の公法上の当事者訴訟についても，仮処分の利用を肯定すべきであろう。

●参考文献 ―――――――――――

阿部泰隆「抗告訴訟における仮救済制度の問題点」同・実効性155頁以下（初出1972年）
今村成和「執行停止と仮処分」講座3巻307頁以下
北村和生「行政訴訟における仮の救済」ジュリスト1263号（2004年）68頁以下
斎藤誠「執行停止の要件」小早川＝高橋編・詳解207頁以下
下井康史「仮の義務付けおよび仮の差止め」小早川＝高橋編・詳解225頁以下
利光大一「仮の救済」行政法大系5巻219頁以下
仲江利政「公権力の行使と仮の救済」新実務民訴10巻27頁以下
野呂充「仮の救済」園部＝芝池編・理論221頁以下
浜秀和「行政訴訟に対する仮処分の排除」実務民訴8巻315頁以下

広岡隆＝東城武治「行政処分の執行停止」実務民訴 8 巻 293 頁以下
藤田耕三＝井関正裕＝佐藤久夫『行政事件訴訟法に基づく執行停止をめぐる実務上の諸問題』司法研究報告書 34 輯 1 号（1983 年）
山本隆司「仮の救済」公法研究 71 号（2009 年）185 頁以下
山本隆司「行政訴訟における仮の救済の理論（上）（下）」自治研究 85 巻 12 号（2009 年）28 頁以下，86 巻 1 号（2010 年）76 頁以下

第 14 章
民衆訴訟及び機関訴訟

▶本章の狙い

前章までに扱った訴訟類型は，いずれも原告個人の権利救済を目的としたものである（主観訴訟）。これに対して，本章では，市民としての地位や選挙人としての立場で提起することができる訴訟類型を扱う。例外的な仕組みではあるが，住民としての地位で出訴し，地方公共団体の財務会計上の行為を対象とする住民訴訟は，よく利用されている。また，1票の価値を争う選挙訴訟も，本章のテーマである。これらとあわせて，行政機関相互の争訟も解説する。

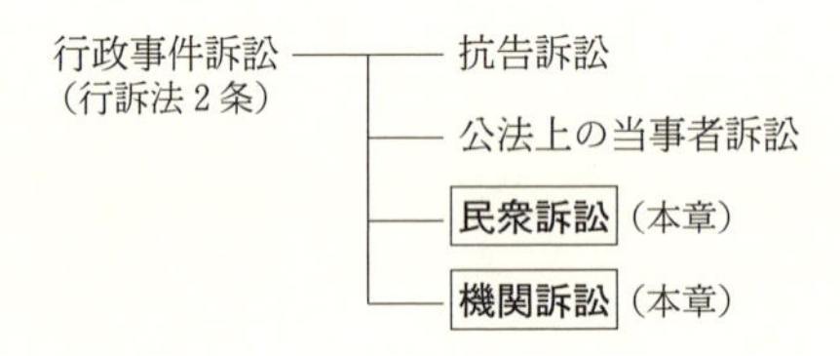

1　民衆訴訟（概説）

国又は公共団体の機関の法規に適合しない行為の是正を求めるために，選挙人たる地位その他自己の法律上の利益にかかわらない資格で提起する訴訟を，民衆訴訟という（行訴法５条）。まず，具体例から見ることとしよう。

（基本事例） 砂川市はその所有地を神社施設の敷地として無償で使用させていた。これに対し，市の住民らが，憲法の定める政教分離原則に反すると主張し，市長が敷地の使用貸借契約を解除して同施設の撤去及び土地明渡しを請求しないのは財産管理を違法に怠るものであるとして，市長に対し怠る事実の違法確認を求めた。最高裁は，本件土地の利用提供行為が憲法89条に違反し，憲法20条1項後段の禁止する宗教団体への特権付与にも該当する旨を説示した[1)]。

この**（基本事例）**で用いられた訴訟は，地方自治法242条の2第1項3号に基づく住民訴訟である。住民訴訟は民衆訴訟の代表例である。ここでは，市長の行った土地提供行為の合憲性が争われており，原告は自己の利益の保護を主張するのではなく，住民としての地位で財務会計上の行為の是正を求めている。このように，原告は自己の法律上の利益を主張する必要性がなく（行訴法43条1項・2項参照），訴訟提起に制約が少ないため，住民訴訟は憲法訴訟としても活用されてきた[2)]。住民訴訟が政教分離原則違反を争うために利用されてきた例として，上記**（基本事例）**が基としている空知太（そらちぶと）神社訴訟のほか，津地鎮祭訴訟[3)]，愛媛玉串料訴訟[4)]などがある。

民衆訴訟のもう1つの代表例は，選挙人が選挙の効力を争う選挙訴訟である。公職選挙法204条に基づく選挙の効力に関する訴訟は，議員定数不均衡訴訟で活用されてきた[5)]。ここでも，選挙人としての資格で訴えを提起できることから，議員定数配分規定の合憲性を争うことが容易である。

民衆訴訟は，法律が定めた場合に，法律で定められた者のみが提起できるという制約をもつが（行訴法42条），上記の2つのタイプの民衆訴訟はしばしば利用され，大きな機能を果たしている。

1)　最大判2010［平成22］年1月20日民集64巻1号1頁 5 。
2)　民衆訴訟と憲法訴訟の関係については，戸松秀典『憲法訴訟［第2版］』（有斐閣・2008年）139頁以下参照。
3)　最大判1977［昭和52］年7月13日民集31巻4号533頁。
4)　最大判1997［平成9］年4月2日民集51巻4号1673頁。
5)　参照，最大判1976［昭和51］年4月14日民集30巻3号223頁［百選Ⅱ220事件］ 111 。

2 住民訴訟
――民衆訴訟（その1）

⑴ 利用上の特色

⒜ 住民参政の手段

取消訴訟と比較した場合に，住民訴訟は原告の住民の利益を直接に保護するために提起されるものではない点，地方公共団体の財政を違法な支出等から免れさせる点に特色をもつ。もう1つの特色として，住民訴訟は住民参政の一環であると説かれている。

(Q 1) 最判1978［昭和53］年3月30日民集32巻2号485頁［百選Ⅱ 222事件］112 の以下の判決文を読んで，住民訴訟の特質を自分の言葉で整理しなさい。

「地方自治法242条の2の定める住民訴訟は，普通地方公共団体の執行機関又は職員による同法242条1項所定の財務会計上の違法な行為又は怠る事実が究極的には当該地方公共団体の構成員である住民全体の利益を害するものであるところから，これを防止するため，地方自治の本旨に基づく住民参政の一環として，住民に対しその予防又は是正を裁判所に請求する権能を与え，もつて地方財務行政の適正な運営を確保することを目的としたものであつて，執行機関又は職員の右財務会計上の行為又は怠る事実の適否ないしその是正の要否について地方公共団体の判断と住民の判断とが相反し対立する場合に，住民が自らの手により違法の防止又は是正をはかることができる点に，制度の本来の意義がある。すなわち，住民の有する右訴権は，地方公共団体の構成員である住民全体の利益を保障するために法律によつて特別に認められた参政権の一種であり，その訴訟の原告は，自己の個人的利益のためや地方公共団体そのものの利益のためにではなく，専ら原告を含む住民全体の利益のために，いわば公益の代表者として地方財務行政の適正化を主張するものであるということができる。住民訴訟の判決の効力が当事者のみにとどまらず全住民に及ぶと解されるのも，このためである。」

上記判決文に示されているように，住民訴訟は，原告である住民が「住民全体の利益のために」「公益の代表者として」提起するものであり，最高裁の解釈によれば，「参政権の一種」であると位置づけられている。

(b) **出訴権者――住民要件など**

住民訴訟を提起するためには，住民であることが必要であり，生活の本拠を当該地方公共団体に有していること，及び，住民票を有することが原則として要求される（参照，地方自治法242条の2第1項・10条)。裁判例によれば，住民訴訟の提起時に住民でない者，住民訴訟係属中（口頭弁論終結前）に他の地方公共団体に転出した者は，住民としての資格を欠き，訴えは不適法として却下される[6)]。住民訴訟はアメリカの納税者訴訟をモデルにしたといわれるが，住民訴訟の利用に納税や納税義務の存在は要件とされていない。なお，原告が死亡した場合には，相続人による承継は認められず，住民訴訟は終了する[7)]。

直接請求の制度が利用条件として有権者の一定割合の署名を要求していることと比べると[8)]，住民訴訟は，住民が1人でも提起できる点に特色をもつ。つまり，地方自治法242条1項は，「普通地方公共団体の住民は……請求することができる」と定めている。

(c) **住民訴訟の対象――財務会計行為**

住民訴訟を利用して是正を求めることができる行為及び怠る事実は，次のものである[9)]。

(i)	公金の支出	行為
(ii)	財産の取得・管理・処分	〃
(iii)	契約の締結・履行	〃
(iv)	債務その他の義務の負担	〃
(v)	公金の賦課・徴収を怠る事実	怠る事実
(vi)	財産の管理を怠る事実	〃

6) 大阪地判1988［昭和63］年10月14日判時1291号3頁，高松高判1992［平成4］年5月12日行集43巻5号717頁。

7) 最判1980［昭和55］年2月22日判時962号50頁，最判1982［昭和57］年7月13日民集36巻6号970頁。

8) 大橋・行政法Ⅰ 369頁以下参照。

9) 地方自治法242条の2第1項は住民監査請求の前置を要求し，住民監査請求の内容を規定した242条1項が，財務会計行為を対象として定めている。

これらの行為及び事実は財務会計行為と呼ばれる。**（基本事例）**では，財産の管理を怠る事実について，その違法性が争われた。

(d)　住民監査請求前置主義

住民訴訟を提起するためには，それに先だって，監査委員に対して適法な住民監査請求を行う必要がある（住民監査請求前置主義）。地方自治法242条の2第1項の，「前条第1項の規定による請求（住民監査請求を指す〔著者注〕）をした場合において」住民訴訟を許容するという条文が，住民監査請求前置主義を表している。

(e)　期間の制限（住民監査請求期間＋出訴期間）

住民訴訟に前置すべき住民監査請求には，監査請求期間が定められている。つまり，住民監査請求は，財務会計「行為があつた日又は終わつた日から1年を経過したときは，これをすることができない」（地方自治法242条2項）。正当な理由があるときは，1年の制限は受けない（同但書）。なお，怠る事実に関する監査請求については，期間制限を定めた2項は適用にならないと解されている[10)]。換言すれば，怠る事実が継続していると認められる限り，監査請求は可能である。

住民監査の結果や長のとった措置などに不服で住民訴訟を提起しようとする場合には，出訴期間の制限があり，「監査委員の……通知があつた日から30日以内」に住民訴訟を提起しなければならない（同法242条の2第2項1号）。

以上を整理すると，住民訴訟を提起する場合には，住民監査請求の期間制限に加えて，住民訴訟の出訴期間が遵守されなければならない。

(2)　4種類の住民訴訟

住民訴訟には，次の4種類が存在する（地方自治法242条の2第1項）。

(a)　1号請求（当該執行機関又は職員に対する当該行為の全部又は一部の差止めの請求）

（具体例1）公有水面の埋立てに反対する市民Xは，市長Yの与えた公有水面埋立免許を違法であると考え，当該免許に基づいて行われる埋立工事に関し

10)　最判1978［昭和53］年6月23日判時897号54頁，最判2002［平成14］年7月18日判時1979号71頁。

て，Y に対し，一切の公金を支出しないよう差止めを請求した[11]。

（具体例 2） 市が施行を予定している土地区画整理事業は違法であると住民 X が主張して，市長 Y に対して当該事業に関する公金支出の差止めを求めて出訴した[12]。

1 号請求は財務会計行為がなされるよりも前の段階で提起される。そのため，対象の財務会計行為をどこまで特定する必要があるのか（請求の特定性），財務会計行為がどの程度の確実性をもって行われるのか（対象行為の蓋然性）が重要な解釈問題になる。1 号請求についても住民監査請求の前置は要求されるため，特定問題及び蓋然性問題は，既に住民監査請求の段階で生じる。これを厳格に要求すれば，一般の住民が提起する住民訴訟は実質的に不可能となろう。最高裁は，織田が浜訴訟で，財務会計行為の適否を判断でき，蓋然性を判断できる程度まで請求が特定されていれば足りると，柔軟な判断を示した[13]。

1 号請求の住民訴訟係属中に財務会計行為（例えば公金支出）が完了した場合には，差止請求はその対象を欠き，訴えの利益は消滅する[14][15]。

(b) 2 号請求（行政処分たる当該行為の取消し又は無効確認の請求）

2 号請求は財務会計行為が処分に該当する場合を念頭に置いたものである。当該処分の取消しや無効確認を請求する際には，既に学んだ抗告訴訟における処分性の判断方法が参考になる。もっとも，2 号請求の件数は実際には少ない。1 つの原因は，財務会計行為としての特質をもつ処分（財産的価値の保持・保全に着目した財政処理・財政的効果発生を直接の目的とする処分）が現行法上少ない点にある[16]。2 号請求の対象となる処分としては，行政財産の使用許可[17]，条例に基づく補助金交付決定などが考えられる。他方，契約の締結や要綱に基づ

11） 参照，最判 1993［平成 5］年 9 月 7 日民集 47 巻 7 号 4755 頁（織田が浜訴訟）。

12） 最判 2006［平成 18］年 4 月 25 日民集 60 巻 4 号 1841 頁。

13） 最判 1993［平成 5］年 9 月 7 日・前掲注 11)。

14） 名古屋地判 1981［昭和 56］年 11 月 30 日判時 1049 号 29 頁。

15） この場合に，4 号請求を追加的に併合（行訴法 43 条 3 項・41 条 2 項・19 条）する見解として，実務的研究 366 頁。

16） 都市計画区域変更処分について財務会計行為に該当しないとしたものとして，京都地判 1986［昭和 61］年 1 月 23 日行集 37 巻 1＝2 号 17 頁，指定管理者指定処分について否定したものとして，大阪地判 2006［平成 18］年 9 月 14 日判タ 1236 号 201 頁。

17） 浦和地判 1986［昭和 61］年 3 月 31 日判時 1201 号 72 頁。

く補助金の支給に関して，裁判例は2号請求でいう処分性を否定する傾向にある。

（Q 2）　工場を誘致するための補助金交付に関し，A市ではそのための条例が制定され，補助金交付は条例に基づく市長の支給決定によってなされている。他方，B市では，補助金交付要綱に基づく市長の支給決定によって交付されている。A市の住民甲と，B市の住民乙は，こうした自分の住む市における工場誘致補助金は公益性がなく違法であると考えている。甲と乙は補助金交付決定を取り消すよう求める住民訴訟（2号請求）を提起したい。こうした訴えの適法性を論じなさい。

判例は，要綱が内部行為であること，また，法律の根拠に基づかないことなどから，B市における支給決定を贈与契約の申込みに対する承諾と捉えている。したがって，支給決定は処分に該当せず，これを対象とした乙による2号請求は不適法である[18)]。これに対し，A市のように条例に基づく支給決定は処分と解され，甲による2号請求は適法と判断されうる。

(c)　**3号請求**（当該執行機関又は職員に対する，公金の賦課・徴収，財産管理を怠る事実の違法確認請求）

3号請求は，地方公共団体の機関又は職員が財務会計上の行為を行うべき義務を法律上負うにもかかわらず，職務懈怠により行わない場合に，その違法を裁判所が確認して義務を履行させることを意図したものである。なお，怠っていた固定資産税の賦課徴収が行われた場合には，3号請求は訴えの利益を欠く[19)]。

（具体例1）　本章の冒頭に挙げた**（基本事例）**が，3号請求に当たる。

（具体例2）　C市では，市民Dに対して，長年にわたり固定資産税の賦課がなされていない。また，同市では，市民Eについて，長年にわたり市営住宅の家賃が未払いのまま放置されている。さらに，同市では，市の保有する土地

---

18)　名古屋地判1984［昭和59］年12月26日判時1178号64頁，東京地判1988［昭和63］年9月16日行集39巻9号859頁，東京高判1989［平成元］年7月11日行集40巻7号925頁，浦和地判1993［平成5］年10月18日判タ863号193頁，旭川地判1994［平成6］年4月26日行集45巻4号1112頁，札幌高判1997［平成9］年5月7日行集48巻5=6号393頁。

19)　広島地判1975［昭和50］年8月29日行集26巻7=8号952頁。

図表 14-1 3号請求

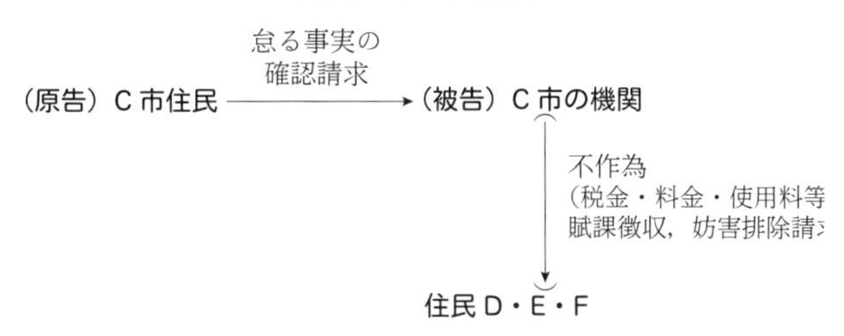

に権原なく工作物を設置し占拠している市民Fに対して，長期間にわたり妨害排除請求を怠っている。これらの場合に，C市の住民は，違法に公金の賦課・徴収や財産管理を怠っていると主張して，C市の機関に対し，3号請求の住民訴訟を提起しうる（**図表 14-1** 参照）[20]。

(d) **4号請求**[21]（当該職員又は当該行為若しくは怠る事実に係る相手方に損害賠償又は不当利得返還の請求をすることを当該普通地方公共団体の執行機関又は職員に対して求める請求）

G市で，市長が，①不当に安い金額で市有地を売却する契約を締結した場合，②赤字に陥った第三セクターを救済するために赤字全額を補助金によって穴埋めした場合，③神社の大祭の奉賛会発会式に出席し，祝辞を述べ，その費用が公金から支出された場合などを考えてみよう。これらの場合に，G市の住民Aが違法な契約締結や補助金交付，宗教的儀式への出席のために違法に公金が支出されたと考えるならば，Aが原告として，G市の執行機関又は職員B（多くの場合は機関としての市長）を被告にして，市に損害を与えた市長等の職員Cに対して損害賠償を請求するよう求める訴えを提起することができる。

4号請求に関してはさらに，市有地を破格に安く売却する随意契約を締結した市長等の職員Cに対して損害賠償を請求するよう求めること（当該職員に対する損害賠償請求の義務付け。**図表 14-2** の(ア)）のほか，財務会計行為（ここでは随意契約締結）の相手方Dに対して不当利得の返還を請求するよう求めること

20） 固定資産税に関して，東京地判 2000［平成 12］年 8 月 29 日判時 1733 号 33 頁。
21） 4号但書には，さらに，地方自治法 243 条の 2 第 3 項が定める賠償命令の対象となる職員に対し，執行機関等に賠償命令を義務づける住民訴訟が法定されているが，本書では説明を省略する。仕組みは，4号本文の住民訴訟と類似のものである。

図表 14-2　4号請求

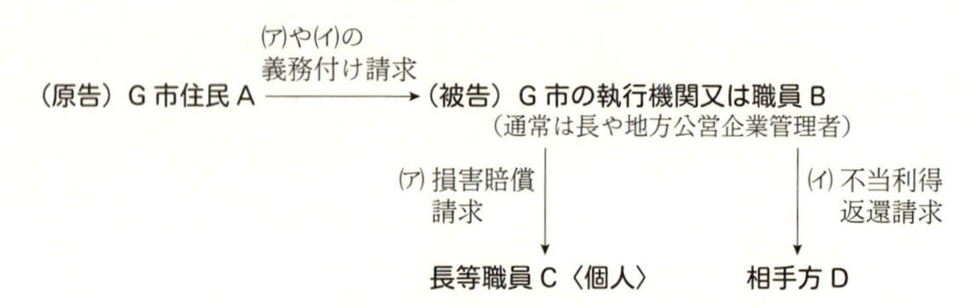

（相手方への不当利得返還請求等の義務付け。**図表 14-2** の(イ)）も考えられる。そこで，2つの法律構成の選択問題が生じる。この選択は原告である住民Aに委ねられている[22]。住民訴訟が提起された場合，被告Bは当該職員Cや相手方Dに訴訟告知をしなければならない（地方自治法242条の2第7項）。

4号請求で請求認容判決が出されると，判決は訴訟告知を受けた当該職員Cや相手方Dにも効力を有し（同法242条の3第4項），機関としてのBは当該職員Cに対して，又は財務会計行為の相手方Dに対して，判決確定の日から60日以内の日を支払期限として，損害賠償金や不当利得の返還金の支払いを請求しなければならない（同法242条の3第1項）。判決確定日から60日以内に損害賠償金や不当利得による返還金が支払われない場合には，普通地方公共団体であるG市が原告となって，当該職員C又は相手方Dを被告に，損害賠償又は不当利得返還の請求訴訟を提起しなければならない（2項）。Cが現職の長の場合には，長が地方公共団体を代表すると利害が相反することから，当該訴訟について代表監査委員が当該地方公共団体を代表する（5項）。この訴訟の提起には，地方自治法96条1項12号の議会議決は不要である（3項）。

（被告）

4号請求の被告である「執行機関又は職員」（上記事例ではB）とは，委任等がなされていなければ，地方公共団体の長ないし地方公営企業の管理者である。ここでいう長や管理者は機関を意味するため，例えば，住民訴訟係属中に長や管理者の地位にあった個人が交代したとしても，被告の変更にはならない。

22）　地方制度研究会編『改正住民訴訟制度逐条解説』（ぎょうせい・2002年）48頁，山本隆司教授執筆・高橋＝市村＝山本編・条解159頁。

（当該職員）

4号請求でいう「当該職員」とは，違法な財務会計行為をなして地方公共団体に損害を与えた職員個人（上記事例ではC）を指す。当該議員は，①「財務会計上の行為を行う権限を法令上本来的に有するものとされている者」及び②「これらの者から権限の委任を受けるなどして右権限を有するに至つた者」を広く意味する[23]。①の例としては，予算の執行権や支出命令権を有する地方公共団体の長（地方自治法149条2号），現金の出納等の会計事務の権限をもつ会計管理者（同法170条），地方公営企業の管理者などがある[24]。②の例としては，財務会計上の行為を行う権限を委任されて公金の支出等について権限を有するに至った者（受任者）のほか，最高裁は，専決の処理を任された補助職員も該当するとしている[25]。

違法行為を行った個人に不法行為に基づく民法上の損害賠償責任を負わせるというのが，「当該職員」という場合の基本的な視点である。

知事や市町村長などが，法令上有する財務会計上の権限について委任をした場合や専決処理させた場合に，なお当該職員に当たるのか，という問題がある。この場合に，上記②で述べたように，受任者や専決処理をした職員が当該職員に該当する。これに加えて，委任や専決処理後であっても，知事や市町村長等が指揮監督上の義務に違反し，受任者や専決処理をなした補助職員の財務会計上の違法行為を故意又は過失により阻止しなかった場合には，なお当該職員として（指揮監督義務違反にかかる）賠償責任を負うのである[26]。

23） 参照，最判1987［昭和62］年4月10日民集41巻3号239頁（都議会議長交際費違法支出住民訴訟事件），最判1993［平成5］年2月16日民集47巻3号1687頁（箕面忠魂碑事件）。

24） 東京都議会の議長は予算の執行権や現金の出納保管などの会計事務権限をもたないことから，「当該職員」には当たらない（最判1987［昭和62］年4月10日・前掲注23））。

25） 大阪府水道企業の管理者が自己の権限のうち，1件100万円未満の予算執行につき水道部総務課長に処理させていた事例で，総務課長が当該職員に該当するとされた。最判1991［平成3］年12月20日民集45巻9号1503頁［百選Ⅰ 26②事件］。こうした判断を，大法廷も承認している。参照，最大判1997［平成9］年4月2日・前掲注4）。

26） 委任につき，最判1993［平成5］年2月16日・前掲注23）。専決につき，最判1991［平成3］年12月20日・前掲注25）。

COLUMN

3号請求と4号請求の関係

4種類の住民訴訟のうち，1号の差止請求は財務会計行為がなされる以前に利用する訴訟類型であるから，財務会計行為がなされた後に利用する2号〜4号の請求とは，時間の観点から区別できる。次に，2号請求〜4号請求のうち，2号請求は財務会計行為が処分に当たる場合に利用できるにとどまり，そのような例が少ないことから，例外的存在と位置づけることが可能である。したがって，原告にとっては，多くの場合，3号請求と4号請求のいずれかの選択が課題となる。

例えば，水道企業管理者である市長が，浄水場落成式の際に招待客から受け取った祝い金を公の会計に入れず，職員に管理させ交際費等として利用した事例を考えてみよう。同市の住民がこうした財務処理を違法であると考えた場合，市長の寄付金管理が違法であることの確認を求める3号請求と，市長個人に対する損害賠償請求を求める4号請求は，一方が優先するのか，それとも原告の自由な選択に委ねられるのか，が解釈問題となる。同一の事実関係に関し，2つの法律構成が可能であることはありうることであり，この点に関して地方自治法に明文規定が存在しない以上，原告の選択に委ねるべきである。

3号請求の住民訴訟として争っていた原告が，訴えを4号請求に変更することは可能か，という問題がある。変更が肯定されるとすれば，原告は3号請求を提起した時点で4号請求を提起したものとみなすことができるため，（4号請求の）出訴期間を遵守できることとなる。上記の事例において，祝い金の管理にかかる違法性が追及されており，この点で請求の同一性が認められるとすれば，訴えの変更は一定期間内の紛争解決を目的とした出訴期間制限の趣旨に反することにならないであろう[27]。

（発展学習）不真正怠る事実と住民監査請求期間

違法な契約の締結を原因行為とする損害賠償請求の住民監査請求（4号請求）は，違法な契約があった日から1年を経過したときはすることはできない（地方自治法242条2項）。これに対し，同じ事案について，法律構成を3号請求に

27）　最判1983［昭和58］年7月15日民集37巻6号869頁は旧4号請求と3号請求の間で訴えの変更が争われたものであり，当時は各請求の被告が異なっていたため，当事者の同一性を欠く点が変更を認めるうえで障害となっていた。しかし，現行法では被告の違いが支障となる事情は存在しない。次の(3)で述べるように，どちらの請求においても被告は行政機関としての市長なのである。

変えて監査請求期間を満たそうとする例が見られた。例えば，違法な契約に基づく損害の賠償請求を怠るのは違法であると，怠る事実確認の住民監査請求（3号請求）に形式を変えて主張して，怠る事実の場合には監査請求期間の制限はかからないと説くのである。最高裁は，こうした3号請求の利用方法については，住民監査請求期間を定めた立法趣旨を尊重する観点から，当該期間は契約締結の時点から計算するべきであるという立場を示した[28]。

3号請求の典型例（公営住宅家賃の取立てを怠る事例）は，取立ての怠慢という不作為（の財務会計行為）が存在するだけであり，積極的な作為は存在しない「真正怠る事実」の事案である。これに対し，上記の例は，契約という積極的な財務会計上の原因行為（作為）が存在するにもかかわらず，意図的に，契約に基づく損害賠償請求権行使を怠る事実確認へと法律構成を変えて監査請求期間徒過を免れようとした「不真正怠る事実」の事案である。こうした特質に着目して，上記最高裁は，原因行為から期間計算を行ったのである。

(3) 被告適格及び管轄裁判所

被告に関しては，1号の差止請求，3号の怠る事実の違法確認請求では，訴訟の対象とされた特定の財務会計行為を行う権限をもつ機関が被告となる。多くの場合，地方公共団体の長又は地方公営企業の管理者が被告となる。権限の委任がなされた場合や専決の場合には，受任者や専決権限を有する機関が被告となる（本来権限を有していた機関も，指揮監督権限を有する限りで被告になりうる）。

これに対し，4号請求では，損害賠償請求，不当利得返還請求，賠償命令を行う権限をもつ機関が被告となる。

他方，2号請求（処分取消しや処分無効確認の請求）では，被告は（処分庁の帰属する）地方公共団体となる。その理由は，取消訴訟や無効確認訴訟の被告を行政主体とする行訴法11条が2号請求に準用されるためである（地方自治法242条の2第11項，行訴法43条1項・2項・38条1項参照）。

被告適格について，権限が委任された具体例を想定して考えることとしよう。ある市で特定の財務権限が市長から部長に委任された場合，その権限行使が違

28） 最判1987［昭和62］年2月20日民集41巻1号122頁［百選Ⅰ 138事件］。参照，石川善則・判例解説昭和62年度84頁。

法であるとして住民訴訟で争う際には，1号の差止訴訟の被告は権限を受任した部長，3号の怠る事実の違法確認訴訟も同様に部長，4号請求（例えば損害賠償請求）でも，財務権限をもつ部長が被告となる[29]。すなわち，1号・3号・4号の各請求では，部長といった機関が被告となる。これに対し，2号の処分取消請求の場合のみ，行政主体である市が被告となる。このように，住民訴訟は請求類型により被告が異なる複雑な仕組みとなっている。

1号請求から4号請求まで，いずれの住民訴訟も，当該地方公共団体の事務所の所在地を管轄する地方裁判所の管轄に専属する（地方自治法242条の2第5項）。

⑷　住民訴訟の審理及び判決

⒜　判決の拡張された効力

公益代表訴訟としての特質から，住民訴訟の判決の効力は，訴訟当事者となった住民だけではなく，当該地方公共団体の全住民に及ぶと解されている[30]。

⒝　一体的審理と合一確定

住民Aが住民訴訟を既に提起し，それが係属している場合には，適法な住民監査請求を経た住民Bは，別訴により同一の請求をすることはできない（地方自治法242条の2第4項）。これは，住民訴訟を一体として審理し，一回的に紛争を解決しようという立法趣旨による。さらに，判決の効力は全住民に及ぶと解され拡張されている点に，合一確定の要求が明確に示されている。したがって，複数の住民による同一の請求は必ず共同訴訟として提起することが義務づけられ，いわゆる類似必要的共同訴訟と解釈される[31]。

住民Aが既に住民訴訟を提起している場合に，同一請求の住民訴訟を提起したいと考える住民Bは，住民監査請求を経たうえで，Aの提起した住民訴訟に共同訴訟参加を申し出ることができる[32]。この場合，先行する（A提起

29）　もっとも，4号請求で，部長に対する市長の指揮監督権限行使が違法であるという理由で損害賠償請求がなされる場合には，指揮監督権をもつ市長が被告となる（最判1993［平成5］年2月16日・前掲注23）（箕面忠魂碑事件））。

30）　最判1978［昭和53］年3月30日民集32巻2号485頁［百選Ⅱ 222事件］112。最大判1997［平成9］年4月2日・前掲注4）も判決の効力が全住民に及ぶと判示する。

31）　最大判1997［平成9］年4月2日・前掲注4）。

の）住民訴訟の出訴期間が経過した後でも，B自身の行った監査請求の監査結果通知を基準とした出訴期間内であれば，共同訴訟参加は可能である[33]。Bが共同訴訟参加した場合には，Aが単独で請求を放棄しても無効である。

(c) **弁護士費用に関する特則**

住民訴訟は原告が公益の代表者として提起するものであり，原告勝訴の場合には，違法な財務会計行為は是正され，地方公共団体の財産は保全・回復される。こうした公益代表訴訟としての特質から，原告が勝訴した場合（一部勝訴を含む）には，原告は，弁護士費用の支払いを当該地方公共団体に請求することができる（弁護士費用相当額支払請求制度。地方自治法242条の2第12項)。この規定により，住民訴訟を提起する原告の経済的負担は軽減され，住民訴訟の提起が容易になる。

(Q 3) 県の職員の出張に架空のものがあったとして，当該職員に対して損害賠償を求める住民訴訟において，審理の途中に，「当該職員が請求された金額を支払い，支払確認後に原告が訴えを取り下げる」旨の和解が成立した。この場合には，原告は勝訴していない（裁判所の公権的な判断は示されていない）のであるから「勝訴した場合」に該当しないとして，原告の弁護士費用の支払請求に対し，当該地方公共団体は支払いを拒否することができるか，検討しなさい。

住民訴訟の提起が契機となって損害が回復された場合には，原告は住民全体の公益代表として地方公共団体に利益をもたらしたわけであるから，(Q 3)のような和解に基づく取下げの場合もまた，「勝訴した場合」に該当する。こうした解釈は，衡平の理念に立脚した弁護士費用相当額支払請求制度の趣旨に合致するものといえよう[34]。

---

32) 最判1988［昭和63］年2月25日民集42巻2号120頁。

33) B自身が監査請求を行っていない場合や，Bの監査請求を基準にして出訴期間を徒過した場合であっても，Bの補助参加を肯定する見解として，実務的研究345頁。

34) 同趣旨，大阪地判1999［平成11］年9月14日判時1715号47頁，大津地判1996［平成8］年11月25日判時1628号80頁。山本・前掲注22）151頁。最判2005［平成17］年4月26日判時1896号84頁は，住民訴訟の提起がどの程度地方公共団体の経済的利益に寄与したのかは判断が容易でないことから，現行法は「勝訴した場合」という客観的・画一的に判断可能な基準を設定したとして，厳格な文理解釈のもと，訴えの取

(d) 訴訟費用

住民訴訟は，原告が普通地方公共団体の機関を相手に，違法な財務会計上の行為や怠る事実について是正を求めるものであり，財産権上の請求ではない[35]。したがって，原告が訴え提起にあたって支払うべき手数料額算出の基となる訴訟の目的の価額は160万円であり，訴状に添付する印紙代は第1審で1万3000円である[36]（民事訴訟費用等に関する法律4条2項）。

(e) 仮処分の排除

住民訴訟では，民事保全法上の仮処分が排除されているため（地方自治法242条の2第10項），仮の権利救済制度が欠けている。

COLUMN

住民訴訟提起後の請求権放棄議決

住民訴訟で原告が例えば4号請求訴訟（長に対する損害賠償請求を求める訴訟）で勝訴した後で，地方公共団体の議会が長に対する損害賠償請求権を放棄することができるか，という問題がある（参照，地方自治法96条1項10号）[37]。放棄の議決を肯定する見解は，①上記条文が，法令又は条例の定めがある場合を除き，議会が権利放棄の議決をなすことができると規定する点，②放棄を禁止する法令又は条例上の特別規定が存在しない点を挙げる。こうした見解を示して，議会の請求権放棄を有効とした判決が存在する[38]。地

下げの場合は「勝訴した場合」に当たらないと判示した。

35）山本・前掲注22）150頁，地方制度研究会編・前掲注22）47頁。

36）最判1978［昭和53］年3月30日・前掲注30）は，旧4号請求において，普通地方公共団体がもつ財産権上の請求権を原告が代位行使する仕組みのもとでの司法判断である。つまり，旧法下では原告の主張する権利が財産権上の請求であることを前提にしたうえで，しかし，自己の法律上の利益のためではなく，住民参政手段として提起される住民訴訟の趣旨から説き起こして，非財産権上の請求に関する費用規定（民事訴訟費用等に関する法律4条2項）を準用するという法律構成を採用した。しかし，現行法は，4号請求について代位行使という構成を採用しておらず，原告は是正請求権という非財産権上の請求権を行使するものである。

37）この問題に関し，阿部泰隆「権利放棄議決有効最高裁判決の検証と敗訴弁護士の弁明⑴～⑶・完）」自治研究89巻4号3頁以下，5号3頁以下，6号3頁以下（2013年），斎藤誠「住民訴訟における議会の請求権放棄」同『現代地方自治の法的基層』（有斐閣・2012年）468頁以下，飯島淳子「議会の議決権限からみた地方自治の現状」論究ジュリスト3号（2012年秋号）128頁以下，曽和俊文「住民訴訟と債権放棄議決」民商法雑誌147巻4＝5号（2013年）1頁以下，橋本博之「債権放棄議決事件上告審判決」判例評論654号（2013年）7頁以下，大橋洋一「損害賠償請求権の放棄議決と住民訴訟」議員NAVI 42号（2014年）15頁。

38）東京高判2000［平成12］年12月26日判時1753号35頁。本判決は，住民訴訟係属

方公共団体の財産権の管理処分権を重視した判断である。これに対し，議会の放棄議決を無効であると判示した裁判例もある[39]。この判決は地方自治法が住民訴訟の制度を規定した趣旨を重視している。つまり，こうした請求権放棄を自由に認めると，住民訴訟を通じて財務会計の適正を保障しようとした趣旨が損なわれるほか，住民参政の機会である住民訴訟を軽視することともなると考えたのである。このように解釈すると，請求権放棄議決は違法であり，無効である。

上記のように下級審の判断が分かれる中で，最高裁は平成24年4月20日及び23日の判決において，地方自治法が定めた2つの仕組み（議会議決制度と住民訴訟制度）の関係について，以下のように，地方議会の裁量を基本的に肯定し，請求権放棄の議決を有効であると判示したうえで，裁量権の逸脱やその濫用が認められる場合には，当該議決は違法であり無効となると説示した[40]。すなわち，最高裁は請求権放棄議決について，条件付きでその効力を認めたのである。その条件は，議会の裁量権行使が逸脱または濫用に該当しないということである。

> 「住民訴訟の対象とされている損害賠償請求権又は不当利得返還請求権を放棄する旨の議決がされた場合についてみると，このような請求権が認められる場合は様々であり，個々の事案ごとに，当該請求権の発生原因である財務会計行為等の性質，内容，原因，経緯及び影響，当該議決の趣旨及び経緯，当該請求権の放棄又は行使の影響，住民訴訟の係属の有無及び経緯，事後の状況その他の諸般の事情を総合考慮して，これを放棄することが普通地方公共団体の民主的かつ実効的な行政運営の確保を旨とする同法の趣旨等に照らして不合理であって上記の裁量権の範囲の逸脱又はその濫用に当たると認められるときは，その議決は違法となり，当該放棄は無効となるものと解するのが相当である。そして，当該公金の支出等の財務会計行為等の性質，内容等については，その違法事由の性格や当該職員又は当該支出等を受けた者の帰責性等が考慮の対象とされるべきものと解される。」

中の放棄が争われた事例であるが，住民勝訴後の放棄の事案についても放棄が有効である旨を判示している。

39）大阪高判2009［平成21］年11月27日民集66巻6号2738頁に掲載。

40）最判2012［平成24］年4月20日民集66巻6号2583頁，最判2012［平成24］年4月23日民集66巻6号2789頁 I 18 。この最高裁判決や提言を受けて，2012年7月に総務省に「住民訴訟に関する検討会」（座長・碓井光明教授）が設置され，2013年3月には報告書を公刊している（「住民訴訟に関する検討会報告書」）。

図表 14-3　選挙訴訟の被告一覧

①地方議会議員・長の選挙	都道府県選挙管理委員会
②比例代表選出の衆議院議員・参議院議員の選挙	中央選挙管理委員会
③上記②以外の衆議院議員・参議院議員の選挙	都道府県選挙管理委員会

図表 14-4　選挙訴訟における審査請求前置一覧

①市町村議会議員・市町村長の選挙 市町村選管への異議申出 → 都道府県選管への審査申立て → 高等裁判所に出訴
②都道府県議会議員・都道府県知事の選挙 都道府県選管への異議申出 → 出訴
③衆議院議員・参議院議員の選挙 直ちに出訴可能

3　選挙訴訟等
――民衆訴訟（その2）

(1)　選挙訴訟及び当選訴訟

憲法の講義で学習した議員定数不均衡は，選挙の効力に関する訴訟（選挙訴訟）（公職選挙法203条・204条）を通じて争われたものである。原告は，選挙時における「選挙人」であり，選挙の効力が争われる当該選挙区の「選挙人」であることが必要である。選挙人としての資格で選挙の効力を争うことができる点で，選挙訴訟は民衆訴訟の代表例である。この訴訟は，高等裁判所の管轄に属し，被告は選挙の種類により異なる（**図表14-3・14-4**参照）。また，審査請求前置主義の有無も，選挙によって異なる。

公職選挙法には，このほかにも，当選の効力に関する訴訟（当選訴訟）が規定されている。地方公共団体における議会議員及び長の当選の効力に関する訴訟では，公職の候補者のほか，選挙人も原告となることができる（207条・206条1項）。選挙人の資格で出訴できる点で，民衆訴訟の一種である[41]。訴訟手

41)　もっとも，衆議院議員・参議院議員選挙に関する当選訴訟（公職選挙法208条）では，落選者が提起可能であるにとどまり，主観訴訟の性格が強い。公職選挙法は，選挙人名簿（の脱漏，誤載）に関する訴訟（名簿訴訟，25条）を規定しており，選挙人が

続の大要は，選挙訴訟と同じである。

なお，選挙訴訟に関する公職選挙法 203 条の規定は，各種委員会委員の選挙に関連する訴訟などで準用されている[42]。

(Q 4) 投票価値の不平等な状況で衆議院選挙が実施されるのを回避しようと考えたCは，民衆訴訟として，内閣が天皇に対して選挙の施行の公示にかかる助言や承認を行うことを差し止める訴訟や，内閣が人口に比例した議員定数を配分する選挙法律案を提出することを義務づける訴訟を提起した。そのうえで，仮の差止めと仮の義務付けを申し立てた。かかる申立ての適法性について，検討しなさい。

民衆訴訟は法律の根拠が存在する場合に許容される訴訟類型である（行訴法 42 条)。公職選挙法は選挙無効等の訴訟類型を民衆訴訟として許容しているが，上記のような差止めや義務付けの訴訟類型を定める明文規定を置いていない。最高裁も法律規定の不存在を理由に，こうした訴訟及びそれを本案とする仮の権利救済方法は不適法であると判示した[43]。

(2) その他の民衆訴訟

(a) 「一の地方公共団体のみに適用される特別法」に関する住民投票（憲法 95 条）の効力に関する訴訟（地方自治法 262 条 1 項)。この訴訟にも，公職選挙法 203 条が準用される。

(b) 普通地方公共団体における議会解散や議会議員・長の解職を求める直接請求に応じて行われる投票の効力に関する訴訟（地方自治法 85 条)。この訴訟でも，公職選挙法 203 条等を準用する。

市町村選挙管理委員会への異議申出を経て，同管理委員会を被告として地方裁判所に出訴することができる。これにも主観訴訟の性格を認めることが可能である（塩野・II 271 頁)。

42) 例えば，①農業委員会委員の選挙の効力，委員の解任の効力に関する訴訟（農業委員会等に関する法律 11 条・14 条 6 項。委員の選挙関係事務は市町村選挙管理委員会が管理する［同法 9 条]），②海区漁業調整委員会委員の選挙，解職の投票に関する訴訟（漁業法 94 条・99 条 5 項。委員の選挙関係事務は都道府県選挙管理委員会が管理する［同法 88 条]）で，公職選挙法 203 条が準用される。

43) 最決 2012［平成 24］年 11 月 30 日判時 2176 号 27 頁。

図表 14-5　条例制定改廃請求の署名に関する訴訟

①都道府県条例の場合 市町村選管への異議申出 → 都道府県選管への審査申立て → 高等裁判所に出訴
②市町村条例の場合 都道府県選管への異議申出 → 地方裁判所に出訴

(c)　最高裁判所裁判官の国民審査の審査無効訴訟及び罷免無効訴訟（最高裁判所裁判官国民審査法36条・38条）。

審査人又は罷免を可とされた裁判官が原告となり（審査無効訴訟），中央選挙管理会を被告として，上記訴訟を東京高等裁判所に提起することができる。この仕組みは，審査人の資格で出訴できる点で民衆訴訟の一例である。もっとも，罷免を可とされた裁判官が提起する罷免無効訴訟は主観訴訟の性格が強い[44]。

(d)　条例制定改廃の直接請求の署名について効力を争う訴訟（地方自治法74条の2第8項・第9項）。この訴訟は，条例の種類に応じて，出訴の方法が異なる（**図表 14-5** 参照）。関係人が原告となる点で（同条第4項），民衆訴訟を認めたものと解釈することができる[45]。

(e)　普通地方公共団体役員の解職の議決を争う訴訟（地方自治法87条2項・118条5項）。この訴訟も民衆訴訟の例として挙げられている[46]。

4　機 関 訴 訟

(1)　基本的性格

(a)　定　　義

機関訴訟とは，国又は公共団体の機関相互間における権限の存否又はその行使に関する紛争についての訴訟であり，法律に定める場合に，法律に定める者

44)　同旨，宇賀・概説Ⅱ 387頁。

45)　もっとも，関係人を，署名した本人や自己の名を他人に偽筆された者，その他の直接利害関係者に限定すれば（参照，村長解職請求の署名に関し岡山地判1953［昭和28］年10月20日行集4巻10号2462頁，議会解散請求の署名に関し千葉地判1959［昭和34］年5月15日行集10巻5号973頁），民衆訴訟としての性格は弱い（宇賀・概説Ⅱ 388頁）。

46)　宇賀・概説Ⅱ 387頁。

に限り提起することができる（行訴法6条・42条）。機関訴訟は，同一の行政主体に属する機関相互間の紛争のほか，異なる行政主体に属する機関相互間の紛争も含むと理解されている[47]。

(b) 特 色

行政事件訴訟の他の訴訟類型と比較した場合，次の2点に特色を有する。

1つは，権利主体ではない機関が提訴する点である[48]。例えば，行政主体である東京都が提訴するのではなく，その機関である東京都知事が出訴する。

2つは，訴訟当事者として市民が登場しない点，つまり，市民を一方当事者としない点である[49]。権利主体ではない機関相互間の訴訟であり，市民が訴訟当事者として登場することがない点に着目して，機関訴訟は法律上の争訟には当たらず，立法政策の結果として採用された訴訟類型であると説明されてきた。したがって，訴えの提起を許した法律規定が存在しない場合，機関訴訟は不適法と解されている[50]。例えば，河川管理者である逗子市長が河川法75条1項に基づく工事中止命令を国の工事に対して発し，引き続き当該命令に基づく工事中止義務の履行を求め，さらに国を被告に民事訴訟（仮設調整池設置工事の差止めの訴え）を提起した事例で，最高裁は，権利義務の帰属主体たりえない行政庁として市長が提起した訴えであり不適法であると判示した[51]。

伝統的には，機関相互間の紛争は，裁判の方法によるのではなく，行政主体内部で，上級機関が裁定することが基本とされた（内閣法7条，地方自治法138条の3第3項）。そのため，機関訴訟の例は，現行法において多くはない。

47） 杉本・解説27頁。
48） 今村＝畠山・入門229頁。
49） 山本隆司教授執筆・高橋＝市村＝山本編・条解201頁。
50） 町議会議員が町長を被告に，議会を招集するよう命ずることを求めた訴え（最判1953［昭和28］年5月28日民集7巻5号601頁 113），市議会議員が市又は市長を被告として，市議会議決の不存在又は無効確認を求める訴え（最判1953［昭和28］年6月12日民集7巻6号663頁［百選Ⅱ 218事件］）は，いずれも不適法とされている。
51） 最判1993［平成5］年9月9日訟務月報40巻9号2222頁。これに対し，控訴審では，国の機関同士（国の機関委任事務を担当する市長と国の機関である横浜防衛施設局長）の紛争を訴訟制度で解決することを法律は予定していないと説示した（東京高判1992［平成4］年2月26日判時1415号100頁）。

COLUMN

審査請求の裁決に対する処分庁の出訴

(1)市民が審査請求を申し立て，審査庁が裁決で原処分を取り消した場合に，原処分庁が当該裁決を不服として裁判で争うことができるのか，という問題がある。同種のものとして，(2)市民からの再調査の請求について，例えば税務署長が決定を行ったところ，市民は当該決定を不服として国税不服審判所長に対して審査請求を行い，同所長が裁決で税務署長の決定を取り消した場合に，税務署長は裁決を裁判で争うことができるのかという問題がある。いずれも．かかる訴訟が肯定されれば，機関訴訟の一種ということとなる。最高裁は，(2)の問題に関して，不服申立ての仕組みにおいて，第一次的争訟の決定主体（上記の例では税務署長）が，第二次的争訟の結果（上記の例では裁決）を不服として裁判に訴え出ることは，行政争訟制度が予定していないと判示して，不適法であるという判断を示した[52]。(1)に関して，審査請求の裁決を原処分庁が不服として裁判で争うことは，裁決の拘束力に反するものであり許されない（参照，第16章***4***(3)）[53]。

(2)　機関訴訟の具体例

(a)　同一主体に属する機関相互間の訴訟

地方公共団体の議会の議決又は選挙に関して，長又は議会が提起する訴訟が機関訴訟の代表例である。条例の制定・改廃，予算に関する議決について長は再議要求権をもち，選挙について長は再選挙要求権を有する（地方自治法176条4項)。こうした長の要求に議会が応じない場合には，都道府県知事は総務大臣（市町村長は都道府県知事）に対して審査を申し立てることができる（同条5項)。総務大臣又は都道府県知事による裁定に不服がある場合には，議会又は長は裁定機関を被告として，訴訟を提起することができる（同条6項・7項)。

(b)　異なる主体に属する機関相互間の訴訟

従来から機関訴訟として説明されてきたものには，異なる主体に属する機関相互間で利用される訴訟が広く含まれている。上記(a)のように，同一主体内の

52)　選挙の効力に関する不服申立ての事例であるが，参照，最判1949［昭和24］年5月17日民集3巻6号188頁。広岡隆「機関訴訟・民衆訴訟」講座3巻186頁も，出訴できないとする。最判1974［昭和49］年5月30日民集28巻4号594頁［百選Ⅰ1事件］［Ⅰ61］も，市が大阪府国民健康保険審査会の裁決に対して，取消しを求めた事例である。

53)　佐藤滋・判例解説昭和49年度242頁参照。

機関相互間で争う機関訴訟は（主体内部の紛争を対象としており）法律上の争訟に該当しないのに対し，異なる主体に属する機関相互間の訴訟は法律上の争訟としての性質をもつのではないかという疑問が提起されている。とくに，国の機関と地方公共団体の機関との間における訴訟，国の機関と独立行政法人等の法人組織の機関との間における訴訟に関して議論がある。

(ア) 国の関与に対する地方公共団体の長等の訴訟

国の関与に対して，地方公共団体の長その他の執行機関は，国地方係争処理委員会に審査を申し出ることができる（地方自治法250条の13）[54]。その審査結果や勧告，勧告に従ってとられた措置等に不服がある場合には，地方公共団体の長その他の執行機関は，国の行政庁を被告に，高等裁判所に対して国の関与の取消し又は国の不作為の違法確認を求めることができる（251条の5）。類似の仕組みは，都道府県の関与についても存在する（自治紛争処理委員制度。251条の3・252条）。

上記の訴訟は法律に規定された機関相互間の訴訟である。国の機関と地方公共団体の機関との関係は，地方自治の憲法保障に基礎を置いた対等当事者関係であることとなる。このような観点からすると，国の関与に関する訴訟は憲法上保障された地位の侵害が問われており，法律上の争訟の性格をもつ訴訟と捉えることができる[55]。

(イ) 法定受託事務に関する代執行訴訟（地方自治法245条の8第3項）

これは，大臣が原告となり知事を被告として，高等裁判所に対して，指定の内容の事項を行うよう命ずる旨の裁判を求めるものであり，機関訴訟の例として挙げられている[56]。上記(ア)で述べたものと同じ問題を含む[57]。

(ウ) 課税権の帰属に関する地方公共団体の長の間の訴訟（地方税法8条10項）

これも法律上の規定に基づく訴訟である。機関訴訟の例として説明する見解が見られる一方[58]，法律上の争訟と説く見解がある[59]。

54) 参照，大橋・行政法Ⅰ 440頁以下。
55) 参照，宇賀・概説Ⅱ 126頁，403頁，塩野・Ⅲ 224頁以下。反対，藤田・総論408頁。
56) 藤田・総論408頁。
57) 芝池・救済法26頁。
58) 藤田・総論407頁。
59) 塩野・Ⅱ 277頁。

㈣　国と独立行政法人との紛争にかかる訴訟

運輸大臣（現・国土交通大臣）が日本鉄道建設公団（日本鉄道建設公団は，独立行政法人鉄道建設・運輸施設整備支援機構へと組織が改められている）に対して監督手段を行使した事例で，最高裁は，行政機関相互間の行為と判断して，公団による取消訴訟の提起を不適法であると解釈した[60]。しかし，独立性を尊重して法律の定めるところに従い設立され，適正かつ効率的な業務運営を期待された法人組織について（参照，独立行政法人通則法2条・3条），それを下級国家機関と同視する解釈は疑問である。この点で，国民金融公庫（1999年からは国民生活金融公庫，2008年には解散し，株式会社日本政策金融公庫に業務移管）について，それが政府の行政活動の一端を担う点を認めつつも，政府から独立した法人として自立的な経済活動を営むことに着目したうえで，公庫が国に対して自らの経済的利益を前提とする主張は可能であると判示した最高裁判決が参考になる[61]。

（補論）行政主体としての出訴可能性

（行政権の主体としての訴訟）

行政主体が提起する訴訟は，機関が提起するものではないことから，機関訴訟には該当しない。行政権の主体として行政主体が提起する訴えは，最高裁の宝塚判決により，法律上の争訟に当たらず不適法と判示された[62]。もっとも，そうした訴訟を許容する法律規定が存在する場合には，出訴は可能である。例えば，関係市町村は，境界の確定に関する訴訟を提起することができる（地方自治法9条8項・9項）。具体的には，関係市町村からの申請に応じて都道府県知事がなした裁定に対して，関係市町村は不服の訴訟を提起することができる。

（財産権の主体としての訴訟）

行政主体は，財産権の主体の立場で民事法のルールに従い訴訟を提起することは認められている。具体例を見ることとしよう。

60）参照，最判1978［昭和53］年12月8日民集32巻9号1617頁［百選Ⅰ2事件］［Ⅰ60］。

61）最判1994［平成6］年2月8日民集48巻2号123頁［Ⅰ68］［Ⅰ159］。

62）最判2002［平成14］年7月9民集56巻6号1134頁［百選Ⅰ115事件］［2］［Ⅰ207］，大橋・行政法Ⅰ290頁以下参照。

海上自衛隊の庁舎の建築工事計画書について市民が公文書公開請求をしたところ，那覇市長は条例に基づき公開決定をした。これに対し，国が秘密保護等の利益が侵害されるとして取消訴訟を提起した事例で，こうした訴訟が法律上の争訟に当たるかが争われた。第1審・第2審とも，行政主体ないし行政機関間の紛争であり法律上の争訟に当たらないとした。他方，最高裁は，国による本件取消訴訟の提起は，建物所有者として有する国の利益の侵害を理由とするものであることを理由に，法律上の争訟に該当するとした（もっとも，原告適格を欠くとして，上告は棄却した）[63]。

（事業者としての訴訟）

行政主体が事業者の立場で訴訟を提起することも認められている。具体例を見ることとしよう。Aが市の区域内に住所を有していないという理由で，市は国民健康保険の被保険者証を交付できないとする処分を下した。当該処分に関し，Aの審査請求を審理した審査庁は，当該処分を取り消した。こうした事例において，市は取消裁決に対し取消訴訟を提起できるかが問題となる。最高裁は，経済的利益を目的とした事業経営主体としての立場であれば一般に取消訴訟の原告適格を認めるものの，本件ではこれを認めなかった。すなわち，市は国の事業である国民健康保険事業の実施という行政作用を担当する行政主体の地位を有するとして，取消訴訟を提起する資格を否定した[64]。

●参考文献

江見弘武「選挙関係訴訟の諸問題」新実務民訴10巻193頁以下
雄川一郎「地方公共団体の行政争訟」同・理論415頁以下（初出1968年）
雄川一郎「機関訴訟の法理」同・理論431頁以下（初出1974年）
小早川光郎「司法型の政府間調整」西尾勝ほか編『自治体の構想［第2巻］制度』（岩波書店・2002年）70頁以下
東條武治「客観訴訟」行政法大系5巻107頁以下
成田頼明「住民訴訟（納税者訴訟）」講座3巻201頁以下
広岡隆「機関訴訟・民衆訴訟」講座3巻184頁以下

63）　最判2001［平成13］年7月13日判例地方自治223号22頁［Ⅰ88］。
64）　最判1974［昭和49］年5月30日・前掲注52)。

三好達「住民訴訟の諸問題」新実務民訴9巻307頁以下
村上裕章「客観訴訟と憲法」行政法研究4号（2013年）11頁以下
村上裕章「国・自治体間等訴訟」『現代行政法講座Ⅳ　自治体争訟・情報公開争訟』（日本評論社・2014年）11頁以下
大和勇美「住民訴訟」実務民訴9巻43頁以下
山本隆司「特殊問題　住民訴訟」高橋＝市村＝山本編・条解147頁以下

第 15 章 不服申立制度の基本構造と諸類型

▶本章の狙い

これまで，行政活動の是正を図るための救済手段として，裁判所が審理に当たる行政訴訟を扱ってきた。本章と次章では，行政機関が審理を行う救済手段である行政上の不服申立てについて説明する。不服申立ては，行政活動の是正を図るための手段であり，行政訴訟と共に，行政争訟に位置づけられる。不服申立ては，行政訴訟と比べた場合，①簡易迅速な手続を用いており，手数料が無料である点，②審理の内容が，行政活動の合法性に加え，合目的性にまで及ぶ点（＝行政裁量権の行使に対して一層厳格な統制を及ぼす可能性がある点）に特色をもつ。

本章では，不服申立制度の一般法である行政不服審査法を概観した後に，不服申立ての具体例を紹介する。とりわけ，2014 年の行政不服審査法改正（以下「2014 年改正」という）により，手続の公正性を高める改革がなされ，不服申立人や参加人の手続的権利が拡張された点，処分関係者ではない審理員が審理を担当する手続に改正された点，審理手続に第三者機関の関与が認められた点などを重点的に説明する。

行政救済法
├行政争訟（行政活動の是正）
│　├**行政上の不服申立て**（行政不服審査法）…行政機関による是正
│　└行政訴訟（行政事件訴訟法）…裁判所による是正
└国家補償（金銭による補償）

図表 15-1　行政争訟の制度比較

	手　続	審査機関	対　象	審査内容	手数料
行政上の不服申立て	簡易迅速	行政庁	処分に限定	適法性＋合目的性	無料
行政事件訴訟	訴訟手続	裁判所	行政活動を広く含む	適法性	印紙代

1　不服申立制度の目的と基本構造

(1)　目　　的

行政上の不服申立て（以下「不服申立て」という）は，市民の申立てに基づき，行政機関が簡易迅速な手続により，手数料無料で処分などの公権力の行使を対象に審理し，裁断を下すものである。市民の権利利益の救済機能のほか，処分の合法性・合目的性を保障するという行政統制機能をもつ[1)]（図表 15-1 参照)。不服申立てに関する一般法である行政不服審査法（以下「行審法」という）は，(a)国民の権利利益の救済，(b)行政の適正な運営の確保（自己監督）という2つの目的を掲げている（1条1項)。共に重要な目的であるが，とくに(a)の目的に優位が認められている点に注意が必要である。こうした優位性は，例えば，不利益変更の禁止（48条・59条3項）に表れている。具体的には，不利益処分の審理の結果，一層重い不利益処分が妥当であったことが判明した場合において，行政運営を適正に保つという視点からは不利益変更も考えられるが，権利救済制度であるという基本的性格から，不利益変更が禁止されているのである。

(2)　不服申立制度のメリット

不服申立制度が有する機能として，以下の4点を挙げることができる。1つは，審理手続の簡易迅速性である。2つは，審理対象の広範性である。行政訴訟では適法性の審査に限定されるのに対し，不服申立てでは，適法性に加え当・不当の審査（「合目的性の審査」ともいう）が可能である。3つは，不服申立てを通じて行政に自己制御の機会が与えられるということである。4つは，大

1)　芝池・救済法 173 頁，塩野・Ⅱ 9 頁，雄川・争訟法 14 頁を参照。

図表 15-2 審査請求の基本構造

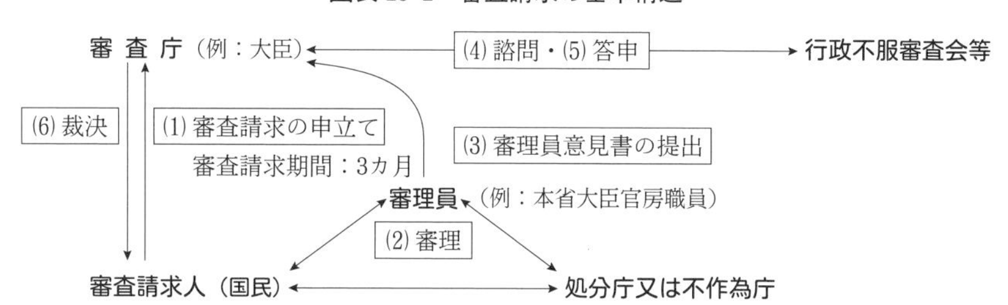

量で専門的な内容の紛争が直接裁判所に押し寄せることを回避して，裁判所の負担軽減を図るという機能である（これを「紛争のスクリーニング機能」という）。

(3) 審査請求の基本構造

以下では，国の行政庁に対する審査請求を例に，その基本構造を概観する（**図表 15-2** 参照）。

処分や（処分の）不作為に対して不服のある者は，審査庁（原則として，処分庁・不作為庁の最上級行政庁［大臣など］である）に対して「審査請求」を提起することができる。こうした不服申立ては法律に特別の規定がなくても可能である（一般概括主義）。処分に対する審査請求では，処分があったことを知った日の翌日から起算して3カ月以内に請求をしなければならない（行審法 18 条 1 項）[2]。他方，不作為に対する審査請求では，審査請求期間の定めは存在しない。

審査請求がなされると，（審査庁の補助機関であり，係争処分に関与していない）審理員が審査請求人や処分庁又は不作為庁の主張を公平に審理したうえで，裁決案（審理員意見書）を作成し審査庁に提出する。審理員には処分関係者以外の者が指名される（ここに見られるように，処分に関与した者とは別の者に審理を担わせるべしという考え方を「職能分離」と呼ぶ）。さらに，審査庁は，裁決を下す前には原則として，有識者等から構成される行政不服審査会に諮問をしなければならない。審査会による答申の内容は公表されるものとされている（79 条）。このように，行政機関限りの不服処理を認めずに，第三者の視点を取り入れる

2） 3カ月という期間は，審査請求人の便宜を考慮して，2014 年の行審法改正で従前の 60 日から延長されたものである。

ことで判断の公正性・透明性を高めているのである。

2　手続保障の充実

行政上の不服申立ては，裁判に比べた場合，手続保障の点では簡易迅速を特色とする。しかし，そうした制度枠組みの中でも，2014年になされた行審法改正により手続の公正性・透明性を高めるための改革が進められ，とりわけ審査請求人や参加人の手続保障が拡充された（1962年に制定された同法は，52年ぶりの大改正を経験した)。以下では，2014年改正の基本方針とあわせて，不服申立制度の基礎にある考え方を説明する。

(1)　公正手続の重視

2014年改正により，行政不服申立制度の目的に「公正」の語が付加された(1条1項)。公正手続を重視する仕組みは，以下の点に認められる。

(a)　処分庁と距離を置いた職員による不服申立審理

処分に関与していない職員（審理員）が審理を行う手続へと改められた。

(b)　第三者の視点を導入した審理手続

審査庁は，原則として，行政不服審査会などの第三者機関に諮問し，その答申を受けて裁決を出すよう義務づけられている。第三者機関の判断を介在させることを通じて，判断過程の公正性・透明性が高められている。

(c)　手続保障の拡充

2014年改正では，審査請求人や参加人の手続的権利について拡充が図られた。例えば，審査請求人や参加人は，口頭意見陳述において処分庁に対して質問することが許されたほか，証拠書類の謄写等も認められた。

(2)　市民にとって使いやすい仕組み

(a)　シンプルで概観性の高い仕組み

一般市民が利用することからすれば，行政不服審査の仕組みはシンプルで概観性の高いものでなければならない。行審法は従来，異議申立て，審査請求，再審査請求と3種類の不服申立手続を法定しており，相互の利用関係は難解なものであった[3]。2014年改正により，3種類の不服申立手続は原則として最上級行政庁に対する審査請求に一元化された。

(b)　審査請求期間の延長

審査請求をすることができる期間（審査請求期間）は，審査請求人の利便を考慮して，2014年改正で，従来の60日から3カ月へと延長された（18条1項）。

(c)　不服申立前置の見直し

市民にとっては，処分に対する権利救済手段として，行政上の不服申立てと行政訴訟の2つが利用可能である。従前から，行政不服申立てと行政訴訟の選択を市民の判断に委ねるのが原則とされた。しかし，実際には，審査請求に対する裁決を得たあとでなければ出訴できないとする例外規定が多数存在した（不服申立前置）。加えて，不服申立前置を2度も義務づける例が見られた（これを「二重前置」という）。こうした不服申立ての利用強制は，次の2点で批判を受けた。1つは，市民の裁判を受ける権利を不当に制限することである。2つは，不服申立期間は取消訴訟の出訴期間よりも短期であることから，市民は短い不服申立期間を徒過してしまうと，出訴の機会を失うことになるという批判である。こうした批判を受けて，2014年改正では不服申立前置の廃止・縮減が進められた。

(d)　手続の迅速化

不服申立ての審理に長期間を要する例が見られた。加えて，2014年改正では上述のように，審理員による審理手続，行政不服審査会等の関与，市民の手続的権利の拡張などが図られ，手続保障が厚くなったことから，手続遅延のおそれを配慮する必要性が高まった。そこで，手続の迅速化を意図した仕組みが新たに用意されたのである。具体的には，標準審理期間の設定（16条），審理手続の計画的遂行（37条），行政不服審査会への諮問を希望しない旨の審査請求人の申出による諮問省略（43条1項4号）などである。

---

3)　審査請求に一元化するという制度改正は，手続保障の不備改善をも意図したものである。つまり，従前の異議申立手続では，弁明書を処分庁から提出させる規定，それに対して申立人が反論書を提出する規定，証拠書類の閲覧の規定が存在しないなど，異議申立ては審査請求に比べて公正な手続保障という点で劣っていたのである（旧行審法では48条で22条および23条，33条の準用が排除されていたため，審査請求手続との間に格差が生じていた）。

図表 15-3　複数の不服申立てを利用する場合の流れ

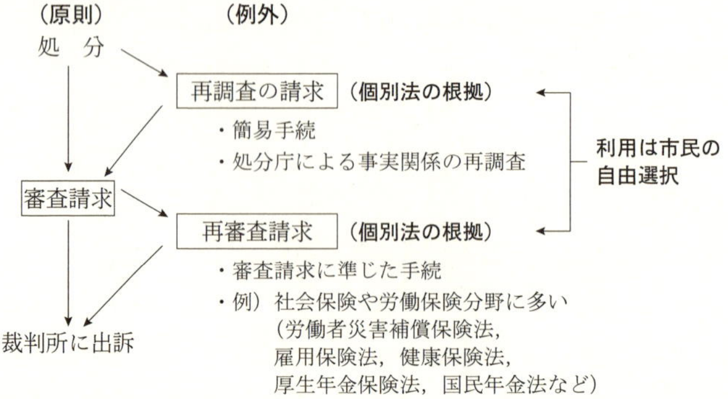

（原則）　（例外）

処　分

再調査の請求　（個別法の根拠）
・簡易手続
・処分庁による事実関係の再調査

審査請求

再審査請求　（個別法の根拠）
・審査請求に準じた手続
・例）社会保険や労働保険分野に多い
（労働者災害補償保険法，
雇用保険法，健康保険法，
厚生年金保険法，国民年金法など）

利用は市民の
自由選択

裁判所に出訴

3　不服申立ての諸類型

⑴　審査請求への一元化

従前には，（処分庁に対する）異議申立て，（直近上級庁に対する）審査請求，再審査請求という手続類型が存在した。2014年改正により，異議申立ては廃止され，原則として最上級行政庁に対する審査請求に一元化された。例外として，再調査の請求，再審査請求が存在するが，これらは法律が個別に規定する限りで認められる例外にすぎない。また，これらが法定されている場合であっても，その利用は不服申立てをする市民に委ねられている（**図表 15-3** 参照）。以下，具体的に説明する。

⑵　再調査の請求

再調査の請求は，大量に行われる処分について，要件事実の認定の当否について簡易な手続で処分庁に見直しを求めるものであり，個別法により認められた例外の不服申立手続である[4]。国税通則法75条1項1号イ，関税法89条，公害健康被害の補償等に関する法律106条1項などに見られる。再調査の請求は，審査請求に比べ簡易な手続である点に特色をもつ。具体的には，再調査の

4）　総務省「行政不服審査制度の見直し方針」（2013年6月）4頁，橋本＝青木＝植山・行政審査46頁。

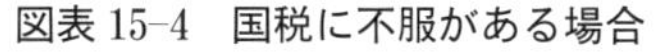
図表 15-4　国税に不服がある場合

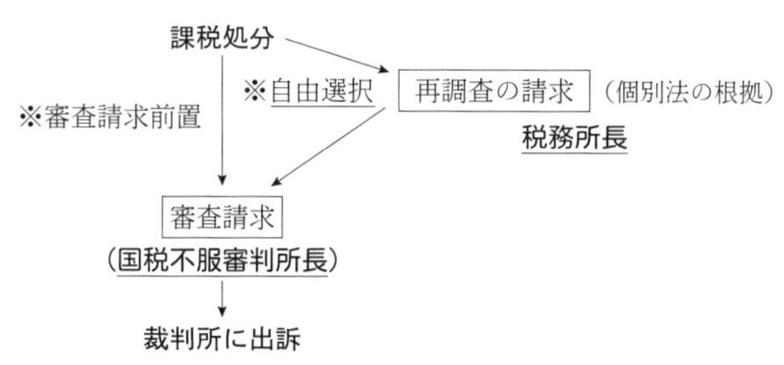

請求では，審理員制度や行政不服審査会等への諮問手続が適用されない（行審法 61 条・9 条 1 項・43 条)。加えて，再調査の請求では，弁明書や反論書の提出，審査請求人等が提出した書類の閲覧，口頭意見陳述時の処分庁への質問，物件の提出要求といった手続規定が準用されていない（61 条・29 条・30 条・31 条 5 項・33 条・38 条)。再調査の請求は個別法が根拠を置く場合に限り認められるものであり，審査請求人は審査請求をするか，再調査の請求をするかを選択することができる（5 条 1 項)[5)]。例えば，税務署長がした処分の場合，課税処分を受けた者は，国税不服審判所長に対して直接に審査請求をすることが可能であるほか，税務署長に対する「再調査の請求」を選択することもできる（国税通則法 75 条 1 項 1 号ロ，同号イ）（**図表 15-4** 参照)。

なお，国税の分野では審査請求の裁決を受けてからでないと取消訴訟が提訴できない仕組み（審査請求前置）が維持されている（同法 115 条 1 項)。その理由は，処分の大量性による。不服申立前置が要求されているのは審査請求だけであり，再調査の請求の利用は被課税者に委ねられている（利用強制は存在しない)。

(3)　再審査請求

再審査請求は，審査請求を経たうえでさらに行われる不服申立てである。再

5)　市民が再調査の請求を選択した場合，当該請求に対する決定が出るまでは審査請求をすることはできない（行審法 5 条 2 項)。例外は，3 カ月を経ても決定がなされていない場合であり（同項 1 号)，処分庁は再調査の請求人に当該処分について直ちに審査請求ができる旨を遅滞なく教示しなければならない（57 条)。この場合に，審査請求が行われたときには，再調査の請求は取り下げられたものと見なされる（56 条)。

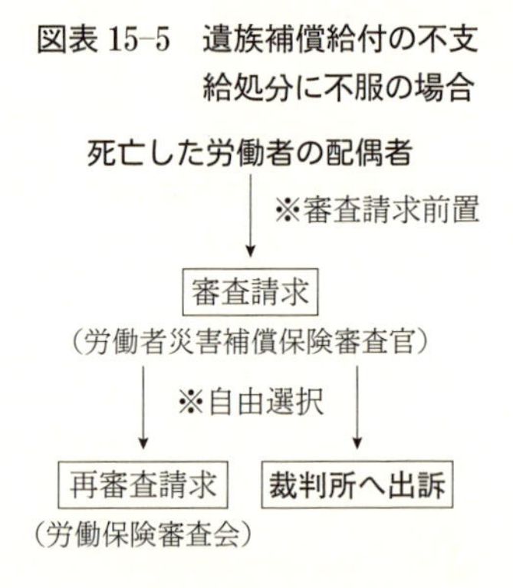

図表15-5　遺族補償給付の不支給処分に不服の場合

審査請求は，その対象に関しては，原処分に対する不服申立ての場合もあれば，（原処分に対する）審査請求の裁決に対する不服申立ての場合がありうる（行審法6条2項）。従来は，審査請求を経たうえで，再審査請求まで経ていなければ，取消訴訟などを提起することができないとする不服申立ての二重前置を認める法令が多く存在した。2014年改正に伴い，不服申立前置は審査請求の義務付けまでであり，従前のような二重前置は全て廃止された。重要な点は，第1に，再審査請求は個別法律の根拠がある場合にのみ利用可能であり，そうした個別法は社会保険や労働保険の分野に多いことである。第2に，再審査請求の利用は市民に委ねられている。つまり，審査請求に対する裁決が出された段階で，市民は直ちに取消訴訟等を提起することもできれば，再審査請求をすることもできるのである。

一例を挙げれば，労働者災害補償保険法では，死亡した労働者の配偶者が遺族補償給付の不支給処分に不服の場合，労働者災害補償保険審査官に対する審査請求が要求されている。しかし，同審査官の決定を経た後には，労働保険審査会への再審査請求を行うか，取消訴訟を提起するかは審査請求人の選択に委ねられている（同法38条・40条）（**図表15-5参照**）。

再審査請求では，審理員制度を始め，審査請求の審理手続の多くが準用されているが，行政不服審査会等への諮問手続は準用されていない（66条1項・43条）。その理由は，既に審査請求の審理段階でかかる諮問手続が履践されていることにある[6]。

4　個別法による特例的不服申立手続

(1)　特例的手続の重要性

行審法は行政上の不服申立てに関する一般法であると説明される。このこと

6)　同旨，新行審制度224頁。

図表 15-6　国に対する不服申立件数の内訳（2009 年度）

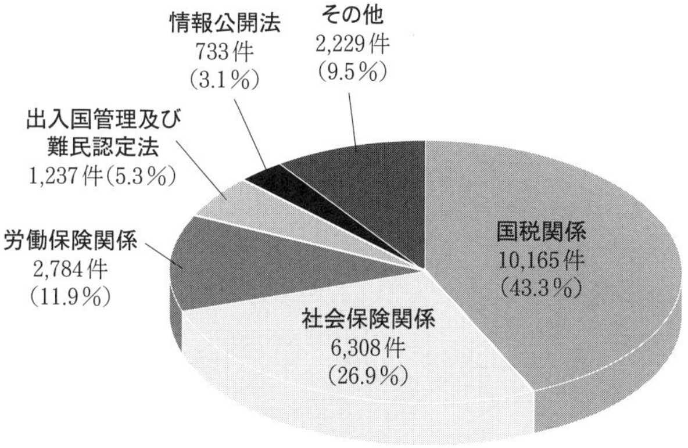

情報公開法 733件（3.1%）
その他 2,229件（9.5%）
出入国管理及び難民認定法 1,237件（5.3%）
労働保険関係 2,784件（11.9%）
国税関係 10,165件（43.3%）
社会保険関係 6,308件（26.9%）

（出典）総務省「行政不服審査法等の施行状況に関する調査結果」

から，同法の定める原則的形態に従い，不服申立手続が実現されるように思うかもしれない。しかし，実際に多く利用されている不服申立ては，同法の定める標準モデルではなく，個別法が定めた特例モデルなのである。**図表 15-6** を参照されたい。これは 2009 年度に提起された不服申立てについて，その内訳を示したものである。そこで多数を占めるものは，国税関係では国税通則法や国税徴収法に基づくもの，社会保険関係では健康保険法，船員保険法，厚生年金保険法，国民年金法に基づくもの，労働保険関係では労働者災害補償保険法，雇用保険法に基づくものである。こうした個別法に基づく不服申立ての多くが，行審法では例外とされる構造をもつのである（最上級行政庁以外に対する審査請求，不服申立前置，再審査請求など）。このように，現実には，特例的仕組みが不服申立てにおいて大きなシェアを占めている[7]。

したがって，行政不服審査制度を正確に把握する観点からは，これら個別法の仕組みまで視野に入れて学習することが不可欠である。こうした問題意識から，以下では特例規定について詳説する。

7）　こうした問題意識を強く打ち出したものとして，櫻井敬子『行政救済法のエッセンス』（学陽書房・2013 年）45 頁以下がある。

⑵　労働保険

先に**図表15-5**で示したように，労働者災害補償保険法では，審査請求前置が法定されており，審査請求に対する労働者災害補償保険審査官の決定を経たうえでなければ取消訴訟を提起することはできない（40条）。審査請求前置の理由は，大量の不服申立てが予想され，それが直ちに裁判所にもたらされることによる裁判所の負担回避にある。加えて，労働保険審査会への再審査請求の規定も存在する（38条1項）。もっとも，再審査請求を行うか取消訴訟を提起するかは，審査請求人の選択に委ねられている。同様の仕組みは，雇用保険法にも見られる（雇用保険審査官への審査請求前置［71条］，労働保険審査会への再審査請求［69条1項］）。

⑶　社会保険

健康保険法では，社会保険審査官への審査請求前置が定められている（192条［189条関係］）（**図表15-7**参照）。審査請求前置の理由は，不服申立ての大量性による。加えて，社会保険審査会への再審査請求の規定（189条1項）が存在するが，再審査請求を行うか取消訴訟を提起するかは，審査請求人の選択に委ねられている。健康保険法と同様の仕組みは，船員保険法（141条［138条関係］，138条1項），厚生年金保険法（91条の3［90条関係］，90条1項），国民年金法（101条の2［資格に関する処分，給付に関する処分］，101条1項）などにも存在する。

⑷　公務員法

地方公務員法では，職員に対する不利益処分については，処分を受けた公務員は人事委員会又は公平委員会（以下「人事委員会等」という）に対して審査請求を行い（49条の2），審査請求の後でしか取消訴訟を提起できない（51条の2。**図表15-8**参照）。審査請求前置がとられた理由は，第三者性のある機関による専門的審査が期待でき，それを先行させることで裁判所の負担軽減が図られることによる。

図表15-7　保険給付に不服がある場合

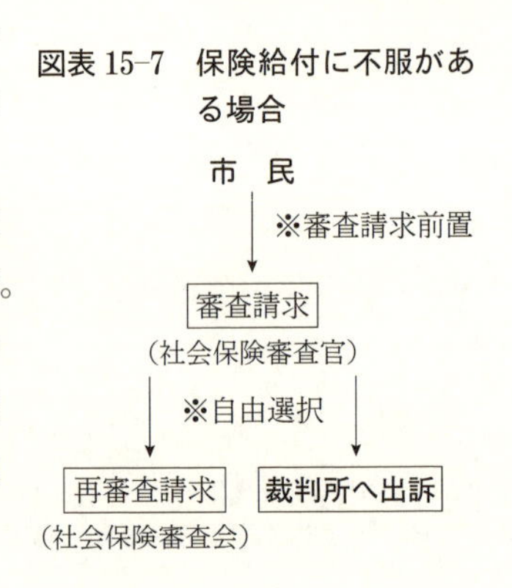

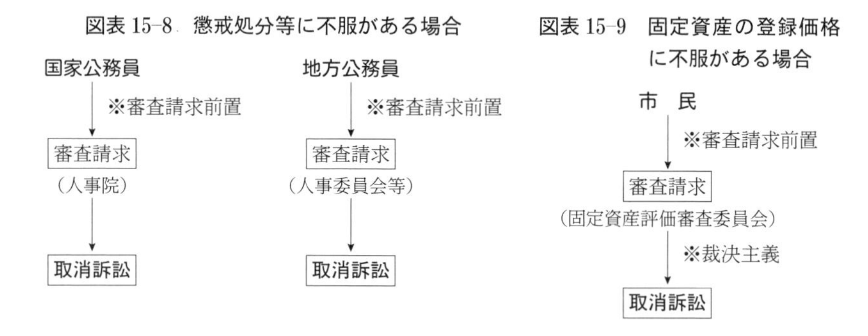

図表 15-8 懲戒処分等に不服がある場合

図表 15-9 固定資産の登録価格に不服がある場合

国家公務員法でも，人事院に対する審査請求（90条1項）及び審査請求前置（92条の2）が定められ，地方公務員法と同様の仕組みが存在する（**図表 15-8** 参照）。

(5) 固定資産税（地方税）

固定資産に関しては，その登録価格に不服がある場合には，固定資産評価審査委員会（行政委員会である）に対して審査の申出を行う（地方税法432条1項）。取消訴訟を提起するためには同委員会の決定を経る必要があり（審査請求前置），加えて，取消訴訟は同委員会決定の取消訴訟として提起しなければならない（同法434条。裁決主義）（**図表 15-9** 参照）。

5 行政訴訟と審査請求の比較

行政訴訟における多様な訴訟類型と対比して，審査請求の類型について整理することとしたい（**図表 15-10** 参照）。こうした比較を通じて，審査請求がなお対応できていない行政活動に注意を払うことが重要である。

行審法においても，行訴法と同様，2014年改正で，申請拒否や申請放置の事例について義務付けを求める裁決等が新たに法定された。しかし，行審法は，「発動された処分によって権利利益に変動を受けた場合の救済手続」という性格を前提として立法されたことから，以下で述べるように不足部分を残している。

第1に，審査請求は処分に特化した救済手続とされたため，処分以外の行政活動に対応できていない。こうした状況下で，法律に根拠のある行政指導に限

図表 15-10　請求類型の比較表

行政活動	行政訴訟	審査請求
処分		
─不利益処分	取消訴訟	処分に対する審査請求（権力的事実行為撤廃も可）
	非申請型義務付け訴訟（第三者）	不存在（①） ただし，是正処分の求め（行政手続法36条の3）
─申請応諾処分	取消訴訟（第三者）	処分に対する審査請求
─申請拒否処分	取消訴訟（＋申請型義務付け訴訟）	処分に対する審査請求（義務付け裁決も可）
─申請不作為	不作為の違法確認訴訟（＋申請型義務付け訴訟）	不作為に対する審査請求（義務付け裁決も可）
─将来の処分	差止訴訟	不存在（②）
処分以外	公法上の当事者訴訟	不存在（③） ただし，行政指導中止の求め（行政手続法36条の2） 行政指導による是正の求め（行政手続法36条の3）

定して，当該指導が法律要件に合致しない場合にその中止や（是正のための）実施を行うよう再考を求める申出が，2014年改正行政手続法で新たに位置づけられた（同法36条の2・36条の3。**図表 15-10 ③**)。しかし，数ある行政活動の中で行政指導，それも法律に根拠のある行政指導に限定されている点で，処分以外の行政活動に対する救済手段として不備を残している。

第2に，発動されていない処分は，事前手続の問題であると位置づけられ，行審法の対象範囲から外された。具体的には，行政訴訟でいう非申請型義務付け訴訟に対応する手段は行審法には存在せず，補完の趣旨で2014年改正行政手続法において新たに是正処分を求める申出が法定された（同法36条の3。**図表 15-10 ①**)。他方，同じく処分が発動されていないことを理由に，行政訴訟でいう差止訴訟に該当する救済手段は，行審法の対象範囲から外れた。この部分の救済手段は行政手続法にも欠いている（**図表 15-10 ②**)。

6 行政審判

(1) 定義と特色

行政審判とは，行政委員会などのように独立性・中立性を保障された機関

（参照，公害等調整委員会設置法5条，人事院規則13-1第22条）が，審判手続に現れた証拠に基づく厳格な事実認定の仕組み（参照，海難審判法37条），公開の口頭審理手続（参照，国家公務員法91条2項，地方公務員法50条1項，海難審判法31条・34条），処分庁と申立人の対審構造を含む準司法手続を用いて，審理を行うものである。多くは，第2次大戦後，行政委員会制度と共に，アメリカ法の影響のもとに導入されたものである。行政審判制度は個別法を根拠に創設されるものであり，その例は多くはない。行政審判に関する一般法は存在せず，行政審判の手続は法律間で不統一な状況にある（上記の特色をすべて備えているとは限らない）。行政審判の用語は，各法で個別に形成された仕組みの共通的要素を示そうとする学術上の用語法である。

行政審判には性格の異なる複数の手続が含まれている（後出の*COLUMN*参照）。以下では，処分に対する事後審査の性格のもの（「覆審的行政審判」という）を扱う。行政審判の裁断結果は「審決」と呼ばれ，審決は行政行為に該当する。

(2) 具 体 例

行政審判の代表例は，以下のものである[8)]。

① 鉱業法133条1号に基づく鉱業権設定に対する不服について公害等調整委員会が行う裁定手続（鉱業等に係る土地利用の調整手続等に関する法律［以下「土地利用調整法」という］25条以下）

② 電波法に基づく処分に対する審査請求について電波監理審議会が行う審理手続（電波法83条以下）

③ 特許出願拒絶査定について特許庁が行う審判手続（特許法121条1項）

④ 公務員に対する不利益処分について人事院，人事委員会又は公平委員会が行う審査請求手続（国家公務員法90条以下，地方公務員法49条の2以下）[9)]

---

8) 独占禁止法の定める審判手続は行政審判の代表例であったが，公正取引委員会の審判手続の公正性に対する疑念から，2013年改正で廃止された。改正法では，公正取引委員会による審判手続に代えて東京地裁による審理（専属管轄である）が導入された（85条）。詳しくは，白石忠志『独禁法講義［第7版］』（有斐閣・2014年）247頁以下参照。

(3) 訴訟との関連

行政審判が裁判に類似する手続を用いていることなどから，行政審判の審決を裁判で争う場合に，実定法上，特別な取扱いを定めた例が見られる。第1に，審級を省略して，東京高裁の専属管轄とする例が見られる（参照，土地利用調整法57条，電波法97条，特許法178条1項，海難審判法44条1項）。第2に，裁決主義を採用して，原処分の違法も審決の違法も審決取消訴訟でのみ争わせる仕組みが存在する（参照，土地利用調整法50条，電波法96条の2）[10]。第3に，実質的証拠法則が採用される場合がある（参照，土地利用調整法52条1項，電波法99条1項）。同法則によれば，行政審判で認定された事実に合理性が認められる場合，裁判所はそれに拘束される。ただし，実質的証拠の有無に関しては，裁判所が審査する（参照，土地利用調整法52条2項，電波法99条2項）。また，行政審判で認定した事実に関し，訴訟段階での新証拠提出が制限されることがある（参照，土地利用調整法53条1項）。

COLUMN

行政審判の類型論

行政審判は主体と手続の特色に着目した形式的概念であり[11]，その内容に着目した場合には，処分を事後的に審理する覆審的行政審判もあれば，行政行為を発動する事前手続に準司法手続が組み込まれて利用されている例もある（「始審的行政審判」という。これは，行政手続の一種である。）[12]。代表例は以下の通りである。

（争訟裁断案件での審判利用）

① 土地収用法による収用委員会の審理・裁決の手続（39条以下）

② 特許無効にかかる特許庁の審判・審決の手続（特許法123条・131条以下）

---

9) 国家公務員や地方公務員の不利益処分に対する不服申立ては公務員法上は審査請求として定められているが，行審法第2章の規定は適用されず（国家公務員法90条3項，地方公務員法49条の2第3項），公務員法で独自に規律されていることから，その特色に着目して行政審判として分類されてきた。

10) 取消訴訟の被告を行政庁とする例が見られる。特許法179条（特許庁長官）。

11) 塩野・II 43頁参照。

12) 行政審判の類型論に関しては，参照，小早川・下I 102頁以下，久保茂樹・章末参考文献165頁注5，高橋滋「準司法手続・特例的行政手続の諸類型——総論的検討」ジュリスト1352号（2008年）41頁以下。

（不利益処分案件での審判利用）

③　海難審判庁の審判・裁決手続（海難審判法 30 条以下）

④　不当労働行為に対する労働委員会の救済命令手続（労働組合法 27 条以下）

⑤　電波監理審議会による免許取消し等の不利益処分手続（電波法 99 条の 11）

紛争解決にオンブズマン制度が利用される場合が見られる。オンブズマンに関しては，大橋・行政法Ⅰ 368 頁以下を参照されたい。

●*参考文献*

厚谷襄児「行政審判の法理」行政法大系 4 巻 71 頁

稲葉馨「行政法上の『不当』概念に関する覚書き」行政法研究 3 号

宇賀克也「教示制度」行政法大系 4 巻 51 頁

宇賀克也＝若生俊彦「行政不服審査法の改正に向けて」ジュリスト 1465 号（2014 年）ii 頁以下

碓井光明「総合的行政不服審判所の構想」塩野古稀（下）1 頁以下

碓井光明「条例による第三者的行政不服審査機関の設置について」地方自治 793 号（2013 年）2 頁以下

加藤幸嗣「行政不服審査制度の今後の在り方についての一点描」成城法学 63 号（2000 年）27 頁以下

久保茂樹「行政不服審査」新構想Ⅲ 161 頁

小高剛「行政不服審査の審理手続」行政法大系 4 巻 23 頁

下山瑛二「行政不服審査の審理手続」講座 3 巻 82 頁

白藤博行「行政不服審査制度改正の憂鬱と希望」ジュリスト 1371 号（2009 年）12 頁以下

添田徹郎「『行政不服審査制度の見直し方針』について」季刊行政管理研究 143 号（2013 年）37 頁以下

高柳信一「行政審判」講座 3 巻 98 頁

田中真次「行政不服審査と訴訟との関係」講座 3 巻 239 頁

中平健吉「裁決取消しの訴えにおける違法事由」実務民訴 8 巻 211 頁

橋本博之「行政不服審査法案について」慶應法学 15＝16 号（2010 年）21 頁以下

橋本博之「行政不服審査法の改正について」慶應法学 30 号（2014 年）103 頁以下

水野靖久「行政不服審査法案・行政手続法一部改正案の概要」ジュリスト1371号（2009年）6頁以下
南博方「行政不服審査の種類及び審査庁」講座3巻68頁

第16章 審査請求の要件と審理手続

▶本章の狙い

本章では，行審法に定められた審査請求を中心に，その利用条件，審理の特色，裁決の法的性格について解説する。取消訴訟と比較して学習することが，審査請求の理解を深めるうえで有用である。取消訴訟で処分性や出訴期間，原告適格など訴訟要件にかかる諸問題が存在したのと同様に，審査請求の利用にあたっても，対象適格，申立期間，申立適格といった申立要件を充たさねばならない。審査請求の手続は簡易迅速を基調とするが，こうした枠組みの中で，2014年行審法改正で公正性を担保するための仕組みが導入された（具体的には，審理員による審理手続や第三者機関である行政不服審査会等による諮問手続などである）。審査請求は裁決により終了するが，裁決に関しては，取消判決と比較してその種類，効力，執行停止の仕組みなどを学ぶことが理解を容易にする。このほか，市民が審査請求を利用しやすいように，教示等の情報提供の仕組みが用意されている点についても概観する。最後に，審査請求と取消訴訟の関係（利用手順）についても，解説する。

1　審査請求の要件

(1)　審査請求の要件

行政訴訟の訴訟要件と同様に，審査請求についても，申立要件が存在する。具体的には，①審査請求書に法定の必要的記載事項が記載されていること（行審法19条・61条・66条1項)，②公権力の行使に当たる行為を対象とすること(対象適格。1条2項・2条)，③審査請求をなす資格が申立人に認められること(申立適格。2条)，④申立てを行うべき期間に申立てがなされていること（申立期間。18条・54条・62条）などである。こうした申立要件を欠く場合には，申立ては却下される。なお，不服申立手続の種類としては，審査請求のほかに，再審査請求及び再調査の請求が規定されている。再審査請求と再調査の請求は個別法に定めがある場合に限り許容される例外である（5条1項・6条1項)。本章では審査請求を中心に説明を進める。

審査請求，再審査請求及び再調査の請求は，代理人によって行うことができる（12条1項・66条1項・61条)。なお，行政書士法2014年改正により，特定行政書士（日本行政書士会連合会が会則により実施する研修課程を修了した行政書士である。同法1条の3第2項）は，自ら作成し官公署に提出した許認可等に関する書類にかかる不服申立手続（審査請求，再調査の請求，再審査請求）について，新たに代理人となることができるようになった（同条1項2号)[1)]。これにより，法曹資格者に加えて，行政書士が審査請求手続で代理人として市民を支援することが可能となり，当該手続の活性化が期待される。

⑵　審査請求書と法定記載事項

行審法に基づく審査請求は，法律や条例で口頭で行うことができる旨の規定がある場合（国民健康保険法99条，国家公務員共済組合法103条など）を除き，原則として審査請求書の提出により行わなければならない（これを「書面主義」という。19条1項)。審査請求すべき行政庁（審査庁）が処分庁と異なる場合には，審査請求は処分庁を経由して行うことができる（21条1項)。処分に対する審査請求の場合，審査請求書には，①審査請求人の氏名又は名称及び住所又は居所，②対象処分の内容，③当該処分があったことを知った年月日，④審査請求の趣旨及び理由，⑤処分庁の教示の有無とその内容，⑥審査請求の年月日を記載する必要がある（19条2項)。他方，不作為に対する審査請求の場合，上記

---

1)　阿部泰隆「行政書士の行政不服申立代理権，法改正で導入」自治実務セミナー53巻9号（2014年）11頁，櫻井敬子「行政法講座77 行政不服審査制度改革（総括)」自治実務セミナー53巻10号（2014年）14頁以下参照。

①と⑥のほか，不作為にかかる処分についての申請の内容及び年月日を記載しなければならない（同条3項）。

提出された書面が審査請求書（不服申立書）であるのか陳情であるのか，その判断が困難な場合がある。陳情であれば，本章で説明する審理や裁決を必要としない。最高裁は，不服申立書（異議申立書）と陳情書の区別が争われた事例において，形式よりも申立人の真意によるべきであるという判断を示した[2)]。市民は行政事務や法務に必ずしも専門的知識をもたないことが多いことから，申立人に対する配慮が行政機関には不可欠である。審査請求書の文言のみにこだわることなく，その内容を全体的に観察し，できる限り善解し，審査請求制度の範囲内における適法なものと解釈すべきである[3)]。

審査請求書が不適法な内容であっても，補正することができる場合には，審査庁は相当の期間を定めて，補正を命じなければならない（23条・61条）。これは，審査庁の義務である。したがって，形式的な不備について補正を命ずることなく却下した決定は違法である[4)]。審査請求人が補正に応じない場合や審査請求が不適法で補正できないことが明らかな場合には，審査庁は審理手続を経ないで審査請求を却下することができる（24条）。審査請求人は，裁決があるまでは，いつでも書面で審査請求を取り下げることができる（27条）。

⑶　対象適格

⒜　処　分

国民は，「行政庁の違法又は不当な処分その他公権力の行使に当たる行為」に関して，行政庁に対して不服申立てをすることができる（1条1項）。審査請求には，処分についてのもの（2条）と不作為についてのもの（3条）の2種類が存在する。処分についての審査請求では，不服申立ての対象に関して，「行

---

2)　最判1957［昭和32］年12月25日民集11巻14号2466頁［百選Ⅱ139事件］115。真意を確認するための市総務課長による面接において陳情である旨を伝え，異議申立書の文言を一部訂正して，その結果，知事により陳情書として扱われた事例である。最高裁は陳情としての処理を次のように適法とした。「異議の申立てであるか若くは単なる陳情であるかは，……当事者の意思解釈の問題に帰する」。

3)　大津地判1982［昭和57］年1月25日行集33巻1＝2号1頁。

4)　津地判1976［昭和51］年4月8日行集27巻4号516頁。

政庁の処分その他公権力の行使」に該当するかという解釈問題が存在する。通説・判例は，対象適格について行訴法と行審法とで同様に解してきたことから，上記解釈問題を考える際にも行訴法で述べた処分性の解釈が参考になる（⇒第4章参照）。

処分に継続的性質を有する公権力的事実行為を含むという定義規定（旧2条1項）が，2014年改正で削除された。従前は，この規定を根拠に，人の収容（精神保健及び精神障害福祉に関する法律29条［強制入院措置］），物の留置（関税法80条［貨物の収容］）等の継続的性質をもつ権力的事実行為も不服申立てや抗告訴訟の対象に含まれると解されてきた[5]。2014年改正法によっても，権力的事実行為は処分に含めて解釈されるものと考える[6]。

(b)　不 作 為

法令に基づく申請に対する行政庁の不作為について，審査請求が認められている（3条）。他方，（市民の申請権が予定されていない）規制権限の不行使は3条の定める不作為には含まれていない。したがって，行政機関が是正命令を行使しないことに対する不服申立ては，行審法では許容されていない。これを補完する趣旨で，法令違反行為をしている事業者に対して行政庁が処分を発動しない不作為が認められる事例で，市民が処分権限を発動するよう行政庁に求めることが，2014年の行政手続法の改正により可能とされた（行政手続法36条の3）。

(4)　申立期間

(a)　処分に対する審査請求期間

行政上の法律関係を早期に安定させるために，審査請求期間が法定されている。審査請求は，処分があったことを知った日の翌日から起算して3カ月以内にしなければならない（18条1項，主観的請求期間）。これは，2014年改正により，従前の60日以内から延長されたものである。また，処分があったことを知らなかった場合であっても，処分があった日の翌日から起算して1年以内に審査請求をする必要がある（同条2項，客観的請求期間）。主観的請求期間，客観

5）　阿部・解釈学Ⅱ 341頁，小早川・下Ⅱ 147頁，同・下Ⅰ 84頁，宇賀・概説Ⅱ 159頁。
6）　新行審制度12頁。行審法47条は，事実上の行為についての審査請求に関して，裁決の規定を置くなど，事実上の行為が対象適格をもちうることが前提とされている。

的請求期間は，いずれの場合についても，「正当な理由があるとき」は上記期間経過後であっても例外的に審査請求をすることが可能である（同条1項但書・2項但書）。

再調査の請求を行う場合，主観的請求期間は3カ月，客観的請求期間は1年である（54条。いずれも，正当な理由による例外が認められている）。再調査の請求を市民が行った場合には，審査請求の主観的請求期間は再調査請求に対する決定があったことを知った日の翌日から起算して1カ月，客観的請求期間は1年とされている（18条1項括弧書・2項括弧書。いずれも，正当な理由による例外が認められている）。

再審査請求を行う場合の主観的請求期間は，審査請求に対する裁決があったことを知った日の翌日から起算して1カ月，客観的請求期間は1年とされている（62条。いずれも，正当な理由による例外が認められている）。

上で述べたところをまとめると，不服申立てが2段階にわたって行われる場合（審査請求の前に再調査の請求を行う場合，又は審査請求の後に再審査請求がされる場合）について，不服申立期間（主観的請求期間）は，第1次の不服申立てでは3カ月以内，第2次の不服申立てでは1カ月以内とされている。

(b) 不作為についての審査請求期間

不作為についての審査請求の場合には，不作為が継続している限り審査請求は許容されるべきであることから，審査請求期間を制限する規定は置かれていない。

(Q1) 都市計画法59条1項に基づく都市計画事業の認可のように，処分が名宛人に個別に通知されるのではなく，告示をもって多数の関係権利者等に画一的に告知される場合（同法62条1項参照）について，「処分があったことを知った日」とは，上記認可の関係権利者が告示を現実に知った日と解すべきか，告示がなされた日か，説明しなさい。

最高裁は，告示といった画一的告知方法が法律上採用されている趣旨に鑑みて，「処分があったことを知った日」は告示があった日をいうと解している[7]。

7）　最判2002［平成14］年10月24日民集56巻8号1903頁［百選Ⅱ 140事件］116。

同様に，建築基準法46条1項に基づく壁面線の指定に対する審査請求期間の起算日は，同条3項に基づく公告があった日の翌日と解されている[8]。

⑸ 審 査 庁

審査庁は，原則として処分庁又は不作為庁の最上級行政庁である（4条4号）。ただし，処分庁又は不作為庁に上級行政庁が存在しない場合には，処分庁又は不作為庁が審査庁となる（同条1号）。大臣，宮内庁長官，外局の長には上級行政庁は存在しないという前提のもと，これらの機関が処分庁又は不作為庁の場合には，当該機関が審査庁となる（同号）。同様の前提から，処分庁又は不作為庁の上級行政庁が大臣，宮内庁長官，外局の長である場合には，当該機関が審査庁となる（同条2号・3号）。

⑹ 申立適格

審査請求を行うことのできる資格に関して，行審法は，処分についての審査請求では「行政庁の処分に不服がある者」（2条）と規定している。処分に不服のある者とは，処分の名宛人のほか，第三者も含みうる。例えば，建築確認が下された建築物の隣地所有者は，当該建築物の倒壊による被害を主張して建築審査会に対して建築確認の審査請求を申し立てることができる。最高裁は，申立適格の解釈を，取消訴訟の原告適格（行訴法9条）と同様に解釈している。すなわち，法律上の保護された利益を有するかといった視点から，公益保護の趣旨だけでは申立適格を認めず，行政法規により保護された個別的利益を要求している。

他方，不作為についての審査請求では「法令に基づき行政庁に対して処分についての申請をした者」（3条）が審査請求をすることができる。

〈基本事例〉 1971年3月5日に，社団法人日本果汁協会等の申請に基づき，公正取引委員会Yは果汁飲料等の表示に関する公正競争規約を認定した（不当景品類及び不当表示防止法〔以下「景表法」という〕）。当該認定に対して，一般消費者である原告Xら（主婦連合会等）は，規約は果汁含有率5パーセント未満の飲料や全く果汁を含まない飲料でも「合成着色飲料」又は「香料使用」と表

8）最判1986［昭和61］年6月19日判時1206号21頁［百選Ⅱ 148事件］121。

示すれば足りる内容であり，一般消費者の誤解を招くことなどを理由に，景表法に違反するとして，Yに不服申立てをした。Yは1973年3月14日，Xらには不服申立ての資格を欠くという理由で，却下の審決をした。最高裁も，景表法の規定により一般消費者が受ける利益は，公正取引委員会による同法の適正な運用によって実現されるべき公益の保護を通じ国民一般が共通してもつにいたる抽象的，平均的，一般的な利益にすぎないとしてXらの不服申立適格を消極に解した[9]（主婦連ジュース訴訟）。

図表 16-1　主婦連ジュース訴訟

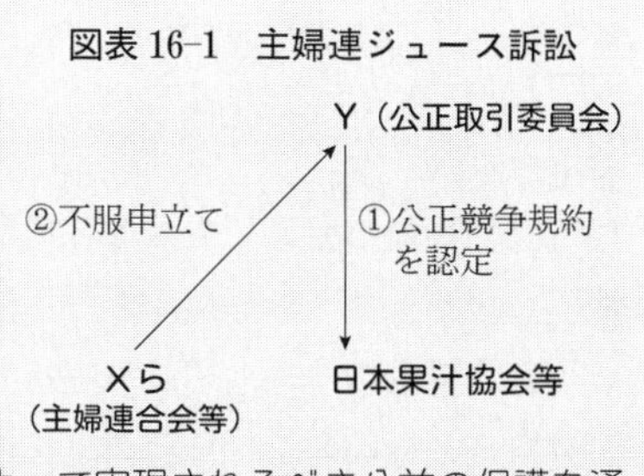

最高裁の示す解釈に対しては，不服申立適格を一層柔軟に拡大すべきであるという批判が見られる。その根拠は，(ア)不服申立審査制度は国民の権利保護に加えて，行政の適正な運営の確保をも目的としていること（1条1項），(イ)行政訴訟で見られた行訴法10条1項（自己の法律上の利益に関係のない違法の主張制限）に該当する条文が行審法には存在しないこと，(ウ)裁判所ではなく行政機関が紛争処理に当たることに着目して，柔軟な紛争解決が期待できることにある。

(Q 2)　議員Aが議員資格を有する旨の市議会決定に対し，議員Bが地方自治法127条4項及び118条5項に基づき不服申立てをすることができるか，説明しなさい。

最高裁は，法127条4項は不服申立ての方法・手続に関して118条5項を準用したにとどまり，法の適正な執行担保を目的とする民衆争訟的な不服手続まで準用する趣旨ではないと判示した[10]。つまり，127条4項に基づく不服申立ては，権利救済手段として，救済を必要とする（個人の）法律上の不利益を前提とするものであり，Bの不服申立ては不適法である。

(Q 3)　本来の納税義務者であるAに対する（税務署長の）課税処分について，第二次納税義務者（Aに対する滞納処分によっても徴収額に不足がある場合に，

9)　最判1978［昭和53］年3月14日民集32巻2号211頁［百選Ⅱ 141事件］[36]。公正取引委員会への不服申立ては，2009年景表法改正で廃止された。
10)　最判1981［昭和56］年5月14日民集35巻4号717頁［百選Ⅱ 142事件］[117]。

不足部分の納税義務を負う者）であるXが，国税通則法75条1項に基づく審査請求をできるのか，検討しなさい。

第二次納税義務者は，主たる課税処分における納税義務が過大であれば過大な範囲の義務を負う可能性があり，他方，当該納税義務が減少すればそれだけ負う納税義務も少なくなる。最高裁は「第二次納税義務者は，主たる課税処分により自己の権利若しくは法律上保護された利益を侵害され又は必然的に侵害されるおそれがあり，その取消しによってこれを回復すべき法律上の利益を有する」と判示して，審査請求申立適格を肯定した[11]。

2　審理員による審理手続

審査請求の要件を充たした場合には，対象である公権力の行使が違法又は不当であるかの審理が行われる。簡易迅速という制度趣旨のもとで，審査請求人や参加人の手続的権利を尊重する仕組みが形成されている。ここでいう参加人とは，審査請求人以外の利害関係人（係争処分の根拠法令に照らし当該処令に利害関係をもつ者）であり，審理員の許可を得て審査請求手続に参加する者である（13条1項）。

(1)　2段階の審査過程

審査請求人が審査請求書を提出することにより，審査請求の手続は開始される（19条）。審査庁は，審査請求が事務所に到達してから裁決を出すまでに通常要する標準的期間（標準審理期間）を定める努力義務を負い，かかる期間を定めた場合には，審査庁や処分庁において備付けその他の適切な方法で当該期間を公にしなければならない（以上，16条）。これも，迅速処理を促進するための仕組みであり，審査請求人の権利救済に役立つ。

審査請求の手続は，大きく分けて，①審理員による審理手続，②行政不服審査会等による調査審議手続という2段階の過程によって構成されている。以下，

11）　参照，最判2006［平成18］年1月19日民集60巻1号65頁［118］。

順に説明する。

(2) 審理員による審理手続

(a) 審理員の指名

審査庁は，原則として，所属する職員の中から審理員を指名し，審理手続を行わせる（9条1項）。国の場合でいえば，審査庁である大臣が例えば大臣官房の管理職等を審理員に指名する形で行われる。審理員は，審理の公正性を確保するために，審査対象である処分と利害関係をもたないことが必要である。こうした距離保障の観点から，審査庁は処分に関与した者など一定の者を審理員に指名することができない（除斥事由を明記した同条2項参照）。例外として，公正取引委員会，国家公安委員会，公害等調整委員会，公安審査委員会，中央労働委員会，運輸安全委員会，原子力規制委員会などの行政委員会が審査庁である場合には，行政委員会の独立性，公正な審理体制に鑑みて，審理員を指名する必要はない（同条1項1号）。

(b) 審理員による計画的審理

審理員は，処分庁又は不作為庁（以下「処分庁等」という）に弁明書の提出を求めなければならない（29条2項。2014年改正により，提出要求は審査庁の裁量から審理員の義務に改められている）。弁明書には，法律上，具体的な記載が要求されている。つまり，処分についての審査請求の場合には処分の内容と理由，不作為についての審査請求の場合には処分をしていない理由，予定される処分時期，処分の内容及び理由が必要的記載事項である（同条3項）[12]。提出された弁明書は，審査請求人や参加人に送付されなければならない（同条5項）。弁明書に対して，審査請求人は反論書を，参加人は意見書を審理員に提出することができる（30条1項・2項）。提出された反論書は処分庁等や参加人に，意見書は処分庁等や審査請求人に送付されなければならない（同条3項）。このように，審理関係者の間で文書がやりとりされる中で，審理は進められていく[13]。

12）処分庁は，処分の際に作成した聴聞調書や報告書，弁明の機会の付与に際して作成した弁明書も，審理員に提出する弁明書に添付しなければならない（29条4項）。

13）書面による審理はどの程度まで行われるべきかという問題がある。固定資産評価審査委員会が具体的資料を徴することなく審理を終結した場合に審理不尽の違法があると判示したものとして，仙台高判1997［平成9］年10月29日判時1656号62頁 123。

審理関係人（審査請求人，参加人，処分庁等）は審理において相互に協力し，審理手続の計画的な進行を図らなければならない（28条）。とくに，審理すべき事項が多数であったり錯綜している事例では，審理員は予め審理関係人を招集して審理手続の申立てに関する意見の聴取を行うことができる（37条1項）。これも迅速な処理に配慮した仕組みである。

審理員は職権で様々な調査を行うことができる（物件の提出要求［33条］，参考人の陳述及び鑑定の要求［34条］，検証［35条］，審理関係人への質問［36条］など）。例えば，審理員は審査請求人が主張する事実について，職権により，証拠を収集できる。これを超えて，審理員は，審査請求人が主張していない事実まで職権で調べて裁決の基礎とすること（職権探知）ができるのか，という問題がある。最高裁は，訴願法（明治憲法下における行政上の不服申立制度）のもとで，職権探知が容認される旨を判示した[14)]。

審理の結果は審理員により審理員意見書としてまとめられ，事実記録と共に審査庁へと送付される（42条。審理員意見書の写しは，審査請求人や参加人にも送付される［43条3項］）。

(c)　審理員による審理手続の併合と分離

審理員は，その職権で，複数の審査請求を同一の審理手続で審理すること（審理手続の併合）もできれば，手続が併合されていた複数審査請求を別個の審理手続とすること（審理手続の分離）も可能である（39条）。例えば，審理手続の併合により，共通する証拠資料を利用して，手続の迅速化を図るというメリットが期待できる。

(3)　審査請求人及び参加人の手続的権利

(a)　従前からの手続的権利

行審法は，①物件の提出要求，②参考人の陳述及び鑑定の要求，③検証，④審理関係人への質問について，審理員の職権事項にとどめず，審査請求人や参

14)　最判1954［昭和29］年10月14日民集8巻10号1858頁［百選Ⅱ 143事件］119。「訴願庁がその裁決をなすに当って職権を以ってその基礎となすべき事実を探知し得べきことは勿論であり，必ずしも訴願人の主張した事実のみを斟酌すべきものということはできない」。塩野・Ⅱ 27頁は行審法も職権探知を認めているとする。

加人が審理員に対してこれらの権限を行使するよう申立てを行うことを認めてきた（33条〜36条）。

これ以外にも，2014年改正前から審査請求人や参加人には次の権利が認められてきた。

・審理手続において，口頭で意見を述べる権利（31条1項）[15]　口頭意見陳述の申立てがあった場合，審査庁が処分を妥当とする実体的心証を得ていることを理由に，口頭意見陳述の機会を与えずに裁決を行うことは許されない[16]。
・証拠書類や証拠物を提出する権利（32条1項）
・処分庁等から提出された書類等を閲覧する権利（38条1項）[17]

(b)　参加人に拡張された手続的権利

従前は審査請求人に対してのみ認められていた手続的権利が，2014年改正により参加人にまで拡張された。具体的には，次のものである。

・弁明書の送付を受ける権利（29条5項）
・弁明書に対する反論の提出権（30条2項：参加人の意見書）

(c)　新設・拡張された手続的権利

さらに，従前は認められてこなかった（ないしは制限されてきた）が，2014年改正で新たに審査請求人と参加人に認められた手続的権利として，次のものがある。

・口頭意見陳述の際の処分庁等への質問権（31条5項）[18]　口頭意見陳述には全ての審理関係人が招集されることとされたため（31条2項），処分庁等も口頭意見陳述への出席を新たに義務づけられた。

15）　口頭意見陳述の際に，審査請求人や参加人は，審理員の許可を得て補佐人と共に出頭することができる（31条3項）。

16）　東京地判1970［昭和45］年2月24日行集21巻2号362頁〔125〕。

17）　以前は，行政庁が職権で収集した文書が閲覧可能な文書に含まれるかにつき，見解の相違が存在した（肯定例として大阪地判1969［昭和44］年6月26日行集20巻5＝6号769頁〔124〕，否定例として，大阪地判1971［昭和46］年5月24日行集22巻8＝9号1217頁）。2014年改正により，閲覧対象の文書は(c)で述べるように拡大されており（38条1項）職権収集物件についても閲覧の対象とされた。

18）　質問に対し，処分庁は当然に回答を行うという前提で，処分庁の回答義務までは明記されなかった。

・物件提出要求により処分庁等以外の所持人から提出された物件等を閲覧する権利（38条1項）　閲覧対象の拡大により，現在では，聴聞調書及び報告書，弁明書（29条4項），審査請求人又は参加人が提出した証拠書類・証拠物（32条1項），処分庁等が提出した書類（同条2項），審理員の物件提出要求に応じて提出された書類（33条）などについて閲覧が可能とされている。

・提出書類等の写しの交付請求権（38条1項）

・審理員意見書の送付を受ける権利（43条3項）

このように，新しい手続的権利が承認されたこと，参加人の手続的権利が審査請求人並みに拡張されたことが2014年改正の特長である。

（Q 4）　2014年行審法改正で，参加人の手続的権利が拡張された。この理由について，具体的に考えてみよう。

Aが自己の家屋の建築計画について取得した建築確認に対して，隣人Bが審査請求をする場合を考えてみよう。この場合に，自己の家屋にかかる建築確認が争われているAは，参加人として審理手続に加わることができる。この事例で，2014年改正前の行審法ではBが審査請求人として行使できる手続的権利に比べ，参加人Aの手続的権利は限定されていた（前述(b)参照）。このような紛争は行政法Ⅰで学習した三面関係であり，利害関係から考えても，Aの手続的権利をBより抑える合理的理由は存在しない。このように，三面関係をめぐる現代型紛争を念頭に置いて，参加人の手続的権利が拡張されたのである。

COLUMN

参加人の定義の法定

「審査請求人以外の者であって審査請求に係る処分又は不作為に係る処分の根拠となる法令に照らし当該処分につき利害関係を有するものと認められる者」が利害関係人であり，利害関係人は審理員の許可を得て審査請求に参加することができる（13条1項）。このように，2014年の行審法改正により，参加人の範囲が法律上初めて定義づけられたのである。従来は，参加人の定義について規定が存在せず，利害関係人を「審査請求の結果に法律上の利害関係を有する者」と解釈する見解が見られた[19]。下級審の裁判例の中には，

「利害関係人とは，審査請求に対する裁決の主文によつて直接自己の権利利益を侵害される者」と判示したものも存在する[20]。今後は，三面関係をめぐる現代型紛争を念頭に置いて，参加人の権利を拡張した行審法の趣旨に沿って，参加人の範囲を柔軟に解釈していくことが課題である。

3 行政不服審査会等による調査審議手続

(1) 行政不服審査会等への諮問

審査庁は，審理員意見書の提出を受けたときは，原則として，国の場合には行政不服審査会（地方公共団体の場合には81条1項及び2項に基づき設置された合議制附属機関。合わせて，「行政不服審査会等」という）に諮問をしなければならない（43条1項）。諮問を受けた行政不服審査会等は，調査権限に基づき調査を進める（74条）。他方で，当該調査過程において，審査請求人や参加人は，申立てを行ったうえで口頭で意見を述べるなどの手続的権利を有している（75条1項）。行政不服審査会等は諮問に対して答申をした際には，答申書の写しを審査請求人及び参加人に送付するとともに，答申の内容を公表しなければならない（79条）。審査庁は，行政不服審査会等の答申を受けたときは，遅滞なく，裁決を下さなければならない（44条。諮問不要の場合には，審理員意見書の提出後，遅滞なく裁決を下さなければならない）。

(2) 行政不服審査会等の組織編成

行政不服審査会は総務省に置かれる諮問機関である（67条）。委員9名は，法律又は行政に関して優れた識見を有する者のうちから，両議院の同意を得て，総務大臣により任命される（68条1項・69条1項）。同審査会は3つの部会から成り，各部会は常勤職員1名と非常勤委員2名から構成される（68条2項・72条1項参照）。

19）田中真次＝加藤泰守『行政不服審査法解説』（日本評論新社・1963年）132頁。
20）静岡地判1979［昭和54］年5月22日行集30巻5号1030頁。これは，参加の不許可が適法とされた事例であるが，内容は，審査請求における取消事由に該当しない事実を主張して，審査請求への参加を求めた事案である。

地方公共団体のレベルでは，執行機関の附属機関として諮問機関が置かれる（81条1項)。もっとも，地方公共団体（とくに町村）の中には，諮問の事件数が少ない団体もあり，こうした附属機関の設置が負担になったり，委員の選任に苦労する事態が予想される。そこで，常設の附属機関を置くことが不適当又は困難である場合には，条例で定めるところにより，（自治紛争処理委員［地方自治法251条］のように）事件ごとに臨時に置くことができることとした（同条2項)。また，諮問機関を複数の地方公共団体で共同設置すること（地方自治法252条の7)，他の地方公共団体へ委託すること（同法252条の14）なども可能である。

(3) 諮問不要な場合

審査庁は原則として行政不服審査会等への諮問を義務づけられているが，以下の場合には，諮問が不要である。

(a) 審査請求の対象となっている処分を行う場合ないしは審査請求の裁決を行う場合について，法律又は政令（条例に基づく処分の場合には条例）により行政委員会，地方議会，審議会等の審議を経ることとされているもの（43条1項1号・2号)

(b) 申請が拒否された事例又は不作為のまま放置された事例で，申請された処分の義務付け等の裁決を行う場合において，当該処分について法律又は政令に基づき，行政委員会，地方議会，審議会等の議を経たうえで裁決をなすこととされている場合（3号)

上記の(a)や(b)は，処分や裁決の段階で既に法令上審議会等の第三者機関の関与が定められていることから，手続の重複を避ける趣旨の規定である。

(c) 審査請求人が諮問を希望しない場合（4号)　　これは，迅速な裁決を望む審査請求人の希望を尊重した規定である。

(d) 行政不服審査会が「国民の権利利益及び行政の運営に対する影響の程度その他当該事件の性質を勘案して」諮問を不要と判断する場合（5号)

(e) 審査請求が不適法で，却下する場合（6号)

(f) 不利益処分を全部取消しする場合や申請拒否処分について申請の全部を認容すべき旨を命ずる場合など（もっとも，参加人が全部取消しや全部義務付けに反対の意見書を提出している場合や口頭意見陳述で反対の意見を述べている場合には，諮問の省略はできない。7号・8号）　これは，審査請求の内容をすべて認容する裁決をする場合には，あえて諮問を不要としたものである。しかし，三面関係が存在し，認容裁決に反対の利害関係をもつ参加人がいる場合には，その者の立場に配慮して諮問をなお必要とした。

(4) 審査関係人の権利

行政不服審査会等は，主張書面や資料の提出要求，事実の陳述や鑑定を求めるなど，調査権限を有している（74条）。他方，審査関係人（当該審査会の調査審議手続においては，審査請求人，参加人，審査庁を指す）は，以下の権利を有している。

・審査会に申立てをして口頭意見陳述を行う権利（75条1項）
・審査会に対して主張書面又は資料を提出する権利（76条）
・審査会に提出された主張書面又は資料の閲覧請求権，写し等の交付請求権（78条1項）

なお，行政不服審査会等の答申内容は公表され，審査請求人と参加人は答申の写しの送付を受ける権利を有する（79条）。

4 裁　決

(1) 裁決の種類

審査請求の場合に，その審理の結果として下されるのが裁決である（44条）。このほか，再審査請求の場合も裁決が出され，再調査の請求では決定が下される（64条・65条・58条・59条）。裁決は裁決書の形式で行われ，決定は決定書の形式でなされる（50条1項・66条1項・60条1項）。以下では，審査請求に対する裁決を例に，裁決の諸類型を紹介する（**図表16-2**参照）。

裁決書には，主文，事実の概要，審理関係人の主張の要旨，理由が記載される（50条1項・66条1項）。注目すべきことは，主文が審理員意見書又は行政不服審査会等の答申と異なる場合に，異なることとなった理由が記載されることである（50条1項4号括弧書）。かくして，判断過程の透明化が図られている。

不服申立要件を欠く審査請求は，裁決により却下される（45条1項）。申立

図表 16-2　裁決の種類

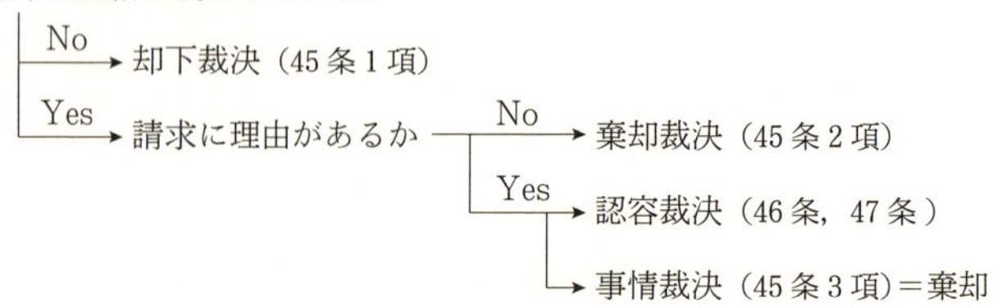

要件を充たした場合でも，審査の結果，請求に理由がない場合には棄却裁決が下される（45条2項）。審査の結果，処分が違法ないし不当であれば，原則として認容裁決が出される（46条）。例外として，取消訴訟の事情判決（⇒第8章5）と同様の理由で，処分が違法又は不当である旨を宣言するが，申立てを棄却する事情裁決が存在する（45条3項）。

同様に，再審査請求についても却下裁決，棄却裁決，事情裁決，認容裁決が存在する（64条1項・2項・4項，65条1項・2項）。他方，再調査の請求については，却下決定，棄却決定，認容決定が定められている（58条1項・2項，59条1項・2項）。再調査の請求は要件事実の認定に関する不服申立てを対象とした簡易な手続であることから，事情決定は置かれていない[21]。

COLUMN

再審査請求における原裁決の手続的違法・不当

再審査請求で審査対象とされる裁決（原処分を適法・妥当として審査請求を却下又は棄却した裁決。「原裁決」という）が実体法上の違法性・不当性を有する場合には，当該裁決について取消し等がなされる。これに対して，原裁決が手続法上の違法性・不当性を有するものの，原処分が適法・妥当である場合には，再審査請求について棄却裁決をするものと法定されている（64条3項）。その理由は，原裁決の手続的瑕疵を理由として原裁決を取り消して審査請求の審査をやり直したところで，原処分が適法又は妥当であれば審査請求は棄却されることから，こうした手続の重複を避けるために，再審査請求認容裁決が排除されたのである[22]。

21）橋本＝青木＝植山・行政審査191頁。
22）田中＝加藤・前掲注19）205頁。

(2) 認容裁決の諸類型

認容裁決は，その内容が多彩である点に特色をもつ。以下では，審査請求に対する裁決を例に，認容裁決の具体的内容を解説する。

(a) 処分（事実上の行為を除く）についての認容裁決

(i) 取消裁決　認容裁決の1つとして，処分の全部又は一部を取り消す裁決がある（46条1項。行政訴訟との比較でいえば，取消判決に相当する裁決である）。

(ii) 変更裁決　行政訴訟には存在せず，不服申立てに特有なものとして，処分の変更を行う変更裁決が存在する（46条1項）。こうした変更裁決は，審査庁が処分庁である場合かその上級行政庁である場合に限り，許容されている（同項但書）。その理由は，処分の内容に立ち入り，変更を行う権限を有するのは，処分庁自身ないしは処分庁に対し一般監督権をもつ上級行政庁に限られるからである。なお，審査請求人の不利益に処分を変更することは，審査請求が権利救済手段である性格からして許されない（48条）。

(iii) 義務付け裁決　法令に基づく申請を却下又は棄却した処分について，審査庁が一定の処分をすべきであると認める場合には，(i)で述べた取消裁決に加えて，次の義務付け裁決を行うことができる。つまり，処分庁の上級行政庁である審査庁は，当該申請を認容する処分をすべき旨を処分庁に対して命ずる義務付け裁決をすることができる（46条2項1号。行政訴訟における申請型義務付け判決に相当する）[23]。義務付けの対象となる処分を行うにあたり行政委員会，地方議会，審議会等の議を経ることが法律又は政令で定められている場合や，関係行政機関等と協議すべき旨が法律又は政令で定められている場合には，審査庁がこれらの関与手続を必要と考えるときは，当該手続を経たうえで義務付けの裁決を行う（46条3項・4項）。

(b) 事実上の行為についての認容裁決

事実行為に対する審査請求の場合，認容裁決では，事実行為の違法又は不当が宣言される。そのうえで，①審査庁が処分庁以外の行政庁の場合には，当該行為の全部もしくは一部を撤廃し，又はこれを変更すべき旨を処分庁に命ずる（47条1号）。②審査庁が処分庁の場合には，事実行為の全部もしくは一部を撤

23) 審査庁が処分庁である場合には，審査庁自らが当該処分を行う（46条2項2号）。

廃し，又はその変更をする（47条2号）。ここでも，不利益変更禁止の原則が妥当する（48条）。

(c)　不作為についての認容裁決

不作為にかかる審査請求の場合，認容裁決において，不作為が違法又は不当であることが宣言される（49条3項）。加えて，審査庁が不作為庁の上級機関である場合には，当該審査庁は，申請に対して一定の処分をすべきものと認めるときは，当該処分をすべき旨を命じなければならない（義務付け裁決。同1号）[24]。

COLUMN

人事院の修正裁決の法的性質

ある国家公務員が停職6カ月の懲戒処分を受けたことから，国家公務員法90条1項に基づき，人事院に審査請求を提起した。人事院は俸給月額を6カ月間10分の1に減給する処分に修正する裁決を行った。このように，国家公務員法には修正裁決（同法92条1項）が存在する。

修正裁決の法的性格に関しては，2つの考え方が存在する。1つは，原処分（停職処分）を取り消して，新規に処分（減給処分）を行うという見解である。このように考えると，上記の例で公務員が原処分取消訴訟を提起して争う場合，当該処分は人事院の修正裁決によって消滅しており，当該訴訟は訴えの利益を失うこととなる。これに対して，もう1つの見解は，修正裁決は懲戒権発動の意思を前提としたまま，原処分の種類及び量定について変更するものと理解する[25]。これによれば，原処分は懲戒処分としてなお存在するため，原処分取消訴訟について訴えの利益が失われることはない。

(3)　裁決の拘束力

請求認容裁決は，関係行政庁に対して拘束力をもつ（審査請求につき52条1項，再審査請求につき66条1項）。関係行政庁には，処分庁等，それと上下関係にある行政庁，原処分に関係をもつ行政庁が含まれる[26]。審査庁が原処分を取り消す裁決を出した場合には，処分庁は当該裁決に対して取消訴訟を提起す

24）　審査庁が不作為庁である場合で，一定の処分をすべきものと認めるときは自ら当該処分を行わなければならない（義務付け裁決：49条3項2号）。

25）　最判1987［昭和62］年4月21日民集41巻3号309頁［百選Ⅱ 146事件］63 126。

26）　田中＝加藤・前掲注19）185頁参照。

ることができない[27]。裁決の拘束力により，処分庁は取り消された原処分の反復を禁止される。

52条の文言は裁決の拘束力を請求認容裁決に限定していないが，取消訴訟で取消判決にのみ拘束力が認められているのと同様に解釈して（行訴法33条1項），請求棄却裁決には拘束力が認められていない[28]。つまり，審査庁が棄却裁決により原処分を維持した場合，以後，処分庁の職権で原処分を取り消すことは妨げられない[29]。

拘束力の規定は，再調査の請求の決定については準用されていない（61条）[30]。つまり，再調査の請求の認容決定には拘束力は認められない。これは，処分庁自身が再調査の請求を認容しており，認容決定によって紛争解決が図られているため，これに加えて決定の実現を図る目的で他の関係行政庁に対する拘束力まで肯定する必要が存在しない点に理由がある[31]。なお，再調査の請求の認容決定により，処分庁が原処分を取り消した場合，再調査の請求人の権利救済の観点から，処分庁には同一事情の下で同一内容の処分を反復することは禁止されると解される[32]。

COLUMN

裁決と不可変更力

審査請求の裁決のように，通常の行政行為よりも慎重な手続を用いて行われ，紛争の解決を目的として裁断としてなされる行政行為については，裁断によって紛争処理がなされた法律関係の安定等を考慮して，裁決庁は裁決を取り消すなど，変更することができないと説かれてきた[33]。これは，行政

27）説明の仕方としては，①行政内部統制の仕組みであることから処分庁による出訴を制度上予定していないというもの，②認容裁決の拘束力として説明するもの，③かかる訴訟は機関訴訟であって，それを許容する法律規定が存在しない限りは不適法であると説くもの（行訴法42条）などが考えられる。参照，大阪高判1971［昭和46］年11月11日行集22巻11＝12号1806頁。

28）南博方＝小高剛『全訂注釈行政不服審査法』（第一法規・1988年）297頁以下，塩野・II 36頁，芝池・救済法189頁，宇賀・概説II 78頁。

29）参照，最判1958［昭和33］年2月7日民集12巻2号167頁。

30）再審査請求には拘束力の規定は準用されている（66条1項）。

31）橋本＝青木＝植山・行政審査190頁，宇賀・概説II 78頁。2014年改正前行審法の異議申立認容決定について拘束力の規定が準用されていない理由について，参照，南＝小高・前掲注28）309頁，芝池・救済法189頁注1。

32）小早川・下I 98頁参照。

33）実質的確定力や不可変更力については，小早川・下I 98頁，小早川光郎・百選I

法Ⅰで学習した不可変更力である[34]。慎重な手続が履践されていることが不可変更力を認める着眼点であるとすれば，2014年改正で審査請求における手続保障が高められたことは，不可変更力を肯定するうえで補強材料となる。

---

(4)　裁決及び決定の方式

裁決は裁決書により行われ，裁決の理由や教示などが裁決書の記載事項とされている（50条1項・66条1項）。理由付記が要求される趣旨は，事前手続である行政手続の場合と同様であり，判断の慎重確保及び不服事由に対応して結論に至る過程を明らかにすることにある[35]。審査庁は，①再審査請求ができる裁決の場合には，再審査請求が可能であること，再審査庁，及び再審査請求期間を裁決書に記載しなければならず（50条3項），②取消訴訟を提起できる裁決の場合には，裁決の相手方に対して，被告，出訴期間及び審査請求前置の定めがある場合にはその旨を書面で教示しなければならない（行訴法46条1項参照）。

決定も裁決と同じく，決定書により行われ，決定の理由が記載される（60条1項）。決定書には，審査請求をすることができる旨（却下決定の場合には，当該決定が違法である場合に限り審査請求が可能である旨），審査庁，及び審査請求期間について記載して教示することが必要とされる（もっとも，全部認容決定の場合には教示は不要である。同条2項）。

5　執行停止制度

(1)　執行不停止原則

取消訴訟が提起されても処分の効力等に影響を及ぼさない（行訴法25条1項）のと同様に，処分に対する審査請求も処分の効力，処分の執行又は手続の続行を妨げない（執行不停止原則。行審法25条1項）。

［第5版］69事件解説参照。

34)　大橋・行政法Ⅰ 184頁以下。

35)　最判1962［昭和37］年12月26日民集16巻12号2557頁［百選Ⅱ 147事件］127。

⑵　執行停止制度

審査請求人の申立てにより処分の執行停止を図る制度が存在する点は（25条2項・3項），取消訴訟の場合と同様である。審査請求制度における特徴として，審査庁が処分庁の場合又はその上級行政庁である場合に，次の2つの特則が存在する。1つは，職権による執行停止制度である[36]。つまり，審査請求人の申立てによる場合のほか，審査庁は職権により執行停止をすることができる（25条2項）。2つには，執行停止権限の内容として，処分の効力停止，処分の執行停止，手続の続行停止に加えて，「その他の措置」が認められていることである（同項）。「その他の措置」は原処分に代わる仮の処分を行うことにより原処分の効力の停止，処分の執行の停止と同じ効果を発生させるための措置であり，例えば，免職処分を停職処分に変更するといった措置である[37]。こうした2つの特則は，審査庁が上級行政庁の場合には上級機関のもつ指揮監督権によって，審査庁が処分庁の場合には処分庁のもつ処分権限によって説明可能である[38]。この2つの特則は，再調査の請求の場合についても妥当する（61条・25条2項）[39]。

なお，審理員は執行停止の意見を審査庁に対し提出することができる（40条）。当該意見が提出された場合には，審査庁は執行停止をするかどうかを速やかに決定しなければならない（25条7項）。

36）　行訴法25条2項では，同法による執行停止は申立てを前提とする。

37）　田中＝加藤・前掲注19）152頁。

38）　審査庁が処分庁でない場合や処分庁の上級行政庁でない場合に，執行停止をするためには，審査請求人の申立てがあることを要し，処分庁の意見を聴取しなければならない（25条3項）。また，執行停止として「その他の措置」をとることはできない（同項）。

39）　再審査請求については，25条2項の準用は排除されている（66条1項）。これは，審査請求が最上級行政庁に対してなされる2014年改正法においては，再審査請求は審査会などになされ，上級行政庁にはなされないことから，審査に当たる機関の一般的指揮監督権を根拠に認められる①職権による執行停止や②その他の措置は，再審査請求では認められないことによるものと解される。

6 教示制度

⑴ 対　象

行政上の不服申立て（審査請求及び再調査の請求に限らず，他の法令によるものを含む）をすることができる処分のすべてについて，行政庁は，処分の相手方に対して，①不服申立てができる旨，②不服申立てをすべき行政庁，③不服申立てのできる期間を書面で教示するよう義務づけられている（82条1項。職権による教示）。職権による教示は書面でする処分に限られる（つまり，処分を口頭で行う場合には教示義務を負わない。同但書参照）。他方，利害関係人の請求による教示の仕組みも存在する（同条2項。請求による教示）。請求による教示の場合には，行政庁は，口頭で行われる処分や不服申立てができない処分についても教示義務を負う。

⑵ 教示事項

① 職権による教示は，不服申立てをすることができる処分を書面で行う場合に，処分の相手方に対して行う教示である。職権による教示では，行政庁は，不服申立てをすることができる旨，不服申立てをすべき行政庁，不服申立てをすることができる期間を書面で教示しなければならない（82条1項）。

② 請求による教示は，利害関係人（処分の相手方のほか，利害関係をもつ第三者も含む。13条1項）に対する教示である。請求による教示では，行政庁は，不服申立てをすることができる処分であるかどうか，不服申立てをできる場合には不服申立てをすべき行政庁，不服申立てをすることができる期間を教示しなければならない（同条2項）。

（Q 5） ある市で建築主事が建築確認を出したことに対して，建築確認の対象建築物の隣人が不服申立てを提起しようと考えているが，不服申立てが可能であるか，可能であるとしてどの行政庁に申し立てればよいのかわからず，教示を望んでいる。この隣人は，行審法に基づき，教示を受けることができるか，説明しなさい。

隣人は処分の相手方ではないので，建築主事は職権で教示を行う義務を負わない（82条1項）。このように隣人は職権による教示を期待することができない。しかし，隣人は建築確認の利害関係人であるから，利害関係人として教示を請求することはできる。これにより，不服申立ての可否，不服申立てをすべき行政庁，不服申立期間について，教示を受けることができる（同条2項）。

COLUMN

壁面線の指定と教示

建築基準法46条1項に基づく壁面線の指定は，一定街区内の土地・建物の所有者に対して，指定以後の新築や改築の際に道路境界線から一定距離の空間を確保して建物の壁などを設置するよう義務づけるものである。当該指定は，特定の個人又は団体を名宛人とする処分ではなく，権利者が交代しても土地や建物の所有者に制約を課す点で，対物処分であるといわれている。この指定は特定の者を名宛人にするものでないことから，最高裁は，処分の相手方に対する教示（行審法旧57条1項による教示）を要しないと判示した[40]。しかし，指定の時点で特定の街区の特定の土地・建物について制約を課すものであり，複数の土地・建物に対する制約を課す処分の束であると考えれば，対物処分であっても処分の相手方を想定することは可能であり，教示が必要と解される。

⑶　瑕疵ある教示と教示の不作為

⒜　誤った教示に対する対応策

教示の瑕疵は処分自体の違法にならないとするのが，通説・判例である[41]。誤った教示を受けた場合には，教示通りに不服申立てをしておけば，以下に見るように教示に対する信頼は保護される点が重要である。

（審査請求に関する誤った教示）

処分庁が誤って審査庁でない行政庁を審査庁として教示した場合，教示された行政庁に審査請求書が提出されれば，当該行政庁は速やかに審査庁へ審査請求書を送付し，その旨を審査請求人に通知する義務を負う（22条1項・2項）。送付がなされれば，初めから審査庁に審査請求がなされたものとみなされる（同条5項）。

40）　最判1986［昭和61］年6月19日・前掲注8)。

41）　東京高判1980［昭和55］年12月24日行集31巻12号2675頁。

（再調査の請求に関する誤った教示）

再調査の請求のできない処分について，処分庁が誤って再調査の請求ができる旨を教示した場合，処分庁に再調査の請求がなされれば，処分庁は速やかに審査庁へ再調査の請求書等を送付し，その旨を再調査の請求人に通知しなければならない（22条3項）。送付がなされれば，初めから審査庁に審査請求がされたものとみなされる（同条5項）。

再調査の請求ができる処分について，処分庁が誤って再調査の請求ができない旨を教示した場合であって，審査請求がされた場合において，審査請求人から申立てがあったときは，審査庁は速やかに処分庁に審査請求書又は審査請求録取書を送付しなければならない（55条1項）。かかる送付がなされた場合，初めから処分庁に再調査の請求がなされたものとみなされる（同条3項）。

（誤って長い審査請求期間を示した教示）

誤って，法定期間よりも長い審査請求期間が教示された場合には，「正当な理由があるとき」（18条1項）に該当するとして，審査請求期間の例外を認める余地がある。

(b)　教示の不作為に対する対応策

行政庁が教示をしなかった場合，処分に不服がある者は，処分庁に対して不服申立書を提出することができる（83条1項）。処分庁に不服申立書の提出があった場合，不服申立書の提出時に初めから適法な審査請求がされたものとみなされる（同条5項）。この場合に，処分庁以外の行政庁に審査請求することができる処分であれば，処分庁は当該審査庁へ速やかに不服申立書を送付する義務を負う（同条3項）。

7　審査請求と取消訴訟の関係

(1)　審査請求と行政訴訟の選択

行政訴訟と審査請求について問題が生じるのは，両者の利用方法に関してである。2つの制度の使い分けについては，**図表16-3**を参照されたい。

(a)　自由選択主義（原則）

2つの制度の使い分けは市民の選択に委ねるのが原則である。これを「自由選択主義」という（行訴法8条1項）。具体的には，(ア)審査請求を利用したうえで，救済が図られない場合に行政訴訟を利用するか，(イ)直ちに行政訴訟を提起するかを選択可能である。

図表 16-3 行政争訟制度の使い分け

(a) **（原則）自由選択主義**（行訴法8条1項）
(ア)(イ)のいずれのルートを選んでもよい。
(ア) 処分 ——→ 審査請求 ——→ 行政訴訟
(イ) 処分 ——————————→ 行政訴訟

(b) **（例外）審査請求前置**（行訴法8条1項但書）
必ず(ア)のルートを選ぶように個別法が指定している。

(b) 審査請求前置（例外）

例外は，必ず審査請求を先行し，それで救済が図られない場合にはじめて行政訴訟の提起が認められるという審査請求の利用強制が法律で定められている場合である。これを「審査請求前置」という（行訴法8条1項但書）。例外とはいうものの，現行法ではよく用いられている。

(2) 審査請求前置をめぐる諸問題

(a) 審査請求前置の具体例

審査請求前置が採用されている法律の具体例を**図表 16-4** に挙げたので参照されたい。これらの仕組みでは，図に示したように，審査請求を経たうえでなければ取消訴訟を提起することができない。

(b) 審査請求前置の根拠

審査請求前置の根拠として，次の3つが挙げられている[42]。1つは，年間1000件を越える大量の処分が行われているため，それらへの不服が直接裁判所に持ちこまれるのを避けて，専門の行政機関で予め処理をするという趣旨である（国税に関する処分［国税通則法115条］や**図表 16-4** に挙げた労働者災害補償保険法の例や国民年金の資格や給付に関する処分［国民年金法101条の2］が代表例である）。2つは，医療や先端科学技術，当該法律関係の特殊性等に関する専門・技術的知見を有した第三者機関が予め紛争処理に当たるのが適切であるという

42） 若生俊彦氏発言・宇賀克也＝若生俊彦「行政不服審査法の改正に向けて」ジュリスト1465号（2014年）50頁，大野卓氏発言・宇賀克也＝前田雅子＝大野卓「行政不服審査法全部改正の意義と課題」行政法研究7号（2014年）40頁以下，新行審制度7頁，橋本＝青木＝植山・行政審査34頁。

図表16-4　審査請求前置の具体例

国家公務員の不利益処分（国家公務員法92条の2）

処分 ⟶ 人事院に対する審査請求 ⟶ 取消訴訟

遺族補償給付の不支給（労働者災害補償保険法40条）

不支給処分 ⟶ 労働者災害補償保険審査官への審査請求 ⟶ 取消訴訟

理由である（**図表16-4**に挙げた国家公務員法の例は，こうした立法政策に基づく）。3つは，審査請求後の訴訟が高等裁判所から開始する場合であり，審査請求前置を義務づけたとしても，行政争訟制度の全体としては市民の手続負担過重と評価されない事例である（特許法178条1項・6項，電波法96条の2・97条）。

(c)　審査請求前置の充足

（不適法な審査請求の前置）

審査請求が不適法であった場合（つまり，審査請求が却下された事例）には，審査請求前置の要求を満たしたことにはならず，取消訴訟は許されない[43]。例えば，労働者災害補償保険審査官への審査請求前置の仕組みのもとで，審査請求期間の徒過を理由に却下の裁決を受けた後に，原処分（不支給処分）の取消訴訟を提起することは許されない。その理由は，かかる取消訴訟を認めることは審査請求期間を定めた法律の趣旨に反するほか，審査請求を実体審理する機会が審査庁に与えられていない点に認められる。

（適法な審査請求が不適法却下された場合）

適法な審査請求が提起されたにもかかわらず審査庁が誤って違法なものとして却下した場合には，審査請求前置を満たすものと解されている[44]。その理由は，審査庁は自らの誤りで審査請求の実体審理の機会を利用しなかった一方で，市民は適法に前置の趣旨に従って行動しているからである。

(d)　審査請求前置の緩和

一定の場合には，審査請求前置の要請を緩和して，審査請求に対する裁決を経ることなく，行政訴訟を提起することが認められている（行訴法8条2項）。具体的には，審査請求があった日から3カ月を経ても裁決がない場合（1号），緊急の必要がある場合（2号），裁決を経ないことに正当な理由がある場合（3

---

43)　最判1955［昭和30］年1月28日民集9巻1号60頁。

44)　最判1961［昭和36］年7月21日民集15巻7号1966頁［百選II 191事件］61。

号）である。いずれも審査請求前置を求めることが原告に厳しすぎると判断される場合である。

COLUMN

不服申立前置の廃止・縮小

2014年の行審法改正に伴い，都市計画法52条や建築基準法96条は削除され，そこで定められていた不服申立前置は廃止された。これにより，例えば，都市計画法29条1項に基づく開発行為の許可について，許可対象土地の隣人が当該許可に不服の場合，開発審査会に対する審査請求（50条1項）を経ずに，当該隣人は直ちに開発許可取消訴訟を提起することが可能とされた（**図表16-5**(a)参照）。また，市町村の建築主事が建築確認を出した場合に，建築確認の対象となる建物の隣人は，当該市町村の建築審査会に対する審査請求（94条1項）を経ずに，建築確認取消訴訟を直ちに提起することが可能とされた（**図表16-5**(b)参照）。

図表16-5　行政争訟手段の選択例

(a) 開発許可に不服がある場合

（許可対象土地の）隣人
審査請求　※自由選択　取消訴訟
開発審査会　裁判所

(b) 建築確認に不服がある場合

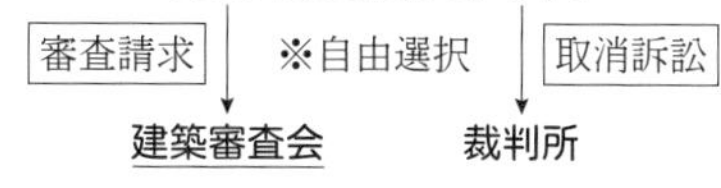

(3)　審査請求を経た場合の取消訴訟の利用方法

(a)　問題状況

審査請求を経た者が取消訴訟を提起しようとするケースには，市民が自己の選択で審査請求を行ったが救済が図られなかったことから行政訴訟を提起しようと考える場合のほか，審査請求前置を定める法令に基づき審査請求を経て行政訴訟の提起に至る場合がある。これらの事例では，当該市民には，①原処分と②審査請求に対する裁決という2つの処分が存在している[45)]。2つの処分に対して，取消訴訟をどのように使うかという問題が生ずることとなる。

(b)　原処分主義（原則）

行訴法は，原処分取消訴訟と裁決取消訴訟の利用が可能な場合について，そ

45)　審査請求人が再調査の請求や再審査請求を任意で選択した場合には，決定や裁決の分だけ処分の数は増加する。こうした手続を経た場合における取消訴訟の利用方法についても審査請求の裁決について説明した原処分主義の内容が妥当する。

の利用方法を規定している（10条2項）。原処分の違法は原処分取消訴訟で審理するというルールであり，これは「原処分主義」と呼ばれる。具体的には，以下の内容である。

①　原処分の違法を主張するためには，原処分の取消訴訟を提起しなければならない（＝裁決取消訴訟で原処分の違法を主張できない）。

②　裁決取消訴訟では，裁決に固有な違法事由のみを主張することが可能である（例えば，裁決手続における理由付記の不備や正当な理由に基づかない文書閲覧拒否といった違法の主張である）。

（Q 6）　労働基準監督署長は，労働者の死亡が業務には関連しないとの理由で保険給付を拒否した。この事例で，申請者が労働者災害補償保険審査官に対して審査請求をしたが棄却の裁決がなされた場合，申請者は原処分（保険給付拒否処分）は業務関連性の判断を誤り違法であると主張して裁決取消訴訟を提起できるか，検討しなさい。

原処分主義により，原処分の違法を主張するためには原処分取消訴訟による必要がある。換言すれば，裁決取消訴訟の中では原処分の違法の主張はできない。

(c)　裁決主義（例外）

原処分主義の前提は，原処分取消訴訟と裁決取消訴訟の2つが共に利用できるということである。したがって，例えば，法律が裁決取消訴訟の提起しか認めていないような場合（これを「裁決主義」という）には，原処分主義はその前提を欠き適用されない。つまり，裁決取消訴訟のみが提起可能な裁決主義のもとでは，裁決取消訴訟において（裁決固有の違法に加え）原処分の違法も主張することが許容される[46)]。

46)　裁決主義を採用した立法例としては，電波法96条の2（「この法律又はこの法律に基づく命令の規定による総務大臣の処分に不服がある者は，当該処分についての審査請求に対する裁決に対してのみ，取消しの訴えを提起することができる」）・104条の4第2項，弁護士法16条3項・61条2項，地方税法434条などがある。

図表 16-6　裁決後の取消訴訟出訴期間

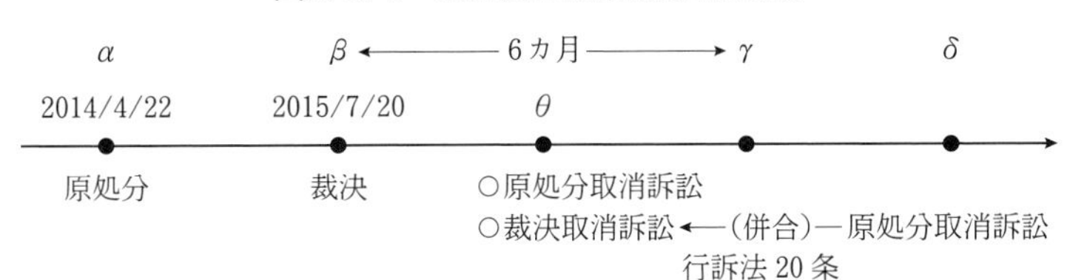

⑷　審査請求を経た場合の取消訴訟の出訴期間

例えば，2014 年 4 月 22 日に原処分を受けた A が審査請求の途を選択し，翌年 7 月 20 日に棄却裁決を受けた場合を考えてみる（**図表 16-6** 参照）。裁決時点で原処分から 6 カ月以上経過していることから，原処分取消訴訟は不適法であり，裁決取消訴訟のみが提起可能であるように思われる。しかし，それでは，審査請求で原処分の違法や不当を争うのに時間を要することからすれば，審査請求の利用によって原処分を取消訴訟で争う機会を奪うこととなり，合理性を欠く[47]。そこで，この場合には，原処分取消訴訟の出訴期間は裁決があったことを知った日から 6 カ月と定められている（行訴法 14 条 3 項）。

（Q 7）　図表 16-6 を参照して，次の①及び②に答えなさい。

①　A が裁決取消訴訟を選択して争っていたところ，裁決取消訴訟では原処分の違法を争うことができないことに途中で気づき（行訴法 10 条 2 項），改めて原処分取消訴訟を提起する必要に迫られたとする。この場合に，裁決から 6 カ月を過ぎていれば（図の δ の時点以降），原処分取消訴訟は不適法であるか，検討しなさい。

②　原処分について出訴期間を 3 カ月とする特例規定が個別法に置かれている場合に，審査請求をして裁決を得た後に原処分取消訴訟を提起する際にも，出訴期間は裁決から 3 カ月と解すべきか，検討しなさい。

①に関しては，原処分主義に関する誤解の事例を念頭に置いて，行訴法は 20 条で併合の規定を置いている（第 7 章（**発展問題 1**）も参照）。これによれば，δ の時点以降であっても，既に提起している裁決取消訴訟に原処分取消訴訟を併合することが可能である（この場合には，被告の同意は不要である）。併合によ

47)　参照，深山卓也氏執筆・高橋 = 市村 = 山本編・条解 396 頁。

り，原処分取消訴訟はθの時点で適法に提起されていたものとみなされる。

②に関しては，原処分に対して直ちに取消訴訟を提起する場合には短期の出訴期間が適用されるとしても，審査請求を経て裁決を得た後に関しては，行訴法14条3項の定める原則に戻り，裁決から6カ月以内に原処分取消訴訟の提起が可能であると解される[48)]。この解釈は，市民の権利に密接に結びつく事項（出訴期間）については，特例規定を機械的に拡大解釈して市民の権利に制約を与えるべきではないという考えに基づく。

●参考文献

第15章の参考文献を参照。

48）土地収用法133条1項の特例規定に関し，同様に解したものとして，最判2012［平成24］年11月20日民集66巻11号3521頁。

第2部
国家補償法

▶第2部の狙い

第1部では，違法な行政活動が行われた場合に，市民が当該行政活動の是正を求める手段を中心に考察を進めてきた。第2部では，行政活動の結果，市民に損失が生じた場合に，主に金銭による補償を求めていく手段を扱う。これには，2種類が存在する。

1つは，違法な行政活動によって生じた損害について賠償請求するものである（国家賠償）。国家賠償法が中心的な考察対象となる。第17章から第19章では，国家賠償法に関わる解釈問題を扱う。国家賠償法は，民法で学んだ不法行為法の特則としての位置を有している。

2つは，適法な行政活動によって生じた損失の塡補を求めるものである（損失補償）。憲法29条3項のほか，土地収用法をはじめとする個別法が考察対象となる（第20章）。損失補償は強制的性格をもつ行政活動を前提とした仕組みであり，民事法では見られない特色を有している。

行政救済法

- **行政争訟**（行政活動の是正）
  - (a) 行政訴訟……裁判所の判決を通じた是正（行政事件訴訟法，憲法32条・81条）
  - (b) 行政上の不服申立て……行政機関による是正（行政不服審査法）
- **国家補償**（金銭による補償）
  - (c) **国家賠償**……違法な行政活動により生じた損害の賠償（国家賠償法，憲法17条）
  - (d) **損失補償**……適法な行政活動により生じた損失の塡補（個別法，憲法29条3項）

第17章
国家賠償法1条に基づく賠償責任

▶本章の狙い

国家賠償法は，概括的に説明すれば，公務員の「公権力の行使」に関する賠償を定める第1条と，道路や河川に代表される「公の営造物」の設置管理の瑕疵に着目する第2条という2つの柱からなる。本章では，前者を扱う。第1条にいう「公権力の行使」とはどのような活動を指すのか，抗告訴訟でいう「公権力の行使」概念と同様に解釈してよいのか，過失はどのように判断するのか，民法の使用者責任とどこが異なるのかといった諸問題を学ぶこととしよう。

1　2種類の国家賠償請求
――1条責任と2条責任

国又は公共団体に属する公務員の公権力の行使によって損害が生じた場合に，国家賠償法（以下「国賠法」という）1条の責任が問われる。これに対し，国又は公共団体によって直接に公の目的に供される有体物や物的設備について，通常有すべき安全性を欠くなど，設置管理の瑕疵が原因で損害が生じた場合に，国賠法2条の責任が問われる。1条が公務員の活動に着目しているのに対し，2条は有体物や物的設備という物の管理に焦点を当てている。

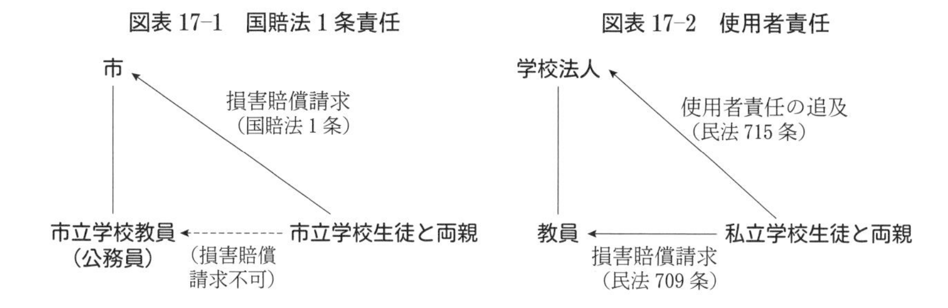

2　国家賠償法 1 条と民法 715 条との比較

(1)　使用者責任の特則としての国賠法 1 条責任とその根拠論

他人によって使用されている者が不法行為を行った場合，その使用者が被害者に対して損害賠償責任を負う仕組みには，2 種類が存在する。1 つは，民法 715 条が規定している使用者責任である。これによれば，従業員が行った不法行為の責任を会社が負う。2 つは，国賠法 1 条による国家賠償責任である。これは，公務員が，公権力の行使によって他人に損害を与えた場合に，国や地方公共団体などが賠償責任を負うものであり，民法 715 条の特則である（**図表 17–1** と **図表 17–2** を比較されたい）。

使用者が責任を負う実質的根拠としては，他者を利用して事業活動を拡大して利益を得る者は，反面において生じるリスクや損害賠償責任をも負うべきであるという報償責任の考え方が存在する[1)]。また，事業活動に伴い危険な物を製作し保有・所有している者は，それに伴う責任を負うべきであるという危険責任の考え方も挙げることができる。これらは，国賠法 1 条責任の根拠としても指摘することができる[2)]。とくに，国賠法 1 条の場合には，公権力の行使を要件に挙げている点にも表れているように，一般の市民が行使できない規制権限等に起因する責任であり，国や地方公共団体などが強制的権限等の危険な活動を委ねられたことに伴う賠償責任である[3)]。

1)　我妻栄『事務管理・不当利得・不法行為』（日本評論社・1937 年）162 頁，内田貴『民法Ⅱ債権各論［第 3 版］』（東京大学出版会・2011 年）483 頁。
2)　窪田充見『不法行為法』（有斐閣・2007 年）9 頁以下，184 頁以下。

責任の根拠論に関しては，国賠法1条に基づき国や地方公共団体などが負う賠償責任は，加害公務員の負う不法行為責任を国等が代わりに負担する代位責任であるのか（「代位責任説」という），公務員の責任を代位するのではなく国等が自ら負う責任であるのか（「自己責任説」という），といった見解の対立が存在する。国賠法の制定に関与した者は代位責任説を採用していた。この見解は，加害公務員の主観的要件（故意又は過失）が1条1項で挙げられている点，加害公務員が重過失の場合に賠償を支払った国等が当該公務員に対して求償権を行使することができる点（1条2項）を無理なく説明することができる[4]。他方，自己責任説は，権力作用等の危険な作用を授権したことに伴い国等が直接に負う国家賠償責任を公務員個人の責任とは切り離して捉えている[5]。自己責任説は，危険責任という責任の実質的根拠を最も明快に法律構成に反映させるものであるが，現行法の解釈論としては文理の面で無理がある[6]。考え方としては，代位責任説に立脚したうえで危険責任の視点及び考え方を解釈論に活かすことが適当であろう[7]。

⑵　国家賠償責任と使用者責任との相違

国賠法1条による国家賠償責任と民法715条の使用者責任を区別する概念が，「公権力の行使」である。加害行為がこれに該当すれば国賠法上の責任，該当しなければ民法上の責任といった区別である（**図表17-3参照**）。こうした説明を耳にすると，読者の多くは，行政訴訟の分野で，抗告訴訟と当事者訴訟・民事訴訟との使い分けの基準として「公権力の行使」概念が機能していた点を思い出すかもしれない。しかし，2点において注意が必要である。1つは，*3*以

図表17-3　賠償請求の根拠条文

加害行為者が「公権力の行使」に当たる公務員か？
- Yes → 国賠法1条による国家賠償責任
- No → 民法715条による使用者責任

3）今村・補償法94頁。
4）田中・損害賠償169頁（初出1947年）。
5）今村・補償法94頁。
6）自己責任説に立った場合には，加害公務員の特定，組織過失の肯定といった問題に関して，解釈は容易になる。
7）塩野・II 301頁。

図表17-4　国賠法1条責任と使用者責任の相対化

国賠法1条

(a) 求償権…故意・重過失の事例に限定される（同条2項）。
(b) 使用者の選任・監督責任…免責規定なし。
(c) 相互保証主義の適用（6条）。
(d) 被害者による公務員への直接請求…不適法（最判1955［昭和30］年4月19日・注10）参照）。

民法715条

(a) 求償権（同条3項）…判例は求償の請求を制限（最判1976［昭和51］年7月8日民集30巻7号689頁は「損害の公平な分担という見地から信義則上相当と認められる限度に」求償の請求を制限している）。
(b) 使用者免責（同条1項但書）…判例はほとんど認めない。
(c) 相互保証主義の規定なし
(d) 被害者による加害行為者への直接請求…可能。

下で述べるように，国賠法でいう「公権力の行使」概念の方が抗告訴訟でいうよりも広義であって，同じ表現であるにもかかわらず両者は範囲を異にするということである。2つは，国賠法でいう「公権力の行使」概念は，被害者救済の観点では，現在では役割が小さいということである。詳説すれば，使用者責任をめぐる判例の進展等の結果，国家賠償責任と使用者責任の差異は相対化しているため，どちらに区分されようとも救済上大きな違いが生じない[8)]。こうした事情もあってか，裁判例の中には，国賠法の適用が妥当であると思われるケースであっても，民法を適用しているものが見られる[9)]。

図表17-4に整理したように，国家賠償責任と使用者責任の差異は，かつては以下で述べる(a)〜(d)の4点において認められた。しかし，使用者責任をめぐる判例等の進展により，(a)求償権行使の制限，(b)使用者免責の制限という2点では両責任の違いは存在しなくなっている。今日では次の2点において差異が認められるに過ぎない。1つには，(c)相互保証主義（国賠法6条）が国家賠償責任についてのみ適用され，使用者責任では適用がない。これは，外国で同国公務員により日本人が不法行為を受けた事例において日本人に国家賠償が認められている場合に限り，日本においても当該外国人に国賠法上の救済を与えるといった規定である。国家賠償責任ではこうした制約が働くのに対し，使用者責

8）塩野・II 307頁以下参照。
9）阿部・解釈学II 434頁，塩野・II 311頁注1。

任では被害者が外国人であるか日本人であるかを問わず，救済が与えられる。もっとも，こうした差異は，被害者が外国人の場合で，加えて，その外国人の本国で日本人に十分な（国家賠償による）救済が与えられていないケースで意味をもつにすぎない。したがって，今日，両責任における最も大きな差異は，2つ目の差異，つまり(d)被害者は加害者本人に対して直接責任追及をすることが可能かといった点に限られる。使用者責任では，被害者が直接に加害行為者に責任追及することが可能であるのに対し，国家賠償責任では禁止されている[10)]。

以上をまとめると，「公権力の行使」概念を基準に国家賠償責任と使用者責任の適用が区別されるが，どちらに区分されても賠償責任を問うことができる点では変わりはない。両責任で最も大きな差異は，加害者に対する直接の責任追及が可能かという点にある。この点に着目するならば，国家賠償責任は加害公務員の保護に厚いということができる[11)]。

(Q 1)　市立小学校の3年生Aは，朝自習の時間に，教室後方にあるロッカーから自分のベストが落ちているのに気づき，席を立ってこれを拾った後，ベストの襟部分をもって頭上で弧を描くように振り回した。その際に，ベストのファスナー部分が同じクラスの児童Xの眼に当たり，Xは負傷した。この際，担任教師Bは教室にはいたが，複数の児童から忘れ物の申告等を受けており，Aの離席や事故の発生に気づかなかった。Xとその両親は，教師Bの指導義務違反等を理由に，Bを被告として国家賠償請求訴訟を提起することができるか，検討しなさい[12)]。

市立小学校における教育活動は次の***3***で説明するように「公権力の行使」に当たるため，国賠法1条に基づく国家賠償請求訴訟を提起することができる。国家賠償請求訴訟では，前述のように，加害公務員を被告とすることはできない。したがって，Xと両親は公務員である教師Bを被告として国家賠償を請求することはできず，市を被告にしなければならない。

---

10)　参照，最判1955［昭和30］年4月19日民集9巻5号534頁［百選Ⅱ 242事件］164。

11)　阿部・解釈学Ⅱ 434頁。

12)　最判2008［平成20］年4月18日判時2006号74頁 130 を素材にした。同判決で最高裁は教師の過失を否定した。

図表 17-5 公権力の行使概念の範囲

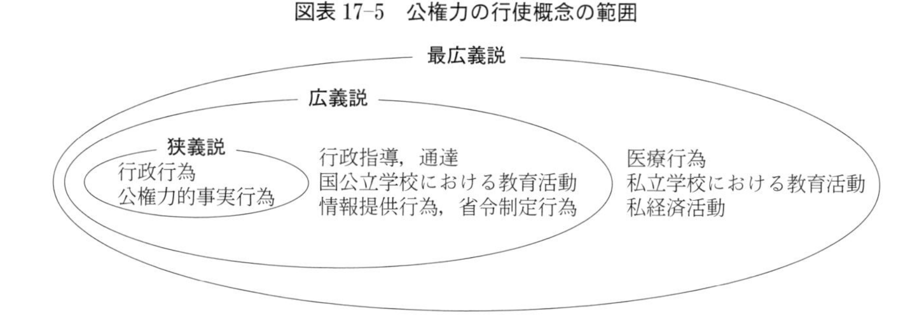

3 「公権力の行使」の判断基準

(1) 3つの見解

国賠法1条1項は，加害行為が「公権力の行使」に当たる場合に，国又は公共団体の損害賠償責任を認める。ここでいう公権力の行使については，以下に説明するように，3つの見解が存在する。第1に，この概念を行訴法における用語法にならって，行政行為や行政上の強制執行など，処分に限定して解釈する見解が見られる（「狭義説」という）。第2は，国又は公共団体の作用のうち，純粋な私経済作用と国賠法2条の定める営造物の設置及び管理の作用を除いたすべての作用を含むとする見解である（「広義説」という）。最高裁は，行政指導や通達[13]，情報提供行為，（国公立学校における）学校教育活動などの非権力的な活動類型（処分に該当しない行政活動）や省令制定行為[14]をも，国賠法1条の公権力の行使概念に含めて解釈してきた。他方で，純粋な経済活動や医療行為などについては，私経済活動であるとして，国賠法1条1項の適用を否定する[15]（これらについては民法715条に基づき損害賠償を請求することになる）。第3

13） 最判2007［平成19］年11月1日民集61巻8号2733頁［百選Ⅱ 228事件］149。

14） 最判2004［平成16］年4月27日民集58巻4号1032頁［百選Ⅱ 231事件］152。省令制定が3つの見解のどれに入るのかは明確にはされていないが，広義説に包含されるものと考える。

15） 国公立病院における医療事故に関して，最判1991［平成3］年4月19日・後掲注27）は国賠法1条1項の公権力の行使と認めておらず，岡山県職員である医師によるレントゲン写真の読影を含む検診行為に関して，広島高岡山支判1984［昭和59］年10月30日訟務月報31巻7号1506頁も同様に解した。

の見解は，広義説の対象範囲に加え，私経済活動をも国賠法上の公権力の行使に含めるものである（「最広義説」という）。以上の3つの見解の関係を図示したのが，**図表 17-5** である。

以下では，裁判で争われた事例を挙げながら，「公権力の行使」に該当する行政活動の具体的内容について考える。

⑵　行政指導・情報提供行為

(Q 2)　次の①から③に掲げる行為のうちで，国賠法1条1項でいう公権力の行使に当たる行為はどれか，説明しなさい。

①　いわゆる開発指導要綱に基づく教育施設負担金を納付しない者に対して，水道契約の締結を拒否する等の制裁措置を示唆して，当該負担金納付を要求する市の行為

②　ゴルフ場造成事業を撤回するように，市がゴルフ場起業者に対して基本方針に基づき行う勧告

③　市立小学校で腸管出血性大腸菌 O-157 による集団食中毒が発生した際に，厚生労働大臣が特定施設から集荷された貝割れ大根が原因である可能性が高いと報告・発表する行為

判例は広義説の立場から，①から③の行為が国賠法1条1項にいう公権力の行使に該当することを認めている。①に関しては，最高裁は，相手方の任意性を損なうことがない限りにおいて負担金を求める行為は行政指導として違法ではないとする一方で，制裁を背景に負担金納付を事実上強制することは違法な公権力の行使に該当すると判示した[16)]。②に関し，静岡地裁は，勧告が行政指導に該当すると判示したうえで，行政指導が公権力の行使に当たることを肯定している[17)]。③に関して，東京高裁は，O-157 による集団食中毒に関する調査結果の発表について，国賠法1条1項に基づく責任を肯定した[18)]。

16）　最判1993［平成5］年2月18日民集47巻2号574頁［百選 I 103事件］[I 203]（武蔵野市教育施設負担金事件）。

17）　静岡地判1983［昭和58］年2月4日判時1079号80頁[137]。同判決は，市に対する国家賠償請求を棄却している。

18）　東京高判2003［平成15］年5月21日判時1835号77頁[I 4]。

(3) 国公立学校における教育活動

(Q 3)　次の①から④に掲げる行為は，国賠法1条1項でいう公権力の行使に当たるか，説明しなさい。

① 市立中学校教員による，体育の授業中の指導

② 私立中学校の課外クラブ活動における教師の監督行為

③ 市立小学校における朝自習の時間中における教師の指導監督行為

④ 県立高校のラグビー部顧問である教諭が，同校のラグビー部員を引率して社会人チームの試合見学に連れて行ったところ，社会人チームの選手が足りないため，同校の部員Cにポジションを指定して参加を呼びかけ，Cが社会人チームの補充員として練習試合に参加した際に，タックルを受けて転倒し死亡した。この事案で教諭がCに参加を呼びかけた行為。

①に関しては，最高裁は，市立中学校における体育授業中の指導（助走を伴うスタート台からのプールへの飛び込み指導）について，公権力の行使に当たることを認め，教諭の注意義務違反を理由に市の損害賠償責任を肯定した[19]。②については，私立学校における教育活動は，最高裁によっても，公権力の行使とは解されていない。実質的には同じ教育活動であっても，国公立学校における教育活動が公権力の行使に該当するのに対し，私立学校における教育活動は公権力の行使に該当せず，国賠法の適用はない。③は，(Q 1) で述べたように公権力の行使に該当する。④と類似のケースで，最高裁は，県立高校教諭が試合見学に来ていた他の県立高校のラグビー部員に参加を呼びかけた行為について，同教諭の指揮監督下に参加部員が置かれていないことを理由に，公権力の行使としての性格を否定した[20]。したがって，かりに自校の生徒に県立高校教諭が呼びかけた場合には，公権力の行使に該当すると解される[21]。

(Q 4)　市立小学校で出された学校給食（冷やしうどん）に含まれていた貝割れ大根がO-157に汚染されていたため，この給食を食べた6年生の児童Dは，脳内出血で意識不明となり，敗血症で死亡した。Dの両親であるXらは，学校給食の実施管理に従事した市職員の過失を主張して，市に国賠法1条に基づ

19） 最判1987［昭和62］年2月6日判時1232号100頁［百選Ⅱ 223事件］。
20） 最判1983［昭和58］年7月8日判時1089号44頁 142 。
21） 判例時報1089号44頁の解説も同旨。

き損害賠償を請求することは可能か，検討しなさい。

学校給食の提供行為が公権力の行使に該当するのかが主要な解釈問題である。とりわけ，給食について児童に選択の余地が認められるのか（強制の要素が強いのか），給食が学校教育活動の一環として位置づけられるのかが検討事項となる。同様の事案で，「児童としては，昼食として学校給食を喫食する以外に選択の余地は事実上な」い学校給食の性格を前提に，総額約7800万円の損害賠償責任を学校設置者である市に認めた裁判例がある[22)]。

COLUMN

国立大学法人と国家賠償

2003年成立の国立大学法人法により国立大学は国立大学法人へと移行したが，国立大学法人の教職員の行為に国賠法の適用が認められるかという問題が存在する。次の(a)から(c)の論拠を挙げて，国賠法1条の適用を肯定した裁判例がある[23)]。(a)上記の移行まで国立大学職員の職務行為は公権力の行使と解されていたこと，(b)移行の前後で（財政を別にすれば）活動の実態等に格別の変更がないこと，(c)国立大学法人の成立時に国が有する権利や義務のうち，国立大学法人法22条1項・29条に規定する業務について国立大学法人が承継するとされていること（同法附則9条）である。

上記(b)に見られるような，国立大学当時と変わらないといった説明は，必ずしも十分ではない。教育活動の場合，作用それ自体よりも，国公立学校が行うという組織・主体に着目して公権力の行使が従来判定されてきたことからすれば，組織改編後の国立大学法人の組織の特性に着目して公権力の行使該当性が説明される必要があろう。裁判例の中には，国立大学法人の性質について「国立大学法人が行政主体であり公の営造物である」と解釈し，同法人と学生の関係を在学契約と解釈したものが見られ[24)]，これとの整合的説明も必要である[25)]。ここでは，国立大学法人の行政主体性についての説明が求められるように思われる。

---

22)　大阪地堺支判1999［平成11］年9月10日判タ1025号85頁。詳しくは，大橋洋一・消費者法判例百選73事件解説参照。

23)　東京地判2009［平成21］年3月24日判時2041号64頁［140］。

24)　東京高判2007［平成19］年3月29日判時1979号70頁［I 36］。

25)　塩野・II 302頁は，民法不法行為法による処理を示唆する。

(4) 医療行為

医療行為が非権力的活動であることを理由に，国立病院医師の診療行為（医療過誤）については，従来，民法715条の問題として処理されてきた[26]。他方，最高裁は一定の場合については，公共的な政策目的や強制の要素を理由として，医療行為が公権力の行使に該当すると判断している。

(Q 5) 次に掲げる行為のうちで，国賠法1条1項でいう公権力の行使に当たる行為はどれか，説明しなさい。
① 予防接種が強制接種ないし勧奨接種として実施された事例における，担当医師による接種行為
② 刑務所又は拘置所の医官による診療行為

①に関して，最高裁は，予防接種による重篤な後遺障害が発生した事案で，国賠法1条の適用を前提に判決を下した。すなわち，予防接種は，それがもつ強制の要素，社会防衛という政策目的からすれば，通常の診療行為とは性格が異なると説示した[27]。裁判例の中には，法律に基づく強制接種のみならず，特別の法的根拠に基づかない行政指導の形で国民に勧奨する予防接種の場合についても，国が施策として遂行したこと，地方公共団体は実際には選択の余地なく国の指導に従って実施してきたこと，国民も強制接種と区別することなく受けなければならないと考えていた点から，結果回避に向けた厚生大臣（当時）の法的義務を肯定したものがある[28]。②に関して，最高裁は，拘置所に勾留中の者が脳梗塞を発症し，重大な後遺症が残った事例で，国賠法1条の適用を前提とした判断を下している（拘置所職員の医官が外部の医療機関に転送する義務を怠っていないと判示した[29]）。国が一方的かつ強制的に刑事被告人の身体の自由を拘束している状況下では，その者に対する保護義務が国に認められることから，通常の診療行為とは異なり，②の診療行為は公権力の行使に当たることが肯定されたのである[30]。

---

26) 最判1961［昭和36］年2月16日民集15巻2号244頁，最判1969［昭和44］年2月6日民集23巻2号195頁も，かかる請求を認容した原判決を維持した。
27) 最判1991［平成3］年4月19日民集45巻4号367頁［百選Ⅱ 225事件］132。
28) 東京高判1992［平成4］年12月18日高民集45巻3号212頁 133。
29) 最判2005［平成17］年12月8日判時1923号26頁 131。

⑸　公務員概念の意義

国賠法1条の解釈においては,「公権力の行使」の概念が中心的位置を占めており,「公務員」概念の重要性は低い。つまり,加害行為が既に述べた公権力の行使に該当する場合,その加害行為者が公務員であると解釈されるのである。例えば,公権力の行使が国家公務員法や地方公務員法でいう公務員以外の者に委ねられている場合には,その者が国賠法1条にいう公務員にあたる(後述*11*のように,公権力の行使を私的団体に委ねる例が増加しているが,こうした団体も同条の公務員に該当する)。このように,国賠法1条1項にいう公務員は,公務員法でいう公務員(身分上の公務員)に限定されず,それとは異なった概念なのである。

4　公権力の行使としての不作為

⑴　不作為が争われた具体例

公権力の行使というと,積極的な行政活動を想像しがちであるが,ここには作為のみならず不作為も含まれる。つまり,行われるべき行政活動が行われなかったために市民に損害がもたらされた事例も国賠法1条の対象である。以下では,不作為の責任が争われた事例を取り上げることとしよう。

(安全措置の懈怠)

①　飲酒酩酊して飲食店においてナイフで客を脅したとして警察署に連れられてきた者が,銃砲刀剣類所持等取締法22条で携帯を禁止されたナイフを携帯していたにもかかわらず,その者の引渡しを受けた警察官が,携帯したまま帰宅させ,同法24条の2第2項に基づき本件ナイフの一時保管措置を行わなかったこと(=不作為)が違法とされた[31]。

②　海岸に打ち上げられた旧陸軍の砲弾について住民が不用意に取り扱っていた事例で,警察官職務執行法4条1項に基づき危険防止のために必要な措置を行う権限を有している警察官が,自ら砲弾を回収する措置をとらなかったこ

---

30)　最判2005[平成17]年12月8日・前掲注29)の横尾和子裁判官,泉徳治裁判官の反対意見も参照。

31)　最判1982[昭和57]年1月19日民集36巻1号19頁(賠償責任を肯定)。

と，ないしは自衛隊に回収を依頼するなどの措置を講じなかったこと（＝不作為）が違法とされた[32]。

（規制権限の不行使）

③ 悪質な宅地建物取引業者に対して，宅地建物取引業法（昭和55年法律第56号による改正前のもの）65条2項に基づく業務停止処分ないし同法66条9号に基づく免許取消処分を行わなかったこと（＝不作為）の違法性が争われた[33]。

④ クロロキン製剤（網膜症等の副作用をもたらす危険がある）について，医薬品の規格基準書である日本薬局方からの削除，製造承認取消し等の薬事法上の規制権限を厚生大臣（当時）が行使しなかったこと（＝不作為）が争われた[34]。

⑵ 規制権限不行使事例における作為義務の根拠

⒜ 適正な裁量権行使としての作為義務

一般に，規制権限は法令上「〜できる」というように効果裁量を肯定する文言で定められ，規制権者に行政裁量が認められる場合が多い。権限行使に行政裁量が認められていることから，行政の作為義務が肯定されなければ，不作為の違法を問うことはできない。このように，作為義務の導出が，規制権限不行使を争う国家賠償請求訴訟では中心的解釈問題となる。

行政裁量権は立法上の授権に基礎を置くものであるから，裁量権を付与した法律の趣旨や目的との関係で許容範囲を超えて行使されてはならない。この要求は，行政裁量権限が過剰に行使される場合のほか，過小に行使される場合（代表例が権限の不行使である）にも，同様にあてはまる（法律目的適合性）。また，立法で規律し尽くさずに行政機関の個別判断に委ねたのは，具体の状況に応じ

32） 最判1984［昭和59］年3月23日民集38巻5号475頁（新島砲弾事件）（賠償責任を肯定）。

33） 最判1989［平成元］年11月24日民集43巻10号1169頁［百選Ⅱ 229事件］ 150 （賠償責任は否定）。この判決は，適正な規制による取引関係者の利益を宅建業法の保護法益外に置いたことが問題点である。他方で，作為義務違反が出てくる根拠が不明である。宅建業法違反の場合には損害として保護に足りないと損害のレベルで処理すべきであったという見解が述べられている（宇賀克也「規制権限の不行使に関する国家賠償」判タ833号（1994年）50頁）。

34） 最判1995［平成7］年6月23日民集49巻6号1600頁［百選Ⅱ 230事件］（賠償責任は否定）。

た的確な判断に期待したわけであるから，授権の趣旨を尊重するという観点からは，行政機関における個別的事情の考慮が要請されている（個別的状況判断の必要）。こうした（行政裁量を認めた）実質的根拠との関係で，具体の裁量権限行使を審査することが課題となる。

以下，問題となった事例を挙げる。

(b)　筑豊じん肺訴訟

（Q 6）　鉱山保安法（1949年5月16日公布）は，鉱山労働者に対する危害防止などを目的とする。同法は，鉱山労働者の労働環境を整備し，生命や身体に対する危害を防止することを目的として，省令制定権限を通商産業大臣（当時）に授権していた。同法の委任に基づき，1949年には，金属鉱山等保安規則と石炭鉱山保安規則が定められた。当初は遊離けい酸を含む粉じんを吸入することによって発症する「けい肺」と呼ばれる病気に関心が寄せられ，遊離けい酸以外の粉じん（例えば炭じん）の吸引によって罹患する「じん肺」は軽視されていた。けい肺やじん肺の対策としては，せん孔前に周囲の岩盤への散水を義務づける措置や，湿水型の削岩機を使用するよう義務づける措置（以下「保安対策」という）が，有効である。このことは，1950年代後半までには知られていた。金属鉱山では，1952年9月に，金属鉱山等保安規則の改正により，すべての金属鉱山で保安対策の義務付けが実現した。これに対し，炭鉱については，炭鉱労働者のじん肺被害が顕在化し，1960年3月31日にじん肺法が可決された後も，遊離けい酸分を多量に含んだ区域に限定して保安対策が義務づけられたにすぎない。つまり，炭鉱において保安対策の実施は著しく遅れ，一般的に保安対策が義務づけられたのは，（金属鉱山の省令改正から30年以上遅れた）1986年11月以降である。

Eは，筑豊にある炭鉱で長期間にわたり粉じん作業に従事してきたが，退職後20年余の期間が過ぎてから，じん肺の症状が発症した。通商産業大臣が保安対策を実施するための省令改正権限の行使を怠ったことを理由に，Eは国賠法1条1項に基づき国に損害賠償を請求できるか，検討しなさい。

この事件で違法性が問われているのは，通商産業大臣による省令改正権限の不行使である。国賠法1条1項における公権力の行使は不作為も含むものであり，また，公権力の行使は処分に限定されない。したがって，省令制定権限の不行使も国賠法1条1項にいう公権力の行使に含まれうる。

（Q 6）と同様の事案である筑豊じん肺訴訟において，最高裁は，「国又は公共団体の公務員による規制権限の不行使は，その権限を定めた法令の趣旨，目的や，その権限の性質等に照らし，具体的事情の下において，その不行使が許容される限度を逸脱して著しく合理性を欠くと認められるときは，その不行使により被害を受けた者との関係において，国家賠償法1条1項の適用上違法となるものと解するのが相当である」と判示している[35]。こうした判断は既に宅建業者の監督権限の事件[36]，クロロキン事件[37]でも示されてきたが，いずれの事件も損害賠償責任が否定されたものである。規制権限不行使に基づく国家賠償責任を最高裁が肯定したのは，筑豊じん肺訴訟が初めてである。

省令に委ねた授権の趣旨が，技術や医学的知見の進展に保安対策をできるだけ速やかに追従させる点にあったのだとすれば，1950年代に既に確立していた規制技術を採用することなく炭鉱における保安対策を講じなかったことは，省令制定にかかる裁量権行使のあり方として許容されないものである。

(c)　水俣病関西訴訟

最高裁は水俣病関西訴訟において，規制権限の不行使を理由とする損害賠償請求を肯定し，国の責任（以下①）と熊本県の責任（以下②）を認めた[38]。

①　旧公共用水域の水質の保全に関する法律（以下「水質保全法」という）及び旧工場排水等の規制に関する法律（以下「工場排水規制法」という）によれば，経済企画庁長官（当時）は水質汚濁により関係産業に被害を生じる公共用水域について指定水域を指定し，当該水域にかかる水質基準（特定施設から排出される水質汚濁の許容度）を定めるものとされていた。通商産業大臣（当時）は，工場排水が水質基準に適合しない場合には，排出者に対し，工場排水についての処理方法の改善，同施設使用の一時停止等を命ずる規制権限（工場排水規制法7条・12条）を有していた。国が1959年11月末の時点で，多数の水俣病患者の発生，死亡者を認識しており，水俣病の原因物質が有機水銀化合物であり，その排出源が特定工場のアセトアルデヒド製造施設であることを高度の蓋然性を

35）　最判2004［平成16］年4月27日・前掲注14）。
36）　最判1989［平成元］年11月24日・前掲注33）。
37）　最判1995［平成7］年6月23日・前掲注34）。
38）　最判2004［平成16］年10月15日民集58巻7号1802頁［百選Ⅱ232事件］11 153。

もって認識しうる状況で，同年12月末までに，通商産業大臣において指定水域の指定権限，水質基準策定権限，水質基準違反施設に対する改善命令等の発令権限を行使しなかったことが，国賠法1条1項の適用上違法と判示された。

②　旧熊本県漁業調整規則32条によれば，熊本県知事は，水産動植物の繁殖保護に有害なものを遺棄する者に対して，除害に必要な施設設置等を命ずることが可能である。①で述べた状況において，熊本県知事が1959年12月末までに，水俣病による深刻な健康被害の拡大防止のため，アセトアルデヒド製造施設からの工場排水につき除害に必要な設備設置を命ずるなどの規制権限を行使しなかったことについて，国賠法1条1項の適用上違法であるとされた。

(d)　財産的損失と権限不行使の違法

大阪高裁は，大蔵省（当時）近畿財務局長が旧抵当証券業の規制等に関する法律に基づき，F株式会社に対して更新登録を行ったことが，著しく合理性を欠き国賠法1条1項の適用上違法であると判示した[39]。Fが詐欺的商法を組織的かつ継続的に行い，財産的基礎を実質的に欠きながら，これを仮装していることなどにつき，近畿財務局長が具体的徴表を把握していたにもかかわらず，監督権限の行使を先延ばししてきたこと，Fの行為を放置すれば法が予定した範囲を超えるリスクを有する抵当証券が販売され，購入者に新たな被害が生じる現実的危険性が切迫している事情の下で漫然と更新登録を行ったことが，著しく合理性を欠くと判示された。本判決は，規制権限の不行使により財産的損害を被った国民に対し，国の賠償責任を肯定した判決として初めて確定したものである[40]。

5　加害公務員の特定問題

国賠法1条1項に基づく賠償責任を議論する場合には，加害公務員を特定したうえで，公権力の行使の違法性を論ずるのが原則である。しかし，場合によっては，加害公務員を特定できない事態が生じる。例えば，警視庁の警察官

39）　大阪高判2008［平成20］年9月26日判タ1312号81頁 151 （大和都市管財訴訟）。

40）　本件の第1審・大阪地判2007［平成19］年6月6日判時1974号3頁が，規制権限の不行使により財産的損害を被った国民に対し，国の賠償責任を初めて肯定した。

100名からなる集団とデモ参加者が乱闘になり，デモ参加者が警察官の1人から違法な暴行を受け傷害を負った事例を考えてみる。この場合，警察官の中の1人から暴行を受けたことは明らかであり，それが原因で傷害を受けた。いずれの公務員の行為であろうと，東京都の公務員による職務行為が原因である点には変わりがなく，加害行為を行った公務員の責任は東京都に帰属する。本事例では，被害者が加害者を特定できないとしても東京都が賠償責任を負うべきであろう[41]。

それでは，一連の行為から構成される行政過程において加害行為が特定できない場合には，どのように考えるべきであろうか。以下，具体例を検討する。

(Q 7)　税務署長（＝国家公務員）の嘱託により，保健所（＝県の施設）でなされた定期健康診断の胸部エックス線間接撮影において，税務署職員Gの間接撮影フィルムに結核罹患を示す陰影が写っていたにもかかわらず，Gに読影結果の報告がなされなかった。このため，Gは健康保持のために適切な措置をとることができず，肺結核で長期療養を余儀なくされた。この事案では，読影を担当した医師（国税庁診療所の医師又は県保健所の医師が担当した可能性がある）が読影を誤ったか，健康管理担当の税務署職員が税務署長への報告を怠ったか，税務署長が結果をGに報告するのを怠ったか，いずれかの行為のために，Gへの報告が行われなかった。Gは国を相手に，国賠法1条に基づき損害賠償を請求できるか，検討しなさい。

最高裁は一連の行為のうちいずれかに行為者の故意・過失による違法行為がなければ被害が生ずることはなかった場合には，加害行為の特定は必要ないと判示した[42]。もっとも，最高裁は，一連の行為がすべて国の公務員の行為であること，又は同一の公共団体の公務員の行為であること（つまり，賠償責任を負う主体が同一であること）を要求している。その理由としては，責任を負うべき主体が同じ場合に，一連の行為のうちで加害行為特定負担を原告に負わせることは衡平に適さないこと，加害行為を特定しないことにより被告の防御活動が必ずしも困難にならないことを挙げている[43]。

41）　参照，東京高判1968［昭和43］年10月21日下民集19巻9＝10号628頁。
42）　最判1982［昭和57］年4月1日民集36巻4号519頁［百選Ⅱ 237事件］141。
43）　参照，加茂紀久夫・判例解説昭和57年度330頁。

したがって，（Q 7）で，国税庁の診療所の医師が読影を担当した場合には，読影担当医師，健康管理担当税務署職員，税務署長と，関与者がすべて国の公務員であることから，加害行為の特定は必要ない。これに対し，読影を県の保健所医師が担当した場合には，当該医師は県職員であるから，一連の過程に県職員と国の職員が混在することとなり，最高裁の上記公式によれば，加害行為の特定が要求されることとなる。もっとも，本件では，税務署が職員に対して実施した健康診断であることを重視すべきであり，その過程を分断して捉えるべきでないとか，税務署長が特定の医師に嘱託して同様の事故が生じた場合には国の責任が肯定されるのに対し，本件のように嘱託先の内部事情によりGに不利益を負わせるのは理由がないといった批判が可能である[44]。

なお，本件で，最高裁は，健康診断（医師の読影行為）は公権力の行使に当たらないとした。これは，健康診断を一般の医療行為であると判断した結果である。したがって，本件では，国賠法1条は適用されず，追及できるのは民法715条に基づく損害賠償責任である。

6　加害行為と職務との場所的・時間的関連性

加害行為が加害公務員の職場・職務と空間や時間が離れてなされた場合，加害行為は「職務を行うについて」（国賠法1条1項）行われたといえるのかが争われてきた（職務行為関連性）。具体例を検討する。

（Q 8）　警視庁の巡査Hが私利を図る目的で，非番の日に，川崎市において，制服制帽を着用し，当時73歳の男性Iを不審尋問し，所持品検査を行い，その際に，ひそかに用意した金銭入り封筒を同人の所持品に紛れ込ませて不審の原因を作り，犯罪の証拠品として被害者の所持品数点を預かり，同僚から窃取した拳銃でIを連行中に射殺した。Iの遺族は東京都に対して非番の日に行われたHの加害行為を理由に国家賠償を請求できるか，検討しなさい。

最高裁は，自己の利を図る意図であるとしても，「客観的に職務執行の外形

44）　阿部・解釈学Ⅱ 449頁。

をそなえる行為」によって他人に損害を加えたとして，東京都の賠償責任を肯定した[45]。本判決は，主観的に自己の利益を図る目的の場合であっても，客観的に職務行為の外形を伴う場合には，職務行為関連性を有するとして国家賠償責任を認めた。しかし，本件では，職務行為の外形に着目する意義は大きくないように考える。むしろ，拳銃といった危険物を盗んで携行している事実，東京都の保管責任に着目して，国家賠償責任を問うことが可能な事案であったように解される[46]。

(Q 9)　市の臨時職員Ｊが勤務終了後に自宅から知人にかけた私的な電話において，住民（知人の元配偶者Ｋ）の戸籍情報（再婚の事実）を漏洩した。ＫはＪの行為を理由として国家賠償を請求することができるか，検討しなさい。

同様の事件で，「市における職務と時間的・場所的関連性が乏しく，少なくとも，職務と時間的・場所的に密接に関連しているといえない」として，職務行為との関連を否定した裁判例がある[47]。たしかに，加害行為の場所や時間がどの程度，職場・職務時間と近接しているかは，一般的には，職務行為関連性を判断する際の基準となりうる[48]。しかし，この基準は情報管理の場合には妥当しない。つまり，公務員が職務上知りえた情報で守秘義務を負う事項については，勤務時間中の職場においてであろうと，勤務終了後の自宅においてであろうと，職務で扱う情報の漏洩は禁止されているのである。換言すれば，職場から電話をして情報漏洩をする場合と，自宅から電話をする場合とで有意な差を認めることはできない[49]。

7　違法性と過失に関する解釈方法

(1)　違法性と過失の関係に関する２つの見解

国賠法１条１項では，「故意又は過失」が要件とされている。実際に故意が

45)　最判 1956［昭和 31］年 11 月 30 日民集 10 巻 11 号 1502 頁［百選Ⅱ 236 事件］。
46)　宇賀・概説Ⅱ 427 頁，宇賀・補償法 41 頁も拳銃の管理責任を重視する。
47)　京都地判 2008［平成 20］年 3 月 25 日判時 2011 号 134 頁 143 。
48)　職務行為関連性を分析したものとして，山田健吾・百選Ⅱ 236 事件解説参照。
49)　秘密保持義務を定める地方公務員法 34 条 1 項も参照。

認定される事例は極めて少ない[50)]。裁判例の多くは，過失をめぐって争われてきた。同法1条1項の適用にあたっては，違法性と過失の解釈をめぐり，2つの立場が見られる。

1つは，違法性の問題と過失の問題を別々に分析的に法律構成する立場である（以下「違法性二元説」と呼ぶ）。これを支持する見解が学説では多い。他方，両者を一体として考察する立場が存在する。つまり，公務員が職務上尽くすべき注意義務を尽くしたかという基準のもとで，ある行政活動が国賠法上，違法の評価を受けるかを判断する（以下「違法性一元説」ないしは「職務行為基準説」と呼ぶ）。これは，判例で多く見られる。

⑵　違法性二元説の構造と特色

具体例として，幼年者との接見を被勾留者に禁止した旧監獄法施行規則に基づき，東京拘置所長が幼年者との接見を許可しなかった事例を取り上げる。当該規則は1908年以来処分時（1984年）までの長きにわたり，有効性について実務上疑いが提起されたことも，裁判上とくに論議されたこともなかった。こうした事情のもとで，接見を拒否された者が接見不許可処分について国家賠償を請求する場合を考える。

違法性二元説によれば，争われている行政活動（公権力の行使）が法律に反しているのかという違法性の審査をまず行い，それとは別に，職務担当の公務員が注意義務（＝結果の予見義務及び結果の回避義務）を果たしていたかという過失の審査を行う。上記事例では，当該規則が監獄法の委任に反し違法＝無効であるかが審査され，それに基づく不許可処分の違法性が審査される。続いて，所長に注意義務違反が認められるかが，過失の問題として検討される。最高裁も，こうした審査過程を経たうえで，当該規則は法律の委任の範囲を超え無効であるが，所長は規則の無効を予見し，又は予見すべきであったということはできないとして，国賠法1条1項にいう過失を否定した[51)]。

50）故意を肯定した判決で，故意について，「当該公務員が職務を遂行するに当り，当該行為によって客観的に違法とされる事実が発生することを認識しながら，これを行う場合をいう」と説示されている。参照，熊本地判1983［昭和58］年7月20日判時1086号33頁。

51）最判1991［平成3］年7月9日民集45巻6号1049頁［百選Ⅰ 52事件］［144］［Ⅰ179］。

なお，上記事例で，接見を拒否された者が不許可処分に対し取消訴訟を提起した場合，不許可処分の違法性が中心的な審査項目となる。この取消訴訟における処分の違法性の審査は，違法性二元説をとった場合，国賠法1条に基づく賠償請求訴訟の違法性の審査と同一となる。つまり，取消訴訟の違法の問題と国家賠償訴訟の違法の問題が同一のものとして把握されるのである（違法性同一説）。行政行為が法律の定める権限発動の要件に合致していたのか，という点に関する司法判断は，違法性二元説のもとでは，取消訴訟においても国家賠償訴訟においても明示的になされることとなる。

(Q 10) ある事項について法律解釈が対立し，実務の取扱いも分かれており，いずれの見解にも相当の根拠が認められるとする。こうした状況下で，公務員が一方の見解に基づき公務を遂行し，後にその公務遂行が違法と判断された場合，直ちに公務員に過失があったとはいえるか，検討しなさい。

例えば，在留資格を有しない外国人が国民健康保険法5条所定の「住所を有する者」に該当するかという問題に関し，学説も下級審の裁判例も分かれていた。厚生省（当時）の課長通達は「住所を有する者」に該当しないと解しており，横浜市の担当者も当該通達に依拠して，被保険者証を交付しない処分を行った。最高裁は「住所を有する者」に該当するという見解を採用し，上記の通達や処分が違法であると解したが，異なる説が対立し，いずれもが相当の根拠をもつ場合には，通達を発した課長や処分を行った公務員に過失は認められないとした[52)]。

52） 最判2004［平成16］年1月15日民集58巻1号226頁 145 。本文で述べた解釈論によれば，法廷における傍聴人のメモ採取を禁止する裁判長の措置が国賠法1条1項にいう違法な公権力の行使に当たるかが争われたレペタ訴訟の事例で，例えば，傍聴人がメモをとる措置を禁止したことが配慮を欠くとして違法と判断したうえで，ただし，当時はメモを一般に禁止して開廷するのが相当という見解が広く採用されていた点をもって，裁判長に過失はなかったという解釈論も可能である（塩野・Ⅱ326頁注2)。しかし，最高裁は，配慮を欠いていたことを認めながら（これを違法とは判示せずに），他方で，当時の裁判所でメモを一般に禁止していた状況を読み合わせて，国賠法1条1項にいう違法な公権力の行使に該当しないと判示した（最大判1989［平成元］年3月8日民集43巻2号89頁 146 ）。

(3) 違法性一元説の基本構造（概観）

違法性一元説（職務行為基準説）は，国賠法1条にいう違法性を認めるためには，(a)公権力の行使が法令の発動要件に反していたことに加えて，(b)公務員が職務上通常尽くすべき注意義務を果たしていないことを要求する。(b)は，先に述べた違法性二元説では過失の問題として論じられていたものに相当するが，違法性一元説では国賠法1条にいう違法性判断に含まれている（＝一元的に理解されている）。したがって，違法性一元説によれば，取消訴訟にいう違法性（これは(a)の部分を指す）と国賠法でいう違法性（これは上記の(a)と(b)を共に含む）は，概念として異なる。具体例で，違法性一元説の解釈の仕方を見ることとしよう。

（Q 11） 旧原子爆弾被爆者に対する特別措置に関する法律（原爆特別措置法）に基づく健康管理手当等の受給権は，日本からの出国によって失権の取扱いになると，厚生省（当時）の局長通達（402号通達）が定めていた。当該通達が同法に違反している場合，違法な内容の通達を発出した局長の行為は国賠法1条1項にいう違法の評価を受けるか，違法性一元説に基づいて説明しなさい。

最高裁は，本件通達が原爆特別措置法に違反する点は認めている[53)]。しかし，それだけでは国賠法1条にいう違法を肯定せず，以下に見るように，公務員の注意義務に関する審査を続けている。最高裁によれば，「担当者が職務上通常尽くすべき注意義務を尽くすことなく漫然と上記行為をしたと認められるような事情がある場合に限り」，国賠法1条1項にいう違法の評価が認められるのである（違法性一元説＝職務行為基準説）。

最高裁は，法律に基づき発生した権利を失権させるという重大な結果に着目するとともに，原爆三法（原爆特別措置法，旧原子爆弾被爆者の医療等に関する法律［この2つを「原爆二法」という］に，原子爆弾被爆者に対する援護に関する法律を加えた三法）の統一的な解釈と運用に直接の権限と責任を有する局長に要求される注意義務，すなわち，法律と通達との整合性を相当程度慎重に検討すべき職務上の注意義務を重視した。そのうえで，当該局長が職務上通常有すべき注意

53）　最判2007［平成19］年11月1日・前掲注13）。

図表 17-6　違法性理解の概要

	「過失」と「違法性」の法律構成	取消訴訟の違法性と国賠の違法性
有力な学説	違法性二元説	= 違法性同一説
多くの裁判例	違法性一元説（職務行為基準説）	= 違法性相対説

義務を尽くしていれば，従前の解釈が法律解釈として正当ではないことを認識可能であったと判示し，国の責任を認めた。具体的には，①ある訴訟を通じて国内の居住関係を支給要件とすることができないことに局長が気づき，被爆者健康手帳の交付について在外被爆者への交付をしない従前の取扱いを変更したこと，②原爆二法には日本国内に住所等を有することが支給要件として明記されておらず，また，日本から出国することによる失権の明文規定も存在しないことなどに着目している。

なお，この判決では，通達を対象に国賠法 1 条の適用が肯定されており，同条にいう公権力の行使に関して広義説をとる点が明確化されている。本件は，通達発出について国賠法 1 条 1 項の責任を肯定した初めての最高裁判決である。

(4)　違法性一元説と違法性相対説

取消訴訟と国家賠償との関係について，違法性一元説は，取消訴訟でいう違法（取消違法）と国家賠償訴訟でいう違法（国賠違法）とは異なるという見解（違法性相対説）に立脚する[54)]（**図表 17-6** 参照）。つまり，取消訴訟と国家賠償とでは制度趣旨を異にすると考えるのである。損害の塡補を目的とした国家賠償制度における違法性は国家賠償法上の違法性であり，発生した損害の塡補責任を負わせるのにふさわしい原因行為の法的評価が主要解釈問題となる[55)]。すなわち被侵害法益の重大性，損害の内容・程度も重要な判断要素となる。加えて，被害者側の事情，加害の態様など，多種多様な判断要素を踏まえて違法性が総合判断されるのであり，処分発動要件の充足は（重要ではあるが）1 つの要素にすぎない[56)]。国賠違法は公務員が職務上遵守すべき法的義務に違反した

54)　参照，井上繁規・判例解説平成 5 年度（上）377 頁以下。
55)　遠藤・実定 275 頁。
56)　遠藤・補償法（上）166～175 頁。

ことを意味し，処分の取消事由となる取消違法では足りない。

これに対して，違法性二元説では，取消訴訟と国家賠償は共に違法な行政行為に対する救済手段として位置づけられ，両者でいう違法性は行政行為の根拠法条違反（処分発動要件の違反）として統一的に捉えられている（違法性同一説）。

換言すれば，違法性一元説は国家賠償のもつ不法行為法としての側面を強調するのに対して，違法性二元説は国家賠償のもつ法治主義担保法（法令違反宣言法）としての側面を重視する。この点を具体例で，確認することとしよう。

税務署長の行った（所得税の）更正処分に対し，所得金額を過大に認定したものであるとして，取消訴訟が提起された。裁判所により，当該処分を違法とする一部認容判決が下され，判決は確定した。つまり，当該処分が根拠規定に違反することが，取消判決において明確に判示された。こうした状況で，当該更正処分を受けた業者が更正処分について，国を被告に国家賠償請求訴訟を提起した。この事例で，最高裁は職務行為基準説をとったうえで，国賠法1条1項における違法性を判断するにあたり，税務職員が注意義務を尽くしたかに着目した[57]。

「税務署長のする所得税の更正は，所得金額を過大に認定していたとしても，そのことから直ちに国家賠償法1条1項にいう違法があったとの評価を受けるものではなく，税務署長が資料を収集し，これに基づき課税要件事実を認定，判断する上において，職務上通常尽くすべき注意義務を尽くすことなく漫然と更正をしたと認め得るような事情がある場合に限り，右の評価を受けるものと解するのが相当である。」

このように，損害賠償請求権を導く法律構成として，違法性一元説は違法性判断の中に過失判断をも組み込んでいる（一元的構成）。この点で，違法性二元説が違法性判断を根拠法令審査として独立して行い，続いて公務員の過失を論ずるといった二元的構成をとるのとは対照的である。違法性一元説によれば，根拠法条違反は違法性判断の一要素にとどまり，国家賠償請求の認容判決の中で法規違反が必ずしも明示される必要はない。この点に対し，学説からは，国家賠償制度のもつ，根拠法条違反に対する制裁的機能を弱めるとの批判が提起

57）最判1993［平成5］年3月11日民集47巻4号2863頁［百選Ⅱ 227事件］148（奈良民商事件）。

されている[58]。

COLUMN

違法性一元説の展開

違法性一元説すなわち職務行為基準説は，国賠法1条1項の違法を判断する基準として，判例で用いられてきた。具体的には，行為当時の状況から見て公務員が職務行為として必要な注意義務を尽くしていたならば，行為規範違反（つまり違法性）は存在しないと説く。これは当初，無罪判決が確定した場合でも，そのことから直ちに検察官の公訴提起等が違法となるものではないと主張する論拠として用いられた[59]。もっとも，この事例では，検察官による起訴は合理的判断過程に基づけば足りると法が容認していた（つまり特別な行為規範が存在した）ことから，刑事司法手続の特殊性に還元して説明することも可能であった[60]。職務行為基準説はその後，検察官，裁判官[61]，警察官[62]といった「特殊な公務員」の行為について説かれてきたが，近年では，上述のように所得税更正処分のような典型的処分についてまで，拡大されている。こうした拡大には，学説からの批判が見られる[63]。

⑸ 違法性一元説の課題

違法性一元説と違法性二元説との論争は，法治主義と国家賠償制度の関係といった基本問題にも関わるものである。その一方で，違法性一元説と違法性二元説との間で実質的にどのような差異が生ずるのかは必ずしも明確ではない。今後は，実質的な比較を前提とした議論が望まれる。とくに違法性一元説が国家賠償による救済を実質的に限定することはないのか，といった観点からの検討が必要である。具体的課題として，例えば，最判1996［平成8］年3月8日[64]において，警察官による留置について「客観的明白性」が要件として付加された理論的根拠などが明らかにされる必要があろう。

職務行為基準説という名称から明らかなように，違法性一元説は加害者たる

58） 宇賀・補償法61頁以下参照。
59） 最判1978［昭和53］年10月20日民集32巻7号1367頁［百選Ⅱ 235事件］159。
60） 宇賀・補償法50頁参照。
61） 最判1982［昭和57］年3月12日民集36巻3号329頁［百選Ⅱ 234事件］156。
62） 最判1996［平成8］年3月8日民集50巻3号408頁。
63） 塩野・Ⅱ 327頁注5参照。
64） 最判1996［平成8］年3月8日・前掲注62)。

公務員の側から違法性を説く傾向をもつ。そこで，こうした視点の設定によって，被害者の立場が軽視されることがないように注意しなければならない。例えば，パトカー追跡事件について，最高裁[65]が第三者の被害について論じた部分では，（スピード違反車を追跡するという）加害公務員の職務が重視され，他方で，自己に帰責事由がないにもかかわらず重大な傷害を負った被害者への配慮が欠如しているように思われる[66]。

8　国家賠償請求訴訟と抗告訴訟

⑴　国家賠償請求訴訟と取消訴訟の関係

国家賠償請求訴訟と取消訴訟の利用は，市民の選択に委ねられている。つまり，最高裁の確立した判例として，国家賠償請求をするにあたっては，予め取消判決を得ておく必要はない[67]。その理論的根拠として，取消訴訟は処分の効力を否認するための排他的手法であるのに対し，国家賠償請求訴訟は処分の効力を否定するものではなく，処分の結果として生じた損失の補塡を目的とするものであるという点にある。つまり，両者は目的を異にすることから，国家賠償請求は取消判決を前提とする理由はないのである[68]。例えば，国家公務員が懲戒免職処分を受けた場合，身分の回復を求めて取消訴訟を提起することも，損害の塡補を目的に国に対する国家賠償を直ちに請求することも可能である（もちろん，両方を求めることも妨げられない）。

⑵　金銭の納付を内容とする処分の取消訴訟と国家賠償請求訴訟

税や年金の分野に多く見られるように，金銭の納付を求める処分（例えば課税処分や保険料賦課処分）などでは，取消訴訟で勝訴して取消判決を得た場合，金銭が返還される。他方，当該処分にかかる国家賠償請求訴訟を提起して勝訴した場合にも，金銭で賠償がなされる。つまり，金銭納付を直接の内容とする

65）　最判1986［昭和61］年2月27日民集40巻1号124頁［百選Ⅱ 224事件］129。
66）　阿部・補償法153頁。
67）　最判1961［昭和36］年4月21日民集15巻4号850頁［百選Ⅱ 240事件］。
68）　今村・補償法121頁。

処分については，2つの訴訟手続は実質的機能（経済的効果）が等しい。先に(1)で示した，取消判決を前提とせずに国家賠償請求が可能であるという最高裁判例をあわせて考えると，例えば課税処分から数年を経た後に国家賠償を請求することも可能となる。この場合，国家賠償請求訴訟が認められることにより，課税処分取消訴訟に出訴期間が付された意義，課税処分の効力否認はもっぱら取消訴訟によるべしといった立法趣旨（＝取消訴訟の排他的管轄）が損なわれるのではないかといった批判が見られた。そこで，こうした場合には国家賠償請求を否定すべきであると説く見解や，国家賠償請求を一定の場合（例えば，加害公務員の故意や重過失に基づく場合）に限定すべきであるという主張がなされた。具体例を見ることとしよう。

（Q 12）　名古屋市長は法人Ｌの倉庫を一般用倉庫として評価して固定資産課税台帳に登録された価格（以下「登録価格」という）を決定し，固定資産税の賦課決定を行ってきた。その後，本件倉庫は評価額の低い冷凍倉庫に該当するとして，2002年度以降について登録価格を修正し，固定資産の減額更正を行った。Ｌは還付されていない2001年度以前の過誤金相当額を求めて，名古屋市を被告に，国賠法1条1項に基づく損害賠償請求を行った。地方税法によれば，固定資産税の納税者は登録価格に不服がある場合には，納税通知書の交付を受けた日から60日（2014年改正地方税法施行後は3月）以内に固定資産評価審査委員会に審査を申し出ることができる（同法432条1項本文）。当該委員会の決定に不服がある場合には取消しの訴えを提起することができ（同法434条1項），登録価格に関する不服は，これら審査の申出及びその決定の取消訴訟のみによることが法定されている（同条2項）。Ｌはこうした救済手段を経ることなく，国家賠償訴訟を提起した。Ｌの訴えは適法といえるか，説明しなさい。

（Q 12）の事案では，国家賠償請求を認容して金銭による賠償を行うことに対して批判が存在した。具体的に述べるならば，Ｌは法律が定めた固定資産評価審査委員会への申出手続を履践しておらず，前置を義務づけられた取消訴訟制度も利用していないにもかかわらず，国家賠償請求の認容により取消判決と同様の救済を得ることになり，これでは法律が審査申出手続を置き，不服申立前置を定めた趣旨を没却するのではないか，という批判である。これに対し，最高裁は，金銭の納付を内容とする処分の場合であっても，審査申出手続や取消訴訟手続を経ることなく，国家賠償を請求することができると判示した[69]。

最高裁の判断は，（憲法に基礎を置く権利救済手段である）国家賠償請求を否定するのであれば，少なくとも法律でその趣旨を明確に示すべきであり，地方税法に定められた審査申出手続なり不服申立前置規定との整合的解釈の観点から，同法の解釈を通じて国家賠償請求を否定することは許されないという考え方である[70]。補足的に説明すれば，国家賠償制度と取消訴訟に代表される行政訴訟制度は別個独立の救済手段であり，行政訴訟制度側の整合性を理由に国家賠償制度の排除を認めることはできないのである[71]。その理由は，1つには，国家賠償制度と取消訴訟制度が目的，要件，効果の点で異なった制度であることが挙げられる。目的なり効果といった観点では，国家賠償制度は違法な行政活動の効力には影響を及ぼすことなく，生じた損害の塡補を図る仕組みである。他方，取消訴訟制度は処分の効力を否認して，原状回復を図る点に主眼を有する。要件については，国家賠償制度では故意・過失の要件が加わる点で，両者は相違する。このほかにも，損害の範囲，消滅時効期間，遅延の場合の損害額計算などで両者は差異を有する[72]。2つには，このように別個の仕組みであることを前提に，最高裁はこれまでも，両者の利用に関して市民の選択に委ねてきた。本事案でも，こうした原則を堅持し，取消訴訟制度側の審査申出前置制度等との調整を理由とする国家賠償請求の排除を認めなかったのである。3つには，地方税法に見られたような審査申出手続や，その前置を定めた法律はほかにも存在するところであり，本事案で国家賠償請求の排除を解釈すれば，そ

69）最判2010［平成22］年6月3日民集64巻4号1010頁［百選Ⅱ 241事件］161。仲野武志・重判平成22年度56頁以下が的確に分析する。この問題に関し，人見剛「金銭徴収・給付を目的とする行政処分の公定力と国家賠償訴訟」都立法学38巻1号（1997年）157頁以下，小澤道一「課税処分に係る取消争訟制度の排他的管轄と国家賠償請求の関係（上）（下）」判例時報2061号3頁以下，2062号13頁以下（2010年）参照。

70）同旨，山本・行政法177頁。

71）阿部泰隆「冷凍倉庫固定資産税過重賦課事件」判例地方自治339号（2011年）29頁以下参照。

72）損害の範囲に関し，国家賠償では慰謝料や弁護士費用，営業上の信用毀損損害等が含まれうる点で差異がある。また，消滅時効期間に関しては，取消訴訟では5年（国税通則法74条），国家賠償では3年（国賠法4条，民法724条）と異なる。さらに，支払いが遅延した場合に，取消訴訟では年7.3%（国税通則法58条），国家賠償では年5%（国賠法4条，民法404条）と異なる。参照，山本・行政法537頁，539頁。

の影響が広範に及ぶ点も考慮したのであろう。

COLUMN

民事執行法上の救済手続の懈怠と国家賠償請求

民事執行において，執行裁判所の処分が実体的権利関係に適合しない場合，権利者には救済手続として，民事執行法上の救済手続（請求異議・第三者異議等の民事執行法上の訴えなど）が用意されている。権利者がこれらを利用しない結果発生した損害について，国に損害賠償を求めることができるかが争われた。最高裁は，上記の場合，民事執行法の定める救済手続によることが法律上予定されていると解釈し，当該手続の利用を懈怠した結果生じた損害について国に損害賠償を請求することができないと判示した[73]。

(3) 取消判決の既判力と国家賠償請求訴訟

(a) 請求棄却判決が確定した場合

ある処分の違法を問責する国家賠償請求訴訟が当該処分取消訴訟と同時ないしは続いて提起された場合には，国家賠償請求訴訟は取消訴訟の関連請求に係る訴訟として取消訴訟に併合して審査される（行訴法13条1号）。これに対し，一方の訴訟がまず提起され，その判決が確定した後に，他方の訴訟が提起される場面では，前訴判決の既判力に関する問題が登場する。具体的には，取消判決が確定した後に，国家賠償請求訴訟が提起されたという場面が中心となる。逆の事例は，後から提起される取消訴訟に出訴期間制限が存在することから，想定しにくいのである。

まず，換地処分取消訴訟で当該処分に違法は存在しないとして請求が棄却され，判決が確定した場合を考える。敗訴した原告が，今度は，当該換地処分の違法を理由として国家賠償請求訴訟を提起した場合，取消判決の既判力は国家賠償請求訴訟に及ぶであろうか。この問題に関して，前訴で主張した違法と後

73) 最判1982［昭和57］年2月23日民集36巻2号154頁 162 。逆に，民事執行法上の救済手段が個別事案で利用できないと解される場合には，国家賠償請求は肯定される。競売対象不動産に関する（執行官の）現況調査の誤りに対し，競売物件の買受人は執行抗告等を申し立てるべきであり，国に対する国家賠償請求はできないと国が主張した事案で，当該事例で民事執行法上の救済手段を求めることはできなかったとして国の主張を退けたものとして，東京地判1997［平成9］年12月9日判時1701号79頁がある。執行官の現況調査と国家賠償に関しては，⇒ ***10***(1)*COLUMN*。

訴で主張する違法は異なるものではないことから，前訴で換地処分について違法の存在が否定された以上，前訴判決の既判力により，後訴の国家賠償請求訴訟で原告は換地処分の違法を主張できないと判示した最高裁判決がある[74]。これは，違法性同一説（違法性二元説）に立脚した判示である[75]。

⒝　**請求認容判決＝取消判決が確定した場合**

処分取消訴訟で処分が法令の定めた発動要件に反して違法であることが認められ，取消判決が確定した場合，取消判決の既判力は後訴である国家賠償請求訴訟に及ぶ。もっとも，国家賠償請求訴訟では，処分が法令に反していたことに加え，公務員の故意・過失が要件となることから，取消判決が確定したからといって，直ちに当該処分にかかる国家賠償請求が認容されることにはならない。例えば，退去強制令書発付処分について取消判決が確定した後に提起された国家賠償請求訴訟で，主任審査官の過失が否定され請求が棄却されることはありうる[76]。これは，2 つの訴訟でいう違法が同じものであること（違法性二元説＝違法性同一説）を前提にした説明である。

他方，判例で多く見られる違法性一元説（違法性相対説）を前提にすると，処分の取消判決が確定した後に，後訴の国家賠償請求訴訟では公務員が通常尽くすべき職務上の義務を果たしたかが審査され，国賠法上の違法が存在したかが審査される。最高裁[77]は，こうした解釈を採用して，更正処分取消訴訟で取消判決が確定した後の国家賠償請求訴訟において，公務員の注意義務違反を否定し，国賠法上の違法は存在しないとして請求を棄却した。

⑷　国家賠償請求権の法的性格

国家賠償請求権は私法上の請求権であり，国家賠償請求訴訟は民事事件・民事訴訟として扱われる。他方，同じく経済的不利益について金銭給付を求める

74)　最判 1973［昭和 48］年 3 月 27 日裁判集民事 108 号 529 頁。

75)　これに対し，取消訴訟でいう違法性と国家賠償請求訴訟における違法性は異なり，国家賠償請求訴訟でいう違法性の方が広いとして，取消訴訟で請求棄却判決があったとしても，後訴の国家賠償請求訴訟で違法を主張できる場合があることを認める見解がある（⇒第 8 章 *4* 参照）。違法性相対説（違法性一元説）に親和的な解釈である。

76)　参照，横浜地判 1983［昭和 58］年 10 月 17 日判時 1109 号 121 頁 91 。

77)　最判 1993［平成 5］年 3 月 11 日・前掲注 57)。

ものではあっても，損失補償請求権（⇒第20章）は公法上の請求権であり，損失補償を求める訴訟は実質的当事者訴訟（行訴法4条後段）と説明されてきた。これは，公法と私法を区別した時代からの沿革に基づく区分論である。こうした伝統的区別が問題をもたらすことがある。例えば，国家賠償請求訴訟に損失補償請求訴訟を追加的に併合しようとする場合，2つの訴訟は同種の手続ではないことから，民事訴訟法143条による追加的変更は認めることができないのではないかが争われた。この点に関し，最高裁は，2つの訴訟の同質性（発生原因，経済的不利益という内容，対等当事者間における金銭請求といった共通性）に着目して，同条を「準用」して追加的併合が可能であるとした[78]（⇒第8章 *8*(3)(e)）。

9　公務員の個人責任
——発展研究（その1）

公務員の個人責任とは，加害公務員が被害者との関係で負う対外的責任のことである。具体的には，被害者が加害公務員に対し直接に損害賠償を請求することができるかという形で登場する（個人責任があるとは，直接請求が可能であることを指す）。この問題について，国賠法は明文規定を置いていない。

公務員の個人責任は，最高裁判決によって否定されている[79]。その根拠として，(1)国又は公共団体から賠償を得ることができ，被害者は損害を補塡することができる点が挙げられている。また，(2)公務員の個人責任を肯定することによって，公務員個人を被告とした損害賠償請求訴訟が多発し，公務員が公務に対して萎縮するといった影響への配慮も挙げられる。このほか，公務員に対する求償権の行使（国賠法1条2項）など公務員個人の賠償責任を果たさせる手段が存在する点も考慮されている。

これに対し，公務員が故意又は重過失により損害を与えた場合には，被害者

---

78)　最判1993［平成5］年7月20日民集47巻7号4627頁［百選Ⅱ217事件］102。本件では控訴審で併合が主張された事案であることから，被告の同意がないことを理由に，併合は不適法とされた。

79)　最判1955［昭和30］年4月19日・前掲注10)，宇賀・補償法95頁。

は公務員個人に対して損害賠償を請求することができると説く見解がある（「制限的肯定説」という）[80]。たしかに，故意又は重過失の場合には当該公務員個人を保護する必要性は低く，公務員の個人責任を肯定すべしとする意図は理解できる。しかし，例外であれ，こうした対外的責任を問うルートが開かれれば，被害者は戦略として重過失を主張して公務員を被告に責任追及をするであろうから，応訴に当たる公務員に上記萎縮効果がもたらされることが考えられる。

そこで，さらに限定して，公務員の行為が故意や職権濫用に該当するような極めて例外的な場合に限って，公務員の対外的責任を肯定する見解が見られる（「加重制限的肯定説」という）[81]。特殊な例ではあるが，盗聴を実行した警察官に対して，対外的責任を肯定した下級審判決[82]が存在する。これは，県警所属の警察官が組織的に共産党幹部宅の盗聴行為を行った事例であり，盗聴を実行した警察官の個人責任が肯定された。根拠としては，盗聴行為が電子通信事業法所定の通信の自由を侵すなど，犯罪にも該当する違法行為である点，行為者が自己の行為は違法であることを充分認識しながら盗聴に及んでおり，違法な職務行為を適法と誤認した事例とは異なる点が挙げられている[83]。

10　立法，裁判等に対する国家賠償請求
――発展研究（その2）

国賠法1条1項は加害行為について「公権力の行使」とだけ定めており，裁判官の行う裁判や国会議員の行う立法行為を排除する旨の規定を設けていない。そこで，これらの行為も公権力の行使に含まれると解されてきた。しかし，これらの行為の特質から，行政活動とは異なる賠償要件が必要ではないかが争わ

80）　今村・補償法122頁，芝池・救済法272頁参照。

81）　阿部・補償法70頁，真柄久雄「公務員の不法行為責任」行政法大系6巻194頁。

82）　東京地判1994［平成6］年9月6日判時1504号40頁 165 。

83）　控訴審の東京高判1997［平成9］年6月26日判時1617号35頁は，国賠法1条が公務員の個人責任を何ら規定していないこと，国家賠償制度は損害塡補を目的とし，加害者個人に対する制裁を目的とするものではなく，そうした制裁は刑事訴追等の方法に別途委ねられると説示して，公務員の個人的責任を否定した。

れてきた。以下では，民事裁判，刑事裁判，立法行為を例に考察を進めることとしよう。

⑴ 民事裁判と国家賠償

〔Q 13〕 ミシン改造修理の請負契約に基づいて，会社ＭはＮに対して，債務不履行に基づく損害賠償請求訴訟（以下「前訴」という）を提起し，勝訴した（Ｎによる控訴がなされずに，第１審判決は確定した)。その後，Ｎは国に対して国賠法１条１項に基づき国家賠償請求訴訟を提起した。理由は，前訴で抗弁として商事留置権を主張したにもかかわらず，担当裁判官は誤って民事留置権の規定を適用するなど，故意又は過失に基づく違法な職務行為によりＮに損害を与えたというものである。この国家賠償請求訴訟において，前訴における裁判官の職務行為の違法性を一般公務員の公権力の行使と同様に審査すべきか，検討しなさい。

ここでは確定した裁判の違法性について，上訴や再審等の救済手続を経ることなく，国家賠償請求訴訟で審査対象にできるのかという問題が提起されている。裁判に瑕疵が存在する場合，それは上訴等の手続によって是正され，紛争の解決がなされる。これは三審制の制度趣旨や裁判官の独立から要請される。したがって，裁判が確定した後，国家賠償請求訴訟において，確定判決を下した他の裁判官の職務行為を審査することは許されない。

同様に，下級審裁判官の法令解釈や証拠評価が上級審で覆されたとしても，そのことは国家賠償請求訴訟で下級審裁判官の職務行為の違法性，ひいては国の賠償責任を根拠づけるものではない[84]。

上に述べたような裁判制度の特質を踏まえて，〔Q 13〕の事案につき，最高裁[85]は，次のように判示して，国家賠償請求は理由がないとした。

> 「裁判官がした争訟の裁判に上訴等の訴訟法上の救済方法によつて是正されるべき瑕疵が存在したとしても，これによつて当然に国家賠償法１条１項の規定にいう違法な行為があつたものとして国の損害賠償責任の問題が生ずるわけのものではなく，右責任が肯定されるためには，当該裁判官が違法又は不当な

84） 参照，河野信夫・判例解説平成２年度 300〜301 頁。
85） 最判 1982［昭和 57］年３月 12 日・前掲注 61)。

目的をもって裁判をしたなど，裁判官がその付与された権限の趣旨に明らかに背いてこれを行使したものと認めうるような特別の事情があることを必要とすると解するのが相当である。」

国の損害賠償責任が肯定される例外的な事例としては，裁判官が法律上関与してはならない事件で裁判したとき，裁判官が誠実な判断とは認められない不合理な裁判をしたとき[86]，裁判官が職権を濫用しもっぱら個人的利益を図る意図のもとで裁判をしたとき[87]などが挙げられている。このほか，裁判官が訴訟当事者に侮蔑的な発言を行った場合など，個別に例外を判断していくこととなろう。

COLUMN

民事執行と国家賠償

不動産執行・競売の目的物の現況について，執行裁判所の命令に基づき，執行官が調査し報告する制度が存在する（民事執行法57条，民事執行規則29条1項)。現況調査報告書は一般の閲覧に供され（同規則31条3項)，競売に参加する国民にとって重要な判断材料になる。執行官が目的物の特定を誤った（＝他の土地について調査報告書を作成してしまった）事案で，競売土地の買受け人が国に対し国家賠償を請求した。最高裁は，以下のように判示して，請求を認容した[88]。

「執行官が現況調査を行うに当たり，通常行うべき調査方法を採らず，あるいは，調査結果の十分な評価，検討を怠るなど，その調査及び判断の過程が合理性を欠き，その結果，現況調査報告書の記載内容と目的不動産の実際の状況との間に看過し難い相違が生じた場合には，執行官が前記注意義務に違反したものと認められ，国は，誤った現況調査報告書の記載を信じたために損害を被った者に対し，国家賠償法1条1項に基づく損害賠償の責任を負うと解するのが相当である。」

⑵　刑事裁判と国家賠償

刑事裁判では，例えば，検察官が公訴の提起・追行を行い，裁判官が有罪判決を出して上告審で確定した後，再審で無罪判決が出され確定した場合が議論

86)　村上敬一・判例解説昭和57年度216頁。
87)　河野・前掲注84）301頁。
88)　最判1997［平成9］年7月15日民集51巻6号2645頁 158 。

されてきた。具体的には，起訴され有罪判決を受けた者が，検察官の違法な捜査活動や公訴の提起・追行，裁判官の違法な事実認定や判断により有罪判決を受け，刑の執行を受けたと主張して，国に対し国賠法1条1項に基づき損害賠償を請求することができるかが争われた。

(a)　**裁判官の行為に基づく責任**

最高裁は先に民事裁判について紹介した法理が，「刑事事件において，上告審で確定した有罪判決が再審で取り消され，無罪判決が確定した場合においても異ならないと解するのが相当である」と判示した[89]。

(b)　**検察官の行為に基づく責任**

無罪判決が確定した場合に，検察官の行った公訴提起や追行が違法となり，国家賠償責任が成立するかという問題に関して，最高裁は，次のように判示している[90]。

> 「刑事事件において無罪の判決が確定したというだけで直ちに起訴前の逮捕・勾留，公訴の提起・追行，起訴後の勾留が違法となるということはない。けだし，逮捕・勾留はその時点において犯罪の嫌疑について相当な理由があり，かつ，必要性が認められるかぎりは適法であり，公訴の提起は，検察官が裁判所に対して犯罪の成否，刑罰権の存否につき審判を求める意思表示にほかならないのであるから，起訴時あるいは公訴追行時における検察官の心証は，その性質上，判決時における裁判官の心証と異なり，起訴時あるいは公訴追行時における各種の証拠資料を総合勘案して合理的な判断過程により有罪と認められる嫌疑があれば足りるものと解するのが相当であるからである。」

ここに示されている基本的な視点は，公訴の提起段階における客観的な嫌疑から，刑事裁判の段階における犯罪の証明，刑罰法規の具体化へと，刑事手続はその内容が段階的に発展していくことが制度的に予定されていること，公訴提起時に要求される犯罪の嫌疑の程度は有罪判決時に要する嫌疑の程度よりも低いもので足りると解釈されていることである[91]。したがって，検察官の公訴提起が客観的な嫌疑を充分に有した合理的判断であったとすれば，無罪判決

89）　最判1990［平成2］年7月20日民集44巻5号938頁[157]。
90）　最判1978［昭和53］年10月20日・前掲注59)。
91）　篠田省二・判例解説昭和53年度466〜467頁。

が確定したという結果をもって公訴提起は違法の評価を受けるものではない。前記1990年の最高裁判決はこうした見解に依拠し，次のように説示している[92]。

「刑事事件において，無罪の判決が確定したというだけで直ちに検察官の公訴の提起及び追行が国家賠償法1条1項の規定にいう違法な行為となるものではなく，……この理は，上告審で確定した有罪判決が再審で取り消され，無罪判決が確定した場合においても異ならないと解するのが相当である。」

COLUMN

逮捕状請求段階における国家賠償請求

（Q 14）　殺人等の被疑事件で被疑者Oに対する逮捕状が発付されたが，Oが逃亡中のため逮捕状の更新が繰り返されている。この事例において，Oの両親と妻が，Oにはアリバイがあり，それを精査せずに裁判官が逮捕状を発付したのは違法であるとして，国に対して国家賠償を請求することができるか，検討しなさい。

この事案では，以後，逮捕・勾留，起訴ないし不起訴，公判審理の開始，1審判決，控訴，上告，判決の確定と，刑事手続が進行していくことが予想される。こうした刑事手続に先立って，逮捕状発付の違法性を民事裁判である国家賠償訴訟で争うことが許容されるのかという特殊な問題が提起されている。最高裁は，この段階における国家賠償請求を否定した[93]。その理由は，密行性が要求される捜査に重大な支障を生ずる点にある。

⑶　立法行為と国家賠償

憲法17条にいう公務員に国会議員も含まれ，立法行為を加害行為とする不法行為責任も同条に含まれるとすれば，同条の委任を受けて制定された国賠法1条1項にいう「公権力の行使」にも国会の立法行為を含めて解釈することができる。この点は学説及び判例で承認されてきた。ただし，立法行為に伴う特殊性は存在しないのか，例えば，ある法律が後に違憲判決を受け確定した場合に，国会議員の賠償責任を肯定することができるのかが争われてきた。

92）　最判1990［平成2］年7月20日・前掲注89）。

93）　最判1993［平成5］年1月25日民集47巻1号310頁 160 。

(a) 在宅投票制度廃止違憲訴訟

(Q 15) 疾病や負傷により歩行が著しく困難な選挙人のために，投票所に行かずに自宅等で投票することのできる制度（「在宅投票制度」という）が，公職選挙法に定められていた。ところが，在宅投票制度の悪用が見られたため，同法の改正により当該制度は廃止され，その後も当該制度を復活させる立法はなされなかった（この廃止行為と立法不作為を合わせて「本件立法行為」という）。歩行困難で投票所に行けず，その選挙権を行使できないＰは，本件立法行為により投票ができず，精神的損害を被ったとして，国に対して国家賠償を請求することができるか，検討しなさい。なお，検討にあたっては，本件立法が違憲であることを前提とすること。

最高裁は，同様の事案で，本件立法行為について合憲と判示した[94]。(Q 15) は，本件立法が違憲であるとする設問である。最高裁は，本件立法が違憲であった場合についても，それを理由に直ちに本件立法が違法の評価を受けるものではないと判示している。

> 「国会議員は，立法に関しては，原則として，国民全体に対する関係で政治的責任を負うにとどまり，個別の国民の権利に対応した関係での法的義務を負うものではないというべきであつて，国会議員の立法行為は，立法の内容が憲法の一義的な文言に違反しているにもかかわらず国会があえて当該立法を行うというごとき，容易に想定し難いような例外的な場合でない限り，国家賠償法1条1項の規定の適用上，違法の評価を受けないものといわなければならない。」

立法行為については国会の立法裁量が認められていることから，裁判所としても立法裁量を尊重すべきである。最高裁は，立法裁量の審査にあたり，立法内容が違憲であることに加えて，立法者の職務義務違反を違法性の要件とした。ここには，国家賠償請求訴訟に見られた違法性一元説（職務行為基準説）の影響がうかがわれるほか，職務義務違反という要件を置くことによって，自由な討論，表決等を保障された国会議員の立場に対する配慮を読み取ることができる。ただし，賠償責任の要件が，「立法の内容が憲法の一義的な文言に違反してい

---

94) 最判 1985［昭和 60］年 11 月 21 日民集 39 巻 7 号 1512 頁［百選Ⅱ 233 事件］。

るにもかかわらず国会があえて当該立法を行うというごとき，容易に想定し難いような例外的な場合」と厳格である点に対して，疑問が提起されてきた。判決文に示された基準を充たす例がはたして存在するのか，危惧されたのである[95]。

(b)　在外邦人選挙権違憲訴訟

こうしたなかで，立法不作為に基づく国家賠償責任を肯定する最高裁判決が出された[96]。事案は次の通りである。国外に居住している在外国民は，衆議院議員選挙及び参議院議員選挙において，選挙権の行使を（1998年の公職選挙法一部改正まで）全面的に制限されていた。そのため，国外にいたXらは，1996年10月20日の衆議院議員総選挙において投票することができなかった。最高裁は，1998年改正前の公職選挙法が違憲である点を判示した。そのうえで，以下のように，選挙において投票することができず精神的苦痛を被ったXらに対し，国家賠償請求を認容した（各人に慰謝料5000円）。

> 「立法の内容又は立法不作為が国民に憲法上保障されている権利を違法に侵害するものであることが明白な場合や，国民に憲法上保障されている権利行使の機会を確保するために所要の立法措置を執ることが必要不可欠であり，それが明白であるにもかかわらず，国会が正当な理由なく長期にわたってこれを怠る場合などには，例外的に，国会議員の立法行為又は立法不作為は，国家賠償法1条1項の規定の適用上，違法の評価を受けるものというべきである。」

最高裁は本件を例外的な事例と位置づけて国家賠償請求を認めるうえで，次の2点を重視した。すなわち，①国民の重要な権利である選挙権の行使が侵害されていること，②一度は政府が国会に提出までした改正法律案（上記投票を可能にするための改正法案）が廃案となった後，1996年10月20日の衆議院議員総選挙に至るまで10年以上の長きにわたって国会が立法措置をとらなかったことである。最高裁は前記最高裁1985年判決[97]を変更する趣旨ではないと

95）もっとも，極めて特殊で例外的な場合について，立法不作為に関し国家賠償責任を肯定したものとして，熊本地判2001［平成13］年5月11日判時1748号30頁（ハンセン病訴訟），山口地下関支判1998［平成10］年4月27日判時1642号24頁（関釜元慰安婦訴訟）がある。

96）最大判2005［平成17］年9月14日民集59巻7号2087頁［百選Ⅱ215事件］〔4〕。

97）最判1985［昭和60］年11月21日・前掲注94）。

しているが，内容から判断するならば，「立法不作為に係る国家賠償請求が認められる場合を実質的に拡大する」ものといえよう[98]。

選挙権行使の侵害については，選挙権が公共的性格のものであること，精神的苦痛が個別性に乏しいことに着目して，国家賠償による救済にはなじまないとする見解も存在する[99]。また，5000円という賠償金額の僅少性を批判する見解も見られる。しかし，本件では，最高裁は，1998年改正前の公職選挙法を違憲であると判示しながら，同法が在外邦人に衆議院議員選挙及び参議院議員選挙における選挙権行使を認めていない点について違法であることの確認を求める訴えについて，過去の法律関係の確認を求めるものとして（⇒第12章*2*⑵及び*3*⑶ *COLUMN*），確認の利益を否定して不適法と判示している。一方で，違憲の公職選挙法に基づいて1996年10月20日衆議院議員総選挙が実施されていることからすると，違憲の法律に基づきもたらされた権利侵害に関して，（上記の確認訴訟が不適法であるとすれば）何らかの救済と制裁が示される必要があった。国家賠償請求である以上，損害の存在は不可欠であり，そうした考慮から導かれたのが5000円という慰謝料支払義務であろう。

11　公私協働における責任問題
――発展研究（その3）

⑴　問題の所在

近年では，公共主体がその事務を私的団体の遂行に委ねる事例が少なくない。委託を受けた私的団体による事務の執行の過程で損害が生じた場合について，責任の所在，公共団体に対する国家賠償請求の可否が議論されてきた。例えば，児童養護施設に措置入所した児童を養育監護する施設職員の行為[100]，市立図書館の警備を委託されていた民間会社の従業員（警備員）の行為[101]に関する賠償責任問題である。以下，具体例を見ることとしよう。

98）杉原則彦・判例解説平成17年度（下）658頁。
99）最大判2005［平成17］年9月14日・前掲注96）における泉徳治裁判官の反対意見。
100）最判2007［平成19］年1月25日民集61巻1号1頁［百選Ⅱ 239事件］135。
101）横浜地判1999［平成11］年6月23日判例地方自治201号54頁 139。

（Q 16） 都道府県による児童福祉法27条1項3号の措置（以下「3号措置」という）に基づき，社会福祉法人が設置運営する児童福祉施設に入所していた児童Qは，他の児童から暴行を受け，脳挫傷等の後遺症が残る傷害を負った。この事例で，Qは，入所措置を行った都道府県を被告に国賠法1条1項に基づき損害賠償を請求することができるか，検討しなさい。

児童福祉施設の長は，入所児童に対する養育監護のほか，懲戒措置権限までも付与されている（児童福祉法47条3項）点で，権力的内容の権限が委譲されている。他方で，児童福祉施設の長は，知事からの委託を正当な理由のない限り拒否できないこととされている（受託義務。同法46条の2）。こうした仕組みを前提として，最高裁は，入所児童の養育監護は本来都道府県の有する権限であり，それを委託されて児童福祉施設の長が行使するものと解釈した。したがって，（児童福祉）施設の長及び職員による入所児童の養育監護は，都道府県の公権力の行使に該当すると判示した[102)]。そのうえで，3号措置で入所した児童の養育監護に関し，施設の長や職員の注意義務違反を認め，国賠法1条に基づく県の賠償責任を認容したのである。

⑵　公私協働における責任分担

国や公共団体が公権力の行使を市民Rに委譲した場合，Rの行為によって損害が生じた際の賠償責任について，2つの考え方が存在する。1つは，権限の委譲後もそれによって公共団体が責任を免れるべきではないといった考え方である。これは，国や公共団体の責任を肯定する立場である。上記の養育監護にかかる最判がこの立場である。2つは，権限委譲を受けたRが賠償責任を負うと解する見解である。この見解は，Rは自己の意思で権限を引き受け，その行使によって利潤を得ていることの反面として，賠償責任も負うべきであると説く。もっとも，この場合でも，国や公共団体が指揮監督権限を有していれば，その指揮監督が違法である限りで，Rの賠償責任とは別に，国や公共団体の賠償責任を肯定することが可能である。

102）　最判2007［平成19］年1月25日・前掲注100)。

●参考文献

稲葉馨「公権力の行使にかかわる賠償責任」行政法大系6巻17頁以下
稲葉馨「国賠訴訟における『反射的利益論』」小嶋和司博士東北大学退職記念『憲法と行政法』（良書普及会・1987年）595頁以下
稲葉馨「国家賠償法上の違法性について」法学73巻6号（2010年）781頁以下
稲葉馨「国家賠償責任の『主体』に関する一考察(1)（2・完）」自治研究87巻5号25頁以下，6号34頁以下（2011年）
宇賀克也「行政介入請求権と危険管理責任」新構想Ⅲ 257頁以下
内野正幸「立法行為・司法行為と国家賠償責任」補償法大系2巻1頁以下
梅原康夫「結果責任に基づく国家補償」杉村編・救済法Ⅱ 172頁以下
大脇成昭「自治体委託業務における事故発生時の賠償責任への対応」自治体学研究19号（2009年）12頁以下
雄川一郎「行政上の無過失責任」同『行政の法理』（有斐閣・1986年）361頁以下（初出1965年）
小幡純子「自治体の賠償責任の概要と課題」自治体学研究19号（2009年）6頁以下
小幡純子「国家賠償法の適用範囲について（上）（下）——民間委託等官民協働による行政活動をめぐって」法曹時報64巻2号1頁以下，3号1頁以下（2012年）
小幡純子「国家補償の体系の意義」同『国家賠償責任の再構成』（弘文堂・2015年）345頁以下
神橋一彦「行政救済法における違法性」新構想Ⅲ 237頁以下
北村和生「金銭の給付や徴収に関する行政処分と国家賠償請求——最高裁平成22年判決を踏まえて」水野古稀20頁以下
下森定「国の安全配慮義務」補償法大系2巻245頁以下
芝池義一「公権力の行使と国家賠償責任」杉村編・救済法Ⅱ 91頁以下
芝池義一「第1条（公権力の行使に基づく損害の賠償責任等）」室井ほか編・コンメンタールⅡ 514頁以下
鈴木庸夫「行政指導と国家賠償責任」補償法大系2巻149頁以下
須藤典明「『公権力の行使に当る公務員』の意義」補償法大系2巻61頁以下
高木光「公定力と国家賠償請求」水野古稀3頁以下
高木光「省令制定権者の職務上の義務——泉南アスベスト国賠訴訟を素材として」自治研究90巻8号（2014年）3頁以下
中川丈久「国家賠償法1条における違法と過失について——民法709条と

統一的に理解できるか」法学教室385号（2012年）72頁以下
西埜章「行政指導の不作為責任」明治大学法科大学院論集9号（2011年）67頁以下
野呂充「不作為に対する救済」公法研究71号（2009年）174頁以下
本多滝夫「行政救済法における権利・利益」新構想Ⅲ 211頁以下
真柄久雄「公務員の不法行為責任」行政法大系6巻177頁以下
三橋良士明「不作為にかかわる賠償責任」行政法大系6巻151頁以下
山本隆司「在外邦人選挙権最高裁大法廷判決の行政法上の論点」法教308号（2006年）25頁以下
山本隆司「国家賠償⑶⑷」法教355号84頁以下，356号114頁以下（2010年）
横山匡輝「権限の不行使と国家賠償法上の違法」補償法大系2巻127頁以下
米丸恒治「行政の多元化と行政責任」新構想Ⅲ 305頁以下
竜嵜喜助「国家賠償請求訴訟における主張・立証責任」補償法大系2巻275頁以下

第18章
国家賠償法2条に基づく賠償責任
——営造物の設置管理の瑕疵に対する国家賠償

▶本章の狙い

本章では，公の営造物の設置管理の瑕疵について定めた国賠法2条を解説する。民法717条の工作物責任との差異，無過失責任といわれる責任の法的性格，公の営造物という概念が広く解釈されている点，公の営造物の代表例である道路と河川とで瑕疵の判断方法に相違が存在する点などについて，理解を深めたい。あわせて，国賠法1条と2条の関係について説明する。例えば，ダム操作の過誤の事例のように2つの条文が適用可能である場合，適用条文によって具体的にどのような差異が生じるのか，そうした差異は合理性をもつか，といった問題を扱う。このほか，道路騒音被害といった供用関連瑕疵の問題についても考察する。

1　国家賠償法2条と民法717条との比較

国や公共団体が設置，管理する物の危険性に着目して，物の設置管理の瑕疵を理由に国や公共団体が損害賠償責任を負う仕組みとして，2つの制度が存在する。1つは工作物責任（民法717条）であり，工作物の占有者が責任を負う（占有者が責任を負わない場合には，補充的に所有者が責任を負う）。2つは営造物責任（国賠法2条）であり，「公の営造物」の設置管理者が責任を負う。いずれの責任も，被害者救済の必要性を重視して発展してきたものであり，危険責任（ないしは報償責任）の思想に根拠を有する[1]。また，通説によれば，両者は無過失責任であると説明され，さらに設置管理の瑕疵の意味について，備えるべき安全性を欠いた客観的物的状況であると解されてきた。

工作物責任は，人工的作業により土地に設置された「土地工作物」を対象とする[2]。これに対し，営造物責任でいう公の営造物は，後述のように動産まで含むなど広範な内容をもち，自然に存在する自然公物（河川，海岸等）をも対象とする。また，公の営造物は，（例えば道路について典型的に認められるように）公の用に供されている点に概念上の特色をもつため，公用を廃止した場合には，もはや公の営造物ではない。

（Q 1） A県は，渓流の遊歩道を設置・管理していた。遊歩道には，国有林であるブナの老木が存在し，その下には多くの観光客が昼食をとるために参集していた。Bが老木の脇で石に腰掛けて昼食をとっていたところ，長さ約7メートル，直径約20センチの枯れ枝が落下してきたため，Bは両足の機能を失うほどの傷害を負った。Bはどのような方法で救済を求めたらよいか，検討しなさい。

まず，落下してきた老木に関して，国が占有者であり所有者でもある。ブナの木は民法717条2項にいう竹木に該当し，竹木の占有者・所有者である国は，危険な物を支配・管理する地位にある者として，同条に基づく賠償責任を負う。他方，事故の現場はA県が設置管理する遊歩道であり，遊歩道はA県によって直接に公の用に供されている有体物・物的施設に当たる（国賠法2条でいう公の営造物）。公の営造物に通常有すべき安全性が欠けている場合には，国賠法2条に基づき，設置者であるA県は危険な物を管理する地位にある者として，設置・管理の瑕疵について賠償責任を負う。これら2つの責任が共に成立する場合には，国とA県は連帯して，被害者Bに対して損害賠償責任を負う[3]。

（Q 2） 旧海軍が掘削した防空壕に立ち入った中学生Cが，土砂崩れのため生埋めとなり死亡した。この防空壕は戦後放置され，立ち入り禁止措置等がとられてこなかった。防空壕上部の地表土地は，戦後，譲渡等により市民に帰属

1）吉村良一『不法行為法［第4版］』（有斐閣・2010年）224頁。

2）つまり，天然の物は含まない。内田貴『民法Ⅱ［第3版］』（東京大学出版会・2011年）513頁。

3）参照，東京高判2007［平成19］年1月17日判タ1246号122頁［166］。

している。このような状況下において，Cの両親は誰に対して損害賠償を請求すべきか，検討しなさい。

国が設置した本件防空壕について，危険性が高いまま放置した国の管理責任を追及すべく，国賠法2条に基づき損害賠償を請求することが考えられる。ただし，戦争終了によって防空壕の供用は廃止されたと解すると，防空壕は同条にいう公の営造物にはもはや該当しない。そこで，民法717条に基づく賠償責任を追及することとなる。防空壕の所有権が地表土地の所有権と一体であるとすれば，地表土地所有者が賠償責任を負う。他方，防空壕の所有権と上部の地表土地の所有権とは別個のものであると解釈するならば，現在でも国が防空壕の所有権を有するため，民法717条に基づき国に損害賠償を請求することができる[4)]。

2 「公の営造物」

国賠法2条の「公の営造物」は，講学上の公物（有体物）を指す。念頭に置かれてきた代表例は，道路，河川，海岸などである。以下では，公の営造物に関する代表的な類型を紹介する。

「公の営造物」には，自然公物（河川，海岸）のほか，人工公物（道路，都市公園等）が含まれる。自然公物は，公物成立のために管理者による行為（「公用開始行為」という）を必要とせず，自然の状態から公共の用に供されるものである。河川が代表例である。これに対し，人工公物は，当初から人工的に設置され，管理者の公用開始行為によって公共の用に供される。道路が代表例である。また，公の営造物は，不動産のほか，動産をも含む（以下の例示における公用車，拳銃等を参照されたい）。裁判例で，公の営造物に当たるとされた例として，道路，河川，空港[5)]のほか，次のものが存在する。

① 拳銃及び拳銃保管箱　拳銃が拳銃保管箱に保管されている点の確認を

---

4) 国に民法717条の責任を認めたものとして，東京高判1993［平成5］年2月24日判タ659号220頁。

5) 最大判1981［昭和56］年12月16日民集35巻10号1369頁［百選Ⅱ 249事件］171。

取扱責任者が怠ったため，警察官が不法に署外に当該拳銃を持ち出し，交際のあった女性を射殺した事例[6]において，拳銃の管理に瑕疵が認められた。

② 砲　弾　　陸上自衛隊の実弾射撃訓練の際に，砲弾が破裂し，その破片で隊長が即死した。砲弾の信管に瑕疵が存在し，砲弾として通常備えるべき性能と安全性が欠けていたとして，国賠法2条1項に基づく国の賠償責任が認められた[7]。

③ 公用車　　国家警察函館地区警察署（当時）に所属する公用車を運転していた者が，当該車輌を道路施設に衝突させ，大けがを負った。この公用車はヘッドライトとブレーキに故障を抱えるものであった。裁判例は，公用車を公の営造物と解釈して，国の設置管理の瑕疵を肯定した[8]。

④ 水道施設の配水管（本管）　　水道事業者である市が所有する本管部分は公の営造物に当たる。争われたのは，本管から分岐した市民所有の給水管部分である。これが老朽化により破裂し，漏水し，ガス会社のガス管に被害を与えた事例である。引込管部分は水道利用者（市民）の所有ではあるが，公道の地下部分に位置すること，本管に近接する引込管部分は市が本管と一体として事実上管理している実態が認められることから，市民所有部分も公の営造物と評価することが相当であるとして，市の賠償責任が認められた[9]。

⑤ 道路運送法上の有料道路　　道路運送法に基づく一般自動車道（有料自動車道）が設置された山の斜面で地滑りが発生し，山腹の家屋に被害が生じた事例で，道路管理に当たる県の賠償責任が肯定された[10]。

⑥ 公立中学校におけるテニスの審判台[11]　　この事案に関しては後述する（⇒**5**）。

6）大阪高判1987［昭和62］年11月27日判時1275号62頁。

7）東京地判1981［昭和56］年3月26日判時1013号65頁。

8）札幌高函館支判1954［昭和29］年9月6日下民集5巻9号1436頁。

9）横浜地判2003［平成15］年9月12日判時1851号133頁。

10）長野地判1997［平成9］年6月27日判時1621号3頁。

11）最判1993［平成5］年3月30日民集47巻4号3226頁［百選Ⅱ 248事件］［173］。

3 設置管理の瑕疵（その1）
——道路の場合

国賠法2条にいう「営造物の設置又は管理に瑕疵」があるとは，営造物が「通常有すべき安全性」を欠く状態をいう。道路を例にして，以下，設置管理の瑕疵の判断方法について学ぶこととしよう。

（基本事例） 運輸会社に勤務するD（16歳）は，同僚Eの運転する同会社の6トン貨物自動車に助手として同乗した。Y（県）が管理する国道をD・Eが走行中，道路上方の斜面が幅約10メートル高さ2メートルにわたり崩壊したため，大小20個の岩石が落下してきた。そのうちの1つの落石（直径約1メートル）が助手席に衝突したため，Dは直撃を受け即死した。本件道路（約2000メートルの区間，幅員6メートル）は，高さ約200メートルに及ぶ急傾斜の山岳がそのまま海中に没するところを，その中腹を削り取って設置されたものである。この道路は，近隣の市を結ぶ唯一の幹線道路であり，陸上交通上，極めて重要な交通路である。道路の山側は，あたかも屏風を立てたように切り立った崖となっており，その地質は中生代の層に位置する泥岩と砂岩から成り，至る所に崩壊寸前の岩石を含んでいた。以前から本件現場付近を除き，落石，崩土が絶えなかったところである。本件道路の断崖下に位置する海岸には，落石した岩石が散在している。Yの土木出張所は，落石事故対策として，職員の見回りを行ってはいたが，本件崩壊現場の調査は困難であるとして行っておらず，事前の通行止めを行ったこともない。事故現場付近から約2キロメートル手前に「落石注意」の標示札を設置したほかは，莫大な財政費用がかかることを理由に，防護柵や金網を山側に設置してこなかった。Yは，本件事故は不可抗力によるもので回避可能性がない旨を主張している。Dの両親は，Dを失った悲しみで甚大な精神的苦痛を被ったことを理由に，損害賠償を請求することができるか，検討しなさい。

(1) 高知落石事件判決の構造分析

上記事例は，道路の設置・管理の瑕疵に関するリーディングケース（高知落石事件）[12]を素材としたものである。以下では，同判決に含まれた内容を3点にわたり解説する。

(a)　客観説と無過失責任

「国家賠償法2条1項の営造物の設置または管理の瑕疵とは，営造物が通常有すべき安全性を欠いていることをいい，これに基づく国および公共団体の賠償責任については，その過失の存在を必要としないと解するを相当とする。」

この判旨は，客観説（営造物が本来有すべき安全性を客観的に欠如している状態を瑕疵と捉える見解）に立脚して，無過失責任を判示したものと説かれている[13]。つまり，管理者の作為義務又は不作為義務に着目した判断（主観説）ではない点，管理者の義務違反に言及していない点に特徴を有する。

(b)　予算制約の抗弁

最高裁は，予算制約に関しても，本件道路に防護柵を設置する費用が相当多額にのぼり，管理者が予算措置に困却するであろうことは推察できるとしても，それにより直ちに道路の管理の瑕疵による賠償責任を免れえないと判示した。これは，予算制約が一切抗弁にならないことを述べたものではない。本件事案においては，予算制約が賠償責任を否定する抗弁になりえないと説いたのである。

(c)　不可抗力ないし結果回避可能性

本判決は上記のように厳格な判断を示したものであるが，不可抗力による事故の場合ないしは結果回避可能性の存在しない場合について，管理者に免責の可能性を残していると解される[14]。このように，不可抗力ないし管理者による結果回避可能性を考慮に入れている点で，本判決は客観説を徹底したものではない[15]。本件は，不可抗力ないし回避不可能な事故とは判断されなかったため，管理者免責の問題が顕在化しなかった。

12）最判1970［昭和45］年8月20日民集24巻9号1268頁［百選II 243事件］167。

13）鈴木重信・判例解説昭和45年度（上）318頁。

14）「本件事故が不可抗力ないし回避可能性のない場合であることを認めることができない旨の原審の判断は，いずれも正当として是認することができる」という判示が見られる。鈴木・前掲注13）317頁は本文で述べた免責を肯定する。

15）民法717条における客観説についても同じ問題が存在する点は，窪田充見『不法行為法』（有斐閣・2007年）220頁参照。

(2) 道路上の障害物の存在と設置管理の瑕疵

(Q 3) 次の①②の場合について，道路の設置管理に瑕疵が認められるか，説明しなさい。

① 事故により故障した大型貨物自動車が国道に放置されてから87時間後に，原動機付き自転車を運転していたFは，上記自動車後部に激突し，頭蓋骨骨折により死亡した。事故現場付近では，故障車のあることを知らせるバリケードの設置や，道路片側部分の一時通行止めなど，安全保持のための措置は講じられていなかった。

② 県道上に，工事中であることを知らせる工事標識板，バリケード，赤色灯標柱が道路管理者によって設置されていた。ところが，ある自動車がこれらの物を倒して走行した。その直後に同所を通行しようとした運転者Gは，これらの障害物に気づくのが遅れ，急遽ハンドルを切ったため，Gの自動車は道路脇に転落し，同乗者Hが死亡した。

①②の事例は，道路上に障害物が存在したものであり，こうした状況が設置管理の瑕疵に該当するかが問われたものである。道路自体の物的な欠陥（例えば，穴ぼこや隆起）でなくとも，道路上に障害物が存在する場合について，当該道路は通常有すべき安全性を欠くものと判断されてきた。こうした観点のもとで，①について，最高裁は道路管理の瑕疵を認めた[16)]。

他方，②の事例でも，工事標識板等が道路上に散乱していたという客観的状況が存在する点で，通常有すべき安全性を欠いていたと評価することも可能である。ただし，②の場合には，先行車が障害物を散乱させた直後に事故が生じていることから，不可抗力の事例ではないか，道路管理者にとって回避可能性が存在しなかったのではないか，という問題が存在する。最高裁は，「夜間，しかも事故発生の直前に先行した他車によつて惹起されたものであり，時間的に被上告人［県］において遅滞なくこれを原状に復し道路を安全良好な状態に保つことは不可能であつた」と判示して，道路管理に瑕疵が存在しなかったと結論づけた[17)]。客観説に立ちつつも，不可抗力ないし回避可能性を考慮する余地を残す判例の考え方が，ここに現れている。

16） 最判1975［昭和50］年7月25日民集29巻6号1136頁［百選Ⅱ 244事件］168。
17） 最判1975［昭和50］年6月26日民集29巻6号851頁。

不可抗力を根拠に国賠法2条の責任を否定した裁判例は例外にとどまり，その数自体は少ない[18]。学説では，予期を全く超えた外力（強風，豪雨，地震，津波等）により瑕疵が生じた場合には，管理に瑕疵がないと説く見解が見られる[19]。

4　設置管理の瑕疵（その2）——河川の場合

(1)　未改修河川における設置管理の瑕疵

(a)　溢水型の水害

河川の設置管理の瑕疵について，それを道路における瑕疵と同様に捉えることができるのかという基本的立脚点に関して，見解が分かれている。

1つの見解は，河川の設置管理に関しても，高知落石事件最高裁判決と同様に解釈し[20]，通常有すべき安全性を客観的に欠く状態が認められれば瑕疵を肯定する。例えば，通常有すべき安全性の意味として，当該河川の置かれている地形，地質等の自然的諸条件のもとで，通常予測される洪水を安全に下流に流下させることにより洪水による災害を堤内地住民に及ぼすことのない安全な構造を備えることと解釈した裁判例が存在する[21]。次に紹介する大東水害訴訟最高裁判決まで，下級審において，こうした解釈を採用して原告勝訴を言い渡す裁判例が多く見られた[22]。

18)　例えば，伊勢湾台風に関する名古屋地判1962［昭和37］年10月12日下民集13巻10号2059頁。

19)　乾昭三博士執筆・加藤一郎編『注釈民法⒆』（有斐閣・1965年）421頁，古崎・賠償法222頁。

20)　東京地判1979［昭和54］年1月25日判時913号3頁（多摩川水害訴訟第1審）は，次のように判示している。「営造物の設置または管理の瑕疵による損害賠償責任の論定にあたつては，人工公物，自然公物といつた公物成立上の分類によつてその適用の範囲程度を区別して両者についての管理責任に質的な差異を設け，あるいは道路等の人工公物のそれに比較して自然公物たる河川につき特に制限的な判断基準を導き出すことは，単なる概念のみにとらわれ実態を軽視するものというべきであつて，国賠法の解釈上もその趣旨に反し相当でないというべきである」。

21)　岐阜地判1982［昭和57］年12月10日判時1063号30頁。

22)　例えば，大津地判1977［昭和52］年5月31日判時880号65頁。

2つは，大東水害訴訟で最高裁[23]が示したように，河川管理と道路管理の差異を強調する見解である。第1に，人工公物である道路は，当初から人工的に安全性を備えた物として公用が開始されるのに対し，自然公物である河川は，洪水等の災害発生の危険性を内包したものであり防御の対象であった。第2に，河川の管理行為（治水事業）は道路に比べ多大な時間と多額の費用を要するため，管理主体は国土全体における河川の状況を視野に入れ，過去の水害の規模，頻度，発生原因，被害の性質，降雨状況，流域の自然的条件及び開発の状況等を総合的に勘案し，生命や財産等を保護する必要性・緊急度が高いと判断されるところから順次，予算の範囲内で計画的に改修なり修理を進めていくこととなる（財政的制約）。第3に，河川管理では技術的制約や社会的制約が加わる。したがって，河川管理の安全性は，改修・整備過程に対応した過渡的な安全性で満足せざるをえない。最高裁によれば，当該河川において合理的な改修計画が定められ，それに従って河川改修が進められてきたのであれば，未改修であるとの一事をもって河川管理に瑕疵があることにはならない。

大東水害訴訟最高裁判決で示された瑕疵判断の基準は，「諸制約のもとでの同種・同規模の河川の管理の一般水準及び社会通念に照らして是認しうる安全性」と抽象度が高いものであった。「過渡的安全性」といった規範的要素の希薄な基準では，河川行政の現状追認になるのではないかといった批判が提起されたのである。

他方，大東水害訴訟最高裁判決の功績は，河川管理について，「社会的資源配分の見地からする財政的制約」[24]という視点を示唆した点であろう。財政的な制約のもとに置かれている行政システムにおいて，行政機関が資源配分の優先順位を定め，それに従ってシステムを運営していくといった視点は普遍性をもつものであり，国家賠償の分野に限定されない。

(b)　破堤型（＝堤防決壊型）の水害

大東水害訴訟最高裁判決が示した上記基準は，未改修河川における溢水型の水害にかかる事案についてのものであった。その後，未改修河川における破堤型の水害についても，当該基準は適用されている[25]。

23）　最判1984［昭和59］年1月26日民集38巻2号53頁［百選Ⅱ 245事件］169。
24）　遠藤・実定291頁。

(2) 改修済み河川における設置管理の瑕疵

大東水害訴訟最高裁判決は未改修河川についての判断を示したものである。同判決の説く法理が，改修済み河川の管理についても妥当するのかが，争われた。最高裁は，多摩川水害訴訟で，以下に示すように，工事実施基本計画（以下「基本計画」という。1997年の河川法改正により，現在では，河川整備基本方針と河川整備計画）に準拠した管理水準（基本計画に基づく改修段階に対応した安全性）を要求するという判断を下している[26]。

多摩川水害訴訟における事故は，基本計画で新規の改修が必要ないと判断された河川部分が，破堤して水害が生じたものである。最高裁は，基本計画により改修の必要がないと判断された河川部分を，基本計画に準拠して改修された河川部分と同視している。そのうえで，河川は改修，整備の段階に対応する安全性を備えるべきであると判示した。具体的には，「計画に定める規模の洪水における流水の通常の作用から予測される災害の発生を防止するに足りる安全性」を備えていることが必要とされた。つまり，計画高水流量又は計画高水位を下回る流量により破堤し水害が発生した場合には，管理の瑕疵が肯定されるのである。

多摩川水害最高裁判決の功績は，第1には，改修済み河川については，大東水害最高裁判決と異なる基準を提示することによって，大東水害最高裁判決の射程範囲を未改修河川に限定した点である。第2の功績は，改修済み河川における瑕疵の判断基準として，工事実施基本計画で想定された安全性水準を具体的に示した点に認められる。当該計画で設定された安全性が提供されることは，河川法上の要請であることに加えて，河川周辺住民が河川管理行政に対して抱く社会的期待に応えるという意義を有する[27]。

(3) 裁判例に見る設置管理の判断基準

上記のような展開を受けて，以後の裁判例では，①既改修河川の事例では，

25）最判1985［昭和60］年3月28日民集39巻2号333頁（加治川水害訴訟）。

26）最判1990［平成2］年12月13日民集44巻9号1186頁［百選Ⅱ 246事件］170。本判決（破棄差戻し）を受けた差戻控訴審は，河川管理の瑕疵を認め，国の賠償責任を肯定した（東京高判1992［平成4］年12月17日判時1453号35頁）。

27）小幡純子「水害と国家賠償法2条の瑕疵論」論究ジュリスト3号（2012年秋号）

工事実施基本計画など改修時に予定された具体的安全基準に着目して，多摩川水害最高裁判決で示された計画準拠の安全性審査（設置済み河川管理施設が計画上の安全基準を充たしているかという審査）が行われ，②未改修河川の事例では，大東水害最高裁判決が示した一般的判断基準から審査を行う傾向が認められる。例えば，平作川水害訴訟で最高裁は，河川法の適用がない河川（普通河川）に関して，改修計画の策定も本格的改修工事もなされていない状況下での管理瑕疵について，②の一般的基準に従って判断した[28]。他方，改修中の二級河川における設置済み施設（コンクリート製の護岸擁壁）の管理瑕疵については，予定していた安全性を備えていたかという①に準じた審査基準が採用されている。

なお，最高裁は，堤防の改修整備という場合，堤体を念頭に置いて河川施設の管理や瑕疵の問題を解釈している。つまり，堤防の基礎地盤については，過去に欠陥が明らかになった等の特段の事情がない限り，河川管理者の措置義務を否定している[29]。その根拠は，基礎地盤が広大に広がることから，財政的にも技術的にも対策は不可能であるという点にある。しかし，地盤の安全性をあわせて考慮したうえで構造物（堤体）を作るのが，堤防建設の場合でも基本であると解すると，堤体と基礎地盤を峻別することには疑問が残る。

5　通常の用法に従った利用
――瑕疵判断における考慮要素（その1）

営造物の設置管理の瑕疵は，営造物の構造，その用法，場所的環境及び利用状況等諸般の事情を総合考慮して，具体的個別的に判断すべきであるとされている[30]。したがって，利用方法が通常の用法に従うものではない場合には，その結果の損害について，裁判例は賠償責任を否定する。換言すれば，通常の用法に沿った利用のもとで予想される危険の発生防止に足りる設置管理がなされていれば，当該営造物の設置管理に瑕疵は存在しないと判断される。

151頁。

28）　最判1996［平成8］年7月12日民集50巻7号1477頁（平作川水害訴訟）。

29）　最判1994［平成6］年10月27日判時1514号28頁（長良川安八水害訴訟）。

30）　最判1978［昭和53］年7月4日民集32巻5号809頁（夢野台高校事件）。

(Q 4)　町立中学校の校庭が事実上開放され一般の利用に供されている状況下で，5歳の幼児Iがテニスの審判台に昇り，座席の背当て部分の鉄パイプを両手で握って，座席後部から降りようとした。その際に審判台が後方に倒れ，Iは後頭部を地面に強打し，脳挫傷により死亡した。この事例で，町は国賠法2条に基づく責任を負うか，検討しなさい。

最高裁は次のように判示して，国賠法2条に基づく町の責任を否定した[31)]。

「公の営造物の設置管理者は，本件の例についていえば，審判台が本来の用法に従って安全であるべきことについて責任を負うのは当然として，その責任は原則としてこれをもって限度とすべく，本来の用法に従えば安全である営造物について，これを設置管理者の通常予測し得ない異常な方法で使用しないという注意義務は，利用者である一般市民の側が負うのが当然であ」る。

なお，本判決は，校庭の一般開放で幼児がいかなる行動に出ても不測の結果が出ないように厳格な管理責任を強調することは，校庭が一般市民に対して閉ざされ，都会地において幼児は危険な路上で遊ぶことを余儀なくされる結果をもたらすと判示している。ここには，最高裁が判決にあたり，判決で瑕疵を認めた場合に生ずるであろう社会的影響までを考慮に入れて判断していることがうかがわれる。

(Q 5)　6歳の幼児が3メートル幅の道路際の防護柵に乗って遊んでいるうちに，4メートル下の高校の校庭に落ちて頭蓋骨陥没骨折等の傷害を負った事例で，通常の用法に即しない行動の結果生じた事故であるとして，最高裁は，設置管理の瑕疵を否定した[32)]。この事案で，仮に防護柵が子供の遊び場として常態化し，転落事故が複数件発生し，付近住民から安全対策をとるよう陳情が行政に対して繰り返されていた状況下において，幼児Jが転落事故で傷害を負った場合には，国賠法2条に基づく設置管理の責任を肯定することができるか，考察しなさい。

(Q 5) の設問では，最高裁判決の事案には存在しない事実関係（遊び場としての常態化，事故の続出，陳情）が付加されている。こうした事実状況が認めら

31)　最判1993［平成5］年3月30日・前掲注11)。
32)　最判1978［昭和53］年7月4日・前掲注30)。

れるとすれば，当該営造物は転落事故を誘発する危険な営造物であると評価する余地が生ずる[33]。これは営造物の利用状況を考慮した解釈であり，また，本件の事実関係における営造物管理に対する社会的期待に配慮した解釈でもある。たしかに，防護柵を遊び場として利用することは防護柵の本来の用法ではない。しかし，遊び場としての利用が常態化しているのであれば，遊び場としての利用も通常の利用に準ずるものと理解する余地が生じ，そこから生まれる危険への対応を欠けば設置管理の瑕疵が肯定されうるのである[34]。

6　安全対策に対する社会的期待
――瑕疵判断における考慮要素（その2）

新たに開発された安全設備は，その普及に一定の時間がかかることから，開発から普及に至るプロセスにおいて，どの段階までに新規設備を導入しなければ設置管理の瑕疵として賠償責任を問われるのか，が解釈問題となる（タイムラグの問題）。つまり，新たに開発された安全設備を整備していないことが設置管理の瑕疵と判断されるのか，という問題である。

1973年に日本国有鉄道（当時）の駅で視力障害者が駅ホームから転落した事故で，当時新たに開発された安全設備である点字ブロックの不存在が設置管理の瑕疵に当たるのかが争われた。最高裁は，新規安全設備の標準化や普及の程度に着目して次のように判示した[35]。

「点字ブロック等のように，新たに開発された視力障害者用の安全設備を駅のホームに設置しなかつたことをもつて当該駅のホームが通常有すべき安全性を欠くか否かを判断するに当たつては，その安全設備が，視力障害者の事故防止に有効なものとして，その素材，形状及び敷設方法等において相当程度標準化されて全国的ないし当該地域における道路及び駅のホーム等に普及しているかどうか，当該駅のホームにおける構造又は視力障害者の利用度との関係から予測される視力障害者の事故の発生の危険性の程度，右事故を未然に防止する

33）　牧山市治・判例解説昭和53年度266頁。
34）　参照，瀧澤孝臣・判例解説平成5年度（上）548頁以下。
35）　最判1986［昭和61］年3月25日民集40巻2号472頁［百選Ⅱ 247事件］は，総合考慮を尽くしていない原審を破棄し差し戻した。

ため右安全設備を設置する必要性の程度及び右安全設備の設置の困難性の有無等の諸般の事情を総合考慮することを要するものと解するのが相当である。」

（Q 6）　高速道路を乗用車で走行中，運転者Kは飛び出したキツネを避けようとして急ハンドルを切り，中央分離帯に衝突して死亡した。Kの遺族は，小動物の侵入防止策が不備であったと主張して，国賠法2条の責任を高速道路の管理主体に問うことができるか，検討しなさい。なお，侵入防止策としては，金網を地面から隙間なく張り，さらに，地中からの侵入を防止するようコンクリートを基礎に敷く手法が存在する。しかし，事故当時，全国的にそうした対策はとられていなかった。事故現場では道路に侵入したキツネが死傷する事故が年間数十件生じていたが，運転者の死亡事故は過去に1度発生している。なお，事故現場付近には，動物注意の道路標識が設置されていた。

最高裁は，同様の事案で設置管理の瑕疵はないと判示した[36)]。その理由は，1つには，侵入した小動物と自動車が接触して運転者が死傷する事故が発生する危険性は低く，運転者の側で適切な運転操作により死傷事故を回避することが期待されているという考え方である（守備範囲論［ないし社会的期待論］）。2つには，金網等を利用した侵入防止策が全国で普及していないことである。3つには，侵入防止策実施に多額な予算を必要とすることへの考慮である。ここに見られるように，最高裁は，道路の設置管理の瑕疵判断においても，予算の制約を考慮要素から一切排除したわけではないのである。

7　事実上の管理の瑕疵
――瑕疵判断における考慮要素（その3）

国賠法2条1項が定める管理は，法令に基づく管理のほか，事実上の管理をも含むものである[37)]。裁判で争われたのは，法律上の管理権限が存在しない普通河川（河川法の適用を受けない河川）が都市化に伴い農業用水路から都市排水路に転化し，排水量が増大するなかで溢水等を繰り返したために，地域住民の要望を受けて，市が当該河川について改修工事等の事実上の管理をしてきた

36）　最判2010［平成22］年3月2日判時2076号44頁［174］。
37）　乾・前掲注19）419頁，古崎・賠償法215頁，遠藤・補償法（中）469頁。

事例である。この事案において，市は当該河川で起きた幼児の転落・溺死の事故について国賠法2条の責任を負うか，が問われた。最高裁は以下のように判示して，市の賠償責任を認めた[38]。

> 「国家賠償法2条にいう公の営造物の管理者は，必ずしも当該営造物について法律上の管理権ないしは所有権，賃借権等の権原を有している者に限られるものではなく，事実上の管理をしているにすぎない国又は公共団体も同条にいう管理者に含まれるものと解するのを相当とする……上告人［京都市］は，地域住民の要望に応えて都市施設である排水路としての機能の維持，都市水害の防止という地方公共の目的を達成するべく，本件改修工事を行い，それによつて本件溝渠について事実上の管理をすることになつたものというべきであつて，本件溝渠の管理に瑕疵があつたために他人に損害を生じたときは，国家賠償法2条に基づいてその損害を賠償する義務を負うものといわなければならない。そして，このことは，国又は京都府が本件溝渠について法律上の管理権をもつかどうかによつて左右されるものではない。」

市による上記普通河川の管理権（ないし管理権限）は，土地所有権によっても，河川法に基づく管理権限としても，根拠づけられないものである[39]。しかし，最高裁は，地方公共団体が事実上継続的に行ってきた管理についても国賠法2条にいう管理に含めて解釈し，同条の責任を肯定したのである[40]。

8　供用関連瑕疵（機能的瑕疵）
――空港騒音，道路騒音

公の営造物の設置管理の瑕疵は，通常有すべき安全性を欠く場合をいうが，安全性の欠如には2種類のものが含まれる。第1は，営造物の「利用者」に対して危害をもたらす危険性である。例えば，道路に穴があいていたり隆起や障害物があって，通行人や自動車運転者が傷害を負う場合である。第2は，「利

38）　最判1984［昭和59］年11月29日民集38巻11号1260頁。
39）　参照，平田浩・判例解説昭和59年度452頁以下。
40）　先に見た平作川水害訴訟最高裁判決も，河川法の適用がない普通河川について設置管理の瑕疵が争われた事例であった（最判1996［平成8］年7月12日・前掲注28)）。

用者以外の第三者」に対して危害をもたらす危険性である。具体的には，空港や道路が供用目的に沿って利用されることとの関連で，その利用（航空機や自動車の運行）によって，利用者以外の第三者（例えば，交通施設の沿線や周辺の住民）に航空機騒音，自動車騒音，排気ガスにより被害がもたらされる場合である（こうした被害を「事業損失」という）。このように，公の営造物が，設置管理の瑕疵により，利用者以外の第三者に対して損害を生じさせた場合に，当該営造物には「供用関連瑕疵」（ないしは機能的瑕疵）があるという。

裁判例は，国賠法2条に基づく責任（損害賠償責任）として，受忍限度を超えた損害に対して賠償を認めるといった形で，供用関連瑕疵の事案にも対応してきた[41]。このように，公の営造物は利用者との関係でも利用者以外の第三者との関係でも，危険を回避する安全性を備えておくべきであると解されてきた。営造物責任に基づく損害賠償という法律構成で，問題の処理が図られてきたのである。

しかし，第三者に生じた損害を救済するうえで，これが理論上唯一の解決方法というわけではない。例えば，道路利用者が通行の自由を享受するという公益目的のために道路の供用が適法に開始され，他方で一部の沿線住民が騒音被害等に苦しめられるといった特別犠牲を負わされていると理論構成すれば，損失補償（⇒第20章*3*(2)*COLUMN*参照）として説明することも可能である。

供用関連瑕疵が問われる事案では，多くの場合，あわせて道路供用の民事差止訴訟が提起されてきた。周辺住民が提起する国賠法2条に基づく損害賠償請求と供用の民事差止訴訟とでは，考慮要素が異なる点や，考慮要素を共通にする場合であっても違法判断に関する重要度が異なる点を理由に，両訴訟間で違法性判断（受忍限度の判断）には差異が存在すると説かれてきた[42]。

COLUMN

国賠法1条による法律構成と2条による法律構成

ダム放流に基づく増水によって床上浸水，水死等の被害が生じた事例で，公務員によるダム操作等の過誤に着目すれば，国賠法1条の問題として構成

41）　最大判1981［昭和56］年12月16日・前掲注5）（大阪国際空港訴訟），最判1995［平成7］年7月7日民集49巻7号1870頁 172 （国道43号線訴訟）。

42）　国道43号線訴訟最高裁判決は，設置管理の瑕疵に基づく損害賠償を肯定したが，差止請求は棄却している（最判1995［平成7］年7月7日・前掲注41））。

可能である。実際，ダム操作の過誤を1条で構成した裁判例が見られる[43]。この場合には，公務員の過失の認定が困難な解釈問題となる。他方，ダム操作に当たる関係者に日頃から実際に訓練を積ませ，実践的な操作技術を体得させておくことが不可欠であり，これを欠く場合には，当該ダムは通常有すべき安全性を備えていないとして，国賠法2条の管理瑕疵の問題と捉えることができる[44]。実際，専門的な操作担当者の養成や危害防止措置としての通報や警報について，その不作為を管理の瑕疵と構成して国賠法2条責任を肯定した裁判例も存在する[45]。同様に，道路に穴があり，それが原因で生じた事故の場合についても，2つの法律構成が可能である。さらに，警察官による銃発射の事故でも，2通りの法律構成が裁判例において見られる[46]。

●参考文献

稲葉馨「国家賠償責任の『主体』に関する一考察(1)（2・完）」自治研究87巻5号25頁以下，6号34頁以下（2011年）

小幡純子「供用関連瑕疵論」野村好弘＝小早川光郎編『道路管理の法と争訟』（ぎょうせい・2000年）2頁以下

小幡純子「国家賠償法2条の再構成」同『国家賠償責任の再構成』（弘文堂・2015年）239頁以下

木村実「営造物にかかわる賠償責任」行政法大系6巻59頁

下山瑛二「水害と賠償責任」行政法大系6巻121頁

藤原淳一郎「道路事故への国・公共団体の賠償責任」行政法大系6巻87頁

43）最判1998［平成10］年3月27日訟務月報45巻2号293頁，東京高判2003［平成15］年1月29日判例地方自治251号56頁。

44）ダム水害に関しては，西埜・概説130頁以下，宇賀克也「ダム水害の法律問題」ジュリスト920号（1988年）23頁以下参照。

45）徳島地判1988［昭和63］年6月8日判タ669号244頁，山口地判1985［昭和60］年5月16日判時1167号104頁，大阪地判1988［昭和63］年7月13日判時平成元年8月5日号3頁。

46）国賠法1条によるものとして，最判1956［昭和31］年11月30日民集10巻11号1502頁［百選Ⅱ236事件］（⇒第17章*6*（Q8）），国賠法2条によるものとして，大阪高判1987［昭和62］年11月27日・前掲注6)。このほか，最判1984［昭和59］年3月23日民集38巻5号475頁（新島砲弾事件）の事案では，爆発物の所在に気づきながら放置したという規制権限の不行使（国賠法1条）として構成できるほか，爆発物の存在する営造物（海岸）について管理者の損害回避義務の懈怠（国賠法2条）としても説明可能である。また，最大判1981［昭和56］年12月16日・前掲注5)（大阪国際空港訴訟）で多数意見は2条に立脚したが，補足意見は2条のほか1条の適用可能性も肯定していたところである。

第19章
賠償責任をめぐる諸問題

▶本章の狙い

本章では，国賠法1条や2条の解釈において議論されることの多い問題のなかで，(両条に) 共通する問題を扱う。具体的には，行政権限(ないしは公の営造物の設置管理権限) を有している者と費用負担者が異なる場合に，被害を受けた市民はどちらに対して賠償請求することができるのか，一方が支払いに応じた場合に両者の間で求償問題はどのように扱われるのか，といった責任負担に関する諸問題である。このほか，民法特別法と国賠法の適用関係，法律による国家賠償責任制限の許容性，外国人による国家賠償請求の可否といった問題も扱う。

1　賠償責任者

⑴　管理権者と費用負担者が異なる場合

国賠法1条に基づいて賠償請求する場合，公務員を選任・監督している行政主体を被告とすることもできれば，当該公務員の給与等を支払っている行政主体を被告とすることもできる (国賠法3条1項)。例えば，市立中学校の教師の活動によって生徒が被害を負った場合，市教育委員会が当該教師の服務監督に当たっていること (地方教育行政の組織及び運営に関する法律43条1項) や，当該教師が市の公務員であることに着目して，市に対して国賠法1条1項に基づき損害賠償を請求することが可能である。他方，当該教師の給与を県が支払っていること（市町村立学校職員給与負担法1条）に着目して，県を被告として国賠法3条1項に基づき損害賠償を請求することができる。被害を受けた生徒が市と県の双方を被告として両者に対して国家賠償請求を行い，裁判所が請求を認容した場合には，市と県は連帯して損害賠償責任を負う。これらの取扱いは，被害者の救済の便宜を重視した立法政策に依拠する。

上記の事例で，市又は県の一方が損害賠償を被害者に支払った場合，管理者（市）と費用負担者（県）との間で，どちらがどの程度負担するのか（負担割合）という問題が残る。これが，(3)に述べる責任割合問題である（国賠法3条2項）。

(2) 補助金を交付する行政主体の賠償責任

(a) 国賠法3条にいう費用負担者の要件

（Q 1） 県は自然公園法10条2項により環境大臣の同意を受けて，国立公園事業の一部の執行として周回路（以下「本件周回路」という）を設置し管理している。同事業の費用は，県が負担するものとされている（同法55条）。国は設置の際に半額相当の補助金を支出し，その後も改修の度に必要経費のほぼ2分の1を補助金として支出してきた。Aは本件周回路の一部の架け橋から転落し，脊髄損傷等の傷害を負った。Aが本件周回路の設置管理の瑕疵を理由に国家賠償請求訴訟を提起する場合，国を被告とすることができるか，検討しなさい。

ここでの問題点は，補助金を交付した国が国賠法3条にいう費用負担者に該当するかである。これが肯定されれば，国を被告とすることは許容される。1つの考え方として，設置管理者以外の主体が補助金を交付して費用負担している点だけを捉えて，同条の費用負担者と解する立場が存在する。しかし，そのように解すると，国庫補助が出されている事業は極めて多いことから，国は国賠法3条に基づき，ことごとく賠償責任を負うことになる。

最高裁は，補助金交付の事実のみで補助金交付主体が国賠法3条にいう費用負担者であるとする解釈を採用していない[1)]。最高裁の解釈は，3条の趣旨に着目したものであり[2)]，危険責任の観点から，管理者と同一の立場にあること

1） 最判1975［昭和50］年11月28日民集29巻10号1754頁［百選Ⅱ250事件］。
2） 古崎・賠償法229頁。

を3条の費用負担者に求めている[3)]。その結果，次の3点にわたる要件が示されている。(Q 1) に即していえば，第1は，国が県と同等の設置費用を支出していること，第2に，国が実質的に営造物に基づく事業を県と共同執行していると評価できること，第3は，国が瑕疵に基づく危険を効果的に防止できることである。本件では，以下に述べるように，国は3つの要件を充たしていることから，3条の費用負担者と解釈された。まず，国は補助金によってほぼ半額の経費負担を行っており，また，自然公園法10条1項・2項によれば本来国が執行すべき国立公園事業について県に同意を与えて執行させている関係が認められる。さらに，補助金交付契約において，国は県による営造物管理に関して義務を課す立場にあったのである。

(b)　複数の営造物で構成される複合的施設と国賠法3条

(Q 2)　B公園は県が管理する国立公園事業で，B公園内の登山道は13の吊り橋，歩道等の複数の営造物によって構成されている（法律上の仕組みは，(Q 1) と同様である)。このうち，吊り橋のワイヤーが腐食により切断し，登山者が谷底に転落して死亡するという事故が発生した。この事業でも，国から補助金が交付されていた。登山道全体に関しては，国の補助金は県の支出額と同額にのぼる。しかし，事故が起きた吊り橋に関しては，国は県が支出した補修費用の16分の5しか補助金を交付していない。この事例において，国は国賠法3条にいう費用負担者に該当するか，検討しなさい。

この問題は，複数の独立した営造物から構成される施設（複合的施設）で事故が生じた場合に，複合的施設を一体として考えるのか，複合的施設を個別の営造物ごとに捉えて，実際に事故が起きた特定の営造物に限定して考察を進めるべきかというものである。先に述べたように，国が国賠法3条の費用負担者に該当するためには，最高裁の基準によれば，要件の1つとして，国が管理者と同等の費用を負担していることが必要である。大阪高裁は複合的営造物全体に着目して，国は総額の2分の1を負担していることから，3条の費用負担者に該当することを肯定した[4)]。これに対し，上告審である最高裁は，事故が起きた個別の営造物に限定して考察する立場を採用し，本件吊り橋について国は

3)　柴田保幸・判例解説昭和50年度603〜604頁。
4)　大阪高判1985［昭和60］年4月26日判時1166号67頁。

2分の1の負担を担っていないことから，国は3条の費用負担者に該当しないと判示したのである[5)]。

(3) 賠償責任者相互の責任割合

(Q3) 市立中学校の教諭Cが生徒Dに対して行った体罰の違法を主張し，Dは国家賠償請求訴訟を提起した。裁判所は，市は国賠法1条1項に基づき賠償責任を負い，県は教諭の給与を負担していることから同法3条1項に基づき損害賠償責任を負うと判示した。これを受けて，県が賠償金をDに対し全額支払った場合，県は市に対して求償権を行使できるか，検討しなさい。

学校教育法5条によれば，学校設置者（本件では市）が，学校の経費を負担する。地方財政法9条も，地方公共団体が事務を行うための事務経費は当該地方公共団体が負うとする。損害賠償の費用負担も，事務経費の一部であるとすれば，本件では，市が最終的賠償責任者となる（こうした考え方を「費用負担者説」という）。もっとも，市町村立中学校の教員の給与は，都道府県が負担することとされている（市町村立学校職員給与負担法1条）。この点では，都道府県も学校運営に関連して費用負担を行っている。しかし，都道府県の費用負担は給与等の人件費に限定されていることからすると，都道府県の費用負担を根拠に都道府県の賠償費用負担義務まで導くのは困難である。

このほか，教諭Cに対する監督権限を誰が有していたか，という視点が存在する。Cの服務を監督するのは，市教育委員会である（地方教育行政の組織及び運営に関する法律43条1項）。この点からも，市の賠償費用負担義務が導かれる（こうした見解を「管理者説」という）。他方，Cの任免は，市教育委員会の内申を待って，県教育委員会が行う（同法38条1項）。この点で，県教育委員会が選任監督の点で損害発生に関与していることから，県の賠償費用負担義務を肯定する余地が生まれる。このように解すると，市も県も管理者としての責任を負うこととなるが，両者の負担割合は被害発生に対する寄与度に応じて考慮する見解が見られる（こうした考え方を「寄与度説」という）。

---

5) 最判1989［平成元］年10月26日民集43巻9号999頁。

福島地裁は，損害発生に対する寄与といった観点から，県の負担割合1，市の負担割合2という判決を下した[6]。これに対し，控訴審，上告審では，費用負担者説により，全額を市の負担とした[7]。なお，上告審の最高裁は，県の任命権限について言及していない[8]。

2　国家賠償法4条と失火責任法との関係

国賠法4条は，国家賠償について，民法の規定の適用を定めている。ここでいう民法が民法典に限定されるのか，民法付属法令（例えば，民法709条の特則である失火ノ責任ニ関スル法律［以下「失火責任法」という］）まで含むのかが議論されてきた。失火責任法が適用されるならば，失火にかかる国家賠償の事例で，国又は公共団体が責任を負うのは公務員に重過失がある場合に限定される。

（Q 4）　E市の消防士が消火活動に出動し，鎮火した（ないしは，出動時には既に消火していたため消火活動はしなかった）。その後，残り火が再燃して，第2次出火が発生した。こうした事例で，第2次出火により家を失ったFが国賠法1条に基づき損害賠償を請求する場合，E市は責任を負うことになるのか，検討しなさい。

最高裁は，国賠法4条により失火責任法が適用されると解釈して，消防士が重過失の場合に限りE市の国家賠償責任を肯定する立場を明らかにした[9]。根拠として，失火責任法の適用を，国賠法の場合に限って排除する合理的理由が存在しない点を挙げている。これに対して，消火活動はそもそも失火の概念に当たらないこと，消火活動は消防士の専門的任務であること，失火責任法の趣旨（失火した本人も火事で自己の財物等を失っている場合が多く，失火の場合には免

6）　福島地判2007［平成19］年10月16日判時1995号109頁。

7）　仙台高判2008［平成20］年3月19日判タ1283号110頁，最判2009［平成21］年10月23日民集63巻8号1849頁［百選Ⅱ 251事件］175。

8）　任命権限行使の前提となる過去の事故報告等を県教育委員会が受けていなかった点などから，任命権者としての寄与が認められなかったものとして理解すべきであろう。宇賀克也・重判平成21年度71頁。

9）　最判1978［昭和53］年7月17日民集32巻5号1000頁［百選Ⅱ 252事件］176，最判1989［平成元］年3月28日判時1311号66頁。

責を認める慣習があることに着目した免責論）からすれば，E市の国家賠償責任を緩和する理由がないとする批判説が提起されている[10)]。最高裁の判示は形式的論理にすぎ，批判説の方が説得力に富むように思われる。なお，批判説によっても，消防士以外の公務員による出火（例えば，宿直職員による失火）については，失火責任法の適用は肯定される。

3　特別法による国家賠償責任制限

国賠法5条は，民法以外の他の法律に別段の定めがある場合には，それによると規定している。そこで，ある法律が国家賠償責任を制限する場合について，憲法17条に反するのではないのかといった問題が生じた。例えば，郵便法旧68条及び73条は国の損害賠償責任を免除又は制限しており，民事訴訟法上の送達方法であって確実に送達されることが強く要請される特別送達郵便物について損害があった場合について，国の損害賠償責任を認めていなかった。このような免責・責任制限規定を，最高裁は違憲であると判示した[11)12)]。この事案は，郵政民営化以前のものであり，郵便局職員の行う送達が国賠法1条の適用を受けることを前提とした判断である。

事実関係は次の通りである。G社は訴外Hに対して金銭債権を有しており（その支払いを命じる確定判決も受けている），その一部を請求債権として，神戸地裁尼崎支部に債権差押命令を申し立てた。同支部は当該命令を発付したが，これを送達した郵便局職員の過失によって送達が遅れ，その間にHは（被差押債権であった預金債権について）預金を引き出してしまった。これによって損害を被ったG社が国を被告として，国家賠償請求訴訟を提起した。

上記のような民事訴訟法上の特別送達は裁判所書記官等が行うことがあり，この場合は，かりに書記官の軽過失による損害であっても，国に対する国家賠

10）代表例が，最判1989［平成元］年3月28日・前掲注9）における伊藤正己裁判官の意見である。下山・補償法63頁も参照。

11）最大判2002［平成14］年9月11日民集56巻7号1439頁［百選Ⅱ 253事件］177。

12）なお，郵便法旧68条は書留郵便物についても国の責任を免除又は制限している。最高裁は，傍論として，故意又は重過失に基づく不法行為について免除又は制限を定める部分について違憲・無効の判断を下したが，説明は省略する。

償請求が肯定されている。これとの比較で見れば，本件のように郵便局を利用して特別送達を行う場合では，上記の郵便法の規定により郵便事務事業者の軽過失に基づく国の賠償責任が否定されていたのである。こうした責任制限が合理性及び必要性を欠くとして，最高裁は当該規定について違憲判断を下した[13]。

このほか，法律による責任制限が争われた裁判例としては，世田谷ケーブル火災事件がある。東京高裁は，地下の通信用ケーブル専用構で火災が生じ，加入電話回線の不通によって利用者が損害を被った事例について，日本電信電話公社（NTTの前身）の賠償責任を限定する旧公衆電気通信法109条を合憲と解し，その適用を肯定した（利用者の損害賠償請求は棄却された）[14]。

4　相互保証主義

(1)　相互保証主義の合憲性

外国人による国家賠償請求については，その外国人の本国で日本国民が加害行為を公務員から受けた際に，日本におけると同様の国家賠償による救済が認められている場合に限り，許容している（相互保証主義。国賠法6条）。こうした相互保証主義を定めた規定が憲法17条及び14条と適合するかという問題について，合憲と解されてきた。その具体的な論拠として，外国で日本国民に対して保護が与えられないのにわが国が進んでその外国人を保護する必要はないのは，衡平の原則からやむをえない合理的制約であり，外国で日本国民に保護を与えるよう促す契機になること，国家賠償請求権が前国家的権利ではないことなどが挙げられた[15]。アメリカ人に対する刑務所拘禁中の処遇が争われた国家賠償事件で，次のように相互保証主義の合憲性（＝憲法14条1項適合性）を判示した最判例が見られる[16]。

「[憲法17条は,] 外国人による国家賠償請求について，必ずしも我が国の国

13）本判決に関して，詳しくは，野坂泰司『憲法基本判例を読み直す』（有斐閣・2011年）13頁以下参照。

14）東京高判1990［平成2］年7月12日判時1355号3頁。

15）古崎・賠償法254頁，佐藤幸治『日本国憲法論』（成文堂・2011年）359頁。

16）東京地判2002［平成14］年6月28日判時1809号46頁 136 。同判決は，アメリカ

民による国家賠償請求と同一の保障をしなければならないことを要請するものではなく，外国人による国家賠償請求について，我が国の国民による国家賠償請求とは異なる事情が認められる場合に，法律により特別の定めを設けて制約を加えることも，その内容が不合理なものでない限り，同条の規定に反しないものと解される。

そこで検討すると，国家賠償法6条が外国人による国家賠償請求を相互の保証のある場合に限定しているのは，我が国の国民に対して国家賠償による救済を認めない国の国民に対し，我が国が積極的に救済を与える必要がないという，衡平の観念に基づくものであり，外国人による国家賠償請求について相互の保証を必要とすることにより，外国における我が国の国民の救済を拡充することにも資するものということができる。

そうすると，外国人による国家賠償請求について相互の保証を要することとした国家賠償法6条の規定は，外国人による国家賠償請求に関する特有の事情に基づくものであり，その趣旨及び内容には，一定の合理性が認められるというべきである。」

⑵　相互保証主義が適用された具体例

中華人民共和国の国民であるＩは第2次世界大戦中に，日本政府の強い影響力のもとにあった中華民国臨時政府軍の兵士により強制的に中国から日本へ連行され，極めて劣悪な労働条件下で強制労働をさせられたため，逃走した。Ｉは北海道の山野で飢餓，極寒の中で生活することを余儀なくされ，野獣により生命，身体の安全を常に脅かされるなど，過酷な体験を強いられた。こうした被害は，日本の公務員の行為により生じたと主張して，国賠法施行日の1947年10月27日から発見・保護された1958年2月9日までに被った上記損害について，日本国を被告に国家賠償請求訴訟を提起した。東京高裁は，中国では国家無答責の法理が存在し，中国で中国公務員の職務行為により被害を受けた日本人に国家賠償を認める法的根拠は存在せず，わが国と中国との間で相互保証は存在しなかったとして，本件国家賠償請求には理由がないと判示した[17]。

との相互の保証を認定したうえで，損害賠償も認容している。

17）　東京高判2005［平成17］年6月23日判時1904号83頁 128 。この判決も，相互保証主義を定めた国賠法6条を合憲であると判示している。

●参考文献

宇賀克也「費用負担者」ジュリスト993号（1992年）165頁以下
芝田俊文「費用負担者との関係」村重慶一編『裁判実務大系18巻国家賠償訴訟法』（青林書院・1987年）64頁以下
鈴木康之「相互保証」村重編・前掲書75頁以下
山本隆司「国家賠償法第3条・第4条」補償法大系3巻131頁以下

第 20 章
損失補償の基本問題

▶本章の狙い

国や地方公共団体の適法な行為によって個人の財産権に損失が生じた場合，換言すれば，法律や条例が個人の財産権に対する侵害や規制を承認した規定を置いている場合には，それにより生ずる損失は国や地方公共団体によって負担されなければならない。土地収用の際の補償が代表例である。本章では，損失補償制度の法的特色，補償内容，請求方法，補償の要否の判断基準などを，詳細に扱う。

1 法的構造

⑴ 制度的基礎

損失補償制度を支える根拠の1つは，国や地方公共団体などの活動による侵害に対し財産権は保障されなければならないという原則（財産権保障）である。2つには，国家等の活動により生ずる損失を一個人に負担させるのは不平等であり，国民全体の負担で補償すべきであるという平等負担原則を根拠として挙げることができる[1)]。このように，損失補償の仕組みは，財産権保障を規定した憲法29条3項及び平等取扱いを定めた憲法14条1項に基礎をもつ。第2次世界大戦前までは法律上の制度（立法政策の結果）にとどまっていた損失補償は，

1)　今村成和『損失補償制度の研究』（有斐閣・1968年）26頁以下。

今日では憲法上の制度（29条3項）へと高められている。

⑵　損失補償請求権の根拠

⒜　法律・条例に規定がある場合

損失補償に関して法律又は条例が規定を置いている場合には，市民はそれに基づき請求することができる。こうした規定は個別の法令に散在している状況にあり，損失補償にかかる一般法典は存在しない。なお，土地の収用に関して規律した土地収用法は，収用の手続や要件，損失補償の種類などを詳細に定めていることから，損失補償の学習においては基本的仕組みとしてその理解を深めておく必要がある。

損失補償に関する規定が法律又は条例に置かれている場合には，補償の請求は当該規定に基づいて行うべきであり，それによらずに直接憲法29条3項に基づいて損失補償を請求することはできない[2)]。

⒝　法律・条例に規定がない場合

法律又は条例が財産権に対し規制を課しているにもかかわらず，損失補償の規定を置いていない場合について，2つの考え方が存在する。1つは，損失補償を規定せずに行う規制自体が違憲であり，当該法律の無効を説く見解である。これによれば，救済手段としては，財産権を規制する処分の取消訴訟等を提起すべきである。ドイツ法はこうした立場をとる。これに対し，日本法では，法律や条例が損失補償を定めていないか不充分な場合には，憲法29条3項を直接の根拠にして損失補償を請求することを許容している[3)]。これは，損失補償を別途認めることで，財産権に対する規制自体の許容性を導くといった合憲解釈である。

日本法の立場は，規制法律（又は条例）の違憲・無効をもたらすことなく，

2)　最判1987［昭和62］年9月22日裁判集民事151号685頁。この事例で，最高裁は国立公園又は国定公園の特別地域内における工作物建築の不許可（自然公園法17条［現20条］3項）に関する補償を，同法35条（現64条），36条（現65条）所定の手続によらず求める訴えを不適法とした。

3)　最大判1968［昭和43］年11月27日刑集22巻12号1402頁［百選Ⅱ 260事件］178。最判1975［昭和50］年3月13日判時771号37頁は，財産権規制を定めた条例が損失補償規定を欠く事例について，直接憲法29条3項に基づく損失補償請求を肯定した。

損失補償の方法により対応する点で柔軟な解釈であるといえる。しかし，議会の立場からすれば，損失補償が不要であるとして立法した規制制度について，裁判所によって損失補償付きのシステムに作り替えられてしまうといった問題が存在する。もっとも，議会が損失補償を支払ってまで規制を課すべきではないと考えるのであれば，立法措置を通じて当該規制を廃止することができる。財産権保障は憲法上の要請であるから，一定の限度を超えた財産権規制（次の*2*(1)で述べる基準を満たすもの）について，議会は損失補償の規定を伴って立法すべき義務を負い，この点に立法裁量は存在しないのである。

〔Q 1〕　A は宮城県名取川の堤外民有地を賃借して，相当な資金を投入して砂利採取業を営んでいた。河川附近地制限令（旧河川法に基づく命令である。以下，「制限令」という）が制定され，その 4 条 2 号で，河川付近地に指定された地域で土地の掘削など土地の形質変更を行う場合には，知事の許可が必要とされた。これは，河川管理の目的から，市民の土地所有権等を制限するものである。堤外民有地の全区域が河川付近地に指定されたにもかかわらず，A は知事の許可を受けることなく掘削を行ったため，3 万円の罰金刑に処せられた。制限令 4 条 2 号の制限には，損失補償の規定が置かれていない。この事案において，A は「損失補償規定を欠く制限令 4 条 2 号は憲法 29 条 3 項に違反した違憲無効な法令であり，同号違反に対する罰金を定めた制限令 10 条も無効である」と主張して，無罪を主張することができるか，検討しなさい。

損失補償に関する規定が存在しない場合であっても，財産上の規制が受忍限度を超え，特別の犠牲を課すものである場合には，A は損失を具体的に主張して，直接憲法 29 条 3 項に基づき損失補償を請求することができる[4)]。したがって，制限令は補償規定を欠いていても合憲であり，上記罰金規定（制限令 10 条）も有効であることから，X は無罪を主張できない。なお，河川附近地制限令は旧河川法と共に廃止された[5)]。

4)　最大判 1968［昭和 43］年 11 月 27 日・前掲注 3)。

5)　現行法で類似の仕組みとして，海岸保全区域（海岸法 3 条），港湾隣接地域（港湾法 37 条・37 条の 2），沿道区域（道路法 44 条），河川保全区域（河川法 54 条）などがある。桑田連平・判例解説刑事篇昭和 43 年度 412 頁。

2　補償の要否

財産規制について損失補償を必要とするかという問題について，以下では，基本的な考え方を説明する。

(1)　補償の要否の基準

損失補償の要否は形式的基準及び実質的基準により判断されてきた[6]。ここでいう形式的基準とは，規制行為の対象が一般的であるか（＝広く一般人を対象としているか），特定の範疇に属する人を対象としているかといった基準である。規制行為の対象について具体性が高いほど，特定の者に特別な犠牲を負わせるものと考えやすいため，損失補償は必要と判断される。他方，実質的基準とは，規制行為が財産権の本質的内容を侵すほどの強度のものであるかという基準である。規制強度が大きいほど，財産権保障の観点から損失補償が要請される。

今日では，実質的基準をさらに洗練した見解が支持を得ている[7]。ここでは，規制の態様及び強度に基づく基準と規制目的（警察制限か公用制限か）に着目した基準が組み合わされている。判断方法を具体的に見ることとしよう。まず，財産権の剝奪に当たる規制や当該財産権の本来の効用の発揮を妨げる規制は，権利者の側に受忍すべき理由がない限り，当然に補償を必要とする。次に，そうした程度に至らない財産権行使の制限については，規制目的に着目して，次の(2)で述べる警察制限か公用制限かによって判断する。

なお，財産権規制を受ける側に原因が存在する場合（例えば，火災の発生した家屋に対する破壊消防のように，規制を受ける財産に危険性が認められる場合），規制を受ける財産の価値が既に消滅している場合（例えば，病原菌に汚染された食品に対する廃棄命令の事例）では，損失補償は不要と解されている[8]。

---

6)　田中・上214頁以下。
7)　今村・前掲注1）31頁。
8)　塩野・Ⅱ362頁以下。

⑵　規制目的と補償の要否

⒜　積極的目的と消極的目的

公共の安全・秩序維持など，社会的共同生活の安全確保といった消極的目的のためになされる財産権制限を「警察制限」という[9)]。こうした制限は財産権の社会的拘束・内在的制約と理解される場合が多く，損失補償は不要と解される。災害防止など，公共の福祉を保持するために社会生活上やむをえずなされる財産権制限は，財産権に内在する制約であり，当該財産権の所有者が受忍すべきものと考えられる[10)]。その他，警察制限の具体例として，汚染された食品の廃棄，火災家屋の破壊消防，消防法上の危険物規制，建築基準法による建築規制などが挙げられよう。

これに対し，産業・交通その他公益事業の進展や国土の総合利用・都市の開発などのように，他の公益目的（これを「積極的目的」という）のためになされ，当該財産権の社会的効用とは無関係に課される財産権制限を「公用制限」という[11)]。公益目的による規制については一般に損失補償が必要であると解されてきた。具体例は，自然公園法に基づく公園内の建築制限などである。

以下，規制目的に着目しつつ，損失補償の要否を具体的に考える。

⒝　鉱業権行使の制限

町がその所有地に中学校を建設したため，鉱業権を有していたＢは鉱業法64条の規定により，当該中学校の敷地及びその周辺50メートルの範囲で鉱物採掘ができなくなった。同法には損失補償の規定はなく，Ｂは憲法29条3項に基づいて損失補償を請求することができるかが争われた。鉱業法64条は，鉱業の実施による学校等の公共施設の損壊や施設利用者の災害を未然に防止する目的で掘削制限を定めており，当該制限は公共の福祉からする最小限のものであることから，何人も受忍義務を負うものと解される[12)]。

---

9)　本文の記述は，田中・上215頁を参考にした。

10)　奈良県ため池の保全に関する条例がため池の堤とうに竹木や農産物を栽培することや建築行為を禁止するなど，財産権行使を著しく制限している点について，最高裁は憲法29条3項の補償を不要と解した。最大判1963［昭和38］年6月26日刑集17巻5号521頁［百選Ⅱ 259事件］183。もっとも，この判決は，ため池の決壊に結びつく堤とう使用行為がそもそも財産権の行使の埒外と判示した点に主眼がある。

11)　本文の記述は，田中・上215頁，今村・前掲注1）31頁を参考にした。

12)　最判1982［昭和57］年2月5日民集36巻2号127頁。参照，塩崎勤・判例解説昭

> **鉱業法第 64 条**　鉱業権者は，鉄道，軌道，道路，水道，運河，港湾，河川，湖，沼，池，橋，堤防，ダム，かんがい排水施設，公園，墓地，学校，病院，図書館及びその他の公共の用に供する施設並びに建物の地表地下とも 50 メートル以内の場所において鉱物を掘採するには，他の法令の規定によつて許可又は認可を受けた場合を除き，管理庁又は管理人の承諾を得なければならない。但し，当該管理庁又は管理人は，正当な事由がなければ，その承諾を拒むことができない。

(c)　破壊消防

図表 20-1　破壊消防と損失補償の要否

①火災が発生した（又は発生しようとしている）家屋・土地（消防法 29 条 1 項）…不要
②延焼のおそれのある家屋・土地（同条 2 項）…不要
③延焼のおそれのない家屋・土地（同条 3 項）…必要

消火活動の一種として，建築物を破壊して火災の勢いを弱めたり延焼を防止する手法が存在する。これは「破壊消防」と呼ばれ，消防法 29 条は 3 つの場合に分けて規定している（1 項〜3 項。**図表 20-1** 参照)。

①火災が発生した家屋を破壊する場合（消防法 29 条 1 項）　火災が発生した家屋は，それ自体が社会に対して危険な存在であり，家屋所有者等は危険な状態を除去する義務を負う。したがって，警察権（社会公共の秩序維持を目的とした行政作用を指す）の発動として，消防活動により家屋が破壊されたとしても，生じた財産権侵害は家屋所有者等が本来負うべきものであり，受忍義務の範囲内である[13)]。このように，規制を受ける原因が財産権の側に存在する場合には，損失補償は必要ない。

②延焼のおそれのある家屋を破壊する場合　延焼のおそれのある家屋は，破壊しなくとも火災により焼失する可能性が高く，経済価値を既に実質的に失っていると見ることができる[14)]。したがって，損失補償は不要とされた（同条 2 項)。

③延焼のおそれのない家屋を破壊する場合　延焼のおそれのない家屋を破壊する場合，その家屋は公共の用に供されたと評価することができる。つまり，

和 57 年度 119 頁。

13)　田中・損害賠償 232 頁。

14)　輪湖公寛・判例解説昭和 47 年度 334 頁参照。原田尚彦「即時強制にともなう補償の特質」時の法令 502 号（1964 年）44 頁。

この場合には特別犠牲が存在し，損失補償の必要性を認めることができる[15)]。消火，延焼防止，人命救助のために緊急の必要が認められる事例で，延焼のおそれのない建物に対してなされた破壊消防活動は，消防法29条3項の要件に該当し，損失補償を要する[16)]。

(d)　消防法上の離隔距離規制

〔Q 2〕　Cが国道の交差点に面する土地でガソリンスタンドを経営していたところ，国は交差点に地下横断歩道を設置した。そのため，Cの設置する地下埋設ガソリンタンクが地下道から10メートル以内の距離となり，消防法10条4項及び危険物の規制に関する政令13条1号イ（当時）の定める離隔距離規制に違反する施設となった。そこでCは，ガソリンタンクの移設を行った。道路が新設されて道路と道路に面した土地との間に高低差が生じた場合に，物理的障害を解消するために土地所有者が設置した通路などに要した費用については，損失補償が認められている（道路法70条1項。「みぞかき補償」という）。Cは地下道が新設されたことに伴い移設工事が必要になったことを主張して，同条に基づいて損失補償を請求することができるか，検討しなさい。

道路の設置がなされ，沿道土地所有者に工事の必要が生じたという点では，Cの事例も道路新設による「みぞかき補償」の事例も一見したところ同様であり，共に道路法70条1項により補償対象になりそうである。しかし，損失をもたらした原因行為を仔細に検討するならば，Cの場合には，地下道設置により消防法令に基づく警察規制違反が発生し，違反を回避するためになされたガソリンタンク移設工事に伴い損失が発生したという構造が認められる。したがって，この場合の損失補償の要否は消防法令に基づく規制との関係で判断されるべきである。消防法令は損失補償の規定を置いておらず，規制の趣旨は，財産権自体のもつ危険性に着目して，当該財産権から発生する警察規制違反状態の解消責任を危険物所有者に課す趣旨と解される。最高裁も，本件事例のように警察規制により移転を余儀なくされた工事費用の損失は（損失補償を定めた）道路法70条1項には含まれないと判示した。つまり，Cの財産に生じた損失は消防法上の警察規制に基づく損失にすぎないと解釈したのである[17)]。

15）　今村・前掲注1）72頁注10。
16）　最判1972［昭和47］年5月30日民集26巻4号851頁［百選Ⅱ 254事件］181。

⑶　被侵害利益に基づく判断

規制目的と並んで，被侵害利益の性格も，損失補償の要否を判断するうえで重要な基準となる。具体例を見ることとしよう。

⒜　行政財産の使用許可撤回

（Q 3）　Dは1946年にレストラン等を営業する目的で期間の定めのない使用許可を得て，東京都中央卸売市場にある都有地（行政財産である）の一部（「本件土地」という）を使用していた。その後，中央卸売市場への入荷が急激に増加し，本件土地も市場として使用する必要が生じたことから，東京都は1957年に，当該許可を取り消した（講学上の撤回である）。Dは許可の取消しに伴い生じた損失について，損失補償を請求できるか，検討しなさい。

普通地方公共団体が所有する財産である公有財産には，行政財産と普通財産の2種類が存在する。このうち，行政財産には，行政機関が行政事務や事業を行うために使用する公用行政財産（行政庁舎や公務員宿舎が代表例）と，公共の用に供するための公共用行政財産がある（道路，河川等が代表例である）。市民に利用させる場合に，行政財産では使用許可の仕組みが用いられる（例えば，市庁舎の一室を売店や理髪店などに利用させる場合）。他方，（行政財産以外の公有財産である）普通財産では貸付契約の方法が用いられる。損失補償の請求問題が生じるのは，行政財産においては使用許可が取り消された場合，普通財産においては貸付契約が解除された場合である。

普通財産の貸付契約解除に伴う損失補償については，地方自治法238条の5第5項が定めている。他方，行政財産の使用許可の取消しについては，同法238条の4第5項が238条の5第5項を準用している[18]。

行政財産は公用，公共用といった本来の利用目的に用いるべきであることから，他者への貸付けや売払い等は禁止されており（地方自治法238条の4第1項），用途又は目的を妨げない限度においてその使用を許可することが可能である（同条7項）。こうした仕組みを前提とすると，行政財産の場合，本来の目的に

17）　最判1983［昭和58］年2月18日民集37巻1号59頁［百選Ⅱ 255事件］182。

18）　国有財産の場合には，普通財産の貸付契約の解除の損失補償は国有財産法24条2項が定め，行政財産の目的外使用許可取消しに伴う損失補償は同法19条が24条2項を準用している。

沿った使用の必要性が生じた場合には，他者の使用権は消滅すべきものである。つまり行政財産の目的外使用許可は当初からそうした内在的制約を伴ったものとして許容されている。(Q 3) の事例で，卸売市場としての本来の用途又は目的上の必要から本件土地が必要になった場合には，特別な事情がない限り，Dの使用権は消滅すべきことが許可の当初から予定されていたのである。このように考えると，Dには損失補償請求権は認められない[19]。

(b) 行政財産であると畜場の廃止

(Q 4) 熊本県八代市が経営すると畜場は，食用に供する牛などをと殺，解体するための施設である。市の条例上，利用には予め市長の許可を得ることが必要であり，利用資格に制限はなく，利用の度に利用業者によって料金が支払われていた。と畜場は，公共の用に供された行政財産である。利用業者と市との間には委託契約などは存在しない。同市内在住の利用業者Eは，本件と畜場をかねてより利用してきた。ところが，法令改正に伴い必要となった施設の新築費用負担を理由に，市は本件と畜場を廃止した。この場合，Eは市に損失補償を求めることができるか，検討しなさい。

1つの解釈は，特定業者が継続的に本件と畜場を利用してきた実態に着目して，と畜場廃止によりEは遠隔地のと畜場を利用せざるをえなくなることから，本件と畜場廃止を行政財産の目的外使用許可の取消しの場合と同視する。

これに対し，最高裁は，Eが市と継続的契約関係になく，事実上独占的にと畜場を利用したにとどまるとして，本件事例の使用関係は国有財産法19条，24条2項を類推適用すべき継続的使用関係と同視することはできないと判示した[20]。本件でEは，と畜場が公共の用に供された反射的利益を基本的に享受するにすぎず，施設存続を要求できるものとまでは考えられていない。判決の基本的な発想は，道路の自由通行を認められてきた利用者が道路廃止に対して継続利用を要求できないことと同視するものである。この結果，市はEに対して損失補償を支払う必要はないとされた。

---

19) 最判1974［昭和49］年2月5日民集28巻1号1頁［百選Ⅰ94事件］I 162。なお，この判決当時は地方自治法238条の4第5項が存在していなかったため，最高裁は行政財産の目的外許可取消しの損失補償について（行政財産である点は同じであることを理由に）国有財産法24条2項を類推適用している。

20) 最判2010［平成22］年2月23日判時2076号40頁 184。

(4) 規制の態様及び期間――長期の都市計画制限

都市計画道路など都市施設の都市計画が決定された場合，都市計画施設の予定地となる区域内では建築が制限される（都市計画法53条。建築は許可制のもとに置かれ，例えば，木造2階建て程度しか建築は許容されない)。こうした都市計画制限は土地所有権の内在的制約と解されている。その理由は，例えば鉄筋コンクリート造の高層ビルが建設された場合，当該ビルはいずれ都市計画施設のために壊されることとなり，その撤去費用により損失補償額の高騰を招くからである[21)]。なお，都市計画法53条に基づく建築制限には，損失補償を定めた明文規定は存在しない。

議論されたのは，都市計画事業が実施されず建築制限が長期間にわたった場合における損失補償の要否である（長期未着手問題)。最高裁は，都市計画道路区域内で60年以上にわたり建築制限が続けられてきた事例について，以下のように判示して，直接憲法29条3項に基づく損失補償を認めなかった[22)]。

> 「[当該事件にかかる] 事実関係の下においては，上告人ら [計画道路区域内の土地の共有持分権者] が受けた上記の損失は，一般的に当然に受忍すべきものとされる制限の範囲を超えて特別の犠牲を課せられたものということがいまだ困難である」。

学説では，不相当に長期にわたる都市計画制限について損失補償を要求する見解が見られる[23)]。本件では，藤田宙靖裁判官の補足意見に見られるように，①本件土地の所在地が第一種住居地域にあり従前も高度利用が行われる地域でなかったこと，②本件事例では同規模の再建築は都市計画法54条3号の基準を満たし許可されうること，③本件土地はその一部が都市計画制限を受けるにとどまり，他の土地部分と合わせれば当該地域の容積率及び建ぺい率の上限に近い建築が可能なことなどから，都市計画制限のもたらす実質的制約は補償を要する程度に達していないという事情が認められる。したがって，不必要となった都市計画が長期間放置された事例について損失補償を認める可能性は，本判決によっても否定されていない[24)]。

---

21) 柳瀬良幹『公用負担法［新版］』（有斐閣・1971年）111頁。
22) 最判2005［平成17］年11月1日判時1928号25頁［百選Ⅱ 261事件］185。
23) 遠藤博也『計画行政法』（学陽書房・1976年）227頁，西埜・要否86頁。

裁判例の中には，特段の事情がある場合（例えば，「都市計画決定の事実上の廃止」[25]，「社会的経済的諸条件の変化等に照らし当該都市計画事業の必要性自体が消滅するに至っている」[26] などの場合）に，損失補償の可能性を示唆するものがある[27]。

COLUMN

都市計画事業の長期未着手問題

都市計画事業が長期間着手されていない状況は，日本全国で広く認められる。1つの原因は，戦前に国が都市計画決定をした都市計画事業について戦後に地方公共団体が引き継いだ経緯等もあり，地方公共団体自体が現時点で都市計画の基礎となる正確な資料を持ち合わせていないという事情にある。したがって，まず，未着手事業にかかる正確な調査を全国で実施したうえで，不要な都市計画を廃止し，公共性のある都市計画を残す等，都市計画権者による選別が必要である。しかし，見直しに対しては，都市計画制限下に長らく置かれた地権者の反発が予想される一方，見直しのための調査費が財政難に苦しむ地方公共団体にとって重い負担となる。したがって，国の財政負担により全国調査を早急に実施し，計画の見直しに取り組むべきである。

(5) 新しい補助的基準――状況拘束性の理論

損失補償の要否を判断するに際しては，これまで述べてきた考慮要素のほか，規制の対象となる土地について従前の利用状況を考慮した解釈論が存在する。土地はどのような目的にでも利用可能であるという前提に立たずに，現在の利用状況を基礎に，ある規制によりもたらされる損失を具体の事例に即して考える見解である（状況拘束性の理論）。これによれば，現在まで行われてきた財産権利用を侵害する場合には補償が必要と解される一方，従前から行われてきた利用を継続して許容する場合には補償は不要であることになる。換言すれば，従前の利用状況から客観的に予想される用途に基づく利用を不可能にする場合に損失補償を必要とする[28]。この見解の基礎には，土地利用は従前の利用状況や周囲の土地利用に配慮してなされるべきであるという認識が存在する。

24） 同旨，岡田正則・百選Ⅱ 261 事件解説。
25） 東京地判 1993［平成 5］年 2 月 17 日行集 44 巻 1＝2 号 17 頁。
26） 岡山地判 2002［平成 14］年 2 月 19 日判例地方自治 230 号 90 頁。
27） もっとも，この 2 つの裁判例は，ともに特段の事情を認めた事例ではない。
28） 東京地判 1990［平成 2］年 9 月 18 日行集 41 巻 9 号 1471 頁 190。批判的見解として，西埜・概説 219 頁以下参照。

3　補償内容

以下では，損失補償が必要である場合に，提供すべき補償内容について検討する。

(1)　完全補償

(a)　土地収用法71条における「相当な価格」の意味

土地収用法における損失の補償は，公益上必要な事業のために特定の土地が収用される場合，収用によって当該土地の所有者等が被る特別犠牲の回復を目的とする。この点に着目して，最高裁は，土地収用の場合の損失補償額について，以下のように判示した[29]。

> 「完全な補償，すなわち，収用の前後を通じて被収用者の財産価値を等しくならしめるような補償をなすべきであり，金銭をもつて補償する場合には，被収用者が近傍において被収用地と同等の代替地等を取得することをうるに足りる金額の補償を要する」。

憲法29条3項が要請する「正当な補償」とは，完全補償の趣旨であると解されている。それに及ばない相当補償で足りるとされたのは，占領政策の一環としてなされた農地改革など，特別の場合に限られる[30]。

(Q 5)　都市計画街路の都市計画決定がなされ，都市計画事業の告示がされた場合，当該事業地では建築制限が課される。建築制限については，損失補償は不要と解されている。この事業が進み，収用裁決の段階に至った場合，事業地内の土地の補償額は，建築制限が課されたことにより低下した地価で算定すべきか，建築制限がなかった場合に成立するであろう地価で計算すべきかという問題がある。完全補償の観点から，地価の算定方法について検討しなさい。

---

29)　最判1973［昭和48］年10月18日民集27巻9号1210頁［百選Ⅱ 258事件］186。

30)　最大判1953［昭和28］年12月23日民集7巻13号1523頁［百選Ⅱ 256事件］の判旨は，農地改革の事例に限定して理解されるべきものである。

この場合，建築制限で低下した価格で足りるとすれば，被収用者は，その補償額で代替地を入手しようとしても，近傍で同程度の土地を購入することはできない。これでは，完全補償の趣旨に反する。したがって，補償にあたっては，建築制限による低落部分も含めて補償しなければならないのである[31]。

(b)　土地収用法における価格固定制

土地収用により土地所有権の移転が実現するのは，権利取得裁決の時点においてである。したがって，こうした事情を重視すれば，裁決時の土地価格をもって損失補償額を決定すべきである[32]。

しかし，この方式では，以下の問題が生じることが指摘されていた[33]。

①　土地所有者がごねて裁決が遅くなればなるほど事業施行により地価は上がり，土地所有者はより高額の損失補償を手にすることができる（いわゆるゴネ得の発生）。

②　それでは，同じ事業で早期に土地収用を受けた土地所有者との間で不平等を生じてしまう。換言すれば，早期に事業に協力して補償を得た者が損をする仕組みとなる。

③　事業認定の告示を経て，起業者の事業施行により生じる土地価格の上昇（開発利益）は，起業者にではなく，ひとり土地所有者（被収用者）に帰属してしまう。これは，不公平な帰結である。

こうした弊害の是正を意図して採用されたのが，土地収用法71条の定める価格固定制である。ある事業が土地収用の手法を用いて進めるのに適格な事業であることを認定した時点（事業認定時）で土地等の価格を算定（固定）し，これに物価変動率による修正を加えて権利取得裁決時に補償額を決定するという方式である（**図表20-2**参照）。これによれば，土地所有者がごねて裁決時期を遅らせてもそれにより利益を得ることができない

図表20-2　価格固定制度

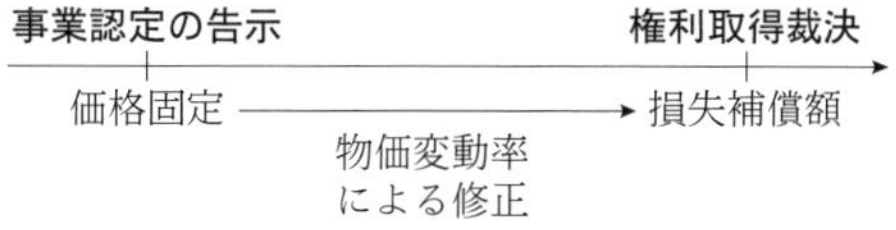

事業認定の告示　→　**権利取得裁決**
価格固定 ――物価変動率による修正――→ 損失補償額

31）　最判1973［昭和48］年10月18日・前掲注29）は，これを明示した判決である。
32）　1967年改正前の土地収用法は，こうした規定を置いていた（旧71条）。
33）　小澤道一『要説　土地収用法』（ぎょうせい・2005年）157頁，小澤・収用法（下）42～44頁。

ため，同一事業における被収用者間で補償額の公平が図られ，告示以降に生じる開発利益は起業者に帰属することとなる。

> **土地収用法第71条**　収用する土地又はその土地に関する所有権以外の権利に対する補償金の額は，近傍類地の取引価格等を考慮して算定した事業の認定の告示の時における相当な価格に，権利取得裁決の時までの物価の変動に応ずる修正率を乗じて得た額とする。

(Q 6)　土地収用法71条の価格固定制に対しては,「事業認定告示後の段階で,物価の変動率と土地価格変動率は一致しないことから，後者が著しく高騰した場合には，被収用者は裁決時点で同等の代替地を取得することができないこととなり，憲法29条3項違反ではないか」という批判が提起された。この批判について検討しなさい。

最高裁は，とりわけ支払請求制度の存在に着目して土地収用法71条の合憲性を判示した[34)]。

すなわち，事業認定後，被収用者は権利取得裁決前であっても起業者に補償金の支払いを請求できる。かかる請求を受けた起業者は，原則として2カ月以内に補償金の見積額を被収用者に支払わなければならない（土地収用法46条の2・46条の4)。支払請求制度の利用により，被収用者は補償の算定時期と支払時期を近接させることができるため，支払われた補償金で，近傍で同等の代替地を取得することが可能となるのである[35)]。

⑵　補償の範囲

損失補償は個別実定法に根拠が置かれているが，代表的な仕組みであり最も詳細な内容を定めたものが，土地収用法である。同法の定める損失補償内容を概観したのが**図表20-3**である。

土地収用法は，収用する土地の対価，収用する土地にある物件の対価，物件

34)　最判2002［平成14］年6月11日民集56巻5号958頁 180 。本判決は被収用者が近傍で被収用地と同等の代替地を取得できる点を重視していることから，完全補償説に立つと評価できる。同旨，小澤・収用法（下）6頁，53頁。

35)　支払請求制度が土地収用法71条の合憲性判断において重要な意義をもつ点について，小澤・収用法（下）51頁以下参照。

図表 20-3　損失補償に関する条項の構成

- **土地収用法における補償条項**
  - **例示規定**
    - 71条・72条　土地の所有権や所有権以外の権利の補償
    - 74条　残地補償
    - 75条　（残地への）みぞかき補償
    - 77条　移転補償
    - 80条　物件の補償
    - 93条　（隣接地への）みぞかき補償（※第三者補償である）
  - **概括的条項**
    - 88条　営業上の損失等，通常受ける損失の補償
- **その他個別法における損失補償条項**
- **憲法29条3項に直接基づく損失補償**

の移転料といった典型的な損失に焦点を当てて，収用補償規定を置いている（これらは例示の趣旨である）。個人の権利状況は多様であることから，それに対応すべく概括条項が88条に置かれている。土地収用法88条が補償の対象とする「通常受ける損失」については，次の(3)で検討する精神的価値・文化的価値の補償をめぐって争われることが多い。**図表 20-3** に例示規定として挙げたもののうち，以下では，見慣れない概念について若干説明することとしよう。

残地補償とは，一体の土地の一部が収用され，その結果として残地が奥行短小，間口狭小，不整形，無道路敷地，袋地などとなった場合において，残地の評価額の減少分について補償を行うものである（土地収用法74条）[36]。

みぞかき補償とは，例えば道路用地を収用し，道路を建設した場合，建設工事による盛り土や切り土等により，道路と隣接土地との間に高低差が生じて，隣接土地所有者が新たに通路を設置せざるをえなくなる場合や，隣接土地所有者が，道路建設事業のために，みぞ（溝）やかき（垣）を設けざるをえなくなった場合に，その工事費用を補償するものである（93条）。このほか，一体の土地の一部を収用したために，残地との間に高低差等が生じた結果必要となった，残地における工事費用の補償もみぞかき補償である（75条。ここでは，みぞかき補償は残地補償としての性格も有する）。

36）　小澤・前掲注33）（要説）176頁，小澤・収用法（下）115頁，120頁。

COLUMN

みぞかき補償の特色

みぞかき補償は，土地収用法における他の補償と比較した場合，2つの特色を有する。第1に，土地収用法における補償の多くは，土地所有者である被収用者に対してなされる補償である。しかし，みぞかき補償のうち，土地収用法93条に定める隣接地所有者に対する補償は，被収用者以外の者，つまり第三者に対する補償として特別な地位を占めている。

第2に，土地収用法における補償は，収用裁決によって生じた法的効果に対応した補償措置であり，土地所有権や物件所有権を奪われた点について対価を支払うもの，物件を移転せざるをえない点について移転料を支払うものである。こうした補償を「収用損失に対する補償」という[37]。これに対し，75条や93条に定めるみぞかき補償は，収用裁決自体の法的効果ではなく，収用によって可能となった事業が実施されることによって周辺住民に及ぶ被害を補償するものである。この被害を「事業損失」という。既に説明したように，道路利用に基づく振動，排気ガスなどによる被害である事業損失について，裁判所は国賠法2条の適用で対応している（⇒第18章*8*）。こうしたなかにあって，みぞかき補償は，立法者が事業損失に対して損失補償により対応した例である[38]。

⑶　精神的価値及び文化的価値の補償

「通常受ける損失」（土地収用法88条）に精神的損失，文化的損失が含まれるか，という問題が存在する。

⒜　精神的損失

精神的損失とは，長年住み慣れた土地から離れる苦痛，移転に伴う生活環境変化，転校による不安，起業者との交渉や収用手続参加を余儀なくされる苦痛，移転先を選定することに伴う煩わしさなどを含む[39]。こうした場合について，判例や行政実務は損失補償を認めることに消極である[40]。行政実務上は，精

37）　小澤・前掲注33）（要説）151頁，小澤・収用法（下）7〜8頁。

38）　阿部・補償法318頁は，「賠償を立法政策により収用補償に転換させた制度」という。

39）　小澤・前掲注33）（要説）198頁，小澤・収用法（下）304頁以下参照。

40）　徳島地判1956［昭和31］年5月2日行集7巻11号2830頁。「原告の主張する精神的損失についての補償であるが，土地収用法第88条に所謂通常受ける損失とは，財産上の損失を意味し，精神上の損失を包含しないものと解する。蓋し土地の収用又は使用により精神上の損害を生ずるのは土地所有者又は関係人が，当該土地につき特殊な愛着の情を有するとか，その他特段の事情ある場合に限るべく，かかる損害は通常生ずる損

神的損失に対する補償等の措置は行わないものとされてきた[41]。損失補償は，もっぱら財産的価値の損失についての補償と理解されてきたのである。

(b) 文化的損失

次に，文化的損失の補償問題を考えることとしよう。

(Q 7) 木曽川と長良川の間に存在する輪中堤は，江戸時代初期からFの先祖により築造・維持され，水害から村落共同体を守ってきた。輪中堤はFの所有となったが，河川区域として収用され国に帰属した後も，Fは占用許可を得て占有を続けてきた。その後，長良川の改修工事で輪中堤の占用許可は取り消された。この場合に，堤防敷地，原野，山林，荒地の所有権相当額以外に，その文化財としての価値が損失補償の対象となるか，検討しなさい。

損失補償制度は，収用の前後を比較して被収用者が財産的価値を等しく維持することができるようにする仕組みである。このことを前提として，文化財的価値が金銭評価可能な客観性のあるものであるか，換言すれば，市場を通じて形成される価格を想定できるのかが問われてきた。輪中堤の文化財的価値には個人の主観的感情の枠を超え，広く社会的に承認された客観的価値が認められるとして，文化財的価値の損失補償を容認した裁判例も見られた[42]。これに対し，最高裁は，以下に見るように，輪中堤の文化財的価値は不動産としての価格形成に影響を与えるものではないと判示して損失補償を不要と解した[43]。

「原審の認定によれば，本件輪中堤は江戸時代初期から水害より村落共同体を守ってきた輪中堤の典型の1つとして歴史的，社会的，学術的価値を内包しているが，それ以上に本件堤防の不動産としての市場価格を形成する要素となり得るような価値を有するというわけでないことは明らかであるから，前示のとおり，かかる価値は本件補償の対象となり得ないというべきである。」

(4) 生活再建のための措置

土地を公共事業に提供したことによって，従前の営業が続けられなくなった

害とはなし得ないからである。」

41) 1962［昭和37］年6月29日閣議了解「公共用地の取得に伴う損失補償基準要綱の施行について」第2。参照，補償基準要綱232頁。

42) 名古屋高判1983［昭和58］年4月27日行集34巻4号660頁。

43) 最判1988［昭和63］年1月21日判時1270号67頁。

り，代替地を入手できないなど，生活の基礎を失う者が生じることがある。これは，山林労務者が山から下りた時に生活が成り立つのか，といった問題である。こうした場合について，起業者の努力義務として，そうした者の申出に応じて，職業紹介や職業指導・訓練をはじめとして，生活再建のための措置をとるよう法律で規定している例がある（現行法上，多くはないが，生活再建にかかる規定が存在する）[44]。土地収用法139条の2は「事業に必要な土地等を提供することによつて生活の基礎を失うこととなる者」について，生活再建のための措置を規定している。この規定で注目すべき点は，収用により強制的に土地等を提供させられたのか，任意買収に応じて提供したのかに関わりなく，生活再建措置の申出が可能とされていることである[45]。

土地収用法第139条の2①　第26条第1項（略［事業認定の告示の規定］）の規定によつて告示された事業に必要な土地等を提供することによつて生活の基礎を失うこととなる者は，その受ける対償と相まつて実施されることを必要とする場合においては，次に掲げる生活再建のための措置の実施のあつせんを起業者に申し出ることができる。

一　宅地，開発して農地とすることが適当な土地その他の土地の取得に関すること。

二　住宅，店舗その他の建物の取得に関すること。

三　職業の紹介，指導又は訓練に関すること。

②　起業者は，前項の規定による申出があつた場合においては，事情の許す限り，当該申出に係る措置を講ずるように努めるものとする。

生活再建措置の実施が憲法29条3項の要請に基づくものであるのか，当該措置の実施は起業者等の法的義務と捉えることができるのか，という問題が存在する。裁判例を見ることしよう。水源地域対策特別措置法8条は，「指定ダム等の建設又は整備事業の実施に伴い生活の基礎を失うこととなる者」の申出に基づき，指定ダム等を建設する者が「生活再建のための措置のあつせん」に努めるものとすると規定する。岐阜県の徳山ダム建設に伴い，ダム建設後に徳山村内に残留する者が上記の申出をしたにもかかわらず，水資源公団（当時）

44）　都市計画法74条，公共用地の取得に関する特別措置法47条，水源地域対策特別措置法8条，国土開発幹線自動車道建設法9条など。

45）　小澤・前掲注33）（要説）200頁。

はこれを放置した。こうした扱いは同条に反するほか，憲法29条3項違反であり，回復し難い損害を被ったと主張して，残留者がダム建設の差止めを求める義務付け訴訟を提起した。裁判所は，生活再建措置の斡旋は憲法29条3項にいう正当な補償には含まれず，斡旋は補償とは別個になされる補償補完措置であると解釈した[46]。そのうえで，ダム建設により原告に回復し難い損害が生ずることは否定され，ダム建設の差止めを求める無名抗告訴訟は不適法と判示された。

⑸ 公用制限と損失補償

都市計画を実現する目的で一定の建築行為を許可制のもとに置くなど，土地利用を制限する公用制限の仕組みが存在する。都市計画法で見られる公用制限には，①都市計画で決定された都市施設の区域内で権利制限が生じる都市計画（事業）制限，②地域・地区の指定に基づく制限などが存在する。

⒜ 都市計画（事業）制限

都市計画制限では，都市計画事業の事業区域内等で2階を超える堅固な建物の建築などが制限される（都市計画法65条）。こうした制限により土地価格は下落するが，収用裁決の段階で，制限がなければ成立したであろう価格を基準とする価格により完全補償がなされる（(Q 5) 参照)。これにより，財産権の保障が図られているのである。

⒝ 地域・地区の指定に基づく制限

都市計画法8条に基づく用途地域の一例として，第一種低層住居専用地域では，高層建築が制限されるほか，病院，ホテルなどの建築も禁止される。また，市街化区域と市街化調整区域の区分（いわゆる線引き。同法7条）がなされると，市街化区域では公共施設建設など公共投資が重点的に行われ，建築目的の土地利用が進められる一方，市街化調整区域では農業利用を主に想定しているため，開発や建築は抑制される。さらに，風致地区や美観地区の指定による制限も存在する。

このように区域を設定して，そこにおける建築活動等を制限する場合につい

46） 岐阜地判1980［昭和55］年2月25日行集31巻2号184頁 189 。

て，一般に補償は不要と考えられている[47]。その理由として，第一種低層住居専用地域では，厳しい建築制限のため土地利用が制限される反面において，隣家の高層化や工場建設により日照や静謐な住環境が侵害されるリスクから解放されるというメリットも存在するからである。こうした互換関係が認められるため，特別犠牲の存在は否定され，損失補償は不要と解される。市街化区域と市街化調整区域の区分に関しては，限度のある公共資金のもとで都市機能を発展させ，住宅開発と農業利用を計画的に区分して街づくりを進める点に，公共性が認められ，補償は不要と解されてきた[48]。

(6)　不許可補償

自然保護や文化財保護の目的で土地利用制限が課される場合があり，損失補償について，法律が明文規定を設けている例が見られる。自然公園法に基づく特別地域では工作物の新築等の利用行為が環境大臣の許可制のもとに置かれ，不許可の場合に初めて「通常生ずべき損失」について補償がなされる仕組みがとられている（自然公園法20条3項・64条)。これらは自然保護や文化財保護という積極的目的による土地利用制限である点で，損失補償が要請されるものである。地域指定により許可制のもとに置かれた段階（＝利用行為が一般的に禁止された段階）で補償がなされるのではなく，（利用制限が確定的になった）不許可の時点でなされる点に特色がある。こうした特色から「不許可補償」と呼ばれる。類似の仕組みは他の法律にも見られる[49]。

自然公園法で不許可補償として補償される「通常生ずべき損失」の解釈に関して，見解の対立が存在する。不許可補償における補償額判断基準として，以

47)　遠藤・実定251頁。

48)　同旨，阿部・補償法276頁，松島諄吉「新・都市計画法と損失補償の問題」ジュリスト403号（1968年）34頁。市街化調整区域でも，従前の利用は保障されている点も重要である。なお，市街化調整区域においても開発規制等に着目し，土地所有者に特別な犠牲を負わせるものであるとして補償を要請する見解として，荒秀「開発許可制と住民の損失」ジュリスト372号（1967年）47頁以下。

49)　自然環境保全法33条，古都における歴史的風土の保存に関する特別措置法9条，鳥獣の保護及び管理並びに狩猟の適正化に関する法律32条，文化財保護法43条5項。都市緑地法10条の損失補償は，行為の届出に対してなされる禁止・制限等の処分について与えられる。

下の諸説が提唱されてきた[50]。

(a)　**地価低落説**

土地利用の不許可決定による土地の利用価値の低下は，不許可により生じた地価に反映されると考え，地価低落分を客観的に算定して補償額とする見解である[51]。もっとも，このような不許可決定がなされる地域では土地取引が少なく地価形成がなされているのか，十分な価格比較ができるのか，疑問も多く，地価の算定に困難が伴う[52]。また，地価決定要因の複雑性から，利用制限が地価に反映されるという前提に対して疑問を提起する見解も見られる[53]。

(b)　**積極的実損説**

特別地域の指定がなされ，土地の利用行為が制限されたため，予期しない出費を現実に余儀なくされた場合に，その積極的かつ現実的な出費のみを補償すれば足りるという見解が存在する[54]。許可制のもとに置かれた時点で既に着手していた利用行為は許可を要せず引き続き行うことができるため（自然公園法20条6項），この説にいう（不許可によって生じる）積極的実損とは何を意味するのか，理解は容易ではない。実損として挙げられてきたのは，具体的には，家屋の改築禁止のために従前の営業が継続できなくなった場合や，保存地区指定により木材伐採が禁止され従前の林業を継続できなくなった場合に生じた移

50）　西埜・要否141頁以下。

51）　原田尚彦「公用制限における補償基準」公法研究29号（1967年）181頁。東京地判1982［昭和57］年5月31日行集33巻5号1138頁は補償を不要としたが，地価低落説に依拠した判示を行っている。自然公園法上の特別地域内の山林の所有者が，環境庁長官（当時）により同山林内の転石10万トンの採取不許可決定を受けたことを理由として，同法35条1項（当時）に基づいて国に対して損失補償を請求した事例である。判決は，同人が同項の通常生ずべき損失を受けたとは認められず，また，本件許可申請は重要な植物相を失わせ，景観に重大な影響を及ぼすものであり，社会通念上，同法による特別地域指定の趣旨に著しく反する申請権の濫用であるとして，損失補償の請求を棄却した。

52）　阿部・補償法289頁以下。

53）　遠藤・実定254頁。

54）　東京地判1986［昭和61］年3月17日行集37巻3号294頁の判示の一部に，こうした基準が含まれている。自然公園法上の第三種特別地域内の山林の所有者が，県知事から同山林内の土石約700万立方メートルの採取不許可決定を受けたことを理由として，同法35条1項（当時）に基づいて国に対してなした損失補償請求の事例である。本件の制限は自然公園内の優れた風致及び景観を維持し保存するために必要かつ合理的な範囲内の制限であるとして，請求は棄却された。東京地判1990［平成2］年9月18日・前掲注28）も参照。

転費や廃業費，許可されると思い事前に行った測量や設計の費用などを指す[55]。地価低落分や将来の期待利益の喪失分は含まないのである。行政実務は，積極的実損説による。

(c) 相当因果関係説

利用制限行為と相当因果関係にある損失をすべて補償に含めて理解する見解がある。地価低落分，実損分のほか，逸失利益までをも含む点に特色がある。例えば，自然公園内で石の採取が制限された事例について，採石が許可されていれば得たであろう得べかりし利益まで含めて補償を算定する。

(d) 小　括

不許可補償においては一般に，積極的実損を超えて，（仮に価格算定ができたとして）地価低落分まで補償する必要はないと解されている。その理由として，土地の従来の用途や状況から利用が客観的に予定されておらず，不許可が利用を妨げるものではないという事情を挙げることができる。一例として，自然公園の特別地域内で別荘の新築が不許可とされた事例で，損失補償を不要とした判決を取り上げることとしよう[56]。裁判所が補償の要否を判断するうえで重視したのは，同地域では原生林が残され，現在まで別荘は存在せず，樹木の繁茂する急斜面で道路も通っておらず，上下水道，電力が供給されていない状況にあり，客観的に見て別荘用地として利用されることが全く想定されていない地域であるという点である[57]。

4　補償手続と補償金支払時期

(1) 補償の方法

(a) 替地補償請求権

土地収用法は，補償を金銭で行うことを原則としている（70条本文）。例外

55）阿部・補償法284頁，原田・要論276頁，西埜・要否143頁以下。

56）東京地判1990［平成2］年9月18日・前掲注28)。

57）古都における歴史的風土の保存に関する特別措置法9条1項2号が「許可の申請に係る行為が社会通念上特別保存地区に関する都市計画が定められた趣旨に著しく反する」場合に無補償としているのも，考え方は同じものであろう。同様の例は，都市緑地法10条1項2号ロにも存在する。

的に，土地所有者は代替地による補償を収用委員会に申し出ることができる（同条但書・82条)。収用裁決のうち，損失補償に不服がある場合には，土地所有者は起業者を被告として当事者訴訟を提起する方式が法定されている（133条)。これは，公法上の当事者訴訟の一種である（⇒第12章*5*)。この訴訟において，多くの場合，原告は増額の請求を行う。

裁判例の中には，土地所有者が起業者に対して増額ではなく代替地を訴訟で請求することができるかが争われた事例が存在する。土地収用法133条が「補償金額」の文言に代えて「損失の補償」の文言を採用した立法趣旨からすれば，同条の「損失の補償に関する訴え」には補償の方法に対する不服，つまり代替地による補償請求も含まれると解することができる[58)]。

(b) 権利取得裁決後の遅延損害金

土地所有者は，起業者を被告に損失補償の増額請求訴訟を土地収用法133条に基づき提起し，勝訴した場合には，増額された損失補償金のほか，損失補償請求権が成立した権利取得裁決時から支払い済みに至るまでの遅延損害金を請求することができる[59)]。

(2) 補償金の支払時期

憲法上の要請として，補償金は財産提供に先立って支払われなければならないか，財産の提供と同時に支払われなければならないかが争われた。最高裁は，憲法29条が正当な補償とだけ規定していることを理由に，事前補償ないし同

---

58) 神戸地判1996［平成8］年8月7日判時1596号55頁は，損失補償金の給付に代えて替地による補償を請求する方法を適法と解釈したが，当該事件に関しては，代替地支給を認める要件（①金銭補償では被収用者に代替地の取得が困難であること，②代替地を現実に取得しなければ従前の生活・生計を被収用者が保持しえないと客観的に認められる特段の事情があること，③代替地の提供が起業者の事業又は業務の執行に支障を及ぼさないこと）を欠くと判示した。同旨，実務的研究325頁。

59) 最判1997［平成9］年1月28日民集51巻1号147頁［百選Ⅱ 216事件］［96］。本文の説明は，損失補償請求権が実体法上，収用裁決によって発生すると考え，土地収用法133条の訴訟はその請求権の不足分の給付を求める訴えと理解して説明した（いわゆる給付訴訟説)。これに対し，損失補償請求権は増額の判決（裁決変更判決）によって初めて形成されるという見解をとった場合でも（いわゆる形成訴訟説)，収用裁決時に取得した権利（請求権）の具体的金額が判決によって確定しただけで，そうした損失補償請求権の実現が権利取得時から遅延していたと考えれば，本文の説明と同じ結論を導くことは可能である。同旨，川神裕・判例解説平成9年度（上）103頁。

時補償は憲法上保障されていないと解した[60]。事前補償が憲法上，立法者に義務づけられていないとしても，支払時期にかかる立法者の裁量には制約が存在する点に注意が必要である。第1に，財産提供の時点から補償金の支払いが遅れた場合，遅れた期間について，正当な補償の要請から利息分の支払いが必要になる。第2に，生活保障の性格が強い損失補償の場合には，財産提供時点から補償金支払いが遅れることが違憲の問題を発生させうるのである[61]。

COLUMN

公共用地の取得に関する特別措置法における緊急裁決制度

公共用地の取得に際して，土地収用法に基づく収用手続に長期間を要する可能性があることへの対応策として，公共の利害にとくに重大な関係があり，緊急の施行が必要な事業用地取得に関して，公共用地の取得に関する特別措置法（以下「措置法」という）が制定されている（1条参照)。同法によれば，起業者は，国土交通大臣から特定公共事業の認定を得た場合（7条）において，収用委員会に対して緊急裁決を申し立てることが可能である（20条1項)。緊急裁決とは，損失補償に関し審理を尽くしていない早期の段階で，権利取得裁決又は明渡裁決を行い，当該土地を事業の利用に供することを可能にするものである。緊急裁決においては，概算見積もりによる仮補償金を定めなければならないとされている（21条1項)。

緊急裁決の制度では，土地の提供が最終補償額の支払いよりも先になされるため，憲法29条3項に違反しないか議論された。この問題を考えるうえでは，措置法が，以下で述べるような具体的な仕組みを通じて，確実に損失補償が支払われるよう配慮を尽くしている点が重要となる。具体的には，仮補償金の仕組みを定め，仮補償金が権利取得や明渡しの時期までに払い渡されない場合又は供託されない場合には緊急裁決が失効すると規定する（27条，土地収用法100条)。緊急裁決までに審理が尽くされなかった補償については，別途補償裁決を行い，補償裁決で定められた補償額と仮補償金との差額に関しては，年6パーセントの利率で利息を算定して清算すると定めるほか（30条1項，33条1項・2項，34条)，収用委員会が起業者に担保の提供を命ずる規定を置く（26条1項)。こうした一連の措置や，措置法の立法目的を勘案すると，緊急裁決制度は憲法29条3項に違反するものではない[62]。

60）　最大判1949［昭和24］年7月13日刑集3巻8号1286頁［百選II 257事件］。

61）　宇賀・補償法473頁，宇賀・概説II 531頁。

62）　同旨，最判2003［平成15］年12月4日判時1848号66頁 179 。「日本国とアメリカ合衆国との間の相互協力及び安全保障条約第6条に基づく施設及び区域並びに日本国における合衆国軍隊の地位に関する協定の実施に伴う土地等の使用等に関する特別措置

5 国家賠償と損失補償の谷間

国家賠償及び損失補償によっても，十分な補償を与えることができない事例が存在し，その救済について議論されてきた。以下では，代表例を概観する。

(1) 予防接種

予防接種により，被接種者に重篤な後遺障害が発生する事例が生じた。予防接種法は接種の違法や過失を問わずに結果責任を認める規定を設けたが，補償給付額に上限があるなど（同規定制定以前の事故には適用がない），補償制度としては不充分な部分を抱える。このため，不足分を争う訴訟が提起された。法律構成としては，損失補償によるものと，国家賠償によるものが見られた。現在では，判例は国家賠償により対応している。

(a) 損失補償説（憲法29条3項類推適用説）

予防接種事故について，損失補償として法律構成する見解が登場した。予防接種が伝染病から社会を集団的に防衛するための公益的性格をもつ施策であり，他方で，そうした公益のために生命や身体に特別の犠牲を強いられる被害児が生じていることから，特別犠牲の存在を肯定するものである。損失補償説によれば，損失補償を認めるうえで過失要件は必要とされない。

ただし，憲法29条3項は財産権侵害について補償を定めた規定であるため，

法の一部を改正する法律」（平9法39号）附則2項及び「日本国とアメリカ合衆国との間の相互協力及び安全保障条約第6条に基づく施設及び区域並びに日本国における合衆国軍隊の地位に関する協定の実施に伴う土地等の使用等に関する特別措置法」（以下「特措法」という）15条が，従前の土地使用期間が満了しているにもかかわらず，権利取得の手続が完了していない土地等について，損失補償のための担保等を提供して暫定使用を可能とする仕組みを採用した点に関して，事前の補償を行わない点をめぐり，憲法29条3項違反が争われた事例として，最判2003［平成15］年11月27日民集57巻10号1665頁がある。これも解釈の視点は同じである。つまり，損失補償のための担保の提供が必要であること（特措法15条1項），暫定使用開始後は土地所有者は請求により損失補償の内払いとして担保を取得できること（同条4項），明渡裁決をする場合には，あわせて暫定使用に関する損失補償を裁決せねばならず，明渡裁決が定めた期限までに補償金の払渡し又は供託がなされなければ明渡裁決が失効すること（特措法14条，土地収用法97条・100条）などの規定に着目して，損失補償が確実に支払われるための仕組みが法律上採用されている点を重視した判決である。

直ちに予防接種事故の事例に適用することはできない。そこで，同条項を類推適用する裁判例が見られた[63]。生命，身体に対し特別の犠牲が課せられた場合について，憲法29条3項を類推適用して，犠牲を強いられた者に，直接同項に基づく正当な補償の請求を認めるものである。

(b)　損害賠償説

予防接種事故による被害を国家賠償で請求しようとする場合には，例えば，接種した医師の過失を主張立証することが被接種者には極めて困難であった。したがって，国家賠償による法律構成をとる場合には，原告の負う過失立証責任を軽減することが不可欠となる。

最高裁は，予防接種により後遺障害が発生した場合には，被接種者が禁忌者（その者のもつアレルギー体質や疾患などからして予防接種を受けることが不適切な者）に該当することを推定するとした[64]。こうした推定は，後遺障害発生の理由として，被接種者が禁忌者に該当する場合と，後遺障害を発生しやすい個人的素因を有する場合との比較において，前者の可能性が遙かに大きいことに基づく。したがって，禁忌者を識別するのに必要な問診等を尽くしても原告が禁忌者に該当することを発見できなかったという特別事情や，被接種者が個人的素因を有していたなど特段の事情を被告が反証できない限り，後遺症発生により禁忌者に該当すると推定される。判例によれば，予防接種を実施する医師が，禁忌識別を誤って禁忌者に予防接種を行い，死亡や罹病等の結果が生じた場合には，当該医師は結果が予見できたのにもかかわらず，過誤により予見しなかったものと推定される[65]。つまり，医師の過失が推定されるのである。

以上のように，判例は，推定を重ねることにより，国家賠償請求の障害であった過失の立証責任を軽減したのである。さらに，個別医師の過失ではなく，厚生大臣（当時）が禁忌該当者に予防接種（勧奨によるものを含む）を実施させないための十分な措置をとることを怠った過失があるとして，国の組織的過失まで肯定する趣旨の判決も出されている[66]。

63）　東京地判1984［昭和59］年5月18日判時1118号28頁。

64）　小樽予防接種訴訟・最判1991［平成3］年4月19日民集45巻4号367頁［百選Ⅱ225事件］132。

65）　最判1976［昭和51］年9月30日民集30巻8号816頁。

66）　東京高判1992［平成4］年12月18日高民集45巻3号212頁 133。

国家賠償として構成する見解は，憲法29条3項に基づき国に損失補償を請求するルートを否定した。損害賠償説が過失概念の客観化を国の組織的過失にまで拡大した点には，批判が見られる[67]。こうした無理をあえて行った背景には，予防接種事故に損失補償による救済を行うと，戦争被害・災害被害などへと損失補償の範囲が広がる点を考慮したことがあるものと考えられる。

COLUMN

国家賠償請求への損失補償請求の追加的併合

この問題は，既に取消訴訟の審理原則を説明する際に扱ったものである（⇒第7章*8*(3)(e)）。最高裁は民事訴訟法143条に準じてこうした追加的併合を肯定したが[68]，控訴審における追加的併合には相手方の同意を要求している。

⑵　戦争被害

戦争によって被害を受けた日本国民が国（日本）を相手に損失補償を請求した場合，そうした請求は一般に否定されてきた。根拠の1つは，損失補償は特別犠牲に対して支払われるべきものであるのに対し，戦争被害は国民一般に広く及ぶ一般的犠牲であり，犠牲の特別性を欠く点にある。

（Q 8）　Gはカナダに資産を有していた。日本が平和条約を締結し，同条約14条(a)項2(1)によりカナダ政府が当該資産の処分権を取得したことから，Gは資産を喪失することとなった。Gは憲法29条3項に基づき損失補償を（日本）国に請求できるか，検討しなさい。

戦争中，Gの資産をカナダ政府が敵国資産として管理していたとしてもカナダ政府は当該財産を没収できるわけではなく，平和条約によって初めてカナダ政府は権利を取得したと考えられる。つまり，日本政府は本来，当該財産を自ら収用したうえで，賠償義務の履行として連合国に提供すべきところを，連合国に当該財産の処分権を認めるという形態で賠償提供を行ったと理解することができる。このように捉えると，本件でも公用収用が行われたと解される[69]。

67）　塩野・II 388頁参照。

68）　最判1993［平成5］年7月20日民集47巻7号4627頁［百選II 217事件］102。

これに対し，最高裁は，本件在外財産の喪失も戦争被害の一種と捉え，戦争被害は多かれ少なかれ国民が等しく堪え忍ばなければならないやむをえない犠牲であって，その補償は憲法29条3項の全く予想しないところで，同条項の適用はないと判示した[70]。同様の判断は，シベリア抑留者の提起した補償請求事件でも示されている[71]。

戦争被害に対する補償問題は，立法府の政策的判断に委ねられているというのが最高裁の見解であり，補償の要否及びそのあり方は，国家財政，社会経済，損害の内容，程度等に関する資料を基礎になされる立法府の裁量的判断に委ねられるとする[72]。いくつかの立法措置がなされてきたものの，一般国民に対する補償は低額なものにとどまる。

(3)　国家補償の性格を併有した社会保障給付

原子爆弾被爆者の医療等に関する法律（以下「原爆医療法」という）は1957年に制定された。その目的は，広島市及び長崎市に投下された原子爆弾の被爆者に対し健康診断や医療措置を行うことにある[73]。被爆者は，居住地の都道府県知事に申請をして被爆者健康手帳の交付を取得すると，国の全額負担で医療の給付又はそれに代わる医療費の支給を受けることができる。①被爆者の資産状況や収入に関わりなく全額国庫負担とされている点や，②外国人であっても日本に現に居住していれば適用される点に，特色を有している。韓国から不法

69)　今村・補償法67頁。もっとも，国内国民の被害とのバランスも考え，損失補償額は損失財産額と同一である必要はないとする。

70)　最大判1968［昭和43］年11月27日民集22巻12号2808頁［百選Ⅱ262事件］ 191 。

71)　最判1997［平成9］年3月13日民集51巻3号1233頁。これは，日本が日ソ共同宣言に合意したため，その6項後段に定める請求権の放棄により，シベリア抑留者がソビエト社会主義共和国連邦に対して有する（捕虜取扱いに関する国際法規違反に基づく）損害賠償請求が不可能になったとして提起した損失補償請求訴訟である。このほか，日本国に対する従軍慰安婦の損害賠償請求権等が法律（財政及び請求権に関する問題の解決並びに経済協力に関する日本国と大韓民国との間の協定第2条の実施に伴う大韓民国等の財産権に対する措置に関する法律）により消滅した点を捉えて，損失補償を請求した事件として，最判2004［平成16］年11月29日判時1879号58頁がある。

72)　最判1997［平成9］年3月13日・前掲注71)，最判2001［平成13］年11月22日判時1771号83頁 192 。

73)　なお，原子爆弾被爆者に対する援護に関する法律（被爆者援護法）が1994年に制定されたことにより，原爆医療法は廃止されている。

入国し逮捕されたHが広島市で原子爆弾に被爆した場合に，Hに原爆医療法が適用されるかという問題が争われた。

1つの考え方は，同法は被爆者に医療を与える社会保障立法であり，一般に，無拠出の社会保障が社会構成員の税負担に依拠している以上，同法の適用を受ける外国人は適法に国内に居住関係を有する者に限定されるというものである[74]。一般的な社会保障の原則論によれば，Hには原爆医療法の適用はないこととなる[75]。

他の考え方は，原爆医療法は被爆による健康被害の特異性と重大性に着目したものであり，かかる被害をもたらした戦争の遂行主体である国が自らの責任で救済を図る，国家補償法としての配慮を併有するものと捉える。こうした国家補償という性格があるからこそ，前述の①や②のような（社会保障法としては）異例な規定を有しているのである（①は，国家補償立法の中でも手厚い救済内容である）。最高裁は，被爆者であって，わが国に現在する者には，その現在する理由に関わりなく（つまり不法滞在者であっても），救済を必要とする特別な健康状態に着目して，原爆医療法の適用を認めた[76]。戦争被害については一般に等しく国民が受忍すべきものとする最高裁も，原爆被害については，被害の重大性から国家補償による配慮を肯定したのである。

⑷ 少年法に基づく不処分決定と刑事補償

少年審判事件で身柄を拘束されたが，非行事実なしとして不処分決定（少年法23条2項）を受けた者に，損失補償が認められるかが議論されてきた。補償規定を欠く時代に上記問題が争われた事例において，最高裁決定は補償を認めなかった[77]。本決定には，上記事案の場合について，立法論としては補償を与えることが望ましいとする坂上壽夫，園部逸夫両裁判官の意見が付されている。これを受けて，1992年に少年の保護事件に係る補償に関する法律が制定された。同法に基づき，現在では補償が認められている。もっとも，家庭裁判

74) 参照，佐藤繁・判例解説昭和53年度132頁。
75) 社会保障と国家補償の区分について，又坂常人・自治研究53巻2号（1977年）149頁以下参照。
76) 最判1978［昭和53］年3月30日民集32巻2号435頁［百選Ⅱ 263事件］193。
77) 最決1991［平成3］年3月29日刑集45巻3号158頁194。

所の職権により支給される補償である点（つまり，請求権が認められていない点），補償額に上限が設定されている点で，なお改善の余地が残されている[78]。

●参考文献

秋山幹男＝河野敬＝小町谷育子『予防訴訟被害の救済』（信山社・2007年）

荒秀「土地利用規制と補償」行政法大系6巻257頁

今村成和「損失補償」講座3巻29頁

宇賀克也「公用制限と損失補償（上）（下）」ジュリスト944号118頁以下，945号89頁以下（1989年）

角松生史「憲法上の所有権？」社会科学研究（東京大学）45巻6号（1994年）1頁以下

倉島安司「状況拘束性論と損失補償の要否（上）（中）（下）」自治研究76巻6号（2000年）108頁以下，77巻1号97頁以下，3号111頁以下（以上2001年）

塩野宏「予防接種事故と国家補償」同『行政過程とその統制』（有斐閣，1989年）417頁以下（初出1986年）

成田頼明＝荒秀＝原田尚彦「自然公園法における公用制限と補償(1)〜(3)」補償研究62号8頁以下，63号21頁以下，65号58頁以下（1968年）

西埜章「公法上の損失補償の原理と体系」行政法大系6巻197頁

華山謙「公共事業の施行と補償」行政法大系6巻297頁

原田尚彦「公用制限における補償基準」公法研究29号（1967年）177頁

保木本一郎「行政活動の変更と補償」行政法大系6巻221頁

三宅豊博「損失補償基準」行政法大系6巻339頁

78）宇賀・概説II 541頁。

おわりに
――発展的学習に向けた情報収集案内

読者がさらに勉強を進めるうえで有用な代表的情報源を，以下紹介する。

1 自宅等でインターネットにより法律情報を入手する

(1) 法令（憲法・法律・政令・勅令・府令・省令・規則）を探す

法令データ提供システム

http://law.e-gov.go.jp/cgi-bin/idxsearch.cgi

(2) 判決を探す

判例検索システム

http://www.courts.go.jp/app/hanrei_jp/search1

（最高裁判所判例集，高等裁判所判例集，下級裁判所判例集，行政事件裁判例集，労働事件裁判例集，知的財産裁判例集などを対象とした検索・閲覧が可能である。また，公刊されていない裁判例も閲覧できることがある。「最近の判例一覧」で，最高裁判所判例集及び下級裁判所判例集については過去3カ月以内，知的財産裁判例集については過去1カ月以内に出された判例を一覧できる）

(3) 政府情報を探す

電子政府の総合窓口イーガブ　　http://www.e-gov.go.jp/

（総合的な行政ポータルサイト。各府省のホームページにリンクが貼られているほか，各府省の国会提出法案情報，審議会・研究会情報，白書・年次報告書情報等に直接アクセスできる。また，全府省のホームページ検索や法令検索ができる。パブリックコメント制度により意見募集中の案件について，意見提出が

可能である）

首相官邸　http://www.kantei.go.jp/

政策会議等の活動　http://www.kantei.go.jp/jp/singi/index.html

全国自治体マップ検索

http://www.j-lis.go.jp/map-search/cms_1069.html

（各地方公共団体のホームページには，条例・規則のデータベースが備えられている）

⑷ 裁判所情報・弁護士情報を探す

裁 判 所　http://www.courts.go.jp/

日本弁護士連合会　http://www.nichibenren.or.jp/

⑸ 議会情報を探す

インターネット版「官報」　http://kanpou.npb.go.jp/

国会会議録検索システム　http://kokkai.ndl.go.jp/

衆 議 院　http://www.shugiin.go.jp/internet/index.nsf/html/index.htm

参 議 院　http://www.sangiin.go.jp/

（法案の審議状況や法案の内容を知ることができる）

⑹ 古い条文を探す

日本法令索引　http://hourei.ndl.go.jp/SearchSys/

（1886［明治 19］年以降の法令（現行法令，廃止法令，制定法令），法律案，及び 1947［昭和 22］年以降の条約承認案件を検索することができる）

⑺ 図書を探す

国立国会図書館 NDL-OPAC　http://opac.ndl.go.jp/

（国会図書館が所蔵する和図書，洋図書，雑誌記事（1948 年以降）等の検索が可能である）

CiNii Books　http://ci.nii.ac.jp/books/

（全国の大学図書館が所蔵する図書・雑誌の検索が可能であり，他の図書館に所

蔵されている文献の取り寄せにはここで調べた番号が必要となる。論文の検索も可能である）

2　大学図書館等でインターネットを利用して情報検索する

各大学・法科大学院で利用できる代表的な法学データベースを紹介する。

TKC ローライブラリー

（LEX/DB インターネット，法律時報，旬刊商事法務，NBL 等が検索・利用できる）

第一法規法情報総合データベース

https://www.d1-law.com/

（現行法規，判例体系，法律判例文献情報等が検索・利用できる）

LLi 統合型法律情報システム　　http://www.lli-hanrei.com/indexjp.html

（主要法律雑誌［最高裁判所判例解説，ジュリスト，判例タイムズ等］の記事検索，有斐閣 Vpass，Vpass 判例百選，Vpass 法学教室，LLi 判例検索，大審院判例検索，現行法令検索等が可能である）

3　紙媒体で論文・著書・判例を探す

(1)　論文・著書

(a)　雑誌の文献情報欄

『公法研究』の学界展望欄（憲法と行政法に分けて前年1年分の代表的論文を掲載）

『法律時報』12 月号の特集（学界回顧）

『法律時報』の毎月号巻末の文献月報

(b)　学会誌，大学の紀要

『公法研究』（日本公法学会・毎年 10 月発行・有斐閣）

各大学の紀要（例えば『法学会雑誌』（学習院大学），『国家学会雑誌』『法学協会雑誌』（東京大学），『法学論叢』（京都大学），『法政研究』（九州大学）など，法律系の学部・学科をもつ大学で発行）

(c) 商業誌

（研究者・実務家向け）

『ジュリスト』,『論究ジュリスト』,『法曹時報』,『法律時報』,『自治研究』,『季刊行政管理研究』,『民商法雑誌』,『判例タイムズ』,『法律のひろば』,『都市問題』,『都市問題研究』,『自由と正義』,『判例地方自治』など

（学習者向け）

『法学教室』,『法学セミナー』

(2) 判　　例

(a) 公式判例集

最高裁判所判例調査会編『最高裁判所民事判例集』（最高裁判所判例調査会）

最高裁判所判例調査会編『最高裁判所刑事判例集』（最高裁判所判例調査会）

最高裁判所事務総局行政局監修『行政事件裁判例集』（法曹会）

（下級審の判決を収録している。ただし 1998 年からは休刊中である）

最高裁判所事務総局編『最高裁判所裁判集民事』

最高裁判所判例調査会編『高等裁判所判例集』（最高裁判所判例調査会）

(b) 雑誌の判例展望欄

『法律時報』臨時増刊号（判例回顧と展望）

(c) 判例を主に掲載した雑誌

『判例時報』,『判例タイムズ』,『訟務月報』,『判例地方自治』

(d) 判例解説

法曹会編『最高裁判所判例解説民事篇』『最高裁判所判例解説刑事篇』（各年度・法曹会）

（ここに所収の最高裁の調査官解説は判決の理解に有用である。『法曹時報』に掲載されたものが，後に年度別にまとめられるのが通例である）

行政判例研究会編『行政関係判例解説』（各年度・ぎょうせい）

ジュリスト編集室編『最高裁 時の判例（平成元年～平成 14 年）　I 公法編（憲法・行政法ほか）』（有斐閣・2003 年),『最高裁時の判例Ⅴ（平成 15 年～17 年)』（有斐閣・2007 年）

(3) 法律の解説

『法令解説資料総覧』(第一法規)のほか,『法律のひろば』,『時の法令』,『立法と調査』といった雑誌に新法解説の特集が掲載されることが多い。このほか,『ジュリスト』では「国会の概観」記事において成立した法律の内容が紹介されている。

(4) 裁判の統計

最高裁判所事務総局行政局による『行政事件の概況』が法曹時報毎年第9号に掲載され,新受件数の推移,事件処理の状況が統計データと共に詳しく解説されている。

(5) 政府刊行物

政府刊行物センター,県庁・市役所内の書籍販売店,地域の大きな書店で入手することができる。

判例索引

（　）内の数字は百選の巻数（ローマ数字）と事件番号。
〈　〉内の数字は，行政法判例集Ⅱの番号（〈Ⅰ65〉等とあるのは，行政法判例集Ⅰの番号）。

［最高裁判所］

［高等裁判所］

［地方裁判所］

事項索引

あ

い

う

え

お

か

き

く

け

こ

さ

し

す

せ

ふ

へ

ほ

み

む

め

ゆ

よ

り

る

ろ

わ

行政法Ⅱ　現代行政救済論［第2版］
Administrative Remedy Law

2012年3月20日　初　版第1刷発行
2015年5月30日　第2版第1刷発行

著　者　大　橋　洋　一

発行者　江　草　貞　治

発行所　株式会社　有　斐　閣
郵便番号 101-0051
東京都千代田区神田神保町 2-17
電話　(03)3264-1314〔編集〕
(03)3265-6811〔営業〕
http://www.yuhikaku.co.jp/

印刷・株式会社理想社／製本・大口製本印刷株式会社

ISBN 978-4-641-13173-6